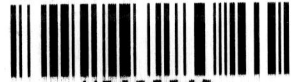

中国古代货币思想史

萧　清◎著

人民东方出版传媒
People's Oriental Publishing & Media
東方出版社
The Oriental Press

推荐序

什么是经典？经典是经得起历史检验的，具有很强针对性的，在相当长一段时间影响此后专业研究的（绕不开的）著作。在我看来，萧清先生的这本《中国古代货币思想史》就是这样一部著作。

一、萧清先生和《中国古代货币思想史》

萧清先生是中国人民大学金融学科最早的创建者之一，其在研究生涯的黄金期一直从事中国古代货币史和古代货币思想史的研究，在两个领域都做出了开创性贡献。

中国古代货币思想研究肇始于20世纪早期。[①]**一方面，中国古代货币思想作为中国古代经济思想的重要组成部分，附属于后者。**民国时期，出现了一批较高质量的中国经济思想“通史”和“断代史”，前者以唐庆增先生的《中国经济思想史》为代表，后者以甘乃光先生的《先秦经济思想史》为代表。这些著作中都或多或少

① 20世纪初，梁启超提出“拟著一《中国生计学史》，采集前哲所论，以与泰西学说相比较”，以示中国经济思想之“壮观”。在此之后，中国的经济思想史研究开始“走上正轨”，并逐步发展繁荣。

包含古代货币思想的内容。此外，一些以人物（或著作）为中心的思想史研究，如黄汉先生的《管子经济思想》等，也初步整理了代表性人物（或著作）对货币问题的基本认识和政策主张。**另一方面，由于货币史和货币思想史研究常如“两花并蒂”，在货币思想史研究未独立之前，其多散见于货币史研究当中。**其中，最具代表性的当属彭信威先生的经典著作《中国货币史》。该作将货币史与货币理论进行了完美融合，在“货币理论”条目中以现代金融理论视角审视了中国货币发展历程，也部分点出了中国古代货币思想的闪光点，对后世研究产生了极大影响。

新中国成立以后，中国古代货币思想史逐渐演化为独立的学科分支。20世纪六七十年代，一批学贯古今的马克思主义金融理论家在唐庆增、彭信威等前辈学者的基础上，以高度的理论自觉和极大的学术热忱投入到了这一事业中。就笔者所识，当中除本书的作者萧清先生外，还包括复旦大学的叶世昌先生和中南财经大学的侯厚吉先生（工作是相对独立完成的）。其成果按照出版时间顺序：首先是1986年付梓的叶世昌所著的《中国货币理论史》（上册），然后是1987年刊印的《中国古代货币思想史》，而侯厚吉先生出于身体原因未能完成中国货币思想史的研究计划，其遗留资料最终在张家骧教授的组织领导下扩充为两卷本《中国货币思想史》，于2001年出版。从学术发展脉络来看，本书和叶世昌所著都是我国最早的系统性研究中国古代货币思想并将其“独立化”的开山之作，具有里程碑的意义。①

① 杨全山指出，“中国货币思想史的研究在20世纪取得许多重大成果，1986年和1987年，叶世昌教授的《中国货币理论史》（上册）和萧清先生的《中国古代货币思想史》出版。这两部著作的问世，宣告中国货币思想史古代部分的研究已经不再是空白”。参见杨全山：《20世纪中国货币思想史研究的总结——〈中国货币思想史〉读后》，《财经问题研究》2003年第11期。

本书共分八章，26 万多字，按照历史进程，分别阐述了先秦、两汉、魏晋南北朝、唐及五代十国、两宋、元、明、清各个历史时期主要的货币思想。其在出版当时即得到了学界的广泛赞誉。① 相比于其他相关著作，本书的主要特点在于：第一，相比于之前一般性的经济金融思想著作，研究视野更为聚焦，这在客观上使得研究更具系统性，主线更清晰。这在其对“钱荒”问题的讨论上最为明显。第二，资料整理价值不容忽视。与前人和相近时期的作品相比，其在资料方面的工作，一是梳理全面，二是取舍合理。考虑到当时是以手抄卡片为检索工具的“前信息化”时代，其研究工作的难度可想而知——除了作者自身的勤勉外，本书在资料整理方面的成就也得益于作者长期的教学经历。② 这也就引出了本书的第三个特点，较浓的讲义色彩。本书编排合理、逻辑清晰、文字明白晓畅，稍加改造就可以作为本科生教材使用。这也使得萧清先生的著作在传播与育人上具备很大的优势。

二、 古代货币思想蕴含的中国特色

萧清先生开篇即指出，“中国丰富的古代货币思想，是灿烂的古代货币文化的重要组成部分，它是前人遗留下来的宝贵历史遗产”。面对这一宝藏，作者所做的工作，就像野外考古工作者所做的一样，不断挖掘珍宝、拼接碎片；接着像一个策展人一样，用各

---

① 中国社会科学出版社时任编审宋超肯定其是“一部有较高学术价值的中国古代货币思想史专著”。参见宋超：《一部有较高学术价值的货币思想史专著——〈中国古代货币思想史〉》，《中国社会科学》1988 年第 2 期。

② 参见何平再版前言。

式珍宝搭建出一场琳琅满目、逻辑严密的展览，供人参观。通过这样的展览，我们得以回到过去，跟中国历史上那些最优秀的大脑对话。

（一）“早熟而不成熟”

一直以来都有一种说法，中华文明相比于其他文明是一种“早熟”的文明。比如梁漱溟提出的文化早熟，侯家驹提出的经济早熟，王家范概括的文明早熟，各自从思维方式、经济生产方式、政治制度等多个方面给出了比较证据。前一段时间，李伯重先生又特别提出中国古代货币形态的演进“早熟而不成熟”①。他指出中国在世界货币史上有两大发明，第一项是铜钱的发明和广泛使用，第二项是纸币的发明和使用，这两项发明都曾领先世界，却也都“后程乏力”，无法内生地实现现代化转型。

中国古代货币思想同样呈现早熟而不成熟的特点。早在春秋战国时期，《管子》等文献中就记录了当时思想家对货币起源和本质的见解，以及货币职能思想、货币数量论思想（轻重论）、货币是国家干预工具的思想等。可以说，中国古代货币思想的主要命题到这里都已基本成形。交子和会子在两宋时被发明和大规模使用后，中国的知识阶层在宋元（也包括明初）时期又将纸币理论视为一个新的争论焦点。由于纸币的发明以及流通中问题不断暴露，传统的货币子母相权论和虚实论有了新的发展。比如杨万里的钱楮母子说

---

① 李伯重先生在中国社会科学院金融研究所举办的第407期金融论坛暨“金融与中国式现代化系列”第一讲上系统阐释了这一论断。主要观点后来整理发表于《广西师范大学学报》（哲学社会科学版）2024年第3期。

和杨冠卿的钱楮实虚说。伴随这一过程，用以维持实虚平衡，使纸币币值保持稳定的方法，即所谓的“称提理论”或“称提之术”成为我国“古代封建社会纸币流通下所独有的另一重要货币范畴和理论”①。然而，令人遗憾的是，直到人类“逃离马尔萨斯陷阱大赛”发令枪鸣响之时，即使美洲白银大规模流入中国，即使贡德·弗兰克笔下的白银资本给明帝国带来了强劲的复苏动力，但这些变化并没有推动中国货币思想朝向更高的台阶迈进。正如本书指出的，明清数百年时间里，中国的货币思想呈现出发展迟滞的情形，“尤其表现在明清之际人们关于银荒问题的议论中”②。以黄宗羲、王夫之、顾炎武为代表的启蒙思想家都有一种违反商品货币关系发展历史趋势的倾向，从理论水平上讲，他们的思想往往只是对唐代人认识的简单重复。

萧清先生在全书的最后以如椽之笔，给出了他对“早熟而不成熟”的解释。在他看来，这一现象的根源在经济基础——停滞的封建地主经济“使得封建社会内商品货币经济的发展情形也表现得异常艰难、曲折和迟缓”；再加上西汉以后儒家思想长期在思想界定于一尊的地位，传统的僵化了的本末教条（重农抑商思想）以及与之相关的封建政府的抑商政策，从思想及政治上予以商品货币关系严重的束缚，并制约着古代货币思想的发展③。这与笔者在分析中国传统社会财富积累问题时提出的“穹顶论”既有联系，也有区别。④

---

① 萧清：《中国古代货币思想史》，人民出版社 1987 年版，第 7 页。

② 萧清：《中国古代货币思想史》，人民出版社 1987 年版，第 9 页。

③ 参见萧清：《中国古代货币思想史》，人民出版社 1987 年版，第 359—360 页。

④ 参见张晓晶、王庆：《传统中国的财富积累与分配》，中国社会科学出版社 2022 年版，第 245—266 页。

（二）古代货币思想蕴含的中国智慧

优秀的传统文化是中华民族的根脉，是中国特色的重要来源。中国先贤创造的丰富货币思想当中蕴含着穿越千年而不灭的恒新的思想精华，对于当前探索中国特色金融发展之路具有重要启示作用。

一是重视国家的经济作用。中国从轴心时代开始，就把货币看作管理国家的工具。比如，唐代刘秩继承《管子》和贾谊成说，提出“货币国策论”，就很有代表性。他坚持国家管理货币、垄断铸造权的主张，并发挥说：“故与之在君，夺之在君，贫之在君，富之在君。是以人戴君如日月，亲君如父母。用此术也，是为人主之权……若舍之任人，则上无以御下，下无以事上……”① 很多人以为中国古代思想有自然主义和无为而治的传统，并导致政府功能逐渐丧失（最终导致“皇权不下县”），但这种看法实际上过分“简化”了中国人的精神世界，按照彭慕兰的说法，即使是公认的对民间经济管制最少的清代也可能仅是处于一种“无为而治和英雄主义之间”② 的中间状态。事实上，正如萧清先生指出的，“考察经济问题，从国家的整体出发，重视国家的经济作用，是我国古代经济思想的一个重要传统”。从中国古代货币史和货币思想史当中，我们能够清晰地看到中国历代政府普遍重视国家的经济作用，其所承担的角色，绝不是西方政治理想中的“守夜人”。

---

① 《旧唐书·食货志上》。

② ［美］彭慕兰：《在无为而治与英雄主义的失败之间——清代国家能力与经济发展概论》，周琳译，《中国经济史研究》2021 年第 2 期。

二是坚持货币金融的人民性。中国古代货币思想具有突出的以人为本、以民为本的特点。比如，萧清先生批评宋元时的纸币理论时指出，“(辛弃疾) 他在拥护封建政府的纸币政策方面，主要还是从封建政权的长远利益出发，并且注意到士兵及一般人的切身利益，因而，他就对纸币贬值造成的‘军民嗷嗷、道路嗟怨’的情形深表不满，对封建政府的通货膨胀政策持反对的态度”①。这种评价是非常中肯的。对于“辛弃疾们”，我们首先要看透其封建士大夫阶级的站位，然后也要辨识出其中的民本思想，二者并无本质矛盾。“经世济民”一说，便传达了传统士大夫在社会秩序整合中解决百姓生计问题的目标追求。因此我们能够观察到，中国货币思想史中各种争论分歧只是在争夺一种“惠民”“养民”的阐释权；同时，有相当多的知识分子敢于站在专制君主的“对立面”。

三是突出金融稳定，推崇守正创新。中国古代货币思想的另一精华是重视稳定。这种对稳定的追求不只是追求币值的稳定，还包括市场运行的稳定、国家政局的稳定等。这在将经济增长、GDP 等概念当成基本常识的现代人看来似乎太过保守，甚至有些愚昧。但我们应注意的是，在一个技术进步缓慢、市场发育程度远不及现代的前现代农业国家，养活更多的人口是它的首要目标，而任何的不稳定因素都可能妨碍这一目标的实现——因此追求金融稳定，追求的是千百万家庭的基本生计。从货币思想史中，我们能够看到中国先贤们的创新取向，既主张国家利用好金融创新，也强调规避“伪创新”“乱创新”的负面影响。这种略显矛盾的心理客观上阻碍了

① 萧清:《中国古代货币思想史》，人民出版社 1987 年版，第 229 页。

中国对公共信用市场的探索[1]，但对于我们今天如何把握好稳定和创新，如何做到守正创新具有重要启示。

三、 新时代呼唤新的货币思想

习近平总书记在哲学社会科学工作座谈会上的讲话中指出，“这是一个需要理论而且一定能够产生理论的时代，这是一个需要思想而且一定能够产生思想的时代”。当前，在新一轮科技革命驱动下，全球化、金融化和数字化出现耦合演进的趋势，以数字货币为代表的货币新形态发展日新月异。思考其中的“变”与“不变”成为破局的关键。

强大的货币代表强大的国家信用。货币的本质是信用。从世界金融史来看，一国拥有了强大的货币，就意味着该国拥有了强大的国家信用。因为这个时候，该国的信用就成为全球信用，无论是发货币还是发债，都会被全球所接受。因此，储备货币国的信用就可以被用于动员全球资源（储蓄），从而体现出金融“无中生有”的神秘功能。这里的“无中生有”并不是巫术或炼金术，而是借助信用的“无形”，“生出”其调动全球资源“为我所用”的能力。

数字货币为国际货币体系发展提供新方向。自大英帝国建立金融霸权以来，国际货币体系经过了从“金镣铐”到“纸锁链”的变化过程。[2] 如今，“纸锁链”正面临着“区块链”的冲击。私人

---

① 参见张晓晶、王庆：《中国特色金融发展道路的新探索——基于国家治理逻辑的金融大分流新假说》，《经济研究》2023 年第 2 期。

② ［英］弗格森：《金钱关系》，中信出版社 2012 年版，第 287 页。

加密货币和央行数字货币（CBDC）不仅成为各国金融政策的核心议题，而且隐隐有颠覆现有国际货币体系之势。尤其是特朗普的二次当选似乎正在加速这一过程……很多人对此充满疑惑。赫拉利在《智人之上》中提出了一个问题："货币应该是一种被普遍采用的价值标准，而不是只适用于部分情境的价值象征……既然只用信息就能换到他们想要的东西，**为什么还需要美元呢**？"①

丘吉尔有句名言："你能看到多远的过去，就能看到多远的未来。"关于未来的货币形态如何演进、与之相应的货币思想（理论）如何创新，我们还需要认真回溯历史，沿着萧清先生在《中国古代货币思想史》中所概括的传统智慧的理论逻辑，去把握货币（思想）的未来。

中国社会科学院金融研究所所长

国家金融与发展实验室主任

张晓晶

① ［以］赫拉利：《智人之上》，中信出版社2024年版，第196页。

再版前言

1991年我从中国人民大学清史研究所毕业，留校在财政金融系所属金融教研室任教，接替时年65岁刚刚离休的著名货币金融史学家萧清先生，主讲“中国货币金融史”课程。实际上，在萧清先生放下教鞭到我主讲本课程间隔的一年，学院邀请了中央财经大学金融系许慧君教授代课主讲这门课程，而她早前正是在萧清先生处进修从而成长起来的货币金融史学者。2008年萧清先生仙逝，迄今已经离开我们17年。萧清先生在其专著《中国古代货币史》(人民出版社1984年版) 的基础上，于1987年又出版了《中国古代货币思想史》，两本专著发行以来，影响了一代又一代学者，产生了长期而广泛的学术影响。今天，萧清先生的这本心血之作即将由东方出版社再版，为让读者对萧清先生及其学术成就有更加全面清晰的认识，作为萧清先生创设的“中国货币金融史”课程的接任者，我在此试就萧清先生的生平、学术成就，做简明的介绍和总结，并就中国货币金融思想史的学科意义展开论述，为读者提供参考。

一、 萧清先生及其学术贡献

萧清先生，原名萧启厚，江苏省徐州市人。1925 年 10 月生于江苏徐州。1944 年 9 月至 1948 年秋，北京辅仁大学就读，肄业。1948 年 12 月至 1949 年 3 月在河北正定华北大学一部 27 班学习。1949 年 3 月至 1950 年 2 月，在华北大学担任副队长等职务。1950 年 9 月始，任中国人民大学教员。1955 年至 1957 年，任中国人民大学货币教研室副主任。1958 年 10 月至 1970 年 2 月，任中国人民大学财政银行教研室主讲教员、讲师。1970 年 2 月至 1972 年 11 月，在江西余江人大干校度过一段特殊时光。1973 年至 1974 年 5 月，其工作划归北京师范大学（代管）。1974 年 5 月至 1978 年 7 月，任职于北京经济学院经济研究所。1978 年 9 月，中国人民大学恢复后，重回中国人民大学财政系任讲师，1980 年任副教授，1986 年任教授。

萧清在辅仁大学读书时，有部分课程采用英文原版教材，由外国人或华人教师用英语教授。当时他的英语基础较好，掌握程度能达到读书、听课，以及用英文做练习及考试答题。从 1948 年 12 月在河北正定参加革命工作起，萧清先生边工作边学习。在当时一切向苏联学习的形势下，萧清先生与黄达先生等一道重新学习俄语，以便于听课和翻译。1952 年，他试译过专业文章，并被收入教研室编的译文集中。语言训练和学科积累，使他成为学系的主力专业的主讲教师。

从中国人民大学开办的 1950—1951 学年第一学期至“文化大革命”前，他先后在本科、专修科、函授等班级讲授过“资本主义国家货币流通与信用”“社会主义货币信用学”“短期信用组织与分析”“信贷组织与计划”“信贷与结算组织” 等课程。讲授对象包括本科、专修科、函授生以及外国（朝鲜、越南、美国及非洲国家等）留学生。其间，他与黄达先生等一起编写了《货币信用学》(中国人民大学出版社1959年版)。

“文化大革命” 后期，萧清先生主要致力于经济史和经济思想史的研究工作，这为他后期的教学科研生涯聚焦于中国货币金融史和货币思想史积累了丰厚的学术资源。其主要成果包括：1.《北京的人民金融事业》(北京出版社1962年版。专著，全书10余万字，执笔6万—7万字，并负责全书文字统一工作)，2.《柳宗元集》(中华书局1979年版。古籍整理，全书15卷，约100万字，8人合作完成)，3.《〈管子〉经济篇文注译》(江西人民出版社1980年版。古籍整理，集体著作，参与统编组工作)，4. 1978—1985年全国哲学社会科学计划项目《政治经济学辞典》(许涤新主编，人民出版社1980年版。撰写“《盐铁论》”“《钱神论》” 等10条。作为《政治经济学辞典》编审组成员，参加该书《中国经济思想史》篇的统编及修改工作。作为以巫宝三任组长的《中国经济思想史》篇编审组的成员，并担负较多重要词条的撰写工作)，5. 1981—1985年国家科研计划项目《中国大百科全书·经济学卷》(中国大百科全书出版社1986年版。作为以巫宝三为组长的“中国经济思想史” 学科分支的编审组成员，并担负本学科分支及“中国经济史” 学科分支的一些重要综合性长条目的撰写工作，诸如“中国古代货币思想”“中国古代货币拜物教思想”“中国古代货币”“中国古代纸币” 等条目)。

在这些学术成果的基础上，萧清先生在中国人民大学复校后，就从事“中国货币史” 和“中国货币思想史” 课程的建设和教学实践。从1981年起,“中国货币史”成为中国人民大学及其分校的金融专业开设的一门新课。从当时全国高校范围来看，对这门课程作贯穿古代、近代通史性的讲授，为该校独有。边教学、边撰著，萧清先生先后出版了《中国古代货币史》《中国近代货币金融史》两本专著。

在“中国货币思想史”方面，先生首先是为中国社会科学院研究生院经济系硕士研究生开设“中国经济思想史”课程，积累素材。从中国社会科学院研究生院经济系首届硕士研究生起，历时五届，他每届讲授2—3个不同的专题，诸如“春秋时代的经济思想”“《国语》《左传》的经济思想”“中国古代的货币思想”“中国古代的货币拜物教思想与马克思的货币拜物教学说”等。这些都是过去人们未曾讲授过的新专题。在此基础上，萧清先生撰著出版了具有广泛影响力的《中国古代货币思想史》一书，并据此给校内金融专业硕士研究生开设“中国货币思想史”课程，直至1990年离休。

二、 本书的特色与发掘货币思想的路径

《中国古代货币史》和《中国古代货币思想史》，是萧清先生具有代表性的两部个人学术专著。《中国古代货币史》一书已由东方出版社于2024年4月先行再版，这里主要就萧清先生这本《中国古代货币思想史》的特色及其在发掘中国传统货币思想资源上的贡献，谈一些学习体会。

（一）以贯通的历史比较，透视货币思想的递进和发展

萧清先生的这本著作，在就特定历史时期代表性人物的货币思

想进行概念、范畴和思想框架上的分析时，始终贯穿着历史纵向比较的路线。关于货币思想上的“子母相权论”和“货币虚实论”的论述，就是这样。

中国最早的一篇货币文献论述的是公元前524年周景王铸大钱的事例，时任周景王卿士的单旗，提出了著名的“子母相权论”①。周景王铸造大钱，其定值并没有与原来流通的相对较轻的小钱形成合理的比例关系。也就是说，新铸大钱的定值，远较它与旧钱的重量价值比例要大得多。新铸大钱用原来基准货币来计值的话，它包含的实际金属价值降低了，伤害了货币持有者的利益。单旗提出“子母相权论”，他认为大小钱的定值和它们包含的金属重量应该形成合理的比例关系，并以此兑换不用的小钱或者成比例地并行流通，他反对无善后安排的、简单废弃原有小钱的政策。单旗关于“子母相权论”的论述相对表面和直观，限定在同种金属货币以同一价格基准进行比较的情形下，形成大小不同价值的货币序列。换句话说，如果以重的大钱为基准，同时流通的一种或者多种小钱，即按照大钱等分的大小，形成价值大小的货币序列。如果以轻的小钱作为基准，同时流通的一种或者多种大钱，即按照小钱倍数的大小，形成大小不同的货币序列。这种同质货币的相权行使，犹如今天的钞票面额层次。萧清先生结合考古及文献信息反映的当时货币流通实际情况，就单旗提出“子母相权论”进行了全面精到的分析②。单旗“子母相权论”的要害，第一，是根据社会经济发展的水平和程度，确定一个适中的基准货币。第二，在新旧货币进行替

① 《国语·周语下》。

② 参见本书第一章第二节。

换过程之中，应当以合理的比例兑换旧有的不再流通的货币，以免伤害旧币持有者的利益。

随着历史的发展，“子母相权论”的思想路线扩展到实体货币（铁钱、铜钱）和纸币的关系之上。南宋的杨万里（1124—1206）在论述纸币流通时提出了“钱楮母子说”[①]，将铜钱看成母，代表铜钱的“行在会子”看成子。两淮会子代表铁钱，铁钱为母，铁钱会子为子。他主张“母子不相离”。也就是说，纸币必须与它的母体铜钱和铁钱相伴，互为兑换，才能保证流通。这里的“母子相权”，已经完全转换为作为金属货币铁钱和铜钱符号的纸币的价值保证问题。脱离了母体金属货币，纸币就没有存在的根据。事实上，这里利用“子母相权论”的传统货币思想语汇，讨论了纸币的发行准备问题。在中国的纸币使用经验之中，要保证纸币价值稳定和持续流通，除了金属货币准备以外，对纸币的数量调控是一个常态化的政策要求。南宋人陈耆卿在讨论纸币价值调控的“称提理论”时，将“子母相权论”又扩展到铜钱与纸币的相对数量比例上，特别强调实施“称提之政”时，必须注重保证足够的铜钱数量。[②]

及至普遍实施单一纸币制度的元朝，“子母相权论”则用来论述“以银为本”的中统钞制度。中统钞由于脱离白银本位导致通货膨胀，至元二十四年（1287）实施纸币改革，发行新的至元钞。其与中统钞并行流通后，纸币无节制地发行成为常态。郑介夫在大德七年（1303）提出货币改革的《太平策》，利用“子母相权论”就

---

① 参见本书第五章第三节。

② 参见本书第五章第三节。

货币形态的历史演进和各个时代子母关系的具体内容变化进行了最为生动的表达[1]。他指出："天下之物，重者为母，轻者为子；前出者为母，后出者为子；若前后倒置，轻重失常，则法不可行矣。汉以铜钱而权皮币之重，皮币为母，铜钱为子。宋以铜钱而权交、会之重，交会为母，铜钱为子；国初以中统钞五十两为一锭者，盖则乎银锭也，以银为母，中统为子，既而银已不行，所用者惟钞而已，遂至大钞为母，小钞为子。今以至元一贯准中统五贯，是以子胜母，以轻加重，以后逾前，非止于大坏极弊，亦非吉兆美谶也。"到了元朝中期郑介夫生活的时代，"子母"变成了"大钞为母，小钞为子"，新发行的至元钞一贯当中统钞五贯，形成"以子胜母，以轻加重"的不合理格局，完全扭曲了"子母相权论"本来的思想内涵。他利用"子母相权论"，深刻揭示了元朝纸币制度的缺陷。

关于货币的虚实理论，其最早见于主持汉武帝时期五铢钱货币改革的御史大夫桑弘羊的论述中，他坚决主张中央垄断铜钱铸造权，坚持货币的国家主权治理。在《盐铁论》里，他称"以末易其本，以虚荡其实"。这里的"实"指商品，而"虚"则指货币。他把"虚实"概念最早用于货币与商品的关系上，对传统中国货币思想具有原创性的贡献[2]。及至唐代安史之乱后第五琦主持铸行"乾元重宝""乾元重轮重宝"等虚价大钱，"虚实"概念又有了新的内容。此时"实"指的是足值铜钱，"虚"指的是不足值铜钱[3]。

及至纸币时代的南宋时期，杨冠卿提出"钱楮实虚说"，他用

① 参见第六章第二节。
② 参见第二章第一节。
③ 参见第四章第二节。

"虚实"概念来解释纸币与铜钱的关系。他称:"楮虚也，其弊又不可言也；钱实也，藏之而无弊也。况夫上所出之楮日至而无穷，民间之输于上则惟铜币之为贵，吾何若以吾之实而易彼之虚哉！故钱日乏而楮日轻，州郡之间执虚券相授殆有终日而不见百钱者，则又何怪其不弊耶？或者不原其弊也?"他看到了铜钱和纸币在贮藏手段职能上的差异，以此提出挽救纸币贬值的措施，将"虚实"概念的分析范围扩展到纸币与铜钱的关系上。[①]

到了清代,"虚实"概念又成为纸币发行的一个重要论据，成为"部分准备金"的特殊表达。包世臣（1755—1855）提出了有限制的纸币发行主张。他称,"行钞则虚实相权者也，银、钱实而钞虚"。并进而将以部分比例的准备金来杠杆地发行纸币的方式，形象化地比喻称:"……统计捐班得缺者，不过十之二三，然有此实际，则能以实驭虚。"[②] 这种利用"虚实"概念来论证纸币流通的思想，被咸丰年间的王茂荫发挥到极致。王茂荫利用"虚实"概念来权衡大钱和纸币的选择，从大钱的弊端中论证纸币的合理性和发行机制。大钱尽管是虚价货币，但是与纸币比较起来还是有实体的，那么为什么纸币钞票可以行用，而大钱反而难以流通呢？王茂荫称:"不知钞法以实运虚，虽虚可实；大钱以实作虚，似实而虚。"[③] 他用货币虚实论来区别大钱和纸币的性质，符合纸币的使用经验和规律，同时也与历史上大钱发行屡次失败的事实相契合。宋代的周行己和李纲便已知晓，纸币的顺畅流通，不需要百分之百

---

① 参见第五章第三节。

② 参见第八章第六节。

③ 参见第八章第六节。

的准备金，关键在于经常性和临时性兑换的制度保证。根据铜钱流通的规律和经验，作为流通中通用货币的一种，它的正常流通必须以其实际的金属内容与法定内容相一致为基础。而虚价大钱的发行，一开始便具有欺骗的性质。正如马克思所说的“任何一种东西不能是它自身的象征。画的葡萄不是真正的葡萄，而是假葡萄”①。如同上述事例一样，萧清先生对各个时代的货币思想进行具体论述时，注重时代的前后关照，将活生生的货币形态的动态发展和一般的抽象概念结合起来，展示出不同时代人士因应时代之问，对于货币概念范畴的活用和发展，不仅清晰地呈现出货币思想发展的脉络，而且体现出各种货币思想显明的递进性和连续性。

（二）以整体的社会情景，厘清货币现象的表现及性质

如同马克思所说，“资产阶级经济为古代经济等等提供了钥匙。但是，绝不是像那些抹杀一切历史差别、把一切社会形式都看成资产阶级社会形式的经济学家所理解的那样”②。各种具体的货币形态的特征和功能，是与其所处历史时代的整体社会状况密不可分的。只有弄清特定的货币形态所处的社会条件和环境，才能了解当时人士关于货币问题的思考。萧清先生正是在正确剖析社会背景和时代精神的前提下，论述各个思想家关于货币形态及其本质特征的认识。晁错的货币名目论和司马迁的货币交易说，就是典型的例子。

晁错（约前200—前154）作为西汉著名的政治思想家，在货

① 马克思：《政治经济学批判》，人民出版社1976年版，第93页。
② 马克思：《政治经济学批判》，人民出版社1976年版，第215页。

币思想方面，就货币名目论的王权货币论进行了最为典型的阐发。[①]他称："夫珠玉金银，饥不可食，寒不可衣，然而众贵之者，以上用之故也。"这句话被后世学者长期用作议论货币的口头禅。他无视金银等本身的使用价值和价值，认为货币为无用之物，众人之所以视之为宝贵之物，完全取决于"上用之"，也就是说，由君王的权力决定货币的效用。这种认识，实际上是他"强中央、削诸侯"的政治主张实现的具体措施。同时，这种王权货币思想根源于他生活经历中所看到的货币形态，不是一般意义上的货币形态，而是货币形态发展到一定阶段的铸币形态。而铸币形态本身作为价格标准和计价单位，在一个经济体和国家经济整合的情形下，通常由最高统治者来确定。因此，他将作为价格基准的铸币与作为一般等价物的货币等同起来，得出了货币王权论的认识。实际上，如果将其表述为铸币王权论，则是东西方历史发展到一定阶段的普遍事实。后来，传统中国的各个历史时期大多主张"先王制币说"，实际是对铸币时代价格标准确定方式的客观反映。

在晁错逝去后的西汉时期，司马迁（约前145—前87）提出了货币起源上的商品交易说。它与文景时期具有法家倾向的贾谊、晁错主张经济上的国家干预不同，具有自然的经济放任主义倾向。在货币起源上，他提出了商品交易的自然发生说。他称："农工商交易之路通，而龟贝金钱刀布之币兴焉。所从来久远，自高辛氏之前尚矣，靡得而记云。"[②] 这种商品交易活动推生货币产生的论述，

---

① 参见第二章第一节。

② 《史记·平准书》。

符合历史事实。[①] 同样处于西汉时代，为什么晁错和司马迁得出完全不同的货币起源认识？这与他们所处的具体历史情景直接关联。晁错处于西汉建立初期，社会经济处于初始的恢复阶段，政府对于社会的控制处于强势状态，政令的统一和秩序的稳定是当务之急，“铸币国定说”便成为主要的货币观念。司马迁所处的时代，特别是汉武帝时期，社会经济和政治秩序已经得到根本改善，经济的运行虽然必须有统一货币五铢钱的铸造，但商业不断繁盛的实际生活，让人们有机会更多地体察经济运行的自然表现。正是这样的社会情景，让司马迁充分认识到交易活动是货币产生的动力。同时，他因有修史的个人经历，其要求的长时段的历史追问、特有的历史思维帮助他认识到在没有政府干预的远古时代，亦即非铸币的商品货币时代，交易是货币自然产生的动力。较之晁错所处的社会情景、个人经历和知识积累，他得出了超越基于铸币形态得出的“先王铸币说”的更为贴近货币产生真理的“货币交易说”。

正是从特定的社会条件出发，萧清先生分析了货币思想的不同方向。关于魏晋南北朝时期的“废钱用谷帛”的实物论，他明确指出，其主要出现在商品经济及金属货币流通较为发展的南朝，而相对落后的北朝则没有这种思潮。其缘由在于受战乱破坏最大的北朝地区，从晋室东迁到北魏太和十九年（495）恢复铸钱的近两个世纪里，长期陷于“谷帛为市”的状态，人们对实物交换的落后性及其弊害感受最深，尽管使用金属货币后也出现货币贬损、私铸及物价波动，但是两害相权取其轻，便没有再发出“废钱用谷帛”的呼

① 参见第二章第二节。

声。相反，商业相对发达、市场相对活跃的南朝地区，在经济出现波动、物价上涨、货币大幅贬值的情形下，成为“谷帛为币”思想发展的温床。实际上，对货币的蔑视和虚无主义看法的兴盛与消弭，与经济周期的荣枯相伴。在经济衰退，人们的生存成为问题时，只有商品才是货币，在这个时点“饥不可食、寒不可衣”，没有具体使用价值的货币成为弃物；而在繁荣时期，人们衣食无忧，更添声色犬马之乐，要实现更多的财富积累，货币便是财富延展的手段，这时，货币就成为人们竞相追逐的东西，只有货币才是商品。① 从历史长期的经验来看，不断出现否定货币的实物论，不过是经济衰退，人们的生存成了第一需要的反映。在货币实物论的视域里，马斯洛的需求层次理论只有第一层次需求的存在——生活的水平和品质，人的需求被降低到了最低限度。

关于明清之际“银荒”条件下启蒙思想家黄宗羲、顾炎武和王夫之的货币思想，萧清先生以西方转型期的国际货币动向为参照，论述其性质和缺陷。黄宗羲提出“银之力绌，钞以舒之”的“废银用钞”主张，论述废金银有“七利”，其基本思想是固守小农经济的社会状况，消除白银的使用。而其废金银的主旨，在于反对赋税征银，他称：“丰年田之所出足以上供，折而为银，则仍不足以上供也。”顾炎武在北方游历时自述：“今来关中……则岁甚登，谷甚多，而民相率卖其妻子。而征粮之日，则村民毕出，谓之人市。”他亲身体察到使用白银给民众带来的伤害，认识到出现“人市”的原因，在于“国家之赋，不用粟而用银，舍所有而责其所无”。他指出“倚银而富国，是恃酒而充饥也”。在他的眼里，用银的危害，

① 参见马克思：《资本论》（第一卷），人民出版社 2006 年版，第 162 页。

也首在赋税征银。王夫之认为明代白银主导货币地位的取得，“盖出于一时之利”，并且是“愚天下之人而蛊之也”，无妨“废银用钱”。他难以认识到明代中前期纸币制度败坏和铜钱铸行不力，经过民间货币实践的自律选择和竞争，白银方才取得主导货币地位。他反对用银的主旨，也在于反对赋税征银。[①] 我们知道，虽然正如马克思所说的“16世纪以来贵金属供给的增加，在资本主义生产的发展史上是一个重要因素”[②]，然而，白银是在传统社会因素占主导地位，中国没有迈入近代转型的条件下，与铜钱、纸币的分轨并行、互补使用的。中国与西方在哥伦布大交换出现之后，依赖黄金、白银等贵金属，逐步建立起主币与辅币结合的本位方案相比，走了一条完全不同的道路，中国进入的是“有货币，无制度”的白银时代。作为启蒙思想家的顾、黄、王，对于白银的认识不足，不是建立在白银作为本位货币助推近代资本主义的产生和发展上，而是建立在传统经济下白银在赋税征解中对于赋税承担者——基层百姓的财富分配功能和剥削上。同样地，白银作为自然实体，镶嵌于不同的整体社会制度，其本质特征和功能就大异其趣。明清中国的白银使用，并不必然引致近代曙光的到来。

萧清先生对不同时期货币思想赋予时代精神的解读，清晰地展示出各时期货币行用面临的主要问题，以及概念、范畴和思想的缘起及内涵。

---

① 参考第七章第四节。

② 马克思:《资本论》(第二卷)，人民出版社2004年版，第380页。

（三）以自身的专业积累和理论思辨，体察货币形式的历史与观念

今天关于人文学科的历史现象和本质的研究，学界提倡充分地利用社会科学的方法。而货币思想史，作为经济学的组成部分，自然应当从今天的经济和货币金融理论出发进行解读和论述。萧清先生的教学和科研经历，为他提供了重要的理论基础。如前所述，1950 年中国人民大学成立起至“文化大革命”前，他先后在本科、专修科、函授等班级主讲“资本主义国家货币流通与信用”“社会主义货币信用学”“短期信用组织与分析”“信贷组织与计划”“信贷与结算组织”等课程；与黄达先生等一起编写《货币信用学》；20 世纪 50 年代，他和黄达先生等三人是系里“货币流通与信用”课程的主讲教师。他长期在金融学理论上的学术积累和旨趣，在这本精练的货币思想史著述中充分地展示出来，体现出他对社会科学方法和原理的娴熟运用。

第一，萧清先生透彻地领会《资本论》中马克思提出的货币理论，对各个时期的货币思想从货币的本质和职能进行分层的准确辨析。

关于传统中国的纸币理论，他从流通手段职能和支付手段职能角度，做出国家纸币（有时直接称为“纸币”）和信用货币的区别，来分析传统中国纸币的性质和功能。

（1）中国纸币产生的民间交子阶段，交子无疑是具有信用货币性质的纸币，一旦收归官府发行进入官方交子阶段，其性质就转变为国家纸币，抛却准备和兑换的制度。而就南宋以后各个行用纸币

的王朝而言，王朝建立初始，发行的还是设有准备金的具有兑换券性质的纸币，一旦王朝稳定下来，纸币就成为财政筹集资金的工具。

（2）关于支持和反对纸币论的分析，从货币职能的角度予以充分说明。南宋爱国诗人辛弃疾力主使用纸币，他从纸币轻便易携带的优点出发，肯定纸币为良好货币。然而，他称："世俗徒见铜可贵而楮可贱，不知其寒不可衣、饥不可食，铜楮其实一也。"他抹杀了具有真实价值的铜钱作为贮藏手段职能的特性，只看到货币流通手段的职能。萧清先生既指出了货币名目主义的缺陷，也为在纸币贬值时纸币驱逐铜钱提供了合理解释。[①] 元初的许衡（1209—1281）是反对纸币论的代表，他正确地论述了纸币实际上是对人民的负债，是一种债务凭证。但在纸币理论上，他却有许多误读。他称："夫以数钱纸墨之费，得以易天下百姓之货，印造既易，生生无穷，源源不竭，世人所谓，神仙指瓦砾为黄金之术，亦何以过此。"他不懂得纸币的本质是"价格的记号"，是货币的符号。[②] 萧清先生的分析，从马克思货币观的基本概念出发，切中要害。

（3）王瑬"钞无尽"的纸币理论，是名目主义纸币理论的典型。[③] 然而，他称："富家因银为币而藏银，今银不为币，富家不藏银而藏钞矣，此自然之理也，藏钞以待用耳。"王瑬完全无视白银和纸币在价值实体上的根本区别，不懂得只有具有真实价值的实体货币才有贮藏手段职能，而纸币只能承担流通手段职能。他这种虚妄的想法，目的在于通过诱导公众保存纸币，使得政府借此收罗白

① 参见第五章第三节。
② 参见第五章第四节。
③ 参见第八章第六节。

银积聚在手中。意味深长的是，即使在今天，人们仍然不懂得货币贮藏手段职能的本来含义，仍然有人将现钞、数字货币以及比特币的保存和保管看成是货币的贮藏手段职能，期待它们具有不贬值和具有时间交换的功能，这是对货币职能特征认识的虚妄和浅薄。

萧清先生就是这样，通过对货币职能的分层析离，透视各个时期货币思想发明和缺陷、良莠和得失。

第二，萧清先生充分地利用现代货币金融原理，对各种货币现象和思想进行准确的解读。

西方的铸币历史表明，铸币税的存在和合理水平是保证铸币充分供给的重要条件。然而，在中国历史上，长期以来官方完好货币的供给，铸币的成本远远超过铸币的名义价值。也就是说，在铜钱一个当一钱流通的情况下，一个铜钱的铸造成本超过了铜钱的名义价值。萧清先生关于明代杨成货币思想的论述，反映了传统中国对于铸币税的特殊认识。

生活在明代隆庆、万历年间的杨成称，如果花费银 1 分（价值 7 钱）成本，铸造 5 钱铜钱，从账面上看亏本 2 钱，是无利的事业。然而，在他看来，“不知以银为钱，非投水火类也；银一分故在天地间，又加铜五文，可当银八厘，又在天地间，是一本而八息也，利孰大焉”。在他的眼里，成本和收益不应当在单个经办主体范围内考察，而应将社会整体作为出发点，耗费了价值 7 钱的白银 1 分，铸造成价值 5 钱的铜钱，不仅不应认为是亏本，而由于 1 分白银仍然留存在世间，且新增 5 钱铜钱，应该认为货币财富从原有的 7 钱，增加到了 12 钱。如果用白银来计值，就是花费 1 分的白银铸成价值 8 厘白银的铜钱，相当于“一本而八息”了。这种独特的铸币税解读，当时人郭子章也提出了类似的看法。[①] 实际上，它反映了中国铜钱流通的规律在铸币上的要求。传统中国铜钱的流通，在各王朝建立之初，国家铸行完好合乎规格的铜钱，社会呈现出良币驱逐劣币的态势，从铸钱成本角度来看，通常都是铸钱成本大于铜钱的价值。铸造完好铜钱成为王朝国家的特权，同时也是义务。在王朝中后期衰退之际，才出现官方铸币供给不足和民间私铸贬值铜钱的泛滥，从而出现劣币驱逐良币的现象。从王朝更替和铜钱使用周期来看，王朝的兴衰过程，在铸币问题上，总是体现为从“良币驱逐劣币”转向“劣币驱逐良币”的过程。

铜钱的长期普遍使用是传统中国货币流通的特色，然而在支付层面上，它只适用于小额的零星交易。事实上，各个历史时期，在铜钱之外都有相对应的大额支付工具。在铜钱之上，秦汉时期是黄金，魏晋南北朝和隋唐时期是绢帛，宋元时期是纸币，明清时期是白银，各自服务于相应时代的大额支付领域。然而，从价值尺度一元化的视角出发，古代社会经常出现否定铜钱使用的情况。然而，正是服务于日常零星交易的小额货币的合理制度设定，才是经济的顺畅运行和保障人们生活质量的关键。南朝刘宋时期周朗在主张实物论的旗号下，实际上主张货币按照支付金额的大小分层使用，“市至千钱以还者用钱，余则用绢布及米”[②]。这个主张要求将铜钱作为流通手段，限制在小额交易之中，而大额交易，则应当主要由合度中式的整匹布帛承担货币职能。在单一实施纸币制度的元朝，随着纸币制度的败坏，郑介夫提出使用铸造铜钱的必要性，并从支

① 参见第七章第二节。

② 参见第三章第一节。

付的角度，论证了铜钱服务于百姓日常生活的便利性。他称："夫国家输送，则钞为轻，百姓贸易，则钱为利便，二者相因，而未尝相背，即子母相权之说。"[①] 他区分了大宗交易、财政调拨与百姓民间交易和支付对货币的不同需要。不同的货币流通领域，对于作为货币流通手段的货币形式具有不同的要求。明代的钱秉镫（1612—1693）主张银、钱、钞三者并行分轨使用，他称："每钱一千值银一两，钞一贯值钱一千，而银以五十两为锭，零用则钱，整用则钞，满五十两始用银。"[②] 这也是主张根据交易数额的大小，使用不同层次的支付手段。这是传统中国社会面对不同的支付金额，在货币形态选择上的思考。诺贝尔经济学奖获得者萨金特及其合著者在《小零钱大问题》中，论述了西班牙加泰罗尼亚地区在15世纪90年代由于应对地方零用与社会整体价值一体的问题，推生出了具有近代意义的本位方案。对照来看，传统中国社会的应对是几种货币分轨并行、互补流通，形成上下不通的市场层次和货币结构。

纸币由税收支撑，从北宋交子诞生不久起，就成为纸币发行的重要理论依据。在吕惠卿（1032—1111）于熙宁八年（1075）八月十三日与宋神宗、王安石的一次对话中，宋神宗就主张在陕西发行不兑现的纸币交子，意在与政府的财政收支关联起来。南宋人杨冠卿在论证四川交子得以成功的原因时，称四川立法，"租税之输，茶盐酒酤之输，关市津梁之输皆许折纳，以惟民之所便"。[③] 这明

① 参见第六章第二节。

② 第七章第四节。

③ 第五章第三节。

确道出了税收支持纸币流通的思想。元朝在中统钞出现明显贬值后，于至元二十四年（1287）实施发行新的至元钞的改革，采纳叶李的《至元宝钞通行条划》(叶李十四条划)。作为最早的不兑现纸币发行条例，它规定政府税收、俸饷、民间交易、借贷均以宝钞为则。[①] 揆诸元代纸币流通的事实，元朝在至元十二年（1275）之后，实际上抛却了初年中统钞“以银为本”的纸币兑换制度，建立税收支持的不兑现纸币制度。现代货币理论主张“税收驱动货币”的思想，在纸币诞生最早的中国，已经有长期的思想素材。萧清先生的论述和分析，为我们理解和认识现代货币和金融理论，提供了重要的思想资源。

可见，萧清先生利用现代经济与货币金融理论对传统中国货币思想所作的系统全面分析和论述，实际上写就了一部历史时期的货币金融学。

三、 重建货币理论不可或缺的思想资源

现代货币金融理论的基本概念和理论框架，均基于西方的历史经验与现实实践而得出。客观地说，只有包含人类全部货币实践和思想的货币金融理论，才能体现出货币金融活动的真实面貌，成为我们思考未来的指引。中国在货币实践和理论思考上，有长期和独特的经验和积累。萧清先生这本货币思想史著作，为今天的货币理论的重建，提供了重要的思想资源。这里就两个问题做一个引导性的论述。

---

① 参见第六章第二节。

第一，关于“货币的本质是信用”的论述，传统中国的货币思想为我们提供了做出合理判断的丰厚思想资源。

近来有一种说法称：“纵观经济学思想史和金融学对货币起源的研究，货币的本质是信用，这种看法得到越来越多的认可。在金属货币时代，金银等商品自身的稀缺性和内在价值创造了货币自身的信用。在信用货币时代，国家信用是货币流通的基础，而财政的征税权支撑着国家信用。”① 这里似乎将信用与信任亦即货币的公信力混淆起来了。关于信用货币的性质和特性，黄达教授在他编著的教科书《金融学》中，在《金融范畴的形成和发展》一章里，专门进行了充分的辨析。信用是债权债务关系，金融学上的信用(credit) 直接对应的中文词语只能是“借贷”，而不是通常所指的的“说话算数”的信用或者信任关系。货币形态的发展经历了商品货币、金属货币和信用货币三个阶段，在商品货币和金属货币阶段，货币与信用的关系是偶然的和个别的，哪几个天然海贝用于借贷，哪几枚铜钱用于借贷，它们就用于信用活动并与信用发生了关系。而从其发行和流通的一般机制而言，商品货币、金属货币与信用，是各自独立发展的。资本主义发展过程中，现代银行的诞生，创造出银行券和基于转账结算的存款货币，尽管没有排除贵金属铸币的流通，但是货币形态从实体货币向信用货币占主导的方向转化。及至20世纪30年代，实施彻底的不兑现银行券制度，流通中的货币完全过渡到不兑现银行券和存款货币的时代，以迄于今。这种体现债券债务关系的信用货币，引至任何货币的运动都是在信用活动基础之上组织起来的。货币的运动与信用的活动不可分割地联

① 刘尚希：《论财政与金融关系的底层逻辑》，《财政研究》2024年第7期。

系在一起，便形成了“金融”这个新范畴。[①] 可见，信用货币是货币形态发展到一定历史阶段的产物。

在商品货币时代和金属货币时代，较之信用货币，货币形态的性质和功能特征完全不同。萧清先生的这部货币思想史，为此提供了大量的思想材料。这既有利于我们把它当成一面镜子，正确地把握当下信用货币时代货币运行的规律和条件，也可以帮助我们深入地认识在商品货币和金属货币流通的时代，货币运行的规律和特征，以人类货币使用的全部历史得出关于货币的全面的认识和把握，避免由于空间和时间的局限，对于货币形态的性质和特征形成误读。

在西方历史上，金属铸币时代通过铸币的减损获取铸币税收益，是一个常见的现象，其主要原因在于商业主体和私人铸造。[②] 而在古代中国铜铸币时代，币材价值的足值问题，从来都被放在铸币政策的首位。铜铸币流通时期被分为三个阶段，前两个阶段是“半两钱”时代（前221—前113）和“五铢钱”时代（前113—621），这两个阶段直接将青铜的重量铸造在铜钱的正面，形成独具特色的“量名钱体系”，其用意在于保证价值一钱的铜钱的重量足值和充分。在货币思想上，南朝齐的孔觊提出反对铸币贬损的思想，从理论上论述了铸币流通的原则。[③] 他称：“铸钱之弊，在轻重屡变。重钱患难用，而难用为累轻；轻钱弊盗铸，而盗铸为祸深。

---

① 参见黄达、张杰编著：《金融学》（第五版），中国人民大学出版社2020年版，第109—110页。

② 参见［美］罗格夫：《这次不一样》，机械工业出版社2017年版。

③ 参见第三章第三节。

民所盗铸，严法不禁者，由上铸钱惜铜爱工也。惜铜爱工者，谓钱无用之器，以通交易，务令轻而数多，使省工而易成，不详虑其为患也。”他透彻地指出了铸币问题“惜铜爱工”的危害，主张不能随意地减损铸币的金属含量。这里明确地论述了所谓价格基准的铸币，尽管由政府权力来决定和铸造，但是必须坚持价值一律的原则，而不是金属的货币符号。

在中国铜铸币流通的实践中，自五铢钱开始直至通宝钱时代的1911年铜钱退出历史舞台，贯彻铸币不贬损的思想，始终坚持官方铜钱铸币内在价值（辅之以铸造成本）在时间上的一致性，呈现出铜钱的跨王朝流通的特色。为了贯彻这个思想，明代的靳学颜提出了在铸币成本问题上的“天府之算”和“民间之算”的区别。[①] 他称：“今之为计者，谓钱法之难：一曰利不酬本，所费多而所得鲜矣。臣愚以为，此取效于旦夕，计本利于出入，盖民间之算，非天府之算也。夫天府之算，以山海之产为材，以亿兆之力为之，以修洁英达之士为役，果何本而何利哉？”他主张利用国家的强制力和税收征解特权，弥补铸钱成本过高的问题。这比时下从企业财务和公司股份角度来论证国家财政活动的原则和货币的性质，更加切中国家与市场主体区分的要害。国家不能像民间经济主体那样计较成本和收益，靳学颜处理铸币问题的思想指向，就是保证足值钱币的供给。清代咸丰年间王茂荫对于大钱弊害的分析，也充分说明币材问题的重要性。

中国铜铸币使用的实践和思想，尽管伴随着私铸和劣质铜钱的民间流通，为信用货币的认识提供了充分的思想资源。但是铜铸币

---

① 参见第七章第二节。

的减损和不足值、私铸的盛行，仅仅体现出政府货币治理的不力和非法行为的泛滥，没有任何信用行为的反映。

第二，关于哈耶克“货币的非国家化”的论断，传统中国货币思想为我们提供了做出合理判断的思想资源。

数字货币成为货币形态变革选项的今天，经济学家哈耶克提出的“货币的非国家化”成为一些人主张摆脱中央银行制度的非中心化数字货币的理据。事实上，民间的货币竞争实验，自古以来在中国就有丰富的实践和思想资源。从西汉半两钱败坏过程中可以看到，西汉初年虽进行了多次调整，但仍呈现出货币混乱、流通不便、实物交易和“奸钱日繁”的劣币驱逐良币局面。贾谊的“奸钱论”，不仅坚决主张铸币权的中央垄断，而且主张铸币材料——铜料的中央垄断。近年或有人认为，景帝时期的“民间放铸”是哈耶克的“货币的非国家化”理论在中国汉代的经历，是中国古代铸币民间自由竞争铸造的成功实验。实际上，考古信息告诉我们，景帝“四铢钱”40余年的顺畅流通，其要害不在于民间铸造，而在于借助“称钱衡”，对于民间铸造的铜钱进行重量的标准化规制。民间放铸，不是自主随意地铸造，而只是将铸钱的责任从政府下放到民间，民间铸出的钱必须满足政府的标准要求。

从货币价值尺度的基本要求出发，主持汉武帝时期五铢钱铸造的桑弘羊，透彻地论述了铸币权中央垄断的合理性。[①] 虽然有《盐铁论》中贤良文学的反驳，以及唐代初年张九龄单纯从减轻财政负担角度提出民间私铸的主张[②]，但张九龄之后，中国的主流货币思

① 参见第二章第一节。
② 参见第四章第一节。

想再也没有民间私铸的意向。货币的主权国家治理，既是历史经验的总结，也是货币作为价值尺度的基本要求。在一个国家或一个经济体内，要形成统一市场，货币的统一是基本的条件。特定地域经济活动的灵活应对，可以辅之以社区货币；特定层次的支付活动，可以辅之以辅币制度。在这些方面，传统中国的货币实践和思想，也给我们提供了丰富的参照。传统中国的货币思想告诉我们，坚持央行法定数字货币的方向，才是合理的选择。

总之，借助萧清先生的这部货币思想史，既可以知晓中国古代应对货币问题的经验和思想贡献，作为一面镜子，也可以在比较和参照中重新审视今天货币和金融的实践和理论的真实面貌，得出包括中国思想历程及固有经验在内的关于货币问题接近真理的全面整体认识。传统中国的货币思想，是重建当今货币金融理论不可缺失的思想资源。

最后需要说明的是，萧清先生三部重要著作的再版，自始至终得益于萧清先生的子女肖昀女士和肖暘先生的全力支持。特别致以谢意！

中国人民大学财政金融学院货币金融系教授

中国金融学会金融史专业委员会副主任委员

何　平

2024 年 12 月 26 日

目录

第二章 两汉的货币思想

第三章 魏晋南北朝的货币思想

第七章 明清的货币思想（上）

第八章 明清的货币思想（下）

简　结

绪论

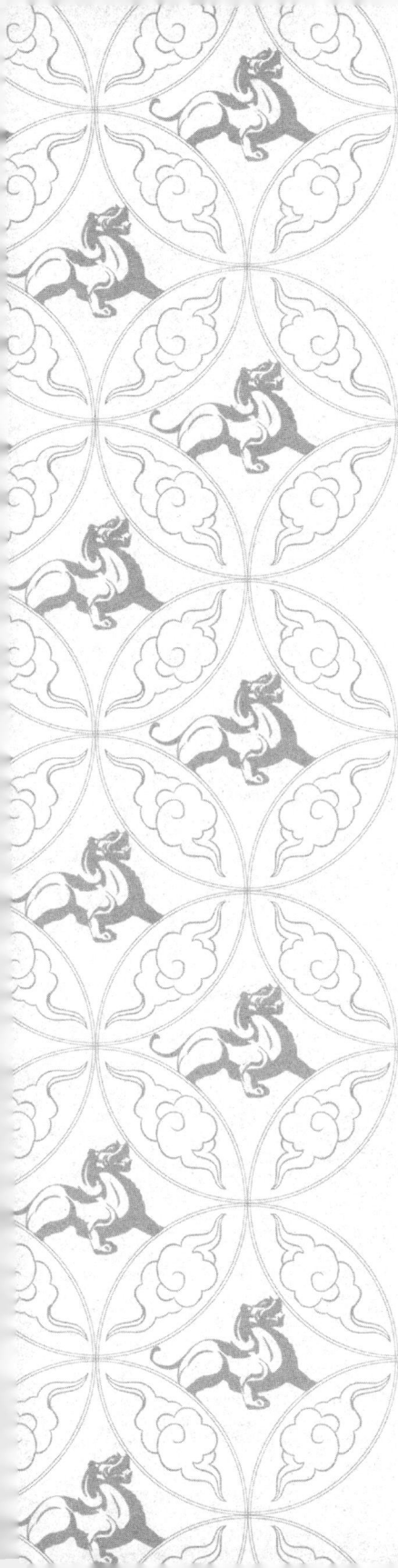

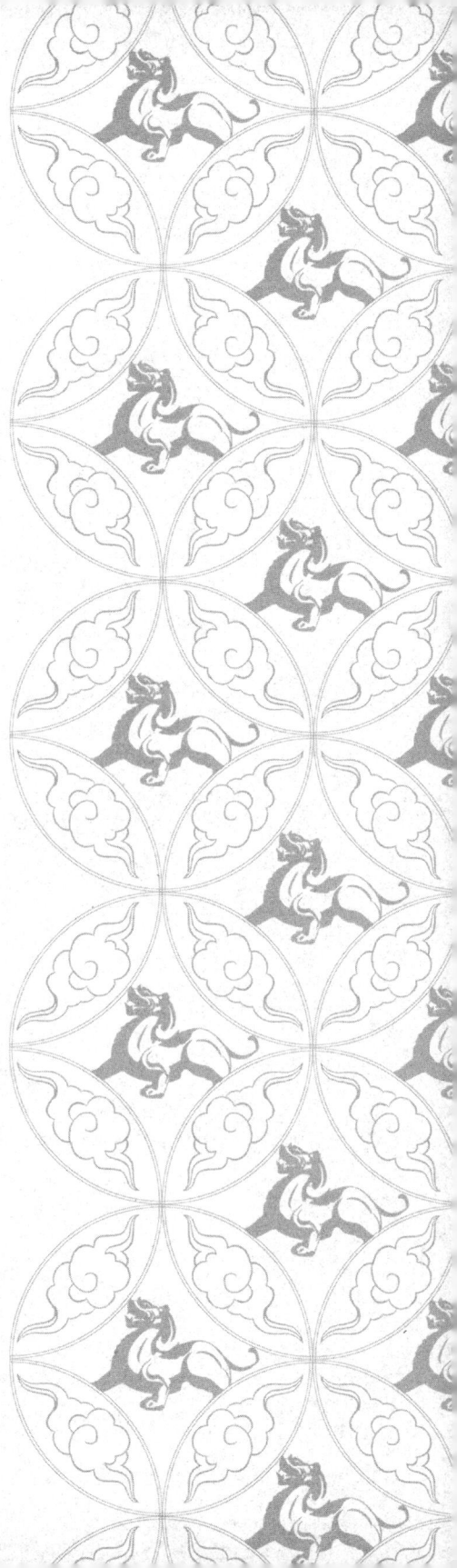

中国丰富的古代货币思想，是灿烂的古代货币文化的重要组成部分，是前人遗留下来的宝贵历史遗产。

马克思说："因为一定的现象，如商品生产、贸易、货币、生息资本等等，是两个社会共有的。由于希腊人有时也涉猎这一领域，所以他们也和在其他领域一样，表现出同样的天才和创见。"①早在春秋战国诸子百家争鸣之时，我国古代的货币思想就已展示出绚丽的光彩，而且历代均有所前进、有所发展，我国对古代货币思想作出贡献的思想家也代不乏人，一直到十五、十六世纪，在这一领域仍居于世界的前列。

春秋时期，单旗（即单穆公）于周景王二十一年（前524）将"子母"这一组概念运用于阐述金属铸币流通，形成所谓"子母相权论"，这一货币理论曾为人们长期援引，用以解释不同历史时期的不同货币流通现象。主要出自战国学者们之手的《管子》，则把我国古代特有的、春秋以来已流行的"轻重"概念，广泛用于包括货币、价格、商品、贸易等人们社会经济活动的各个方面，尤其是从封建国家的角度出发，把货币问题当作阐发的重点，遂使"轻重"概念在秦以后两千年中，基本上成为人们讨论货币问题的专有范畴，如

① 《反杜林论》，人民出版社1970年版，第225页。

南齐孔颉，唐代的刘秩（？—756）、陆贽（754—805），北宋的周行己（1067—1125）等就都曾应用轻重论来阐述当时的货币流通现象。

货币金属论与货币名目论这两种资产阶级政治经济学中关于货币本质问题看法的基本派别，在我国春秋战国时期的货币思想中，也已有明显的表现。单旗的“子母相权论”就是最早立足于货币金属论、为反对周景王铸大钱而阐发的。《管子》重视货币的流通手段职能的思想及它的关于货币无补于饥寒的看法，则是立足于货币名目论，而且以此为基点，形成关于货币是封建国家干预经济的工具的思想。除此，《管子》还最早在轻重论的基础上，阐发了“物多则贱，寡则贵”的货币数量论思想。

此外，在价值论方面，《墨子》提出“为屦（鞋）以买衣为屦”“买刀（铜币）籴（谷物）相为贾（价）”的命题。《墨子》的作者已发现物品用途的二重性，即已接触到商品的使用价值和交换价值的区分问题，并看到物品自身不能表现价值，而必须借助另一物品来表现，亦即已接触到价值形态及其表现的问题。可惜，墨家这些对科学的价值论至关重要的思想，在我国其后历史的漫长年代中并没有获得很好的发展与延续。

在秦汉地主经济制统一封建帝国建立后的两千年中，西汉前期的思想家们在货币思想领域，积极为巩固统一的封建地主经济制政权、为建立统一的货币制度做了重要的舆论准备。贾谊（前200—前168）提出了“法钱”的概念，尤其是他的“禁铜七福”论，要求由封建政府垄断币材——铜的主张，对后来封建国家的货币政策有着重要的影响。贾山（约公元前179年在世）和晁错（前200—前154）发展了《管子》关于货币无补于饥寒的名目论思想和国家把货币作为干预经济的工具的思想，认为货币本是“饥不可食，寒不可衣”的无用之物，但封建君权则可使它成为“易富贵”“亡饥寒之患”的东西，明确强调了掌握货币铸造权与维护君权二者联系的重要性。桑弘羊（前 152—前 80）是汉武帝实现垄断货币铸造权、建立统一五铢钱制度的主要执行人。他在盐铁会议上坚决维护中央垄断货币铸造权的政策，坚定地说：“统一，则民不二也；币由上，则下不疑也。”于是，他第一次明确提出了“统一”概念，而为统一的封建帝国树立健全的货币制度确定了一项重要原则。除此，他还是最早把“虚实”这一组概念用于解释商品与货币二者的关系的人。他提出的“以末易其本，以虚（货币）荡其实（商品）”，是为我国又一专有的货币理论——货币虚实论的发轫之处。后来，北宋的周行己又更清楚地阐述这一概念说：“盖钱以无用为用，物以有用为用，是物为实而钱为虚也。”

货币铸造权的集中与统一的原则，经过两汉思想家的激烈争辩，这一问题在历史上遂得到了较好的解决。在此以后，我国长期的封建社会中，对于铸币权由封建国家统一的原则，基本上就未再有大的争论。

在我国封建地主经济制前期，自然经济毕竟有很大的优势，因而在货币经济发展的同时，从西汉中叶以后，就一直不断出现“实物论”思想。贡禹（前 124—前 44）是发出废钱用谷帛主张的最早的代表人。在魏晋南北朝时期，由于货币的混乱，经济实物化状态的增强，则可以更多地听到这一呼声。然而这一时期，维护金属铸币流通的“反实物论”思想，以及反对铸币贬损的货币金属论思想也同时发展了。前者以反对桓玄（363—404）废钱用谷帛建议的孔琳之为代表。他在对币材自然属性的分析上，有说服力地揭示了金属货币相对于谷帛的优越性；后者的南齐孔颉的《铸钱均货议》则是阐发货币金属论、维护足值货币、反对封建统治者铸币贬损政策的一篇具有代表性的文章。

尤其值得注意的是，正是在货币经济受到重大损害、经济实物化增强的时期，却出现了突出反映人们货币拜物教思想的鲁褒的《钱神论》。马克思很欣赏莎士比亚（1564—1616）的《雅典的泰门》中对作为货币的黄金权力的描述，认为“莎士比亚把货币的本质描绘得十分出色”[①]。可是莎士比亚的《雅典的泰门》比鲁褒的《钱神论》却迟了一千多年；它与后来我国另一以纸币为主题的、揭露人们货币拜物教思想的作品——南曲大家高则诚（约 1301—约 1370）的《乌宝传》相比，虽同是大戏剧家的作品，但是晚了二百多年。

在我国封建地主经济制后期，商品货币关系和金属铸币流通的发展，尤其是我国封建社会中纸币产生及其流通的事实，促使货币思想又有所前进和发展。

唐代的刘秩祖述《管子》和贾谊的成说，持论平正地维护了封建国家垄断铜币铸造权的原则，并在议论中将贾谊以重农抑末思想为主导的“禁铜七福”，发展为包括照顾商人利益“末利”的“禁铜四美”论。他还运用《管子》轻重论更进一步地发展了货币数量论思想。他说：“夫物重则钱轻，钱轻由乎物多，多则作法收之使少，少则重。”这里，他将货币价值的大小，与货币数量的多寡直接联系起来，因而比东汉张林、南齐孔颉所言“钱少物皆贱”“粜不贵是天下钱少”，将物价高下与货币数量多寡相联系的说法，

① 《马克思恩格斯全集》（第四十二卷），人民出版社 1979 年版，第 153 页。

就更为前进了一步。在此以后，在中唐“钱荒”问题的争论中，陆贽也运用轻重论把对货币数量论的认识概括为“物贱由乎钱少，少则重，重则加铸而散之使轻；物贵由乎钱多，多则轻，轻则作法而敛之使重，是乃物之贵贱，系于钱之多少，钱之多少，在于官之盈缩”。[①] 陆贽和刘秩的说法，都是中国封建社会时期表述最为清楚的典型的货币数量论。

北宋的沈括（1031—1095）是我国十一世纪的博学多才的科学家和思想家，他在货币思想方面也有卓越的贡献。他在对宋代“钱荒”问题的议论中，提出以贵金属金银为币、利用类似信用货币作用的盐钞代行货币职能的主张。尤其是他对货币流通速度与货币数量关系的认识，是最有见地的了。他说：“钱利于流借，十室之邑有钱十万，而聚于一人之家，虽百岁故十万也；贸而迁之，使人飨十万之利，遍于十室，则利百万矣。迁而不已，钱不可胜计。”[②] 这就使他对前人反对货币“壅积”的思想有了重要的发展，并最早提出货币流通速度的概念。周行已也主张改善和推行纸币“交子”及茶、盐钞引、公据等信用凭证和证券，并将轻重理论运用于铜、铁钱流通，以解决当时货币流通紊乱和币值不稳的问题。而在货币思想方面最值得注意的，即他所云“钱本无重轻，而物为之重轻”，“钱与物本无重轻，……而相形乃为轻重”的观点，以及他重视钱与物“相为等而轻重自均”的看法，即他重视货币与商品间的等一性的观点。这样，虽然“他不能发现这个均等关系‘实际上’是

① 《陆宣公奏议》卷十二《均节赋税恤百姓六条》。

② 《续资治通鉴长编》卷二百八十三熙宁十年之月壬寅。

由什么构成”①，但毕竟是使轻重理论与科学的价值论联系接近了。

进入宋代，约在10世纪末，我国货币流通界出现了纸币这一崭新事物。纸币在我国封建社会中较早地产生及其流通，扩展了人们的视野，因而宋元时期的思想家和学者们围绕纸币问题阐发的议论，又更丰富了我国古代的货币思想。

从货币流通的理论范畴的发展看，由于纸币的出现，“子母相权”这一概念的含义也随之发生变化，而且还把“虚实”与“子母”这两对范畴结合起来，使得古老的“子母相权”货币论的内涵更为丰富了。本来，所谓“子母相权”是指金属铸币流通中两种单位大小不同的重钱、轻钱并行流通的关系。后来，由于封建统治者的铸币贬损及虚价大钱的流通，于是“子母相权”概念，又被援用于足值、不足值金属铸币的并行流通关系上，如唐代第五琦主管财政，于乾元元年（758）铸造当十“乾元重宝”大钱，与足值的“开元通宝”钱并行，也被说是“小大兼适，母子相权”。

纸币产生以后，则又被援用于金属货币与纸币之间的关系，如南宋杨万里（1127—1206）提出钱楮母子说，认为江南之铜钱、淮上之铁钱为“母”，行在会子、铁钱会子为“子”，“母子不相离，然后钱会相为用”。陈耆卿（1180—1236）也说：“钱（铜币）犹母也，楮（纸）犹子也，母子所以相权。”

除此，人们还将“虚实”与“子母”结合用于说明货币流通现象，所谓“实”，指足值的金属货币，“虚”指不足值的虚价铜币及纸币，尤其是贬值了的纸币。铜钱有“实钱”“虚钱”之分，始

① 马克思：《资本论》（第一卷），人民出版社1963年版，第33页。

于唐代第五琦之铸造乾元大钱的贬值流通，于是使“虚实”概念相应地从商品与货币间的关系而扩及货币流通界内部不同种类或性质的货币间的关系。纸币广泛流通以后，从南宋时起，人们在经济生活中便普遍以铜钱为“实”、纸币为“虚”了。杨冠卿（1139—?）率先提出“楮虚也”“钱实也”的钱楮实虚说，叶适（1150—1223）也称纸币为“虚券”，袁甫则把铜钱与纸币的兑换，称为“以实钱博虚会（会子）”。

元人承袭金人的“交钞”制度，把纸币叫作“钞”，最初分散发行地方性纸币时，有所谓“银钞相权法”。元朝建立以后，从中统二年（1261）开始发行以银为本的“中统元宝交钞”，当时王恽（1227—1304）就将这一纸币发行制度称为“使子母相权，准平物估”，而赵孟頫（1254—1322）则将这一情形说成是“始造钞时，以银为本，虚实相权”，因而“虚实”与“子母”概念也已结合起来，而且它们的内容发展为白银与纸币的相权关系了。

在纸币流通的情形下，纸币流通的稳定，与国家经济、财政及各阶级人民生活密切相关，因而怎样保持纸币稳定的问题，也就是朝野人士皆所关心之事。人们强调“子母相权”“虚实相权”的原则，大凡皆与要求纸币兑现，以保证纸币币值的稳定相联系，而怎样利用包括兑现等措施、使纸币币值保持稳定的理论和方法，就是所谓“称提理论”或“称提之术”——这是我国古代封建社会纸币流通下所独有的另一重要货币范畴和理论。

“称提”一词，是始自宋代的货币术语，其本义有权衡之意，推广言之，也有对纸币制度与纸币流通管理的意思。其内容，主要是指用金属货币或实物收兑流通中过多的纸币，从而使贬值的纸币得以恢复其原来的名义价值；或把已贬值的纸币币值提高并稳定下来，使纸币价值在一个新的水平上与物价建立一种新的平衡关系。纸币称提的方法，与盐钞的“置场买卖”在原则上也是类似的。由于最初的纸币“交子”本来就是可以兑现的信用货币，因而通过兑现以保证纸币价值的稳定，人们早已懂得了。如北宋的皮公弼（？—1079）就说：“交子之法，以方寸之纸，飞钱致远，然不积本钱，亦不能以空文行。”

至于纸币称提原则与方法的理论出发点，则是纸币“少则重，多则轻”这一为人所熟知的货币数量理论。在这方面，袁燮（1144—1224）就指出：“楮之为物也，多则贱，少则贵，收之则少矣；贱则壅，贵则通，收之则通矣。”他的次子袁甫也认为纸币“收愈多则数愈少，数愈少则价愈昂”。戴埴则言：“予谓钱与楮犹权衡也，有轻重则有低昂，分毫之力不与焉。……故言楮则曰称提，所以见有是楮，必有是钱，以称提之也。楮多易得，则金钱贵重，……楮愈多则物愈贵。”

货币数量论用于自身有价值的金属货币是不对的，但是作为金属货币符号的纸币，它的价值的大小，却正是直接决定于流通中的纸币数量的多少。因而，人们从纸币流通的实践中所得出的纸币“少则重，多则轻”这个结论是符合实际的，虽然人们还并不懂得，不论纸币数量的多少，它所能代表的价值，只能是流通所必需的真实货币的价值这一纸币价值形成的原理。

在宋元时期长期纸币流通的实践中，人们对纸币及其规律的认识，也是不断深化的。如元明之际的叶子奇（约1327—1390）论述纸币制度时就说：“必也欲立钞法，须使钱货为之本，如盐之有引、茶之有引，引至而茶盐立得，使钞法如此，乌有不行之患哉！……譬之池水，所入之沟与所出之沟相等，则一池之水动荡流通而血脉常活也；借使所入之沟呈通，所出之沟既塞，则水死而不动，惟有涨满浸淫，而有滥觞之患矣。"[1] 叶子奇是不赞成不兑换纸币流通的，因而也就不能理解强制通用的不兑换政府纸币的本质，然而他对不兑换纸币进入流通、不能自动退出的特点的观察是很深入的。于是我们能够看到，他已意识到纸币代替金属货币流通，必须保持在一个客观的适当数量的水平上，如果纸币不能兑现，无异于堵塞了池水发泄的渠道，从而也就随时有纸币数量超过客观限量，而不免有水满浸淫之患。马克思曾用"蓄水池"比喻"贮藏货币"对流通中货币的影响说："贮藏货币就表现为流通中的货币的引水渠与泄水沟。"[2] 所以，与此相似，叶子奇所言保持纸币正常流通的"一池之水动荡流通而血脉常活"的比喻，也的确应是一个很值得赞许的形象说法。

所以，我国封建社会中长达数百年的纸币流通的实践，大为充实和丰富了我国古代货币思想的内容。就世界范围看，由于纸币在我国出现得最早，因而我国古代思想家关于纸币方面的理论和见解，也就弥足珍贵了。

可是长期受封建统治者纸币膨胀之害的古代人民，是不可能弄清纸币流通与通货膨胀两个范畴间的区别与联系的，因而就使多数人均对纸币持否定，甚至敌视的态度，一些思想家也往往将纸币贬值的弊害，归咎于纸币制度本身。许衡（1209—1281）就认为

---

① 《草木子·杂制》。

② 马克思：《政治经济学批判》，人民出版社 1955 年版，第 100 页。

"楮币折阅，断无可称提之理"，并把贬值的纸币，径直说是封建政府对人民的负债，斥责为"无义为甚"，而元朝末年的民谣把"人吃人"、"钞买钞"与"贼做官、官做贼"相比，则更是对封建统治者滥发纸币、剥削人民行为的一针见血的鞭挞。

明清时期，在货币思想领域作出值得称许贡献的，是十五世纪的思想家丘濬（1420—1495）。他在对于纸币理论的阐述中说："所谓钞者，所费之值不过三五钱，而以售人千钱之物。呜呼！世间之物，虽生于天地，然皆必资以人力而后能成其用，其体有大小精粗，其功力有浅深，其价有多少，值而至于千钱，其体非大则精，必非一日之功所成也，乃以方尺之楮，值三五钱者而售之，可不可乎？"① 这里的"物"，应指劳动生产物，因为它是"资以人力"而"成其用"的，即它的使用价值是靠人的劳动而产生的，而作为商品的"物"的价值大小，则决定于"功力"的深浅，即耗费的劳动量或劳动时间的多少。这样，他在阐述货币与纸币问题时，便开始接触到商品的劳动价值观点，这也正是他在货币思想方面较前人进步之处。

然而就明清时期货币思想总的状况看，却呈现出发展迟滞的情形，这尤其表现在明清之际人们关于"银荒"问题的议论中。其时已是十七世纪，贵金属白银也早已发展为流通中的主要通用货币，国内封建经济中已经发生了资本主义萌芽，但当时一些著名的思想家，如黄宗羲（1610—1695）、顾炎武（1613—1682）、王夫之（1619—1692）等，他们在政治思想领域虽然都有着较进步的反专制主义的民主主义思想，黄宗羲在经济思想方面还发表了"工商皆

---

① 《大学衍义补》卷二十七《铜楮之币下》。

本”的看法，但是在货币思想方面，在对待与“银荒”相关联的赋税征银及白银流通问题上，则多是持明显的否定态度。黄宗羲提出“废金银”的主张，王夫之更是过分强调重农贱商、贵粟贱金以至主张废金银专用铜钱；顾炎武虽然没有简单地反对田赋征银，也没有否定以银为币的事实，但其总的态度也是消极的。因而，他们货币思想的倾向，其实都是违反商品货币关系发展的历史趋势的；从他们对于“银荒”问题的具体阐述和议论看，也少有新义发明，往往是简单地重复唐代人在“银荒”问题的议论中已经讲过的言辞。从此以后，纵然货币思想领域在一些方面仍有些许发展，如鸦片战争前后进步思想家林则徐、魏源等对待鸦片走私、白银外流促成“银荒”的分析和认识，他们率先提出铸造银元的要求等，包世臣（1775—1855）、王茂荫（1798—1865）在货币虚实论方面提出“以实驭虚”“以实运虚”的原则，以及这时期出现我国最早的论述货币问题的货币思想史方面的专著《钞币刍言》《钞币论》等。但从几千年总的发展过程来看，与此前的成就，尤其是与先秦时代相比，明清时期的货币思想发展则大为黯然失色了。

第一章

先秦的货币思想

第一节
先秦货币思想的发生

中国丰富的古代货币思想，是灿烂的古代货币文化的重要组成部分，它的发生可以追溯到货币发生的时期。

人们的货币思想，只能依赖文字以保存下来。我国的货币发生于夏商时期，最早的货币是天然海贝；我国最早的文字则是殷商、西周的甲骨文、金文，因而探索最早的货币思想，便应该从现已发现的甲骨文、金文，以及后人用文字记述的古代文献中寻其端绪。

在甲骨文中只有貯（贮）、寶（宝）、買（买）、㝵（得）字等从贝；在金文中，从贝的字就很多了，新增的如：贸、赋、赏、赐、财、货、贾、寅、质、赢、贷、责、赘、赍、赙、贻等，这些字许多都与商业和交换有关。商殷甲骨文中的“贸”字写成[illegible]（佚462）、[illegible]（甲276）、[illegible]（乙8738）等形，从网从贝。《说文》卷六下：“買（买），市也，从网从贝。”贝作为货币，网贝有贸易市利的意思。尤其是殷彝中每见“荷贝”图形文字（父丁鼎、父乙盘……及近年陕西武功发现的商子荷贝簋等）；还有（觯文），（作父乙卣），（殷饕纹鼎，上海博物馆藏）等，这些应是殷商氏族或家族的族徽。殷商人在我国历史上向以善于经商著称，这些“荷贝”图形，形象地显示了商殷时期的商人们携带货贝，或肩荷，或船运，引重致远、长途贩运的情形。所以，从甲骨文、金文中，我们不仅可以获知天然贝已是其时流通界的主要货币，而且也可以推知其时人们已意识到货币的发生与商业和交换有密切的关系。

在甲骨文、金文及可信的古代文献中，也可看到人们对货币职能与作用的认识。据信成于西周初的《周易》卦爻辞，就保存了殷商、西周初以及更早时期人们社会生活的多种情况。《易·损》《易·益》皆有“十朋之龟”之语；1975 年陕西岐山董家村出土的西周共王时的卫盉铭文记述：瑾章“才八十朋氒（厥）贾（价）”，二赤琥、二鹿韨，一贲韦合“才廿朋”，[1] 表明殷商、西周时期皆以货贝作为价值尺度。西周初成王时的遽伯睘簋铭文有“用贝十朋又三（四）朋”[2]，说明货币也是流通手段。马克思说：“价值尺度和流通手段的统一是货币”[3]，因而这两个职能是货币的基本职能。

在西周金文中，多见“贲”字，每言“取贲”若干“寽”（毛公鼎），因而“贲”字当作金属货币“铜”或“铜贝”，贲字或从彳、辵，作“⿰彳贲”（番生簋）、“遗”（趞鼎），有流通之意，因而可

① 《陕西省岐山县董家村西周铜器窖穴发掘简报》，《文物》1976 年第 5 期。

② 《周金文存》三，百十。

③ 马克思：《政治经济学批判》，人民出版社 1955 年版，第 89 页。

知商、周时人尤其重视货币作为流通手段的作用。

甲骨文有貯（贮）字，写作□（乙 3477 反）、□（乙 6693 反）、□（后下 18.8）等形，像货贝藏于容器之中。甲骨文寳（宝）字写成□（后下 18.3）、□（甲 3330）等形，宀像屋宇，货贝与玉珍藏在屋内就是寳字。殷王盘庚告诫其臣下说：“无总于货宝。”[①] 所以，货贝已广为人们宝爱，发挥贮藏手段的职能。货贝还是殷王、周王及方伯诸侯们赏赐臣下的重要手段，许多贵族、臣僚把得到“商（赏）贝”视为大事，往往铸重器以为纪念。如 1959 年安阳殷墟出土的戍嗣子鼎铭文写道：“丙午，王商（赏）戍嗣子贝廿朋。”[②] 这是商殷彝铭所记赏贝数额最多者。而西周彝铭所记赏贝则有多至百朋者（□鼎），《诗·小雅·菁菁者莪》也有“既见君子，锡（赐）我百朋”之语。所以，在殷商、西周时期，货币的各种职能已皆有所发展了。

货币是担负一般等价物社会职能的特殊商品，是一般财富或社会财富的集成。马克思说：“它由商品的简单帮手变成了商品之神。”[③] 所以，货币产生以后，便成为人们追求和崇拜的对象。殷商时的商人们，日夜盘算着“亿丧贝”、“意（亿）无丧”（《易·震》），“丧其资斧[④]，贞凶”（《易·巽》）。而殷商、西周的

① 《尚书·盘庚下》。

② 郭沫若：《安阳圆坑墓中鼎铭考释》，《考古学报》1960 年第 1 期。

③ 马克思：《政治经济学批判》，人民出版社 1955 年版，第 90 页。

④ 贠鼎铭文有贠字（周·二，卅四）。郭沫若云：“此器之作者，上贠，下称公贸，知是一名一字，贠当是资斧之斧之本字，古多假布为之，泉布、刀布之等是也。旧说资斧之斧为斧斤字，不免望文生训矣。”（《金文丛考·名字解诂》，人民出版社 1954 年版）所以，《易·巽》资斧之“贠”从贝，当为货币。“贠”“公贸”，名字相配，可知殷周时人在观念上是把货币与商业、交换相联系的。

王公贵族们死后，要以大量的货币殉葬，安阳殷墟商王武丁的配偶妇好的墓出土的货币多至约7000枚。[①] 山东益都苏埠屯一座殷商晚期东方方伯大墓中出土的货币也多至近4000枚。[②] 就是一般殷商、西周平民的小墓中，也往往发现十几枚至一枚殉葬的货币。在甲骨文中有字（乙8859），像货贝成堆；还有字（京4364），像人拜倒于货币之前。这些，都形象地显现了人们对货币的贪婪心理，反映出货币拜物教的意识也已发生了。

殷商、西周时期，还处在我国货币的发生时期，因而这时期人们的货币思想只是处在萌芽阶段。

春秋战国时期是我国古代社会经济剧烈变动的时代。这一时期，西周以来贵族领主制下的“田里不鬻”“工商食官”制度开始动摇或逐渐被破坏，“学在官府”的局面被打破后，出现了诸子百家学派林立、思想界百家争鸣的异常活跃的景象。人们的经济活动是社会存在和发展的基础，因而儒、墨、道、法各家均在不同程度上接触和注意到社会经济问题，并提出不少经济思想观点，它们涉及的内容主要为：义利、奢俭、农工商贾、劳动、土地货宝、财政赋税、货币等。虽然先秦思想家的经济思想观点多较简略，但如将各家各派的看法汇总起来，则在生产、分配、交换、消费各方面均有原则性的光辉论述，对后代封建经济活动和思想发展具有重大的影响。

在货币流通与货币思想领域，春秋时期，刀、布等金属铜铸币在全国南北广大范围和地区，开始广泛地流通，贵金属黄金也开始

① 《安阳殷墟五号墓的发掘》，《考古学报》1977年第5期。

② 《山东益都苏埠屯第一号奴隶殉葬墓》，《文物》1977年第8期。

发展为货币；货币的作用逐渐扩大，并迅速对旧的贵族领主制经济结构形成巨大的冲击。进入战国时期以后，随着我国古代封建地主经济体系逐渐形成，货币经济也确立了，因而古代货币思想的内容也开始丰富起来。这时，在货币思想领域中逐渐出现和形成一些新的概念和范畴，而且开始出现一些较系统的关于货币的观点和看法。由于我国这时期出现的货币观点和货币思想，发生于我国自身，它是在无外部现成思想为傍依的情形下产生的，因而就富有更多的创造性，并对后世货币思想的发展有着非常深远的影响。

就货币思想领域新出现的重要概念和范畴而言，有“子母”“轻重”，以及商品、货币、价值、价格及货币购买力等一些观点和看法。而且，一些重要的货币范畴，如“子母”“轻重”，还发展出比较系统的看法和朴素的理论：货币子母相权论、轻重理论及以轻重理论为重心的一整套管子学派的货币思想等。这时，货币金属论与货币名目论这两种资产阶级政治经济学中流行的关于货币本质问题的看法，以及关于货币价值形成问题的货币数量论思想，在我国古代货币思想中，也均已有明显的表现，春秋晚期单旗的“子母相权论”就是立足于货币金属论，而《管子》的货币思想则主要立足于货币名目论及货币数量论思想。

第二节
单旗的货币子母相权论

单旗的子母相权论是我国历史上最早的货币理论。单旗，史称单穆公，曾为周景王和周敬王的卿士，是春秋晚期的一位政治家。他最早运用子母概念阐述货币问题，提出子母相权的说法。他认为：流通界应该铸造轻重不同的金属货币，而或以重币、或以轻币作为基本的计价单位，并使轻重兼行、小大并用，从而可与现实的价格水平相适应，以更好地为商品交换服务。这一见解就是货币子母相权论。

他的这一子母相权理论，根据《国语》的记载，是在周景王二十一年（前524）他反对景王铸大钱的时候提出的。现在把《国语》对这一史事的记述摘录如下：

> 古者天灾降戾，于是乎量资币、权轻重以振救民，民患轻则为之作重币以行之，于是乎有母权子而行，民皆得焉；若不

> 堪重，则多作轻而行之，亦不废重，于是乎有子权母而行，小大利之。今王废轻而作重，民失其资，能无匮乎？……绝民用以实王府，犹塞川原而为潢污也；……夺之资以益其灾，是去其藏而翳其人也。①

除《国语》记载单旗的这一段话外，古史籍中言货币问题运用“子母”概念的，还有《逸周书》记载周文王改作重币、使货币子母相权而行的事。这段记述更为简略：“……币租轻，乃作母以行其子，易资贵贱，以均游旅，使无滞，无粥熟，无室市，权内外以立均，无蚤暮闾次均行。”②

这是相传周文王时，因为遇到大旱灾，便采取招徕商旅的政策，以期缓和灾后物资的匮乏。为此，周文王适应商人的需要，铸造了轻重不同的货币便利交易，使四方商人的货物能够随到随销，而不致积压或搁延。

这一简略的记述，对“子母相权”的内容没有阐释，而且传说色彩浓厚。据此，我们很难证明殷、周之际，即周文王时代金属货币流通已经发展到如此程度，因而这一记述，看来是后人根据自身经历的金属铸币流通的实践，而有意托诸圣王名下的故事。可是，从此我们可以知道，关于“子母”和“子母相权”的概念由来已

---

① 《国语·周语下》。

② 《逸周书·大匡解第十一》。关于《逸周书》，自宋以来，如陈振孙、黄震等多认为此书出于战国学者之手，书中所记史事，有些事实的可信性很大，应是周初文字被保存下来者，如郭沫若在《中国古代社会研究》一书中就指出：“《逸周书》中可信的周初文字者仅二三事，《世俘解》即其一，最为可信。……”（《古代用牲之最高纪录》）有些事情，虽属传说，但往往也是由来已久了。

久，在春秋晚期已应是很流行的一种说法了。

关于单穆公反对周景王铸大钱，以及他所提出的子母相权论，有些学者（如日本人加藤繁）[①] 怀疑是后来战国时人所假托的事。然而，对这一历史事实，《国语》的记载还是比较清楚的，而《国语》又是我国一部可靠性较大的古史书，它所记述的史事年代，大致截止于春秋之末，景王铸大钱一事的发生时间，则正是春秋时期最后五十年的事，因而这一货币流通历史事件记述的可信程度很大。所以，我们不妨联系春秋后期我国货币流通的实际，试行分析之。

春秋后期，我国的金属货币已开始广泛流通，并初步形成布币、刀币、铜贝（蚁鼻钱）等几个货币体系与流通区域。当时流通界最重要的布币是“空首布”，它的铸造、流通区域为黄河流域中游的周、郑、晋、卫地区，而周王室则正是处于这一地区之中。况且周人对商业一直是比较重视的，因而周地也是工商业比较发达的地方。虽然从空首布出土的数量看，它远没有战国时期的布币多，可是，这种空首布币也早已脱离了“原始布”阶段，流通了相当长的一段时期了。因而，我们不能排除当时流通的空首布因铸行时间的先后，已存在大小、轻重并行的情形。事实上，现存的空首布实物，也是既有大型的，也有较小的，而且如“武”字空首弧足布，就分大小两种类型。也不能排除握有铸币制造权的政府和统治者，有意识地采取铸币减重或新铸虚价大钱谋求财政利益的可能性，因为，这一财政剥削方式并不需要达到金属铸币流通发展的太高阶

① ［日］加藤繁：《周景王铸钱传说批判》，《中国经济史考证》（第一卷），商务印书馆 1959 年版。

段，就会为统治阶级所认识的。

根据这一货币流通背景，我们来考察《国语》所载的单旗的言论，值得注意的是：

一、在财富观方面，单旗已把私人持有货币视同财富，如言“量资币”“废轻而作重，民失其资”。所谓“量资币”所度量的，一为商品、一为货币。由于货币作为一般等价物随时都可以交换成商品，因而“废轻而作重”也就无异于使人民丧失了财富，所以，单旗把这一措施说为“夺之资……是去其藏而翳其人也”，这样的财富观，在自然经济占统治地位的古代社会中开始出现，反映出当时的货币经济已有一定的发展水平了。

二、单旗所反对的“废轻而作重”，即他认为新铸的大钱虽然在钱币的重量上比旧钱重、大些，但按其实际金属内容的作价来说，一定是比原来流通的旧钱大得多。这是比较明显的事，如果不是这样，那就不会被说成“绝民用以实王府”，而周景王也就不必多此一举了。

三、单旗是以轻币、重币并存不废，使二者相辅而行的“子母相权”原则作为他反对景王铸大钱的理论根据的。其实，这一理论是比较简单的。它的中心思想就是要求有一轻重大小适合的货币，使与现实的价格水平相适应，从而便利人们交易与使用；但是，政府适应流通界的这一要求而改铸轻币，或改铸重币作为新的计价标准单位时，却不应该废除流通中旧有的铸币，因而，与此相关，也就产生了轻重并行、子母相权的必要性了。

至于所谓“子母相权”，究竟何者为母？何者为子？它与轻币、重币的关系如何？根据古代学者的注解，大都以重大者为母、轻小者为子。《国语》韦昭注："大钱者，大于旧，其贾（价）重也。"这是对子母概念的一个比较简便的解释。其实，确定这一概念并不太重要，因为，子既可以权母而行，而母亦可权子而行，问题还在于何者为轻重大小适宜的货币单位而已。

根据这样的理解，单旗的子母相权论所提出的中心问题是：货币作为价格标准，应该与现实的商品价格水平相适应。对此，如果我们从抽象的理论原则来推论，他的这种随时改变货币单位，即改铸轻币或重币作为新的标准单位的办法，是会扰乱价格体系的。而且，即使是允许轻重币并行，也不免要为商人和高利贷者所利用，而给一般平民造成损失。除此，我们还可考虑到：现实的价格水平总是会出于各种原因而不断变动，一种新的轻重并行的子母相权货币流通制度施行了一个时期以后，往往就会又一次地发生改作轻币或重币的必要，原来的轻重二币相辅而行的子母相权制度也就无法维持，而甚至要出现三币并行的情形了。即使如此，我们也仍不妨把这一现象包括进"子母相权"的范围之内，因为所谓"相权"这一货币概念，本来就包含两种或数种货币并行的意思。

然而结合我国古代金属铜铸币流通的历史实践来考察，我们却应该这样来认识单旗的货币子母相权论。这个理论的提出，即货币作为价格标准，要与现实的价格水平相适应的看法，实际上是反映着我国古代金属铸币流通发展过程中的一种客观要求，就是要求有一种轻重大小适中的铸币，以满足商品流通不断发展的需要。这种要求是有可能实现的。因为，一方面，充作货币材料的金属本身的价值，与普通商品比较起来，总是具有相对的稳定性；另一方面，古代社会生产力，除了在社会经济转变时期会有较显著的变动外，总的看来，它的变动对于商品价格水平的影响并不太剧烈。因而，经过一定时期金属铸币流通的社会实践，出现一种轻重大小适中的货币是可能的。

单旗的子母相权论主张轻币、重币并行，实际上主要还是以其中的一种作为基本的货币，只有这一种才是“权轻重”的基本尺度，因而在通常情况下，流通中只剩下一种货币，这也不算是破坏了子母相权原则，因为单旗也认为“民患轻”或“民不堪重”时，才有作重币或轻币的必要。同样，即使流通中存在三种轻重不同的货币，如前所言，也仍符合子母相权原则的要求，因为这只能是发展过程中的一种过渡现象，而实际担负权轻重职能的，仍只是一种货币。

根据这一理解，我们可以认为：只要在一地的铸币流通中，同时并行两种或两种以上轻重、大小不同的合法货币，这就是所谓子母相权的货币流通制度了。而周景王铸大钱事，就仍可归于这一阶段；战国时期以同一单位为名的“二釿、一釿、半釿”或“一釿、半釿”这种成套分等的铜铸币制度，则已是古代“子母相权”货币流通制度的较定型的形式了。但是，就子母相权论所提出的货币作为价格标准要与价格水平相适应的要求而言，即使是后来的秦“半两钱”——它已成为全国统一的铸币，也还不算是实现这一要求的货币，因为“秦钱重难用”①；直到汉“五铢”钱的出现，才算实现了我国古代金属铸币流通发展早期阶段所提出来的客观要求。历史实践证明，“五铢”钱曾在长约七百年的时间内作为我国

① 《史记·平准书》。

流通中大小轻重适宜的货币。当然，这在单旗的子母相权论中，只不过是简单地意识到在货币与商品界的关系中、在流通中应该有一种轻重合适的单位作为“权轻重”的标准罢了。然而，我们却应该把他的这一货币思想，视为古代金属货币流通现实发展过程中所产生的客观要求的理论反映。

综上所言，我们从单旗的财富观、他重视货币的价值尺度，即“量资币、权轻重”的职能，以及反对铸币贬损行为等方面看，可说是我国货币金属主义思想的萌芽或发端。作为我国最早的、有影响的货币思想，他的子母相权论，毕竟还是简略的，他只是对货币流通的表面现象给予初步的观察和分析，他所注意的主要是货币的单位问题而已。除此，他的子母相权这一货币概念也是很粗略的。比如，子母的概念与轻币重币、小钱大钱之间的关系，就没有清楚的确定。也正因为如此，在后世货币流通发展实践中，在不同的时代，它便更易增添新的内容与含义。比如，在宋、元以后，这一概念的含义还扩及纸币流通领域，而一直到近代西方资产阶级关于金属货币本位，以及主币、辅币理论传入我国后，这一古老的货币理论才被湮没。

单旗的子母相权论，作为我国最早的有影响的货币思想，我们应该特别重视它在历史上所起的积极作用。单旗在他的子母相权论中，强调货币流通的客观性质，认为“王权”的调节必须遵循客观的货币流通的要求，即应以现实的价格水平为准，而不能任意定其大小，也不应该在社会经济条件不具备时贸然行事——即所谓“可先而不备谓之怠，可后而先之谓之召灾”，这就与古代流行的“王权”任意制币的观念区分开来，而显示出他的货币观点的进步性。

除此，他从一般人民的利益出发，这在当时，主要是维护城市平民与工商业者的利益，以“子母相权”原则为理论根据，首先考虑“民患轻”或“民不堪重”，作为改作重币或轻币的前提，反对最高统治者的铸币贬损政策，这些都是珍贵的经济思想传统。

第 三 节

先秦思想家的价值、价格观点

春秋时期是我国古代社会经济结构开始急骤变动的时代，商品货币关系有了迅速、广泛的发展，金属铸币在全国广大范围流通了。这时，贵族领主制下的“工商食官”局面开始残破。独立的商人资本产生了，出现了一些“金玉其车，文错其服”，结驷连骑往来于各诸侯国之间从事贸易的大商人。这些新兴的商人阶级中的著名代表人物，对于与商业及商品交换直接相关的价值、价格和货币购买力变化现象，很自然地提出了一些见解和看法。在这方面，重要的有子贡的物以稀为贵论、范蠡的平粜论等。及至战国时期，商品货币关系越发发展了，货币经济已经确立。在孔子创立儒家学派以后，战国初年墨家学派又继而兴起，此后遂形成学派林立、诸子百家争鸣的局面。在人们的经济生活中，商品、货币、价格和货币购买力的变化等是常相接触的现象，因而各家学派的思想家们也就会对之发表一些看法和见解，如墨家学派的价值、价格观点，儒家孟轲、农家许行的价值、价格观点等。尤其是《管子》一书，它以轻重论为重心，更对包括货币、价值和价格等多方面问题，作了精辟的阐发，将我国古代的经济思想和货币思想推向新的高度，犹如明珠一样，在整个古代世界闪耀出夺目的光彩。

一、子贡的物以稀为贵论

子贡（前520—前456），即端木赐，是儒家创始人孔子的著名弟子，长于货殖，自身就是卫国的大商人。《史记·货殖列传》记述他的事迹说："子赣（子贡）既学于仲尼，退而仕于卫，废著鬻财于曹、鲁之间，……结驷连骑，束帛之币以聘享诸侯，所至国君无不分庭与之抗礼。夫使孔子名布扬于天下者，子贡先后之也。"

子贡作为独立商人资本①的一位代表人物，对于价格现象是熟悉而又关注的，以至常会表露于言谈之间。《论语·子罕》就记述说："子贡曰：有美玉于斯，韫椟而藏诸？求善贾②而沽诸？"

子贡正面论及价值或价格观点的，是他以下的一段话："君子之所以贵玉而贱珉者，何也？为夫玉之少而珉之多耶？"③

---

① "独立商人资本"一词，在我国古代，与"工商食官"受命于官府的商人相对立，即不受命于官府、新出现的以私人身份独立经营的自由商人。子贡是政治活动家，又是商人，他与"工商食官"的官商有别。孔子说："赐不受命而货殖焉，亿则屡中。"（《论语·先进》）所谓"赐不受命"，清俞樾云："若夫不受命于官而自以其财市贱鬻贵，逐什一之利，是谓不受命而货殖"（《群经平议》），就比较正确地解释了子贡作为新兴商人阶级的身份。

② 善贾，如贾读作jià，贾同"价"，意即好价钱；如读作gǔ，则善贾可解作识货的商人，如作此解，子贡之意亦为：唯有识货的商人，才会出好价钱。

③ 《荀子·法行》。

古人总是把价值、价格的概念混淆不清，中外思想家都是这样。子贡如此，以后讲到的先秦思想家如墨子、孟子等的价值、价格观，也无不如此。①

子贡认为，玉和珉（石之似玉者）比较，它们价值的高低，是由这两种财货的稀少性程度决定的，即所谓物以稀为贵。财货的稀少与否，就是商品数量的多寡，因而物以稀为贵即意味着由供求关系决定价值。作为价值论来说，这显然是错误的。不过，他在这儿，毕竟是开始模糊地接触到价值这一问题了。但是也仅此而已。

子贡的物以稀为贵价值论，实际说的是商品价格。玉的数量稀少，故价格贵，珉的数量很多，故价格便宜，所以物以稀为贵，也就是供求决定商品价格贵贱的意思。供求关系的变化，是前资本主义商业买贱卖贵的前提，所以子贡的物以稀为贵的价值论或价格观，正表现出他的商人阶级的庸俗观点。

---

① 马克思在评论古希腊卓越的思想家亚里士多德（前384—前322）时，曾讲到他缺乏“价值概念”，这里所说的“价值概念”是指科学的劳动价值论。这种科学的“价值概念”，“又只有在商品形态已经是劳动产品的一般形态，人们当作商品所有者的相互关系已经是统治的社会关系这样一个社会中，方才是可能的”。[《资本论》（第一卷），人民出版社1963年版，第33页］所以，我们讲先秦思想家们的价值论时，一般情形下都是使用通常人们对“价值概念”的习惯用法，即在许多场合都往往是对价值、价格不加区分，以及对使用价值与价值、交换价值与价值均不加区分。只是在有必要时，才特别指出古人“缺乏价值概念”，其意即缺乏的是马克思所说的那种科学的劳动价值论。

从价值学说的发展历史看，如果从人们发现物品有使用价值和交换价值双重用途，并接触到价值形态及其表现问题作为正确开端，不论是西方的亚里士多德，还是中国的墨家，他们所生活的古代世界到标志科学的劳动价值论问世的马克思《资本论》第一卷出版时（1867），都已经历了两千多年的光阴了。在这一漫长的历史过程中，人们对于“价值关系的理解经常总是同样的，不过有时比较明确些，或者比较模糊些，有时混杂着很多空想成分，有时又具有较大的科学的确定性”。[《艾思奇全书》（第四卷），人民出版社2006年版，第822页］所以，按照人们的习惯用法使用“价值”一词，可以更清楚地反映人类价值学说的历史轨迹。

二、范蠡的价格观点与平粜论

范蠡（前536—前448），字少伯，楚国宛之三户人，是春秋晚期著名的政治活动家。他辅佐越王勾践复仇灭吴、成就了霸业，然后即辞官离越经商。《史记·货殖列传》记述他的经商事迹说："变名易姓，适齐为鸱夷子皮，之陶为朱公"，"十九年之中三致千金"，"故言富者皆称陶朱公"。所以，后世商人尊其为祖师，因而范蠡是当时新兴商人阶级的杰出代表人物。

范蠡以新兴商人阶级的锐利眼光，观察和分析了市场价格运动现象。他认为："知斗则修备，时用则知物，二者形则万货之情可得而观已。故岁在金，穰；水，毁；木，饥；火，旱。旱则资舟，水则资车，物之理也。六岁穰、六岁旱、十二岁一大饥"，"论其有余不足，则知贵贱；贵上极则反贱，贱下极则反贵"①。

① 《史记·货殖列传》引以上话语之前，云："昔者越王勾践困于会稽之上，乃用范蠡、计然。"关于"计然"，历来说法不一，或认为是人名，或认为系书名。作为人名，或曰：计然，名研（《史记集解》徐广曰），亦作计倪（见《越绝书》）、计砚（见《吴越春秋》）；或曰：姓辛，字文子，葵丘濮上人，并云他是范蠡之师（《史记集解》裴骃案《范子》曰）。作为书名，始于蔡谟，云："蠡所著书，名《计然》"（《史记索隐》）。还有人认为计然即文种。这些说法孰是，迄今不易确定。然而作为经济思想，《货殖列传》中"计然曰"一段话，当作范蠡的思想来看待，也是不相抵触的。

又，《国语·越语上》也记述一段类似的事与话语，并把"旱则资舟，水则资车"一语系于与范蠡一同辅佐越王勾践的政治家文种，云："越王勾践栖于会稽之上，……大夫种进对曰：臣闻之贾人，夏则资皮，冬则资絺，旱则资舟，水则资车，以待乏也。夫虽无四方之忧，然谋臣与爪牙之士不可不养而择也，譬如蓑笠，时雨既至必求之。"

又，上引《货殖列传》一段话中，"木，饥"即岁在木是饥年一语，《越绝书》说：岁在木是康年。根据"六岁穰、六岁旱"的循环，应以《越绝书》为是。

首先，范蠡提出农业经济循环的说法，认为农业的丰歉与木星大约十二年一周期的运行相关，以此为基础，预测农产品价格周期性波动。这一农业收成自然循环理论，虽然缺乏可靠的科学根据，可是他认为价格变动现象就像自然界一样，也存在一种超出人们主观意志的客观规律性，尤其是他能从生产角度去观测流通，从而预测价格的变动，这种视物质资料生产过程为支配价格变动的最终原因的看法是很可贵的。

其次，就他所指出的“贵上极则反贱，贱下极则反贵”这一价格变动现象而言，虽然只记述了市场价格运动的一般表象，不能据此说他已认识到价值规律的存在，或已能认识到商品价格是围绕价值而上下波动的道理，可是他显然已清楚地意识到掌握供求规律、利用供求关系的变化就可以从市场价格高下变动中获利。所谓“旱则资舟，水则资车”这一商业经营“待乏”原则的提出，正可证明这一点。

与他对商业经营活动原则的总结相关，范蠡还第一次提出货币作为“资金”这一概念。他所说“无息币”“无敢居贵”“贵出如粪土，贱取如珠玉，则币欲其行如流水”[①]，即言货币作为资金，不宜积压，而应川流不息地加速周转的意思。

范蠡对后世影响最大的，还是他的平粜理论。他说：“夫粜，二十病农，九十病末，末病则财不出，农病则草不辟矣。上不过八十，下不减三十，则农末俱利，平粜齐物，关市不乏，治国之

---

① 《史记·货殖列传》。

道也。”①

这段话的意思是说：谷物的价格太贱会损伤农民，将影响他们农业生产的积极性；太贵则会损害工商，将使财用发生困难。所以，谷价的波动应维持在每石三十钱到八十钱的幅度内，这样，就会使农工商都有利益，而办法是进行平粜，在谷价过高时出售粮食，反之则收贮粮食，这样，市场物价就会稳定，货物就不会缺乏，这样做是治理国家之道。

首先，从范蠡的平粜论中可以看出，他是从治国之道的高度来看待这一措施的。从国家整体观察和分析经济问题，是我国古代经济思想的传统。范蠡是新兴商人阶级的代表，同时也是一位顺应历史潮流的政治家，因而平粜论作为一种政策措施，对于促进新的制度成长是有利的，将其用作治国之道，在当时的历史条件下，就是富国强兵之道。②

其次，范蠡主张将与国计民生直接相关的谷价置于国家的指导

---

① 《史记·货殖列传》。按：《史记》的这段记载，没有直接道出谷物及价格的计算单位，其实意思是清楚的，以“九十病末”一语为例，应作“石九十钱病商（工商）”。《越绝书·计倪内经第五》作：“籴，石二十则伤农，九十则病末……”这就指明谷物的单位是“石”了。《史记索隐》云“若米斗值九十”，误。至于价格计算单位则为“钱”，“钱”是铜铸币流通的一种习用计数单位。至于“九十病末”的“末”字，皆应作“商（工商）”，因为把“商”称作“末”，系战国晚期才开始使用的术语，故“末”字非为范蠡的原语，而是司马迁按照他自己生活时代的习用语所记述的。《史记》记述古史事时，改为自己生活时代的通俗用语，是非常多见的事，而且正是靠着这一做法，才使得一些古奥难懂的古文献辞句，让后人能够读通。

② 春秋时期的政治理想是“霸业”，即讲求尊王攘夷的“桓文之业”；进入战国大国称雄时期，则是讲求“富国强兵”之道了。记载春秋史事的《左传》《国语》等文献史籍，尚不见“富国强兵”说法，仅《越绝书》记述范蠡与越王勾践对话中始见有“富邦强兵”之语（《越绝书》卷十三《越绝外传枕中》）。

之下，并使谷价的波动局限于一定的幅度之内。这里应予指出，范蠡虽然主张政府掌握市场价格，但与西周时期主要靠政府政治强制权力、由贾师“奠贾（定价）”的情形①相比已有原则区别。范蠡要求采取经济手段以达到这一目的，即由政府参加谷物经营，或抛售、或收进，使谷物价格稳定在一定的幅度之内，这是在市场价格自发波动的基础上，用调节供求的办法予以控制，它是在某种程度上运用价值规律的经济行为。这种运用价格等经济杠杆作为封建国家干预经济的工具的思想，在《管子》书中更有多方面的发展。

范蠡认识到价格对生产和流通的影响，尤其是粮食价格对农业生产的影响，可以说使他最早提出了“谷贱伤农”这一命题。他同时也注意到粮食价格与其他商品价格应有一个合适的对比关系，要全面地从生产、流通、消费出发，运用平粜适当调节供求，把市场价格稳定在一定的幅度之内，这便可以使得“农商”俱利，而且可使国家财用不匮，市场货物充足。

总之，范蠡的平粜理论，就是要封建国家运用价格政策调节生产和流通，以促进生产的发展，它对巩固和发展新兴封建制度具有不容忽视的作用。

三、李悝的平籴论

平籴理论，亦称平粜理论。在范蠡以后数十年，李悝提出了这

① 《周礼·地官司徒》：“贾师。各掌其次之货贿之治，辨其物而均平之。展其成而奠（定）其贾（价），然后令市。凡天患，禁贵俟（买）者，使有恒贾（价）。四时之珍异亦如之。”

一理论。

李悝（前455—前395），或作李克，魏国人，战国前期的著名政治家，为魏文侯、魏武侯时的名相，又是法家的奠基人。

《汉书·食货志》记述了他的平籴说。内容如下：

> 又曰，籴甚贵伤民，甚贱伤农。民伤则离散，农伤则国贫，故甚贵与甚贱，其伤一也。……是故善平籴者必谨观岁，有上中下熟：上熟其收自四，余四百石；中熟自三，余三百石；下熟自倍，余百石。小饥则收百石，中饥七十石，大饥三十石。故大熟则上籴，三而舍一（余四百石中，籴三百石），中熟则籴二，下熟则籴一。使民适足，贾（价）平则止。小饥则发小熟之所敛，中饥则发中熟之所敛，大饥则发大熟之所敛而粜之。故虽遇饥馑水旱，籴不贵而民不散，取有余以补不足也。

在平籴政策上，李悝与范蠡的论点是非常近似的，但是不尽相同。范蠡主张规定粮食价格的高低幅度，以实现“农末俱利”；李悝则要求通过政府掌握粮食，根据年成丰歉调节粮食的供求，把粮价稳定在一个合理的水平上，以兼顾生产者（农）及一般消费者（民，非农业居民）的利益。在这里，商人的利益李悝较少考虑，居于第一位的是农业及农民（新兴地主及自耕农民）的利益。

一般说来，在价格理论的阐述上，李悝远不如范蠡细致和深刻，可是他的平籴说的影响却比范蠡还大。李悝作为法家早期的代表人物，已开始显露了轻商的倾向，他不仅在此提出“农伤则国贫”的命题，而且还曾进一步阐述说：“雕文刻镂，害农之事也。……农事害则饥之本也。……故上不禁技巧则国贫民侈。”① 从战国晚期始，重农轻商观点在我国封建社会中开始长时期成为支配思想，而李悝的“甚贵伤民，甚贱伤农”的提法，却又被省略为“谷贱伤农”，成为历代封建统治者借以抑制工商业的口头禅，因而他的影响也就扩大起来了。

四、墨家的价值和价格观点

墨家学派的创始人墨子，名翟（约前468—前376），鲁国人，一说宋国人，曾为宋国大夫。墨家学派是继儒家之后出现的有影响的学派，在战国时代，儒墨并称为显学。墨子及墨家学派的思想均收于《墨子》一书中。

墨翟出身于小生产者阶层，有丰富的手工业生产经验。他擅长制造器械，精通城防守御之术，平时亲操劳作，裘褐为衣，以自苦著称于世。他的弟子中也有不少从事体力劳动、属于下层社会的人。这些，在先秦诸学派中，除农家以外是不多见的。

墨家关于价值和价格的见解，散见于《墨子》中论述名学的《经上》《经下》《经说上》《经说下》诸篇。这些著作，大多认为是战国中后期墨者所作，也有人认为《经》及《经说》亦应属于墨翟本人所作。这里为叙述方便计，对墨翟本人及其学派的思想不拟区分，而把它们作为一个整体予以分析。

墨家学派，从墨子本人起就已注意到社会现实生活中的商业、货币经济诸现象，《墨子》一书言及金、钱、刀、布之事多有，如墨子本人就曾言：“今士之用身，不若商人之用一布（铜铸币名）

① 刘向：《说苑·反质》。

之慎也；商人用一布市，不敢继苟而雠（售）焉，必择良者。”①

墨家关于价值和价格思想的论述，集中于《墨经》诸篇，而且都是作为逻辑问题的阐述说及的。由于文句非常简略，有时仅用二三字却表达复杂的概念，文义很是晦涩难懂。为了理解引文确实真意，现按“引说就经，各附其章”的原则，将《墨经》诸篇涉及价值、价格概念的重要论述摘录如下。

其一：

《经下》：“物尽同名，……夫与屦。”

《经说》：“……为非以人是不为非，若为夫勇（踊）不为夫，为屦以买不为屦，夫与屦也。”②

此组《经》《经说》文句的释义是：

《经下》：对于同名事物应辨明它是否为辞同而意异者，例如“夫”与“屦”。

《经说》：“非”是指不合理的事物，如对人有益处，也就不算不合理了。就如为人做一双踊，踊只对跀者（刖足者）有用途，对这人没有用途，因而就是不合理的事情。

又如，做屦（鞋）去换（买）别的物品，对这人来说屦就不能有“穿”的用途，可是有交换的用途，所以还是合理的事情。这就是“夫”与“屦”作为同名事物而它们的含义却有歧异。

从《墨经》以上“为屦以买不为屦”的逻辑论证中，我们可以

---

① 《墨子·贵义》。引文“布市”，原作“布布”，据孙诒让改。从这一比喻，可看到墨子对现实生活中关于商品货币关系的观察，还是有一定的深度的。

② 《经说》文，“为屦以买不为屦”，原作“为屦以买衣为屦”，据孙诒让改“衣”为“不”。

看到,《墨经》的作者已发现物品用途的二重性,即已接触到商品的使用价值和交换价值的问题。《墨经》的这一说法,与古希腊的亚里士多德很相似。亚里士多德说:“每一种(财物)都可以有两种用途,……其一就是按照每一种财物的本身而作正当的使用,另一种则是不正当的使用。以鞋为例,同样是使用这双鞋,有的用来穿在脚上,有的则用来交易。那位把鞋交给正在需要穿鞋的人,以换取他的金钱或食物,固然也是在使用‘鞋之所以为鞋’,但这总不是鞋的正用,因为鞋的原义(是为了自己穿着)不是为了交换。”[①]

从价值学说的发展历史来看,发现物品用途的双重性质、区别商品的使用价值和交换价值是一个极为重要的开端。马克思的经典名著《政治经济学批判》开章的第一段就指出“每个商品又显现在使用价值和交换价值这双重观点之下”,并在注文中援引了亚里士多德发现“每种货物都有两种用途”的那一段话。[②] 因而我们对于《墨经》“为屦以买不为屦”的发现,显然也应予以充分肯定。

其二:

《经上》:“为(讹):……易……。”

《经说》:“买鬻(卖),易也。”

《经下》:“买无贵,说在仮(反)其贾(价)。”

《经说》:“买,刀(铜币)籴(谷物)相为贾(价),刀轻则籴不贵,刀重则籴不易(贱)。王刀无变,籴有变。岁变籴,则岁变刀。”

---

① 亚里士多德:《政治学》,商务印书馆1965年版,第25—26页。
② 马克思:《政治经济学批判》,人民出版社1955年版,第1页。

此组《经》《经说》文句的释义是：

《经上》：讹，有变化之意。如……“易”……。

《经说》：买卖，就是交易（交换、互易）。

《经下》：买是无所谓贵贱的，因为它们互为价格（互相表现价值）。

《经说》：买，刀币和谷物互相表现价格（价值）。刀币购买力低，则谷物价格虽高也不为贵；刀币购买力高，则谷物价格虽低也不为贱。国家刀币的法定面值是不变的，但谷物价格却不断变化。谷物价格年年变，使得国家刀币的购买力也在年年变。

从这组《墨经》文句的阐述中，我们可以看到：

一、这里已经接触到价值形态及其表现的问题。作为价值，一个物品自身不能表现，而必须借助另一物品来表现。

二、墨家认识到货币就是商品。

《墨经》云“买鬻，易也”，其意即所谓买卖，不外是双方交换其商品，因而可以认为，墨家把物品都看作是有价值的东西。又云：王刀与谷物可以“反其价”“相为贾（价）”，因而货币（金属铸币刀）也应是有价值的东西。正是以此为出发点，墨家才认为货币是商品，并且接触到了价值形态及其表现的问题，这些看法都是很可贵的。

但是，《墨经》对货币、价值和价格的见解，也包含着不少谬误。墨家指出货币是商品，但却把货币看成是“单纯的商品”，而不懂得货币是“特殊商品”。马克思说的“作为一种特别提出的特殊商品而出现的商品交换价值，就是货币”[①]，即它是担负一般等

① 马克思：《政治经济学批判》，人民出版社 1955 年版，第 22 页。

价物这种社会职能的特殊商品。与此对照，就说明墨家虽然认识到货币是商品，可是他们并没有认识到货币的本质。

正是因为这样，所以墨家才提出“刀籴相为贾（价）”这一命题。这个论断，作为价值观，实际是把表现物物交换的简单价值形态与简单商品流通下价值的货币形态混同了；作为价格观，却错误地认为货币也有“价格”了。这些在理论认识上当然都是错误的。其实，墨家的这种错误看法，却反映着当时金属货币流通虽然已有较广泛的发展，可是物物交换在人们经济生活中，仍然是所在多有的现实。

其三：

《经上》：“同异交得，放有无。”

《经说》：“……比度，多少也。……贾（价）宜，贵贱也。”

《经下》：“贾（价）宜则雠（售），说在尽。”

《经说》：“贾（价）：尽也者，尽去其［所］以不雠也。其所以不雠去，则雠，缶（正）贾也。宜不宜在欲不欲，若败邦鬻室嫁子。”①

此组《经》《经说》文句的释义是：

《经上》：辨明同异，可以通过相互勘验的方法。如仿照有、无这种对立的概念或事物去进行对比勘验。

《经说》：……比较、度量，就可以知多少；……讲价还价，双

① “尽去其（所）以不雠也”句，原无“所”字，据孙诒让补。“宜不宜在欲不欲”句，“在”字原作“缶”（正），据梁启超改。

方合宜，就得出物品价格的贵贱了。

《经下》：价格适宜，物品就可售出。这就在于能否排除掉所有不利于出售的因素。

《经说》：价格，所谓“尽”，就是尽去其所以不能售出的因素，这时的价格就是正价。价格适宜不适宜，就在于人们需不需要，如同国破家亡时人们卖屋嫁女，得价再少也算是正价。

从这组《墨经》文句的阐述中，我们可知它的基本内容是关于价格的形成和变化的问题；与此相关，墨家提出“正价”这一概念。

所谓“正价”，就是合宜的价格，它是买卖双方讨价还价而得出的，双方都认为是适宜的成交价格。因而“正价”也可说是“宜价”，宜则售，售则宜。至于“宜不宜”，则归结为“欲不欲”，即要视购买者需不需要，亦即由人们的主观意愿来决定。如果卖者能够事先把影响销售的各种不利因素都排除掉，这实际是要求正确地掌握供求状况，了解市场的需要，那么商品就都可以售出。墨家的这种观点，作为价值或价格观，就是主观效用的价值决定论或市场供求价格决定论，是不正确的看法。

“正价”是墨家所提出的价格范畴。在一般情形下，“正价”就是小生产者们出售产品时，由市场供求状况所形成的那种大致接近价值的价格；但在非常情形下，“正价”就是家国残破时卖屋鬻子的畸形价格了。这一“正价”观念，其实正是当时贵族领主经济瓦解、众多的自食其力的自由民作为一个新的阶层产生以后，农民和手工业者作为小商品生产者所依赖的市场交换情形的现实反映。《墨经》在逻辑论证中涉及价值、价格观念时，却屡有“若鬻子”“若败邦鬻室嫁子”之语，也同样反映了当时列国兼并攻伐不已情形下，农民、手工业者等一般平民的真实生活境遇。

总观墨家的货币、价值和价格思想，虽然还多是只提出一些比较初步的粗疏概念，但在两千多年前的古代世界，已发现物品的自用、交换的二重性，接触到价值形态及其表现、货币的商品性质等，这些观点都表现出墨家思想“天才的闪耀”。

墨家在货币、价值和价格论方面，提出了“为屦以买不为屦”“刀籴相为贾（价）”“正价”等独有命题和概念。除此，他们也使用“轻重”概念阐述货币现象，从而发展和充实了轻重理论。在这方面，《墨经》所云“刀轻”“刀重”是言货币购买力的大小；“岁变刀”指刀币“轻重”的变化，即货币购买力的变化。

春秋晚期，单旗运用“轻重”概念有“量资币、权轻重”以及“作重币”“作轻币”之语。“量资币、权轻重”是言货币作为价值尺度权量商品价值的大小，所谓“民患轻”或“不堪重”的“轻”与“重”，虽然也有货币购买力大小的含义，可是作为专门货币概念，其意义则不够确定和明晰。《逸周书》所载周文王时遭天灾而作币事的“币租轻”一语，《史记·循吏列传》记述“楚庄王（前613—前591）以为‘币轻’，更以小为大”之事的“币轻”一语，也都是这样。但《墨经》所云的“刀轻则籴不贵”“刀重则籴不易”，以“轻重”表示货币购买力就明确得多了。《墨经》还进一步揭示了物价与“币价”——货币购买力的互为消长的反比例关系，发展了轻重概念，使得“轻重”作为货币范畴的内容更为丰富了。

五、孟轲与许行的价值、价格观点

孟轲（约前372—前289），字子舆，邹人，相传他曾受业于孔子之孙孔伋（子思），是儒家思孟学派的代表。他的言行及思想主要见于《孟子》七篇。

许行，楚人，与孟轲同时，是战国农家的主要代表人物，无著作传世。

孟轲与许行关于价值与价格的代表看法，仅见于《孟子·滕文公上》孟轲与许行的弟子陈相论辩的对话中。现把这一段对话引述如下：

> （陈相曰：）从许子之道，则市贾（价）不贰，国中无伪，虽使五尺之童适市，莫之或欺。布帛长短同，则贾相若；麻缕丝絮轻重同，则贾相若；五谷多寡同，则贾相若；屦大小同，则贾相若。
>
> （孟子曰：）夫物之不齐，物之情也；或相倍蓰，或相什百，或相千万。子比而同之，是乱天下也。巨屦小屦[①]同贾，人岂为之哉？从许子之道，相率而为伪者也。恶能治国家？

孟子是儒家学派的重要人物，他自命为孔门真传。儒家的创始

① 赵岐注云："巨，粗屦也；小，细屦也"；这一说法颇有影响。其实，巨、小，即大小，意思甚明。孟轲引述许行话语中的"长短""轻重""大小"皆为数量概念。"屦大小同"，即"巨屦小屦同贾"。赵岐以为巨屦小屦不能同价是常识性的问题，许行不应如此幼稚无知，因而把"巨""小"解释成作为质量概念的"粗""细"，这样一来，反而是曲解原文了。对于孟子批判许行的"巨屦小屦同贾"一语，可以有两种解释：其一，解作"不分大鞋小鞋，都是一样价钱"，作此解释，是言孟子故意歪曲许行的话，并且据以批驳——这是孟子在论辩中攻击对手常用的一种手法。其二，解作"凡是大鞋是同一种价钱；凡是小鞋也是同一种价钱"；这样解释是符合许行"屦大小同则贾相若"的原意的。这两种理解，由于都是把"巨""小"作为数量概念，因而都不影响对孟、许二人价值、价格思想的分析。

人孔子“罕言利”[1]，因而对于涉及价值、价格的问题甚少注意，甚至可说他的思想体系中全无这方面的概念，因而当长于货殖的子贡向他请教说：“君子之所以贵玉而贱珉者，何也？为夫玉之少而珉之多耶？”孔子则回答说：“恶，赐是何言也！夫君子岂多而贱之，少而贵之哉？夫玉者，君子比德也，温润而泽，仁也；栗而理，知也；坚刚而不屈，义也；廉而不刿，行也；折而不挠，勇也；瑕适并见，情也；扣之其声清扬而远闻，其止辍然，辞也；故虽有珉之雕雕，不知玉之章章，《诗》曰：‘言念君子，温其如玉’，此之谓也。”[2] 这真是所答非所问，而且，孔子的回答从玉的自然属性出发，把问题涂上了一层浓厚的伦理色彩。[3]

孟轲为儒家道统继承人，《孟子》七篇一开始，所记述的孟轲的话就是：“何必曰利？亦有仁义而已矣。”[4] 可是时代不同了，他所处的战国时代，上下所讲求的是“富国强兵”之道，要讲“富国”，经济问题是无法回避的，因而《孟子》七篇的内容，也就记述了包括价值、价格概念在内的较多的经济问题。

从以上引述的孟轲关于价值、价格问题的对话中，说明他的价值和价格观的基本出发点是：“夫物之不齐，物之情也。”据此，他

---

① 《论语·子罕》。

② 《荀子·法行》。

③ 在孔子生活的时代，这种把经济性问题拉扯成伦理性问题的情形并不乏见。如《国语·楚语下》记载楚大夫王孙圉聘于晋事，赵简子与王孙圉曾有以下一段对话：“曰：楚之白珩犹在乎？对曰：然。简子曰：其为宝也，几何矣？曰：未尝为宝。……圉闻国之宝六而已。圣能制议百物以辅相国家则宝之；玉足以庇荫嘉谷使无水旱之灾则宝之；龟足以宪臧不（否）则宝之；珠足以御火灾则宝之；金（铜）足以御兵乱则宝之；山林薮泽足以备财用则宝之。若夫哗嚣之美，楚虽蛮夷，不能宝也。”

④ 《孟子·梁惠王上》。

总的意思是：

决定价值或价格发生大小、贵贱差异的，如物的价值或价格有时会相差一倍，五倍以至十、百、千、万倍，就是各种物品的品质不一致。而所谓“物之情”的“情”就字义讲，有自然而然的意思，因而这一“情”字应是指商品的自然属性。马克思说：“古典古代的著作家只注重质和使用价值。”① 孟轲的认识也是这样。

孟轲反对农家许行的价值和价格观点时，批评许行在考虑商品的价值和价格时，只看到商品的长短、轻重、大小等量的方面的一致；他自己则认为物品的质的差异，使得商品长短、轻重、大小纵然一致，但在价值和价格上也会产生非常大的差别。他的这种见解，与子贡的“物以稀为贵”或供求关系决定论相比，能够从物的自身内部去寻找原因，是更为深入了，可是他着眼于商品的自然属性的使用价值决定论，也仍然是错误的。

孟轲在价格问题方面，已意识到价格对生产发生影响。他说：“巨屦小屦同贾，人岂为之哉?”并且指出，这样就会导致“相率而为伪”的结果。这一看法是对的，但也未能突破范蠡等思想家已达到的水平。

农家许行关于价值和价格的观点，是通过他的弟子陈相的转述而知的。他说许行主张“市价不贰”，布帛、麻缕丝絮、五谷、鞋子等商品，只要在量的范畴上的长短、轻重、多寡、大小相同，那么市场价格也就应是同一的。这种不讲商品质量因素的价格观，在理论上明显是不对的。可是，要说许行不知道物品会有精粗美恶，连起码的生活常识也不懂，也不尽符合实情。恩格斯说：“难道人

① 马克思：《资本论》（第一卷），人民出版社 1975 年版，第 404 页。

们会相信，农民和手工业者会这样蒙昧无知?”恩格斯还曾指出：“中世纪的农民准确知道他所换入的物品，需要多少劳动时间去生产。”[①] 农家许行和他的门徒们，亲身种谷、捆屦（打草鞋）、织席，在市场上“以粟易械器”，因而把许行在价格问题上理解成完全不懂物品有好坏，甚至歪曲为大鞋小鞋都不分，那是很不公允的。其实，在许行生活的时代，同一商品的各个独立的小生产者，他们的生产技术水平是差不多的，因而他们所生产的物品在质量上也是大致一样的，尤其是五谷、麻缕丝絮、布帛等物，在一个相对说来不是很大的地区范围内，由于自然条件相同，因而其质量更不会有显著的差异。因此，我们可以认为：许行在价格问题上只讲长短、轻重、多寡、大小等数量因素，实际并不是完全否定质量因素，而是事先已肯定了商品质量是大致一样的，这在当时也是说得过去的事情。当然，他对质量问题不够重视也是实情。正是在这一认识的基础上，许行才要把数量相同的同类商品划一价格，而提出“市价不贰”的主张，甚至要求做到“国中无伪，虽使五尺之童适市，莫之或欺”那样的市场状况。

在前资本主义情形下，马克思指出：“贱买贵卖，是商业的规律，因此，这不是等价物的交换。”还指出：商人的商业利润表现为“侵占和欺诈”，[②] 而农民作为小商品生产者，正是遭剥削、受欺诈的对象，提倡君民“并耕而食”、自食其力的农家许行，当然也会身受其害而感触尤深，所以他的“市价不贰”价格论，实际就是为

① 恩格斯：《Ⅰ. 价值规律和利润率》，载《资本论》（第三卷），人民出版社1966年版，第1052、1053页。

② 马克思：《资本论》（第三卷），人民出版社1966年版，第369—370页。

反对商人资本的欺诈，作为独立小农阶层利益的代言人而提出的经济要求。然而许行的这一要求是不会实现的。他的“市价不贰”价格论，在理论上也是错误的。因为支配市场生活的早已是已有“五千年至七千年”的那个人类历史上的古老的价值规律，在它支配下市场自发地决定价格，商品的质量有高有低，甚至稍有差别，也会出现各自不同的价格。因而，许行的“市价不贰”的价格论以及他的童叟无欺的市场状态只能是一种理想，在人们现实生活里是不会有的。

总括看来，农家许行、儒家孟轲的价值、价格观点，在先秦诸子中，如与范蠡、墨家等相比，仍较逊色。农家许行从独立小农的狭隘眼光看问题，为反对商人资本的欺诈而提出“市价不贰”的主张，这一价格观点仅从数量范畴考虑，忽视商品质量的差别，而且违反价值规律的作用，因而它的理论缺陷还是明显的；儒家孟轲在儒家“罕言利”的传统下，却能较多地注意和分析价值和价格问题，而且提出“物之情”这一经济观念，这是很难得的，可是他依然陷于商品的使用价值决定价值（价格）的错误中。因而对他们二人的价值、价格观就不应予以过高的评价。过去曾经有人把他们二人说成是中国的亚里士多德，这种比喻，应该说是不够恰当的。①

① 在二十世纪前期，任白涛认为许行是“中国价值学说史上的亚里士多德”，并说他“是分析价值形态的最初一人”（任白涛：《许子之道》，《文讯》1948年第9卷第2期），这一说法当时就引起争议。二十世纪六十年代，赵纪彬又重新提出“中国价值学说史上的亚里士多德是谁”的问题，并且说：“我以为在中国分析价值形态而指出劳动为价值实质的最初一人，实非许行，而为孟子。”（赵纪彬：《许行思想批判》，《困知录》，中华书局1963年版，第37—38页）其实，孟轲和许行二人都没有分析过价值形态，更谈不到指出劳动为价值实质的问题，所以，把他们比作中国的亚里士多德的说法是不恰当的。

第四节
《管子》的货币思想

《管子》是我国古代最重要的一部经济巨著，书中保存了我国古代极为丰富的经济及经济思想资料。我们从书的内容看：它的大部分篇章往往都涉及或专门论述经济问题；《乘马》《轻重》等十余篇则几乎全都是专门论述货币、商业、财政等问题的；它的“轻重”理论，则在以后几乎成为货币论的专用语或同义语。因而，《管子》是研究我国古代经济思想和货币思想的一部最重要的书。

《管子》“非一人之笔，亦非一时之书”[1]。管仲只是《管子》基本经济概念的奠基者，由于他相齐四十年间的许多经济措施和言论曾广为流传，一些崇奉他的学者将这些言论和措施记载下来，并以此为基础，结合己意和身历的时代环境予以阐发，汇集起来就成为《管子》一书。这部书的基本内容与体系，大致成于战国时期，

① 叶适：《习学记言序目》卷四十五《管子》，中华书局1977年版。

即使有的学者认为某些篇章还是西汉初的作品，但由于西汉初叶的经济水平和战国时期并无太大差别，而且许多思想、观点也都是相沿流传下来的；所以，作为一个整的思想体系，我们不妨将《管子》中的经济和货币观点均视为战国时期的思想。

在货币论方面，《管子》对货币的起源、本质与职能、货币作为国家干预经济的工具的作用等，均有阐述和分析。兹就其主要内容叙述如下。

一、《管子》关于货币的起源与本质的见解

关于货币的起源，《管子》书中有多处言及，最有代表性的叙述是：

> 玉起于禺氏，金起于汝汉，珠起于赤野，东西南北距周七千八百里，水绝壤断，舟车不能通。先王为其途之远、其至之难，故托用于其重，以珠玉为上币，以黄金为中币，以刀布为下币。三币握之则非有补于暖也，食之则非有补于饱也，先王以守财物，以御民事，而平天下也。[①]

于此，在货币的起源问题上，可以看出，《管子》所持的观点是“先王制币”说，这是“先王”观念在货币起源论上的推衍和应用。“先王”观念是我国周秦以来普遍流行的一种统治思想，它把社会经济、政治制度的一切兴作，均托诸圣王贤哲之力，是一种唯心主义观念。它被用于货币起源的解释上，如言金属铸币的发

① 《管子·国蓄》。

生——《管子》就有“禹以历山之金铸币”“汤以庄山之金铸币”[①]的表述。其他的古史书，如《逸周书》也记有周文王时“币租轻，乃作母以行其子”的事。[②] 这在货币起源的理论上，显然是一种比较肤浅的说法。因为，它把货币的起源与交换和商业的内在联系模糊了，也就阻碍了我们对货币是交换发展过程中的自发产物的探究与认识。由于这一庸俗观点与封建社会的“王权”观念相符合，因而它也就能长期地为人们所引用。

然而在一些“先王制币”的传说中，却也有应予注意之点，即对于金属铸币的铸造都往往与灾荒相联系。《管子·山权数》云：“汤七年旱，禹五年水，民之无饘有卖子者，汤以庄山之金铸币，而赎民之无饘卖子者；禹以历山之金铸币，而赎民之无饘卖子者。”[③]《逸周书》更明白记述周文王由于遭“天之大荒”，为招徕商旅、缓和物资匮乏，因而特意按照商人的需要铸造轻重合适的金属铸币。于此可以看出，“先王制币”的传说，还是和商业交换有联系的。《周礼·地官司徒·司市》曰：“国凶荒札丧，则市无征而作布（金属铸币名）。”郑玄注云：“有灾害，物贵，……金铜无凶年，因物贵大铸泉（钱）以饶民。”这就清楚指出，采铜铸币不会受水旱之灾的影响，为了促进商品流通，就要在灾荒之年大量铸造货币。所以，先王制币传说，最初在内容上，其实还都是认为它与商业和交换活动有密切关系，可是后来人们对于先王制币的原因却

---

① 《管子·山权数》。

② 《逸周书·大匡解第十一》。

③ “汤七年旱，禹五年水，民之无饘有卖子者”原无“有”字，据《通典·食货八》补。

往往是忽略了。

除此,《管子》还将最早的货币与作为远方之物的珠玉、黄金相关联，这也与商业交换有关。马克思言及货币最初产生的情形时指出:“货币形态或是固定在最重要的外来交换品上，那对内部各种产品的交换价值来说，实际是原始的自然发生的现象形态。”① 《管子》列举的远方珍贵之物，虽然说是产于“水绝壤断，舟车不能通”之地，可是在实际上，也是只有借助商业的辗转交换才能获得。所以，司马迁叙述我国货币发生的情形时就说:“农工商交易之路通，而龟贝金钱刀布之币兴焉。”② 这一说法是符合货币产生的实际情况的。

关于货币的起源问题,《管子》还认为珠玉、黄金这些途远难至之物作为良好的货币材料，先王们是“托用于其重”而使之成为货币的。这一说法是否意味着《管子》已认识到货币本身是具有固定的内在价值之物呢?显然不是。因为《管子》也“缺乏”马克思评论古代卓越思想家所说的那个“价值概念”。正是因为《管子》整个经济思想中缺少科学的劳动价值概念作为核心，所以它认为珠玉、黄金之“重”，是由于“其途之远”“其至之难”，即来之不易、因稀少而贵重的意思，而并没有把珠玉、黄金之“重”看作是开采、运输过程中所耗费的大量人类劳动的凝结的意思。对于黄金，它还曾说“俭则金贱”“侈则金贵”③,“令疾则黄金重，令徐则黄金轻”④。这都说明，它认为主要是供求关系决定货币的价值。

① 马克思:《资本论》(第一卷)，人民出版社 1963 年版，第 66 页。
② 《史记·平准书》。
③ 《管子·乘马》。
④ 《管子·地数》。

这一货币价值论，实际是说货币自身只有交换价值，因为它在实质上否定了货币本身是有固定的内在价值之物的。特别是它认为所谓“号令”的疾徐可以左右黄金的价值，这就显示出了它的“王权”决定货币价值的倾向。除此，它把货币视为“握之则非有补于暖也，食之则非有补于饱也”之物，则把货币本身的使用价值也否定了，具有明显的名目主义的倾向，这与它重视货币作为流通手段的职能、它的货币数量论思想，以及它的强调货币作为国家干预经济的工具的思想等，在观点上都是互相衔接和一致的。

在货币本位或币材问题方面，《管子》提出了一种多品位的货币制度，即“以珠玉为上币，以黄金为中币，以刀布为下币”的说法。对于这种货币主张，我们姑且称之为“币三品说”。只因为终我国封建社会之世、以迄清末，这一说法曾不断有人述及，只不过把货币三品的内容多改换为金属——金、银、铜三品罢了。

这种多品位的货币制度，是与货币作为价值尺度职能的要求相矛盾的。货币三品说在我国封建社会时期长期流行，反映着古代社会生产力与交换水平较低以及发展的迟缓，由于币材发展的一般规律是从贱金属向贵金属推移，而在古代社会条件下，为封建上层统治者服务的商业，与一般平民日常商品交换对充作一般等价物的货币要求有显著差异，就使得多种币材同时流通，成为人们生活中的习见现象。所以，货币三品说也是有其客观现实依据的。至于《管子》所言实物货币（珠玉）与金属货币（黄金、刀布）并行的制度，不过是我国早期货币流通过程中的一种过渡现象。其实，在战国时期，我国的金属货币流通制度已开始确立起来，所以，《管子》一书在实际上也都是把黄金、刀布并列，如言“黄金、刀币者，民之通货也"[1]，"金、钱，人之所重也"[2]，即只有黄金及铜铸币二者，才是现实流通中的货币。

二、《管子》重视货币的流通手段职能的思想

《管子》对货币职能的基本看法，可以从它对货币所下的定义见到：

> 黄金、刀币，民之通施也。[3]
>
> 黄金、刀币者，民之通货也。[4]
>
> 刀币者，沟渎也。[5]

所谓通施、通货，就是有无相通、交换的媒介的意思。所以，《管子》认为货币就是流通手段。这样的看法，在古代是很自然的，因为货币作为流通手段的职能，是与人民日常生活关系密切的零售买卖相联系的。然而值得注意的是，它把货币作为流通手段的职能视为"沟渎"，即把货币流通视为流水的渠道，商品流通离开它就无法进行了，这是一种具有较高概括能力的看法，在古代自然经济占统治地位的情形下，应该说是一种比较深入的观察。

与重视货币作为流通手段的职能相联系，《管子》对流通中货币必要量的概念也有所触及。他说："万乘之国，不可无万金之蓄

① 《管子·轻重乙》。
② 《管子·轻重戊》。
③ 《管子·国蓄》。
④ 《管子·轻重乙》。
⑤ 《管子·揆度》。

饰；千乘之国，不可无千金之蓄饰；百乘之国，不可无百金之蓄饰。”[①] 所谓“蓄饰”，是指货币的储备。这儿的货币，虽然是指退出流通、处于贮藏状态的货币，然而保有万金、千金、百金蓄饰的目的，显然并非单纯的贮藏，而是投入流通，也包括对流通中货币数量的调剂。为此，《管子》主张于各地区设置“公币”或“公钱”来作为调剂当地货币流通数量的基金；而公币的多寡，在一定程度上，也就反映着当地流通中对货币需要量的多寡了。

怎样确定流通中货币的需要量呢？《管子》在《山国轨》《山至数》篇中提出的办法是：根据货物与货币二者的一定比例来确定。这就要求统计全国或一地进入交换的货物数量，具体办法就是要调查一国之田若干，产谷若干，谷类以外的各种器械财物（皮革、筋角、羽毛、竹箭）若干，在求得全国货物为若干以后，即可以确定流通中的货币必要量了。

这种方法是很粗略的，它并未考虑货币流通速度，以及一地货币之流出、流入的因素。可是，古代社会生产力低，生产与消费的变化不大，信用关系、交通也不发达，货币流通较缓，数量大致保持一定，所以，在范围不大的国家内，用这种办法来确定流通中的货币必要量也还是可能的。

有人认为《管子》关于“谨置公币”“布币于国”的主张，涉及的仅是国家商业资本的货币资本贮备与地区分布的问题，它所计算的仅是国家商业资本在一定时期的货币资本需要的数量，与货币流通的必要量范畴没有关联——这种看法不能被认为是平允的。因

① 《管子·山权数》。

为，这显然是将货币作为资本或资金的存在形式，与作为流通手段二者之间的区别绝对对立起来了；而且，对于货币流通的必要量概念及其计算问题，也有故为深奥之嫌。因为，战国时期我国的货币经济已开始确立，金属货币流通已获得较广泛的流行，在这种情况下，《管子》的作者，从重视货币流通手段职能的观点出发，会接触到货币流通的必要量这一货币范畴，并能提出一些朴素的看法，也并不是什么了不起的事情。人们对事物认识的过程，总是由简单到复杂，不是一蹴而就的，最初的一些看法更不乏模糊不清之处。然而在关于货币流通必要量这一范畴的认识方面，《管子》的作者毕竟还是最早提出了商品数量是计算货币需要量的重要因素的见解，因而，认为《管子》书中的计算需要量与货币流通必要量范畴完全无关的看法，不是对待古人思想的平允看法。

在对货币职能的认识上，《管子》对流通手段职能以外的一些职能，也有一定程度的理解。

如对于储藏手段的职能，《管子》说："万乘之国，不可无万金之蓄饰；千乘之国，不可无千金之蓄饰；百乘之国，不可无百金之蓄饰。"除此，书中还说："使万室之都，必有万钟之藏，藏镪（钱，一串钱）千万；使千室之都，必有千钟之藏，藏镪百万。"①在这里，谷物与货币同为贮藏的对象。可是，货币与谷物不同，它是"饥不可食，寒不可衣"的东西，因而对于货币的贮藏，应作为"富之社会表现"，即财富的一般代表而被蓄积的。除此，《管子》书中还提出"环乘之币""公币"之类的概念，均为货币准备金之意，这则是货币贮藏手段职能更进一步的发展了。

① 《管子·国蓄》。

关于支付手段职能，《管子》一书中言及之处甚多，包括财政交纳和支付、借贷关系的借出与偿还等均使用货币，如言“月人三十钱之籍”[①]“士受资以币，大夫受邑以币，人马受食以币”[②]“赀家假币，皆以谷准币，直币而庚（还）之”[③] 等。

对于黄金作为世界货币也有多处言及，如言“苟入吾国之粟，因吾国之币，然后载黄金而出”[④]“管子告鲁、梁之贾人曰：子为我致绨千匹，赐子金三百斤，什至而金三十斤”[⑤] 等皆是。

铜钱，因自身亦系有价值之物，并具有相当的购买力，故在列国之间也被视作世界货币通用。如言“令中大夫王邑载钱二千万求生鹿于楚”[⑥] 即是。在今日考古发掘中，各地常有大宗窖藏铜钱出土，而且还常是列国之刀、布、圜钱等共出，也说明铜钱在当时是可以发挥世界货币作用的。

然而，由于《管子》的经济理论缺乏“价值”这一基本的概念，因而它对货币作为价值尺度这一货币基本职能的认识是模糊不清的。虽然《管子》书中对于物价、财政、借贷关系之以金、钱作为计价手段的例子多不胜数，但是货币在这里，作为价格标准，却并没有什么实际内容。因为，它认为货币的价值是由供求关系决定的，如言“俭则金贱”“侈则金贵”[⑦]。据此可知，它并不了解作为货币的黄金是具有内在价值之物，因而也就不能对货币的价值尺度

---

① 《管子·海王》。
② 《管子·山至数》。
③ 《管子·山国轨》。
④ 《管子·轻重乙》。
⑤ 《管子·轻重戊》。
⑥ 《管子·轻重戊》。
⑦ 《管子·乘马》。

职能有正确的认识了，至多只是看到货币与商品之间相对的交换比例关系，看到“金贵则货贱”这种表面现象罢了。

以上所言，可以看出，《管子》还不能对货币的职能提出一个全面、系统的认识，而把货币作为流通手段的职能，不适当地提高到了第一位。

三、《管子》的货币数量论思想

《管子》把货币的定义归结为流通手段，因而很自然地容易产生货币数量论思想。

《管子》的货币数量论是与它的“轻重论”相联系的。所谓轻重理论是我国古代的一种学术思想流派，司马迁就曾称颂管仲为最有名的轻重家，他说：“齐桓公用管仲之谋，通轻重之权，徼山海之业，以朝诸侯，用区区之齐，显成霸名。”[①]《国语》中单旗反对周景王铸大钱时，也运用了“轻重”概念。这一思想在《管子》中保存得最多，画八卦、树五谷、烧山林、驱禽兽、服牛马、用珠玉，以至货币、物价、商业活动等，即封建国家的一切经济制度和措施，甚至理人之术，无不作为它的轻重论的研究对象。可是实际上，它的侧重点是放在商品流通、市场物价与货币问题方面。而《管子》的货币数量论思想，事实上也是以轻重论为基础的，这一货币思想就是轻重论原则在货币与商品关系方面的具体应用。

轻重论的一般原则是：

---

① 《史记·平准书》。

夫物多则贱，寡则贵；散则轻，聚则重。①

物臧（藏）则重，发则轻，散则多。②

章（障）之以物则物重，不章以物则物轻；守之以物则物重，不守以物则物轻。③

这对于万物（商品）或货币的价值都是适用的。可是，货币与商品之间的关系是处于对立的地位，即“币重而万物轻，币轻而万物重”④；“粟重而黄金轻，黄金重而粟轻，两者不衡立”⑤。因而，流通中货币数量的增减就会使商品价格发生正比例的变化，或者，单位货币的价值，即购买力发生反比例的变化。所以，《管子》说：

国币之九在上，一在下，币重而万物轻；敛万物应之以币，币在下，万物皆在上，万物重十倍。⑥

一国之谷赀在上，币赀在下，国谷什倍，数也。⑦

所谓“上”，即货币退出流通界，而为封建国家收贮；“下”即为在民间流通之意。当“九在上”，即国家通过各种措施，大量回笼货币时，则币值上升，物价大跌，而造成“币重而万物轻”的情形；反之“币在下，万物皆在上”，国家通过各种措施大量投放货币，则“万物重十倍”“国谷十倍”，出现物价大涨的情况。

---

① 《管子·国蓄》。
② 《管子·揆度》。
③ 《管子·轻重甲》。
④ 《管子·山至数》。
⑤ 《管子·轻重甲》。
⑥ 《管子·山国轨》。
⑦ 《管子·山至数》。

再如，“贾人出其财物，国币之少分（半）廪（藏）于贾人，若此，则币重三分，财物之轻三分”①，即大商人抛售货物而大量积藏货币，使币值提高三成，物价则相应下跌三成，也是同样的道理。

《管子》记述的这些事例，看来不是常态下的货币流通现象，而多是与国家或商人的垄断活动有关。但我们可以明显地看出，《管子》认为商品价值或货币的购买力是由货币的数量决定的。《管子》在距今两千年前就阐述了这一思想，因而可以说，《管子》的作者是世界上货币数量论的最早倡述者。

当然，这是一个错误的理论，因为它是“建立在这个背理的假设上，在加入流通过程之际，商品没有价格，货币也没有价值，然后在流通过程中，商品总和的一个整除部分，会与贵金属总和的一个整除部分相交换”②。由于《管子》的整个经济理论中都缺乏明确的“价值概念”，对于货币本身有无内在价值也同样缺少明确的看法，因而，与它过分重视货币作为流通手段职能的观点相联系，产生货币数量论思想，也就是很自然的了。

四、《管子》关于货币是国家干预经济的工具的思想

考察经济问题，从国家的整体出发，重视国家的经济作用，是我国古代经济思想的一个重要传统。在这方面，《管子》非常重视

① 《管子·揆度》。编者注：原文为“财物之轻重三分”（四部丛刊景宋本），根据本书后文之意，应为“轻三分”。

② 马克思：《资本论》（第一卷），人民出版社1963年版，第104页。

货币在国家经济生活中的作用，书中说：

> 五谷食米，民之司命也；黄金、刀币，民之通施也。故善者执其通施以御其司命，故民力可得而尽也。[1]

就是说，对于国计民生，粮食虽然是最基本的东西，可是，货币则是国家掌握谷物、干预经济方面不可缺少的有力工具。它甚至把货币的作用提高到“先王以守财物，以御民事，而平天下也”[2]的高度。这一思想，在《管子》一书中的很多地方均可见到，是它对货币作用的基本看法。

在封建国家利用货币作为干预经济的有效工具方面，首先，对于黄金，《管子》说：“黄金者，用之量也。辨于黄金之理则知侈俭，知侈俭则百用节矣。”

这是说，黄金是衡量财用的尺度，一切财货用度的多少，可从黄金的用量表现出来，所以懂得这个道理，对于一个国家的财用是奢侈还是节俭，就能知道了；而了解财用的奢俭，才能对国家财用进行有效的调节。

对此，《管子》指出：“俭则伤事，侈则伤货。”就是说，太节省了，就办不成事情；太奢侈了，就会浪费财物。这是因为，“俭则金贱，金贱则事不成，故伤事；侈则金贵，金贵则货贱，故伤货”。

从此出发，它进一步阐述说：“货尽而后知不足，是不知量也；事已而后知货之有余，是不知节也。不知量，不知节，不可谓之

---

① 《管子·国蓄》。
② 《管子·国蓄》。

有道。”[1]

这则是说：治理国家，要是等到物资消耗尽了，才知道物资不足，这是对于物资供应数量的无知；要是事情办完才发觉物资多余，则是不知道物资消耗的标准，这都不可以。只有上述道理都通晓了，才可以说是正确的理财原则。

可是，黄金作为货币，它的作用范围主要只适用于国家财用等大宗支付，以及对外贸易方面。对于调节整个国家经济生活来说，最重要的还是与一般人民日常支付周转密切联系的所谓“下币”——铜钱（刀布和圜钱）。

至于所谓“上币”珠玉，系远方稀少的珍贵品，主要是上层贵族社会少数人的珍藏品，对一般人民言，是很难得到的，因而事实上它们作为货币发挥作用的范围甚为狭小，全然可以略而不计，所以《管子》书中也是屡言“黄金、刀币，民之通施也”。

只有“下币”铜钱，才真正是最重要的通用货币。自我国进入战国时期以后，随着货币经济的确立，它的作用也日益迅速变大。所以封建国家为了利用货币作为干预国家经济的工具，首先就需要垄断铜币的铸造权，即所谓“君有山，山有金（铜）以立币”，[2]这是有效运用货币工具的重要前提。这样，就使封建国家直接拥有大量货币。

封建国家既然掌握了大量货币，它就可通过货币的投放或回笼，直接控制最主要的商品——谷物，并以货币、谷物二者平衡百物价格、调剂有无、促进生产发展。

---

① 以上引语均见《管子·乘马》。
② 《管子·山权数》。

运用价格政策，是实现《管子》把货币作为国家干预经济的工具的重要内容，因而有必要了解《管子》对“价格”的看法。

《管子》主张通过掌握货币及谷物二者以平衡物价和购买力，但是它并不要求把物价定死。因为，物价定死了就会影响市场的活跃和商品的顺畅流通，并且对生产也无法起积极的影响作用了。这是《管子》的“价格论”的主要精神。它说：

> 衡无数也。衡者使物一高一下，不得常固……不可调，调则澄，澄则常，常则高下不贰，高下不贰，则万物不可得而使固。……故岁有四秋，而分有四时，……已得四者之序，发号出令，物之轻重相什而相伯，故物不得有常固。故曰，衡无数。①

所谓“衡无数”，就是商品价格不断上下摆动而无定准之意。对此，《管子》认为这是自然的事情，因而它不要求物价的划一。它说“调则澄”，即物价被划一定死了，货物流通就会呈现出呆滞的情形。这样一来，国家也就谈不上对市场及商品流通进行调节了。

《管子》如何运用货币及价格政策来实现国家干预经济的作用呢？归纳起来就是：

一、封建国家事先以手中掌握的货币，用“寄币”，即预购方式向人民取得谷物，谷物收获后，国家便用低于市价的价格把农民的余粮购进来。谷物为国家所掌握后，又可以用实物交换的办法，换取布帛及其他的必要商品。这时，谷物等为国家所掌握（“谷在

---

① 《管子·轻重乙》。

上”），而货币则大量流入民间流通（“币在下”），于是形成“币轻而万物重”的局面。

二、随着非农业人口向国家购买粮食，货币逐渐回笼，因而又形成“币重而万物轻”的局面。

三、当物价跌落时，国家又可用货币收购万物，待货币下流而万物价格复高涨时，国家又可按市价抛出物资，于是物价又下落，直至降到适当的程度而止。

关于《管子》的这一思想，它在《山国轨》篇中的一段话阐述得比较完全，兹摘录如下：

> 调立环乘之币，田轨之有余于其人食者，谨置公币焉。大家众，小家寡。山田、间田（即下田、中田），曰“终岁其食不足于其人若干，则置公币焉，以满其准。”重岁（翌年）丰年五谷登，谓高田（上田）之萌（民）曰：“吾所寄币于子者若干，乡谷之横（时价）若干，请为子什减三。”谷为上，币为下。高田抚间田，山不被，谷十倍。山田以君寄币，振（赈）其不赡，未淫失也。高田以时抚于主上，坐长加十也。女贡织帛，苟合于国奉者，皆置而券之（不付现款的收据），以乡横（乡谷之价）市准，曰：“上无币有谷，以谷准币。”环谷而用策（券，言照预约之券以谷支付）。国奉决谷（国用之帛，以谷决算之），反准赋轨币，谷廪重有（又）加十。谓大家、委赀家曰：“上且修（循）游，人出若干币。”谓邻县曰：“有实（谷）者皆勿左右，不赡，则且为人马假（借）其食民。”邻县四面皆横，谷坐长而十倍。上下令曰：“赀家假币皆以谷准币，直（值）币而庚（还）之，谷为下，币为上。”百

都百县轨据，谷坐长十倍。环谷而应假币，国币之九在上，一在下，币重而万物轻；敛万物应之以币，币在下，万物皆在上，万物重十倍。府官以市横（市价）出万物，隆（降）而止。

总之，它的目的就在于使国家掌握货币及谷物二者，而且货币及谷物二者都可作为交换万物之用。大抵万物价高时，以谷物交换；价低时，则以货币收购。在这一过程中，货币主要是用于预购和收购谷物。万物价廉时，就用于收购布帛、手工业品等，以及以国家俸禄与其他开支（如“士受资以币，大夫受邑以币，人马受食以币”）等途径投放出去；另一方面，则又通过出售谷物及布帛器械等，以及人民的货币缴纳［如“请以令籍人三十泉（钱）”］等途径回笼。如此循环往复，以收调剂物资、调节市场物价及促进和影响生产的功效。

《管子》对价格政策的运用，在国内经济周转与对外贸易上，它的原则是有区别的。在国内经济周转中运用价格政策的原则是：

民有余则轻之，故人君敛之以轻；民不足则重之，故人君散之以重。

这样，如当丰收的年度，即“岁适美，则市粜无予（买），而狗彘食人食”[1] 的时候，国家应该大量收购，以作歉收年度的平粜之用。

再如，当“齐西水潦而民饥，齐东丰庸而粜贱”[2] 的时候，则

① 《管子·国蓄》。
② 《管子·右菁茅谋》。

应运用价格政策调节地区差价，以收东西相被、远近准平之效。

不但如此，还可以采用提高收购农产品价格的办法，来促进农业生产的发展。如言：“益农夫之事，则请重粟之价，金三百（钱），若是则田野大辟，而农夫劝其事矣。”①

在对外贸易方面，运用价格政策的原则就不同了，《管子》认为重要的事情是要保持本国重要的物资，不使外流。所以，在一般情形下，对外价格政策的原则是：

> 夫善用本者，若以身济于大海，观风之所起，天下高则高，天下下则下；天高我下，则财利税（夺）于天下矣。②

也就是说：在一般情形下，要注意使国内的价格水平和国际价格水平相适应；特别要注意避免出现“天高我下”的局面，因为这样，就会使本国重要的物资如谷物，流向国外了。

根据同样的道理，为了鼓励重要物资的进口，必要时还可以采用提高国内市场物价的办法，如“滕、鲁之粟釜百（钱），则使吾国之粟釜千（钱），滕、鲁之粟四流而归我若下深谷者，非岁凶而民饥也”③。

为了进口谷物，甚至使黄金外流也可以。它说：“苟入吾国之粟，因吾国之币，然后载黄金而出。”④ 可见，《管子》并不像欧洲早期重商主义那样，以守财奴的眼光看货币，而只愿出口，不愿进口，并把财富与黄金完全等同起来。这是因为，根据《管子》的财

① 《管子·轻重乙》。
② 《管子·地数》。
③ 《管子·轻重乙》。
④ 《管子·轻重乙》。

富观，“五谷、粟米者，民之司命也”①。当然，这一思想认识也是与当时封建社会中农业的地位与作用相联系的。

对于本国特有的自然特产，如齐国的渠展之盐，则不必考虑“天下高则高，天下下则下”的原则，而应力求造成垄断价格，以垄断性的高价食盐换取外国的黄金。《管子》把这种行为称为“阴王之业”②。

除此，在特殊的情形下，也可以运用“天下高，我独下”，就是使国内某种重要商品的价格大大低于外国的办法，对敌进行经济战争，以倾覆敌国。当国家完全有力量掌握谷物，从而可以防止它的自由流出，这时就可以趁别国粮食大涨而齐国之谷价独贱之机，招致别国人民争来归顺齐国，从而实现干戈不动、敌国臣服的目的。《管子·轻重戊》中所举的“鲁梁之谋”“莱莒之谋”“生鹿之谋”等谋略，都是这一政策运用的例子。

总之，在对外运用价格政策方面，必须根据具体情况机动掌握，即所谓“因天下以制天下”。在一般的情形下，应使国内、国外的价格水平相适应，即采取“天下高则高，天下下则下”的原则。当要鼓励进口时，则要“天下下，我高”；当要奖励出口时，则又要“天下高，我独下”了。

综观上述，《管子》提出了把货币作为国家干预经济的重要工具的思想，与此相关，它对商品与货币之间的相对关系、对市场供求的变化和价格规律等，均做出了相当精辟的分析。它的整个经济思想体系中，虽因缺乏正确的“价值”论作为基石，不能认识和自

---

① 《管子·轻重乙》。

② 《管子·轻重甲》。

觉地利用价值规律，然而它的货币及价格政策在客观上往往是与价值规律的相求相符合的，因而就充分显示出它对周围事物的周密观察能力。

《管子》的经济思想，主要是以商品货币关系作为论述的核心，亦即以我国封建社会初期的流通过程为研究的对象。如《管子》一书中的《轻重》《乘马》诸篇的内容，大都是与货币、商业有关的问题。但是，从它的经济、货币主张的阶级内容上来分析，则能看出《管子》的作者，并不代表当时商人资本的利益，而是站在新兴地主阶级的立场上说话。因为，整个《管子》的主导思想都是与当时的“富国强兵”思想相联系的，反映着当时新兴地主阶级实现政治上大统一的要求。它的经济思想与当时的法治思想结合，显示出明显的经济干涉主义的倾向，并且要求对国内的富商蓄贾采取抑制的政策。因为，封建君主如不制止商人的兼并活动，商人的经济势力壮大了，势必与君王的权力相抗衡，从而造成所谓“中一国而二君王”的局面，为此，它便要求国家积极参与经济生活的调节，甚至要求封建国家直接经营某些经济事业，以扩大对劳动人民的榨取、剥削，借以充实国家的财政力量，达到富国强兵的目的。与此相关，货币也就成为国家手中干预经济的重要工具了。

在这里，需要指出的是，《管子》的作者，虽然代表新兴的地主阶级，但我国封建社会初期商业资本的发展和活跃，对于《管子》经济思想的形成与影响则是很显著的。法家的权术与商人的欺诈性结合起来，就使我们在《管子》一书中货币、商业政策的若干措施方面，都可以觉察到非常浓厚的权诈气息。

最后，对于《管子》在古代货币思想方面的贡献，我们却有必要给予足够的重视与肯定。我们可以把它的货币思想视为我国封建社会初期货币流通的全面总结。因为，它的货币思想涉及的范围，包括货币的起源、本质与职能，以及货币在封建国家干预经济过程中的作用等各个方面；同时，它对于货币的流通手段职能的认识、它的货币数量论思想，以及货币作为国家干预经济的工具的思想等，均显示出它天才的闪耀，达到了古代世界货币思想的高峰。

第二章

两汉的货币思想

第一节
西汉前期关于统一货币铸造权的争议
贾谊、晁错、桑弘羊等的货币思想

秦汉封建帝国的建立，标志着以地主土地占有形式为主要内容的封建生产关系的确立。这一地主经济体系在中国取得了长达两千多年的绝对支配地位，而且，从此在我国形成了以汉族为主体的统一的多民族国家。虽然在此后历次封建王朝更迭时，也一再出现或长或短的分裂割据局面，可是就秦汉的整个历史发展过程看，统一则是长期的、正常的状态，统一的多民族封建国家也一直在发展着，这是我国封建社会历史的重要特点之一。

代替秦朝而兴的汉朝是我国历史上强大而兴盛的朝代，其时正是我国地主经济体系的封建社会处于向上发展的时代。最初，西汉王朝建立时，连年战乱之后经济残破，亟待休养生息以恢复和发展经济，然而郡国诸侯王、地方豪强分裂势力则直接威胁着封建中央政权的巩固，因而从经济、政治各方面加强与巩固封建中央政权，维护封建帝国的统一就成为当时迫切的政治经济任务。在这种形势下，汉初杰出的思想家贾谊、晁错等在政治上亟呼“众建诸侯而少其力”，以至采取直接削减诸侯国封地的政策。在经济思想领域则鼓吹“重农”“贵粟”以加强和巩固封建地主政权的经济基础。其后，我国历史上杰出的大理财家桑弘羊则发出“富国何必用本农”的呼声，在他重视商业作用的思想指导下，创行了盐铁官营、均输、平准等一系列重大财经政策和措施，充实了封建国家财政，有力地打击了地方豪强及富商巨贾的经济力量，从而为汉武帝的一代文治武功打下了经济和财政基础。所以，处于地主制封建社会上升时期的西汉时代，承接战国时代的余绪，思想界仍然呈现着繁荣、活跃的景象。只是在西汉中叶以后，儒术逐渐定于一尊，思想界也趋于沉寂，并在经济思想领域逐渐形成一些僵硬的经济教条，如以农为“本”、工商为“末”的重农轻商思想，以及与之相关的重本抑末、重农抑商政策就曾长期居于支配地位，而严重束缚和阻碍着社会经济的发展。

在巩固和发展新兴的地主阶级政权的任务中，在经济货币流通领域实现货币制度的统一是它的一个重要方面。为此，封建中央政府便必须致力于统一货币的铸造权。这样，就使得在西汉前期大半个世纪的时间中，中央与郡国地方势力为争夺铜钱铸造权而进行了十分激烈而复杂的斗争。与此相关，围绕着货币流通领域的这一突出的中心问题，在货币思想方面也触发了我国历史上有关货币问题的首次争议。当时，西汉的一些进步思想家，如贾谊、贾山、晁错等均积极鼓吹封建中央政权垄断铜钱的铸造权，为建立统一、健全的货币制度做了重要舆论准备。半个世纪后，大理财家桑弘羊主持政府财政时，终于实现了这一目标，建立了统一的“五铢钱”制度；而且，他还为巩固国家币制的统一做了不遗余力的辩护。

一、贾谊的货币思想

贾谊是西汉著名的政治思想家与文学家，洛阳人。汉文帝五年（前 175）改行四铢“半两”钱，“除盗铸钱令”，再次实行任民铸钱政策，贾谊上书反对。

关于任民铸钱政策，西汉王朝初建立时曾一度实行，即汉高祖“令民铸荚钱”；可是却从此导致了恶钱流行，商贾乘机操纵居奇、币值与物价长时期波动的后果。汉文帝即位后采取与民休养生息政策，又复解除盗铸钱令，再次实行任民铸钱政策。这是当时中央政府对郡国力量在财政利益方面所作的一个公开让步，因为在此以前，如吴王濞早就在其封国内的豫章铜山，大规模铸钱了，而封建中央政府则以此换取国内政治上的暂时安定。

汉文帝改行四铢钱并“使民放铸”以后，贾谊看到当时流通界非常混乱，出现“法钱不立”“民用钱郡县不同，或用轻钱百加若干，或用重钱平称不受”① 的情形；他还注意到“奸钱日繁，正钱日亡”②，即劣币驱逐良币的现象。在这种情形下，他认为公开任民铸钱，必然会更加助长货币流通的混乱。因为，私人铸钱如果不掺杂铅铁等物则无利可图，反之，就“淆之甚微，为利甚厚”；这样，任民铸钱政策势必更造成劣币充斥、加重“法钱不立”的情形了。

---

① 《汉书·食货志下》，以下引语不注明者均同。
② 贾谊：《新书》卷四《铸钱》。

关于任民铸钱政策的消极作用，贾谊认为并不限于货币流通范围之内，而且还关涉到巩固国家法制以及农业发展。根据汉文帝解除盗铸钱的命令：人们按照规定的重量铸造铜钱，是不许淆杂铅铁等物的；如有违反，则要处以黥刑。然而铸钱一事，既然是“淆之甚微，为利甚厚”，很显然，利之所在，必然会是“虽黥罪日报，其势不止”，这样，违法的人太多了，国家法制自然也就维护不住了。更有害者，就是人们都竞事采铜铸钱，将会使众多的农民“释其耒耨”，而导致“农事捐弃”的后果，这则是危及封建国家根基的大事了。

贾谊虽然反对任民铸钱，而主张由封建国家垄断货币铸造权，可是他并不简单地要求用国家法律的强制力量来实现。他指出：“曩禁铸钱，死罪积下”“今公铸钱，黥罪积下”，这二者之间并没有太大的差别，而重要的问题在于：当私铸利重的时候，人们就会冒“弃市之罪”的危险而竞事于铸钱事业。基于此，他提出了“上收铜勿令布”，即由政府垄断货币材料——铜的政策。他还指出，政府实行禁铜政策，可以获得七种好处，即所谓“七福”：

> 何谓七福？上收铜勿令布，则民不铸钱，黥罪不积，一矣；伪钱不蕃，民不相疑，二矣；采铜铸作者反于耕田，三矣；铜毕归于上，上挟铜积以御轻重，钱轻则以术敛之，重则以术散之，货物必平，四矣；以作兵器，以假贵臣，多少有制，用别贵贱，五矣；以临万货，以调盈虚，以收奇羡，则官富实而末民困，六矣；制吾弃财，以与匈奴逐争其民，则敌必怀（坏），七矣。①

① 《汉书·食货志下》。

归纳言之，他认为国家实行铜禁以后，由于货币材料为封建国家所垄断，就可以消除私铸的根源，使国家所铸造的合乎标准重量的铜钱顺利流通，而收“民不相疑”之效；民不私铸，农业可以保持足够的劳动力，民不犯法，国家法制得以维护，社会秩序也可以保持安定了。除此，封建国家掌握的铜，可用于国防需要，以及维护封建等级秩序的赏赐，即“以假贵臣，多少有制，用别贵贱”。国家垄断了币材与货币铸造权，更可以运用“轻重”之术，调节万物供需，平抑物价，增加国家收入，充实国家财政力量，并在国内贯彻重农抑商政策，对外加强防御匈奴侵略的力量，即所谓“官富实而末民困”“与匈奴逐争其民，则敌必坏”。

贾谊提出实行铜禁，即通过垄断货币材料以消除私铸的方案，在封建社会条件下是无法实现的事，因为私铸者可以熔销民间铜器，甚至直接销毁流通的足值官钱充作私铸的铜材，这往往是防不胜防的事，因而他的这一建议本身就有局限性及不完备之处。可是他的这一创议，实不失为封建政府对付私铸问题的一条途径。因而，这一铜禁办法，在我国以后的许多朝代曾屡次被采用，虽然历朝实行铜禁的确切效果是值得怀疑的。

综观贾谊的货币思想与主张，最值得注意的，首先是他承认货币流通的客观性质，而不认为单凭君王权力就可以解决货币问题。他不主张简单地凭借封建法权，而提出通过实行铜禁，即通过垄断币材的途径，以期解决私铸问题。与此相关，他认识到铜铸币名义价值与铸造成本之间的差别，即所谓“铸钱之情，非淆杂为巧则不可得赢，而淆之甚微，为利甚厚”，认为这是引起私铸的原因所在，因而解决私铸问题，也就必须从币材入手。以上，表明他在不少方面，都能超出当时流行的王权论的货币名目主义的看法。

其次，从贾谊对于垄断货币材料的重视，以及他对货币名义价值与铸造成本间关系的认识看来，他是我国较早的一位带有货币金属主义倾向的学者。然而在他的货币思想的基本方面，仍然承继《管子》的轻重理论，把货币看作封建国家干预经济及民事的工具。他还承认君王权力对于铜钱价值的影响，如说："今禁铸钱，则钱必重。"由于他是在重农思想的基础上接受《管子》的轻重论的，这样就使货币成为保护农业的工具而为封建国家的重农抑末政策服务了。

最后，贾谊的货币主张，是以实现货币制度的统一与稳定为目的的，这正是当时新兴的封建地主经济体系在货币流通方面的客观要求，因而他面对当时陷于紊乱已二十余年的货币流通现实，提出了所谓"法钱""正钱"的概念。所谓"法钱"，师古说："法钱，依法之钱也"，就是指合乎国家规定的标准重量、成色的铜钱；至于"正钱"，则是指合乎法定标准的良币，是对立于"奸钱""伪钱"等劣币的称谓。"立法钱"，就是要求建立统一的本位货币，使流通界只有合乎法定标准的"正钱"流通，以消除奸钱或伪钱的流通，从而使"民不相疑"。显然，法钱、正钱概念的规定及"立法钱"的要求，在客观上已为后来汉武帝时实现统一的五铢钱制度，即所谓"三官钱"的流通开辟了道路。

除此，还应指出，贾谊已注意到"奸钱日繁，正钱日亡"，即所谓劣币驱逐良币的规律。这一认识，在世界货币思想史上也是比较早的。

二、贾山、晁错的王权论的货币思想

贾山，西汉颍川人，汉文帝解除盗铸钱令时，他认为不应变更先帝成法而上书反对。他说："钱者亡（无）用器也，而可以易富贵。富贵者，人主之操柄也，令民为之，是与人主共操柄，不可长也。"①

在这里，他忽视了货币作为商品自身所有的使用价值，把货币全然视为无用之物；与此相关，又把货币的作用与封建君权联系在一起，认为货币铸造权是国家的权柄所在，不容轻易放弃，由此而得出封建国家垄断货币铸造权的必要性。这一看法，显然与《管子》把货币作为国家干预经济民事的工具的看法相联系。《管子》说："（货币）握之则非有补于暖也，食之则非有补于饱也，先王以守财物，以御民事，而平天下也。"② 贾山继承了这一思想，更突出了封建王权的作用，而且表露了非常明显的货币名目主义的倾向。

由于贾山非常明确地强调了掌握货币铸造权与维护封建君权二者联系的重要性，因而他的这一看法，对以后历代封建王朝的货币政策曾产生重要的影响。

晁错，颍川人，是西汉著名的政治思想家。在货币思想方面，他对货币名目主义的王权论思想给予进一步的阐发。他说：

> 夫珠玉金银，饥不可食，寒不可衣，然而众贵之者，以上

① 《汉书·贾山传》。
② 《管子·国蓄》。

用之故也。其为物轻微易臧（藏），在于把握，可以周海内而亡（无）饥寒之患。[1]

他也认为货币是无用之物，然而能受到众人的宝爱，则全系君王的权力造成的。

他这种强调君王权力作用的货币观点，使他成为我国历史上较早的一位最露骨的货币名目主义者。与此有关，他拥护封建国家垄断货币铸造权，也应当是很自然的事，因为，这也正好是他的“强中央、削诸侯”的政治主张的一项实际措施。

作为货币名目论者，晁错完全无视金银等货币商品本身的使用价值，并把《管子》关于货币无补于饥寒饱暖的话，概括为“饥不可食，寒不可衣”。这句话此后长时期成为人们议论货币的口头禅，从而大为便利了货币名目主义思想在封建社会的传播。晁错虽然忽视了货币作为商品自身所固有的特殊使用价值，然而他却较早地指出货币的一般使用价值，即人们握有货币，就“可以周海内而亡饥寒之患”。

晁错对于货币的看法，是以他的重农贵粟论为基础的。他把金银币材本身的特性“轻微易藏”，与封建私有制的一些现象：“臣轻背其主”“民易去其乡”“盗贼有所劝”“亡逃者得轻资”[2] 等，作了似是而非的联系，把这一切都归罪于货币的作用；这样，依据他的露骨的王权货币论，便得出了“明君贵五谷而贱金玉”的结论。由于这一论断与俗儒所谓“重本轻末、忌言货利”的思想相符合，因而它曾长时期对我国封建社会中发展商品货币经济起着阻碍作用。

① 《汉书·食货志上》。
② 《汉书·食货志上》。

晁错还从重农抑商思想出发，对高利贷资本残酷剥削农民作了有力的抨击。他说：勤苦的农民，夏不得避暑热，冬不得避寒冻，四时之间，无日休息，“其能耕者，不过百亩，百亩之收不过百石”，可是每遇水旱之灾，加以官府的急征暴敛，在这种情形下，“当具有者，半贾（价）而卖，亡（无）者取倍称之息，于是有卖田宅鬻子孙以偿责（债）者矣”。[①]

在我国，不像有些古代民族那样很早就把生息资本视为不道德或不合法之事，在西周时期，官府就经营借贷事业，[②] 甚至被视为“王政”；只是到了战国中期以后，才出现谴责高利贷剥削的言辞，如孟轲说：“终岁勤动，不得以养其父母，又称贷而益之，使老稚转乎沟壑。”[③] 这时思想界才开始明显表露了反对高利贷资本的倾向。晁错正是发展了孟轲这一思想，有力地对古代高利贷资本对农民的侵蚀作了揭露，从而成为我国历史上较早的坚决反对高利贷的思想家。然而在西汉时期，人们对于放贷取息行为持公开反对态度者仍不多见，而大史学家司马迁，则公开承认生息资本的合理性，而把高利贷业者与各种工商业者并列，称之为“子钱家”[④]。

三、桑弘羊及其反对派“贤良文学”的货币思想

桑弘羊，洛阳人，出身于商人家庭，十三岁入宫廷为侍中，深

① 《汉书·食货志上》。

② 《周礼·地官司徒》：“凡赊者，祭祀无过旬日，丧纪无过三月，凡民之贷者与其有司辨而授之，以国服为之息。”

③ 《孟子·滕文公上》。

④ 《史记·货殖列传》。

得汉武帝信任，其后历任大农丞、搜粟都尉、大司农、御史大夫，掌管西汉中央财政达三四十年，是我国历史上杰出的大理财家。他的理财成就，事实上为汉武帝的一代文治武功奠定了坚实的财政经济基础，连对“言利之臣”颇有微词，在《史记》中不为作传以示褒贬之意的司马迁，也称赞他在理财方面做到“民不益赋而天下用饶”①。

桑弘羊作为我国历史上杰出的大理财家，积极协助汉武帝制定和推行了盐铁官营、酒类专卖、均输、平准和屯田戍边等重大财经政策，为发展封建经济、巩固统一的地主阶级政权、抗御匈奴军事侵扰做出了重要贡献。他在政治思想上崇尚商鞅，持有明显的法家观点，其经济思想则主要接受和发展了《管子》以及范蠡、白圭等先秦思想家的思想，而且从他的重商思想出发，否定农业是唯一致富本源的说法，而公开提出“富国非一道”“富国何必用本农，足民何必井田也”② 的观点。

桑弘羊在货币流通领域的重大成就是成功地建立了统一的五铢钱制度。统一、健全的货币制度的建立，是巩固新兴的地主阶级统一政权的重大措施。西汉前期货币铸造权分散，货币流通紊乱的状况，实际反映着封建中央政权与郡国地方分裂势力间的激烈斗争。五铢钱制的建立，标志着封建国家币制统一的成功，以及实现了货币流通的稳定。但是这些成就有待于巩固，因为在货币流通领域，封建中央政权与代表豪强、大商人利益的郡国地方势力间在思想意识方面的斗争仍然继续着，这集中表现于汉昭帝始元六年（前 81）

---

① 《史记·平准书》。

② 《盐铁论·力耕》。

著名的盐铁会议上，桑弘羊及其反对派双方的尖锐对立。

盐铁会议是我国古代历史上少有的一次关于国家重大政策问题的公开辩论会。在这次会议后约三十年，桓宽根据当时的会议记录予以推衍、增广，写成《盐铁论》一书，记述了会议上双方反复诘难之辞。书中的"大夫"，即御史大夫桑弘羊，而"贤良文学"就是祖述孔孟之道的儒者及他们之中已被选为"贤良方正"的人，这些人是来自各郡国地方的代表。桑弘羊这一历史人物在《史记》《汉书》无传，因而他的概略生平以及言论、思想主要赖《盐铁论》一书的记述，才得以保存下来。

桑弘羊作为一个具有实际行政工作经验的政治家与理财家，又是国家财政改革的参与人，在货币问题的辩论中，持坚决维护封建中央政府垄断货币铸造权的立场。他说："统一，则民不二也；币由上，则下不疑也。"[①] 就是说，只有把货币铸造权集中于中央，并由中央政府机构铸造合乎国家法定标准重量和成色的五铢钱流通，才能树立起人民对货币行使的信任，才能实现货币制度的稳定。

桑弘羊坚持货币铸造权的集中，是以他的山林川泽国有主张为前提的。他说：

> 山海之利、广泽之畜，天下之藏也，皆宜属少府。[②]
>
> 家人有宝器，尚函匣而藏之，况人主之山海乎？[③]

---

① 《盐铁论·错币》。
② 《盐铁论·复古》。
③ 《盐铁论·禁耕》。

与此相关，他还说：

山泽无征，则君臣同利；刀币无禁，则奸贞并行。①

因而，国家要干预经济，封建中央政府就需要将当时关系国计民生最大的三大经济事业——铸钱、冶铁、煮盐收归国营。特别是铸钱事业，如果纵民铸钱，势必造成流通界“奸贞并行”、钱文大乱的后果。因而他竭力抨击文帝时“吴王擅鄣海泽，邓通专西山”，“吴、邓钱布天下”的情形，强调要有“铸钱之禁”及“禁御之法”，即只有通过将货币铸造权集中到中央政府，使国家的币制统一，才能使长期混乱的货币流通得以实现稳定，也就是所谓“统一，则民不二也；币由上，则下不疑也”。②

桑弘羊在这里，继贾谊的“法钱”概念之后，又提出“统一”的概念。他的货币统一集中发行的思想，也为我国古代货币思想增添了新的内容；这一思想，很显然，如果不是像我国古代西汉王朝那样在政治上统一的大国，则是不可能产生的。

桑弘羊强调币制统一对货币稳定的重要意义，是符合西汉长期货币混乱的实际的，因为当时健全货币流通的关键的确是：没有币制的统一，就没有货币的稳定。但他从法治的观点出发，过分强调了君王的权力，即“币由上”的作用，以致把统一视为货币稳定的唯一条件，这在理论上则是有缺陷的。因为，统一的五铢钱制度获得成功，不单纯是依靠国家的行政权力，使新五铢钱具有强制行使的法定支付手段的地位，更重要的还在于封建中央机构统一铸造的

① 《盐铁论·错币》。

② 《盐铁论·错币》。

五铢钱在铜钱的名义价值与实际金属内容间有了较合理的规定。史书记述说："悉禁郡国无铸钱，专令上林三官，……而民之铸钱益少，计其费不能相当，唯真工大奸乃盗为之。"[①] 与此不同，汉武帝以前几次出于单纯的财政目的发行虚价货币，虽然采取极其严厉的行政措施，但每次币制的更改仍都归于失败。所以，必须依靠适当的经济措施，不靠铸钱填补财政亏空，这样，统一的币制才是健全的，国家统一铸造的货币才能获得人们的信任，从而才能实现货币的稳定。

桑弘羊的山林川泽国有主张和中央垄断货币铸造权等，都是以《管子》的轻重学说为理论基础，并且以此来作为运用轻重术的必要条件的。他说："王者塞天财，禁关市，执准守时，以轻重御民。"[②] 他还继承并发展了《管子》关于货币作为国家干预经济、民事工具的思想。对此，他阐发《管子》的话说："善为国者，天下之下我高，天下之轻我重，以末易其本，以虚荡其实；今山泽之财，均输之藏，所以御轻重而役诸侯也。"[③]

可是，桑弘羊在运用价格政策方面，与《管子》有明显的不同。《管子》对于价格并不要求稳定，而他则相反，强调"贵贱有平"，甚至要求做到"虽使五尺童子适市，莫之能欺"[④] 的地步。这一要求的提出，显然是因为历史条件变化了，当时，统一的封建地主经济体系已经出现，与此适应，为了巩固统一的地主阶级政权，就必须要求结束"贵贱无常"的市场及货币流通紊乱的局面，

① 《史记·平准书》。
② 《盐铁论·力耕》。
③ 《盐铁论·力耕》。
④ 《盐铁论·禁耕》。

而要求建立统一、稳定的货币制度与价格体系。从此出发，在他的主持下，西汉创立了“郡置输官以相给运，而便远方之贡”，“开委府于京，以笼货物，贱即买，贵则卖”[①] 的所谓均输、平准制度等，从而在财政上支持了武帝一代文治武功的实现。

包括封建中央垄断货币铸造权在内的、桑弘羊的一系列财经政策，都是以反对地方郡国势力、维护与巩固中央皇权为目的的。他说：

> 夫权利之处，必在深山穷泽之中，非豪民不能通其利。
>
> 山海有禁，而民不倾，贵贱有平，而民不疑，……罢去之，则豪民擅其用而专其利。[②]
>
> 山泽无征，则君臣同利；刀币无禁，则奸贞并行。夫臣富相侈，下专利则相倾也。[③]

所以，他主张中央垄断货币铸造权，要求实现币制的统一与稳定，都是把打击的锋芒指向代表地方豪强、大商人利益的郡国分裂力量，其目的是维护与加强当时新建立的统一的地主阶级政权。所以，桑弘羊与贾谊、晁错一样，都是当时处在封建地主经济体系上升时期，新兴地主阶级的杰出代言人。

然而在政治经历、学术源流上，桑弘羊与贾谊、晁错等都不相同。贾谊、晁错虽然也明于申、商之说，但还都是属于儒家的学者和政治思想家。桑弘羊则主要是崇尚管、商思想的具有实际行政经

---

① 《盐铁论·本议》。
② 《盐铁论·禁耕》。
③ 《盐铁论·错币》。

验的政治家和理财家，他在经济思想与货币思想方面，基本上是全面、系统地接受了《管子》的学说，而在一些方面又有了重要的发展。

在经济思想方面，与贾、晁的重农思想不同，他有明显的重商思想。虽然他也说商业与货币是“末”、是“虚”，如言“以末易其本，以虚（货币）荡其实（有用之物）”，可是他却认为“富国何必用本农？”[①]“无末利则本业何出？”而主张“农商交易，以利本末”[②]。至于桑弘羊这种重商观点的根源，还不仅因为他本人就是洛阳商人之子，更重要的还是当时封建经济中商业和商品流通的发展，以及商业资本对封建政权的依附与结合，所以，他仅代表封建国家商业资本的利益，而郡国地方豪商势力则正是他要打击的主要对象之一。

在货币思想上，他继承了《管子》的货币名目主义传统，重视货币作为流通手段的职能，如言“交币通施”。他还从“币由上，则下不疑也”等方面，更强调了君王权力的作用。在有关货币的起源与发展的问题上，他却超越了《管子》“以珠玉为上币，以黄金为中币，以刀布为下币”的先王制币说，提出“弊（币）与世异”的货币自然演变这一具有发展观点的看法。他说：

> 弊（币）与世异，夏后以玄贝，周人以紫石（紫贝），后世或金钱刀布。[③]

① 《盐铁论·力耕》。
② 《盐铁论·通有》。
③ 《盐铁论·错币》。

这里，他指出我国币材的演变，最早是贝，而后才发展为金属货币：黄金、刀布，并且确定夏商时期以贝为币的事实，这是符合我国货币发展史实的最早的文献记述了。我们如果考虑到在当时已形成的认为我国的货币自夏后氏以来就是所谓“金三品”（金、银、铜）的说法，那么这一表述，则应是一个更值得注意的提法了。除此，如前已言及，他还第一次提出“统一”的概念，而且把“虚实”概念最早用于货币与商品的关系上，这也是对我国古代货币思想的应予称许的贡献。

盐铁会议上的“贤良”“文学”是桑弘羊的反对派。“贤良”“文学”这些来自郡国各地的儒生，讲道德、说仁义，忌言“货利”，并一味地厚古薄今。他们还留恋着远古货币未产生时，人们以有易无的物物交换生活，即所谓“抱布贸丝”的情形。

他们说：自后世有了货币——龟、贝、金、钱以后，民俗就趋于虚伪了，货币愈是演变，弃本逐末的人就越多。在他们的心目中，货币、商业全都是妨害农业的坏东西，而有关货币方面的变革或改良措施，也不会是好事情。因而，他们说：“畜利变币，欲以反本，是犹以煎止燔，以火止沸也。”[①]

他们抨击汉武帝废除郡国铸钱权力而建立起来的统一的五铢钱制度。在这方面，他们主要是针对当时封建政府官营铸钱事业中的一些弊病，如“吏匠侵利，或不中式，故有厚薄轻重”的情事，而宣扬引起“农人不习”“不知奸贞”，以及商人从中渔利等。他们甚至把主要就是来自郡国豪强势力自身的、民间伪造五铢钱的事情，也归罪于新建立的五铢钱制度。基于这些“理由”，他们便要求取

---

① 《盐铁论·错币》。

消政府垄断货币铸造权的政策，实行“王者外不鄣海泽以便民用，内不禁刀币以通民施”① 的任民采铜铸钱的政策。

这些儒生的议论，看来很迂腐可笑，而且在一些地方故意抹杀真正的事实，如讲到钱有轻重厚薄、奸贞不一的情形，商人利用钱文混乱从中操纵渔利的事情等，与其说是当时流通界的现象，不如说是统一五铢钱流通以前的事实，则更为确切、真实些。所以透过真正的历史事实，来观察“贤良”“文学”们的阶级实质就很清楚了。这些忌言货利、迂腐可笑的儒生，其实都是郡国豪强地主、大商人的代言人，他们反对中央集中货币铸造权，其实是为了让自己可以任意铸钱作伪，并在钱文混乱、物价波动中肆意渔利。

从货币思想上看，“贤良”“文学”的观点由于与带有名目主义思想的桑弘羊正相反，而且他们也代表某些商人的利益，这样，联系他们抨击官府铸钱的“吏匠侵利，或不中式，故有厚薄轻重”的语句，容易被人认为是反对铸币贬损的货币金属主义者。然而实际上，他们站在与郡国割据势力相结合的商人的立场上，与其说会有对足值货币流通的渴望，则不如说希冀钱文混乱、奸贞不一更为符合实际；而他们之所以攻击官府铸钱的弊病，则不过是为地方豪强势力可以任意铸钱作伪的行为打掩护而已。所以，很难把“贤良”“文学”说成是反对货币贬损的金属主义者。

事实上，某种思想、观点反映历史实际常是很复杂曲折的。在我国西汉时期，经过长期的货币混乱以后，最后却是在可称为货币名目主义者的桑弘羊所主持的货币改革中才出现了史称“轻重适中”、名义价值与实际金属内容相符的足值的五铢钱，而且，在五

---

① 《盐铁论·错币》。

铢钱制建立以后的数十年中，的确出现了一个币值稳定的局面，这一时期的封建中央政权也的确没有实行过铸币贬损政策。所以，问题决定于当时尚在形成过程中的统一的封建地主经济体系对统一的货币流通的客观要求，至于作为反映货币流通实际的诸如名目主义等思想或看法，促成它们形成的因素则是多方面的。况且，把名目主义与皇权思想联系在一起，为了巩固新兴的统一的地主阶级政权，而要求通过货币铸造权的集中，建立统一、足值的五铢钱制度，本来就不是矛盾的事。当然，也不应忽略，在封建社会一般条件下，封建政府实行铸币贬损总是不可避免的事，而名目主义也更容易为封建政权的铸币贬损政策服务。

最后，关于“贤良”“文学”的货币观点，从对于货币本质的认识上看，他们与一般名目主义者一样，只是把货币视为流通手段，即所谓“以通民施”。所以，作为桑弘羊货币思想与主张的反对派，他们却没有提出较系统的货币观点。一般说，儒生们在货币知识方面都是比较无知的，所谓“贤良”“文学”的货币议论，在我国古代货币思想发展中，很难说增添了多少有价值的贡献。

第二节
西汉思想家对货币作用的对立看法
司马迁的货币自然发生说　贡禹的实物论思想

一、司马迁的货币思想

司马迁（前 145—前 87），字子长，生于龙门，后全家迁居茂陵，继承父业，为汉太史令，著《太史公书》，即《史记》，是我国古代伟大的史学家、文学家和思想家。他服膺道家思想，但博采众家，而自成一家之言。在经济思想方面，因受先秦道家素朴的唯物主义天道观的影响，与崇尚管、商的桑弘羊以及文、景时期带有法家倾向的儒者贾谊、晁错均不同，他不是经济上的干涉主义者，而带有明显的经济放任主义的倾向。他说：

人各任其能、竭其力，以得所欲，故物贱之征贵，贵之征贱，各劝其业、乐其事，若水之趋下，日夜无休时，不召而自来，不求而民出之。岂非道之所符，而自然之验邪？[①]

在这里，他虽然不懂得商品的贵贱是受价值规律支配的，可是，他却把人们的经济活动与交换过程，都看作是不依人们意志为转移的客观过程，并且认为这样就是符合自然的合理现象。

与此相关，他在货币思想方面，对于我国的货币起源问题，提出了货币是随着社会经济发展而自然发生的看法。他说：

农工商交易之路通，而龟贝金钱刀布之币兴焉。所从来久远，自高辛氏之前尚矣，靡得而记云。[②]

这一货币自然发生说，虽然还未认识到货币本身就是一种特殊商品，然而却开始把货币的发生与商业、交换联系起来，突破了古代圣王为便民而制币的主观唯心主义的传统看法，显然，这是一个可足珍视的看法。

关于我国最早发生的货币，他说：

虞夏之币，金为三品，或黄、或白、或赤；或钱、或布、或刀、或龟贝。[③]

对于他的这一记述，就我们所知，天然贝很早就在我国作为货币使用了，可以追溯到夏、商时期；可是龟币在古代中国曾否作为

① 《史记·货殖列传》。
② 《史记·平准书》。
③ 《史记·平准书》。

广泛行使的货币，则尚有待于证实；[①] 至于我国虞夏之时，货币已区分为“金三品”（金、银、铜币），而铜币又有钱、布、刀币的说法，则是不足凭信的事。看来，他的这一货币史实的叙述，大概是采用了从战国以来就有的一种流行说法，这就是把《禹贡》中的“贡金三品”[②] 皆已视为货币。然而这一货币“金三品”说，由于司马迁予以肯定，就长时期地成为一种很有影响的说法了。

在对待货币的态度上，司马迁既然认为它是随着社会经济的发展而自然发生的，因而货币的存在也就是合理的事情了，所以，他对货币的作用予以充分的肯定，指出：“维币之行，以通农商。”可是他也看到货币在古代社会中的消极作用，因而又说：“其极则玩巧，并兼兹殖，争于机利，去本趋末。”[③]

在这里，司马迁也援用战国以来的“本末”概念，即以农业为本，工商为末；可是他并没有轻商、抑商的思想，相反，他甚至把当时许多善于货殖、拥有千金的富商大贾也目为“贤人”，而把这些平民出身的新富称为“素封”——没有王侯封号的王侯，并说：“布衣匹夫之人，不害于政，不妨百姓，取与以时而息财富，智者有采焉。”[④]

与此相关，司马迁在财富观上已摆脱了先秦以来一向蒙上的伦

---

① 汉代人皆认为古时龟被作为货币，除《史记·平准书》外，如《盐铁论·错币》：“文学曰：古者市朝而无刀币，各以其所有易无，抱布贸丝而已。后世而有龟、贝、金、钱交施之也。”

许慎《说文》：“古者货贝而宝龟。”

又东晋郭璞《文贝赞》：“先王有作，龟贝为货。”

② 《禹贡》扬州：“厥贡惟金三品。”荆州：“厥贡……惟金三品。”

③ 《史记·太史公自序》。

④ 《史记·货殖列传》。

理外衣，公开宣称社会各阶层，上至王侯、贤人、隐士，下至农工商贾、平民百姓，所有人的活动，其目的全是追求财富。他说："富者，人之情性，所不学而俱欲者也。"而且说："无岩处奇士之行，而长贫贱、好语仁义，亦足羞也。"①

司马迁所说的财富，其内容包括一切劳动生产物和货币，如言陶朱公"三致千金"，鲁曹邴氏"富至巨万"，齐人刁间"起富数千万"，或言牧马二百蹄（五十匹）、千树枣、千亩漆等，他实际是把货币、资本与消费财富都混同了。由于货币是"抽象财富的物质存在""社会财富的集成"②，因而司马迁对社会上存在的货币拜物教现象曾予以冷静观察与揭露，可是他对之也无显著的贬词。他说："天下熙熙，皆为利来；天下攘攘，皆为利往。""渊深而鱼生之，山深而兽往之，人富而仁义附焉！""千金之子，不死于市。"又说："富相什则卑下之，伯则畏惮之，千则役，万则仆，物之理也。"③

对于司马迁的这种思想，正统儒家往往不免加以非议。班固就说他"是非颇缪于圣人"④。其实，在古代世界，他的这种独特的经济、货币思想的产生，也并非偶然。司马迁生活的时代，由于我国地主经济体系的确立，一种新的生产关系取得了支配地位，于是整个社会经济呈现出前所未有的活跃生命力。司马迁记述说："汉兴，海内为一，开关梁、弛山泽之禁，是以富商大贾周

① 《史记·货殖列传》。
② 马克思：《政治经济学批判》，人民出版社1955年版，第89—90页。
③ 《史记·货殖列传》。
④ 《汉书·司马迁传》。

流天下，交易之物莫不通，得其所欲。”[1] 情形就是这样，所以他的经济、货币思想正好是这一社会经济生活蒸蒸向上过程的产物和反映。

在货币思想的其他方面，对于许多思想家关注的货币铸造权问题，司马迁对允许郡国王侯铸钱及民间奸钱流通的情形是不满的。他说：“令民纵得自铸钱，故吴，诸侯也，以即山铸钱，富埒天子，其后卒以叛逆；邓通，大夫也，以铸钱财过王者。故吴、邓氏钱布天下，而铸钱之禁生焉。”“今半两钱，法重四铢，而奸或盗摩钱里取鋊，钱益轻薄而物贵。”[2] 所以，他对汉武帝集中铸造新的“三官钱”的政策，即建立统一的五铢钱制度是赞同的。

司马迁在《平准书》中屡有“荚钱益多，轻”“钱益多而轻，物益少而贵”“钱益轻薄而物贵”“郡国多奸铸钱，钱多，轻”之类的话语，因而在货币价值论上，他也带有货币数量论的倾向。

除此，上文已言及，司马迁还肯定生息资本为合理的行为，把子钱家也与其他经济事业相提并论，而且还将20%的一般利息率看作是正常的。他说：“庶民农工商贾，率亦岁万息二千”“子贷金钱千贯，……不中什二，则非吾财也”。[3] 甚至对在吴楚七国之乱时，子钱家无盐氏向长安的一些从军的列侯封君赍贷子钱，“出捐千金贷，其息什之，……一岁之中……息什倍（即200%的利息）”之事，也并无斥责之语。[4]

---

① 《史记·货殖列传》。
② 《史记·平准书》。
③ 《史记·货殖列传》。
④ 《史记·货殖列传》。

在古代世界，货币贷放取息是金属货币流通产生以后所必然发生的现象。马克思说："流通在社会再生产中所起的作用越是不重要，高利贷就越是兴盛。"[①] 所以，对古代的任何取息的贷放，其实都可以看作是高利贷，因而将生息资本肯定为合理的行为是不正确的。由于司马迁是把子钱家与其他经济事业并列论述，因而他所说的20%的一般利息率，同时也是指一般利润率，利息率和利润率在他的思想意识中是混淆不清的。古代世界常是利息率支配利润率，而且在历史上一般利息率的出现又是比较早的，所以司马迁不能区别利息率与利润率，也是比较容易理解的事。

最后，关于司马迁对于货币学的贡献，就是他开创了一个在史书中记载经济史实的先例。在他的不朽著作《史记》中，他为古代许多经济思想家与著名工商业家专门立了《货殖列传》，并在《史记》"八书"的《平准书》中，较系统地保存并记载了包括货币问题在内的丰富的古代经济史料。后来，班固的《汉书》又将《史记》"八书"发展为"十志"，在《食货志》中专门记载汉一代的经济、货币方面的史事与典章制度，将司马迁的这种可贵创举肯定下来。从此以后，我国历代史书基本上都遵循了这一必须专门记述经济、货币史事的传统，这就为后人治经济史、货币史，包括对于经济、货币思想的研究，创造了非常方便的条件。所以，我们对于司马迁在史书中开创这一重要先例的识见，是应该给予应有的珍视的。

---

① 马克思：《资本论》（第三卷），人民出版社1975年版，第715页。

二、西汉中叶以后出现的实物论思想

汉武帝实现了货币铸造权的集中，建立了统一的五铢钱制度，于是在我国的封建社会中树立起了国家垄断货币铸造权的原则。而币制的统一，此后也长时期地被人们视为货币流通的正常状态，后世人们对汉五铢及继此以后的唐开元通宝钱的称颂，就正反映着这一事实。

货币铸造权集中的原则，以及币制统一的观念，在我国历史上较早地树立并存在下去，是与我国封建社会历史发展中所形成的国家政治统一的特点相联系的。特别是对货币铸造权的垄断，作为封建统治阶级剥削广大人民的重要特权之一，它会给最高统治者带来直接的财政利益，因而在汉以后的近两千年的封建社会中，它基本上均被作为信而不疑的原则而被维护着。

可是，货币铸造权的集中与统一，与货币的稳定并无必然的联系，而且，在自然经济居于统治地位，且以经济和政治的分散作为一般特征的封建社会中，事实上也不可能长期保持币制统一的状态。货币铸造权的垄断，也为封建统治者实行铸币贬损政策开了方便之门，从而会破坏货币流通的稳定。除此，私铸问题在封建社会的行政组织与技术条件下，也是无法解决的货币问题。所以，货币的不稳定，也就成为封建社会时期货币流通的一般特征了。

封建社会中，货币的不稳定是价值规律自发作用下的必然现象。而币值的波动，包括货币购买力的上升与跌落，都会给人们带来经济上的损失与痛苦，这一现象，会随封建社会中商品、货币经济的发展而增大它的影响。因此，作为对货币作用认识上的一种思潮上的反动，主张废除货币、使用谷帛，返回物物交换的所谓“实物论”观点，便不时地发生了。西汉时的贡禹曾首先提出了这一看法，而魏晋南北朝时期，因货币的大混乱、经济实物化状态的增强，这一呼声就更为强烈了。

贡禹，字少翁，琅琊人。他在汉元帝初元五年（前44）首先发出废钱用谷帛的议论。他说：

> 疾其末者绝其本，宜罢采珠玉金银铸钱之官，亡（毋）复以为币，市井勿得贩卖，除其租铢之律，租税禄赐皆以布帛及谷，使百姓一归于农，复古道便。①

贡禹提出废钱用谷帛的主张，是为了复古、重农，以此为要旨，他指出用钱的弊害是：

一、铸钱事业与农业互争劳动力。他说：“今汉家铸钱，及诸铁官皆置吏卒徒，攻山取铜铁，一岁功十万人已（以）上。”因而按照“一夫不耕，必有受其饥者”的说法，以中等农夫食七人计，那么就会使七十万人遭受饥饿了。

二、开矿采铜，“凿地数百丈，销阴气之精”，“斩伐林木亡有时禁”，会引起水旱灾害。

三、五铢钱实行以来的七十余年间，人们因犯盗铸钱令而受刑罚的甚众。

四、富人积钱满室，还不知足，引起人心动荡。

五、商人好衣美食，有厚利而“不出租税”，农人生活非常艰

---

① 《汉书·贡禹传》。以下引语未注明者，同此。

苦，苛杂的租税却压在他们身上，以致赐给贫民田地，他们也要贱售掉改而从商，最后则不免“穷则起为盗贼”。

对于这些弊害，他总括说：“何者？末利深而惑于钱也。是以奸邪不可禁，其原（源）皆起于钱也。”他认为消除以上弊害最根本的办法，就是废铜钱，用谷帛，也就是一切买卖不得用钱，国家算赋以及赏赐、俸禄等支出都使用布帛及谷，这样做的结果，就可实现“使百姓一归于农，复古道便”。

贡禹的这一复古废钱的开历史倒车的议论，看来是比较肤浅的，可是它却代表着一般儒者的货币观点。在我国封建社会相当长的时期中，人们常常可以看到一些与它相类似的说法。因而，对于最先发出废钱主张的贡禹的议论，也就需要给予应有的注意了。

从贡禹所说的用钱的弊害看，关于采铜铸钱与农业互争劳动力的事实，在古代社会生产力水平较低的情形下，它是反映了一定程度的真实情况的。[①] 可是，我国的西汉王朝已经是人口达数千万的政治上统一的大封建帝国，封建社会生产力的水平，也从来不是那种极端原始自然经济下“一夫不耕，必有受其饥者”的状态，因而以古代社会农业与采矿、铸钱事业在劳动力方面的矛盾为依据而提出废钱的主张，显然是没有根据的。

其次，贡禹指出，古代采矿时对林木的滥伐，会引起水旱灾害的发生，这是可能存在的；但是，他所言“凿地数百丈，销阴气之精，地臧（藏）空虚，不能含气出云”的说法，则是不科学的。

① 马克思就说过：欧洲波希米亚地方，在公元八世纪时（760）因弃农挖金的人多，第二年就曾引起了饥荒情形。(《政治经济学批判》第 117 页注，人民出版社 1955 年版。)

他从古代采矿事业某些消极作用出发，而要求完全封闭矿冶，并且连带要求废止用钱，全是没有道理的。然而我们在这里还应指出：贡禹反对开矿的所谓“销阴气之精”的不科学的说法，由于与封建迷信的阴阳风水说正相结合，更加上开矿的人们啸聚山林，易聚难散，正触及封建统治者害怕人民聚众起义的痛处，因而贡禹倡导的“专意于农”，反对开矿的主张，便一直为人援用，而长时期地对封建采矿事业发生很大的阻碍作用。

关于贡禹见到人们犯盗铸钱而受刑者众，因而把这一社会现象也列为废钱的理由，也显然是一种因噎废食的说法。

最后，贡禹认为人们弃本逐末，都是有了货币的缘故，即所谓“末利深而惑于钱也”，则是一种倒果为因的说法。因为，不是由于有了货币人们才从事商业，而是人们从事商业的更多了，伴随着商业、商品流通的发展，货币流通才日益扩大，货币的职能与作用才更充分地发展起来，所以，把人们弃本逐末归咎于货币是不对的。

至于贡禹所揭露的“富人积钱满室，犹亡厌足，民心动摇”，农民生活困苦、丧失土地以至“穷则起为盗贼”等贫富不均、社会不安的现象，虽然是当时社会上存在的一些客观事实，但是这些现象主要是地主阶级对农民的兼并、剥削所造成的，而农民作为小商品生产者，也会不断地向两极分化。贡禹把这一切都归罪于货币，而得出“奸邪不可禁，其原（源）皆起于钱也”的结论，并由此出发，进而主张废除货币，当然也就是一种没有根据的要求了。

贡禹要求废钱用谷帛的复古、开倒车的主张，显示出他对货币的本质、作用均缺少认识。他不懂得货币是交换与商品生产发展的自发产物，只要有商品流通，也就废除不了货币。他主张市井贩卖、租税、禄赐等都用谷帛代替金钱，却不知此时的谷帛已经是一般的等价物而执行着货币的职能了。所以，他的废钱主张，实际上只是废除金属货币，而并没有恢复到他所想象的完全没有货币的原始自然经济。

贡禹会产生废钱用谷帛的思想，并不是偶然的。贡禹是个“有田百三十亩”的中小地主，他所生活的昭、宣时期（前86—前49），商品货币关系比战国及西汉前期已有相当的发展，可是当汉武帝的五铢钱制度确立以后，在公元前一世纪的前半期，却出现了农产品价格长期跌落，所谓“谷贱伤农”的情况，当然会对贡禹这一阶层的经济状况发生较强烈的影响，就在这样的社会经济背景下，产生了贡禹的重农复古、抑商废钱的思想。

由于封建经济本来就是以自给自足的自然经济占统治地位的经济，因而，贡禹的废钱思想也就不仅是作为他个人所生活时代的特定思想了，只要是当物价发生较大的波动，或者货币陷于大混乱的时候，也就往往会出现一些与他相类似的各种废钱的主张或想法。例如，当他死后四十多年，那时就又有人上书给汉哀帝说：“古者以龟贝为货，今以钱易之，民以故贫。”① 而建议取消钱币。这一提议，还曾得到过师丹的赞同。所以，贡禹最初提出的废钱用谷帛的主张，虽然由于“议者以为交易待钱，布帛不可尺寸分裂”② 而未曾采纳实施，但是，废钱的思想在我国的封建社会中却仍然不时地出现。

---

① 《汉书·师丹传》。
② 《汉书·食货志下》。

第 三 节
东汉的货币思想

一、张林的货币数量论思想

经过王莽末年农民起义和数年国内战争，刘秀在公元 25 年又重建了东汉统一的地主阶级封建国家。重建了的东汉王朝，社会经济虽然仍有所发展，但国势已不若西汉兴盛，而从东汉开始，豪族地主对土地的兼并与掠夺又复盛行，以后就一直发展下去，因而社会矛盾也在激化着。在货币流通方面，光武帝于建武十六年（40），恢复了遭到王莽破坏的五铢钱制度，在整个东汉时期货币经济也仍然保持着相当高的水平，但从中叶以后，流通界劣币“剪轮五铢”逐渐增多，货币购买力及物价波动情形不断出现，人们面对这一事实，很自然地会对货币与物价的关系等问题予以关心，因而提出一些看法。

东汉章帝元和（84—87）中，当时谷贵，政府患财用不足，于是尚书张林针对当时的物价问题发表意见说：

> 今非但谷贵也，百物皆贵，此钱贱故尔；宜令天下悉以布帛为租，市买皆用之，封钱勿出，如此则钱少物皆贱矣。①

除此，他还主张实行盐专卖，以及在部分地区恢复“均输”，借以增加政府的货币收入。

在这里，他首先对物价腾贵的原因给予分析，对此，他不同意当时人们所说的因连年灾荒而致谷贵的看法。因为，实际情况是不但谷贵，而且万物皆贵，所以，当时物价上涨应该是货币购买力的下降导致的。

他的这一见解，比当时一般人对物价的认识要深刻了，他相当明白地从货币购买力方面来解释物价波动现象，肯定了价格水平与货币的关系，将《管子》最初所提出来的“币重而万物轻，币轻而万物重”② 原则，很好地用于对现实生活中比较复杂的物价现象的分析上。

然而由于当时条件下，人们还不能对货币的价值论有正确的科学认识，因而他对货币与物价关系的分析，也是以错误的“货币数量论”当作立论的依据。张林说：“钱少物皆贱矣。”这就显示出他的货币观点中的货币数量论的倾向。

从“货币数量论”出发，张林所提出的降低物价的方案是收缩

① 《晋书·食货志》。
② 《管子·山权数》。

通货，即“封钱勿出”，使流通中的货币减少，从而实现降低物价的要求。然而，他收缩通货的办法，只是要借助实行盐官卖及均输等措施增加政府的货币收入，同时又要求“以布帛为租”，使政府能够掌握布帛作为支出的经费，以便达到减少钱币投放的目的。

在物价腾贵的情形下，强调“令天下悉以布帛为租”，即在政府的基本租税收入方面反而更强调实物的征收，这显然与收缩通货、“封钱勿出”的要求相矛盾。因而，仅就这一措施看来，它可能产生的效果，应该是更为加重当时物价的腾贵。然而于此却也可以看到，张林方案中加重封建租税剥削的露骨的财政目的，因为张林最优先考虑的，还是其时朝廷所忧虑的“县官经用不足”的问题。

至于他谈到的“市买”皆用布帛的意见，则实际上又是使布帛也执行货币的职能，亦即以布帛充作货币。关于此，他显然不了解布帛能否充作货币并不取决于人们的主观意识；而且，“市买”用布帛，也只能是起到缩小金属货币流通范围的作用，这在当时物价腾贵的情形下，则并无助于货币购买力的提高。所以，张林在货币思想方面，虽然在某些地方对前人的观点有所发展，但同时也存在着不少的混乱看法。

二、刘陶反对铸大钱的议论

东汉桓、灵时期，已是政治上最为败坏的时候，社会矛盾尖锐，农民大规模起义已处于一触即发的地步。桓帝时（147—167）外戚梁冀专擅朝政，连年饥荒，延熹元年（158）有人上书言“人以货轻钱薄，故致贫困，宜改铸大钱”。事下四府群僚及太学能言之士，于是刘陶上书对这一改铸大钱主张提出反对意见。

刘陶（？—185），字子奇，颍川颍阴人，出身于汉皇朝的穷宗室，这时已选为孝廉。他说：

> 盖以为当今之忧，不在于货，在乎民饥。……食者乃有国之所宝，生民之至贵也。窃见比年已来，良苗尽于蝗螟之口，杼柚空于公私之求，所急朝夕之餐，所患靡盬之事，岂谓钱货之厚薄，铢两之轻重哉？就使当今沙砾化为南金、瓦石变为和玉，使百姓渴无所饮，饥无所食，……犹不能以保萧墙之内也。盖民可百年无货，不可一朝有饥，故食为至急也。议者不达农殖之本，多言铸冶之便，或欲因缘行诈，以贾国利。国利将尽，取者争竞，造铸之端于是乎生。盖万人铸之，一人夺之，犹不能给；况今一人铸之，则万人夺之乎？虽以阴阳为炭，万物为铜，役不食之民，使不饥之士，犹不能足无厌之求也。夫欲民殷财阜，要在止役禁夺，则百姓不劳而足。……欲铸钱齐货以救其敝，此犹养鱼沸鼎之中，栖鸟烈火之上。水木本鱼鸟之所生也，用之不时，必至焦烂。愿陛下宽锲薄之禁，后冶铸之议……①

当时的货币流通情况是：官铸的五铢钱与西汉五铢比较，虽然质量已趋于低下，但尚未至于很严重的地步；流通界主要是大量的剪轮钱充斥，这些劣币在民间的流通，影响到铜钱的购买力及物价的稳定。所以，其时铸造大钱，实际是因为封建政府无力铸造充足的足值钱币，却企图借助改铸大钱达到货币贬损的目的。

---

① 《后汉书·刘陶传》。

刘陶反对改铸大钱，其谏阻的中心意思就是：当时的首要之事是民食问题。与民食问题比较起来，货币问题则是次要的，因而改铸大钱的事可以缓办。与此相关，他强调解决民食问题的根本途径，还在于发展农业，即所谓“农殖之本”。为此，当务之急在于“止役禁夺”，即停止封建官僚集团对农民的侵夺，只有压在农民身上的沉重徭役得以缓解，农业生产才可以恢复，而人民也才能免于穷困。

刘陶的议论是切中时弊的，可是就如何解决货币问题来说，则所言甚少，尤其是从货币思想的角度来考察。

从刘陶的议论中所接触到的货币问题看：

一、他还是肯定货币的作用的，但认为货币作用是双重的：在正常的情况下，经济与货币流通的关系犹如鱼、鸟与水、木的关系一样，是互相融洽的。但是如铸造大钱，实行有意的铸币贬损政策，那么，不仅无补于凋敝的经济，而且连同货币流通本身也必将陷于更大的混乱。

二、他反对改铸大钱，同时还要求“宽锲薄之禁”，即对流通界的劣币“剪轮五铢’，不要从法令上强行禁止，而要求听任民间流通。这一主张，虽然不是改善货币流通状况的良策，可是在当时的情况下，却至少可以减少腐败的官府对民间的骚扰。

由于刘陶的谏阻，这次改铸大钱的建议没有实现，对普通百姓说来，还是有利的。

三、荀悦的货币思想

汉末，黄巾军农民大起义后，继之是军阀混战。董卓挟汉献帝西迁长安后，于献帝初平元年（190）铸造小钱，公开采取剧烈的铸币贬损政策，破坏了汉五铢钱制度。史书记述说："及坏五铢钱，更铸为小钱，大五分、无文章，肉好无轮郭不磨鑢，于是货轻而物贵，谷一斛至数十万，自是后钱货不行。"①

初平三年（192），董卓伏诛，币制问题成为一件亟待解决之事。对此，荀悦提出了恢复五铢钱流通的意见。

荀悦（148—209），字仲豫，颍川颍阴人，是汉末重要的思想家。他的恢复五铢钱流通的意见，是继东汉初马援（前14—49）要求恢复五铢钱流通后，又一次维护五铢钱流通的建议。

汉武帝建立的五铢钱制度，西汉末因王莽的货币改制而被破坏。东汉王朝建立后，马援仍建议恢复五铢钱制，直到光武帝建武十六年（40）始获实现。史书对此事只有简略的记述："（建武十六年）初，援在陇西上书，言宜如旧铸五铢钱。事下三府，三府奏以为未可许，事遂寝。及援还，从公府求得前奏，难十余条，乃随牒解释，更具表言。帝从之，天下赖其便。"② 可惜，马援要求恢复五铢钱制的两次上书的内容，连同随牒解释的"十三难"③ 各种史书均略而未记，因而马援的货币思想及其反对者的诘难意见，后人无从获知了。

汉末董卓对五铢钱的破坏，并没有更改钱制，所铸小钱的钱文仍称"五铢"。只是由于这次是封建政府在历史上的第一次公开进行的剧烈钱币减重行为，促成物价飞涨，最后完全破坏了金属铸币

① 《三国志·魏志·董卓传》。
② 《后汉书·马援传》。
③ 《东汉观记·马援传》。

的流通。荀悦主张恢复铜铸币流通，而且坚持继续实行五铢钱制度。为了申明他的货币主张，他还自设诘难。这些议论均收在他的重要著作《申鉴》一书中，因而也就使我们得以了解他的货币思想。现将他的货币议论记述如下：

或问货。曰："五铢之制宜矣。"曰："今废，如之何?"曰："海内既平，行之而已。"曰："钱散矣，京畿虚矣，其势必积于远方。若果行之，则彼以无用之钱，市吾有用之物，是匮近而丰远也。"

曰："事势有不得，官之所急者谷也。牛马之禁，不得出百里之外。若无他物，彼以其钱，取之于左，用之于右，贸迁有无，周而通之，海内一家，何患焉?"

曰："钱寡矣。"曰："钱寡，民易矣。若钱既通而不周于用，然后官铸而补之。"

或曰："收民之藏钱者，输之官牧，远输之京师，然后行之。"曰："事枉而难实者，欺慢必众，奸伪必作，争讼必繁，刑杀必深，吁嗟纷扰之声章乎天下矣，非所以抚遗民，成缉熙也。"

曰："然则收而积之与?"曰："通市其可也。"

或曰："改铸四铢。"曰："难矣。"

或曰："遂废之?"曰："钱实便于事用，民乐行之，禁之难。今开难令以绝便事，禁民所乐，不茂矣。"曰："起而行之，钱不可，如之何?"曰："尚之废之，弗得已，何忧焉!"[①]

---

① 《申鉴》卷二《时事》。

从荀悦的货币议论中，可以看出：

一、他认为五铢钱制是最好的制度，应予恢复；改行汉文帝时的四铢钱制度也无必要。

二、他反对废除货币。他对于恢复金属铸币流通的态度是非常坚决的，认为“钱实便于事用”，而废除货币，则是“绝便事”。对于“钱货不行”所导致的经济实物化的物物交换情形，他很是不满意。

三、他不同意长期以来所流行的一种“货币名目论”说法，即把货币视为“无用之物”，而认识到货币流通实质上就是商品流通，因为“货币流通，不过是商品形态变化现象，或者说，不过是社会物质代谢所借以实现的形态变化现象”①。所以他说：“彼以其钱取之于左，用之于右，贸迁有无，周而通之，海内一家，何患焉？”显然，他对货币促进商品流通的作用是重视的。当时有人担心恢复五铢钱流通之后，分散在外地的旧五铢钱势必会由各地商人携来京师换取物品，从而可能造成京师物资更为匮乏的情形。对此，他认为当时的京畿地方所最需要的是谷物，但谷物是一种不便远运的商品，如以牛马载运，百里之外便会成为无利可图之事；至于其他商品，如能借助货币使物资在京师与各地间互相交流，应是好事，那就更不用担心了，更何况“海内一家”，从整个国家的角度看，本来就无所谓匮此丰彼的问题。

四、他反对积贮铜钱的行为，认为把贮藏的铜钱投放到市场去才是正当的。这对于把货币贮藏作为古代世界的一种传统习惯行为来说，也应是比较难得的见解，而这一见解，显然也是与他重视货

---

① 马克思：《政治经济学批判》，人民出版社1955年版，第99页。

币促进商品流通的作用的看法相关联的。

至于恢复五铢钱流通以后，对于流通中铜钱不足的问题应如何解决？第一，他认为可由官府增加鼓铸；第二，他强烈反对由官府强行收取各地民间藏钱而远输京师的办法，因为这样做，势必会引起民间骚动而造成社会秩序的不安。

他对于流通中货币的数量问题，还有一种看法，即所谓“钱寡，民易矣”，就是认为通货不足，并不是坏事。这一看法当然失之片面，认为通货紧缩会造成货币购买力升高，使物价跌落，这同样也不利于商品流通。这一看法，可能是董卓铸小钱进行铸币贬损使物价大涨，最后造成“钱货不行”这一货币流通经验的错误总结。

最后，他还认为一种币制的兴废，应是决定于客观的需要，而不是人们主观愿望所能左右的。当时，人们担心恢复五铢钱流通能否成功，他回答说：“尚之废之，弗得已，何忧焉！”就是主张顺应时势需要，采取听其自然的态度。

总之，荀悦虽然只是围绕五铢钱制问题提出不多几点货币见解，可是在重视货币促进商品流通的作用、反对积贮货币的行为、反对废除货币等方面，都有可以推许的看法，而且有的看法还不乏其独到之处。

第三章

魏晋南北朝的货币思想

第一节
魏晋南北朝时期实物论与反实物论的论争

汉王朝瓦解后，开启了长达近四百年的魏晋南北朝时期，这是中国历史上最混乱的时期，除在最初的百年中西晋王朝初建后出现约半个世纪的短暂安定以外，基本上都是处于国家分裂与割据的状态中。这一时期，经济思想很不发达，有创见的言论少而零散，最重要而影响最大的均田思想，如作为北魏均田制创议人的李安世（443—493）的《均田疏》则语焉不详，更多与均田思想有关的土地经济概念则体现于均田制的一些具体规定之中。与此不同，这一时期由于货币流通长期混乱及经济实物化给人们带来诸多痛苦和不便，因而有关货币问题的议论则较多，虽然多数人的言论往往流于肤浅，可是在众多的议论中仍可寻出不少值得肯定的见解和观点，所以相对说来，与其他方面的经济思想比，这时期的货币思想则是较为丰富了。

与整个魏晋南北朝时期相终始，从东汉末董卓毁五铢钱、铸小钱以后，就开始了一个持续三四百年之久的货币大混乱时期。在这一时期，经济实物化的倾向加强了。三国时，魏文帝还曾正式废除五铢钱（文帝黄初二年至明帝太和元年，221—227），使百姓以谷帛市易。[①] 晋室东迁以后，我国北方长时期以谷帛为币，直到北魏太和十九年（495）才又开始铸造铜钱，正式恢复金属货币流通。南朝的货币经济虽然较发达些，然而却一再发生铸币贬损的情况，流通界劣币充斥，严重时甚至出现“一千钱长不盈三寸”“十万钱不盈一掬，斗米一万、商贾不行”的情形。[②] 在这样的经济与货币流通背景下，一方面，废钱用谷帛的议论曾不断地发生；另一方面在反对废钱的议论方面，也多根据流通界的实际经验，着重对比论证谷帛及金属充作币材的优劣，从而充实、发展了反实物论的内容。

一、桓玄等废钱用谷帛的主张

最初，在东晋安帝元兴元年（402）时，桓玄辅政，“立议欲废钱用谷帛”[③]。桓玄（369—404），字敬道，东晋谯国龙亢人。他提出废钱用谷帛的建议，试图以此来解决当时因长时期未铸钱而形成

① 《晋书·食货志》：“及黄初二年，魏文帝罢五铢钱，使百姓以谷帛为市。至明帝世，钱废谷用既久，人间巧伪渐多，竞湿谷以要利，作薄绢以为市，虽处以严刑而不能禁也。司马芝等举朝大议，以为用钱非徒丰国，亦所以省刑，今若更铸五铢钱，则国丰刑省，于事为便。魏明帝乃更铸五铢钱。”司马芝，字子华，河内温县人。明帝时任大司农，主管经济事务。

② 《宋书·颜竣传》。

③ 《晋书·食货志》。

的流通中货币缺少的问题。其后，半个多世纪，南朝刘宋时周朗又提出“罢金钱，以谷帛为赏罚”的主张。[①] 周朗（425—460），字义利，汝南安城人。他的这一主张，是作为奖励农桑的措施而提出的。不过，周朗的所谓“罢金钱”只是主张千钱以上的市卖使用绢布及米，而千钱以内者仍可用钱；而且，他还举出当时“淮以北万匹为市，从江以南，千斛为货”[②] 的情形来证实这一倡议之可行。

后来，沈约在他于南齐永明六年（488）修成的《宋书》中，又一次发出废钱用谷帛的议论。沈约（441—513），字休文，吴兴武康人，著名的文学理论家与史学家。他的“废钱”议论是在桓玄、周朗议论的基础上提出的，在态度上更为彻底，他要求最终做到“荡涤圜法，销铸勿遗”[③]，即完全取消金属货币。这一主张是与他的轻视货币的作用相联系的，他认为货币在古代虽然在辅助商业上起有通用济乏的作用，但“龟贝之益，为功盖轻”，即货币本身的意义其实是不大的。尤其是后世，发生“穑人去而从商”，以至于“天下荡荡，咸以弃本为市”。面对这一人们弃农从商的事实，他把货币视为造成这些现象的祸源。这是一种倒果为因的看法，因为人们弃农经商并不是有了货币的结果，而是弃农为商的人多了，才使得为商品流通服务的货币流通也随之更为发展了，可是他基于这一错误认识，却提出了完全取消金属货币的主张。

沈约要求“一罢钱货、专用谷帛”，但在对待谷帛使用上，他不是像周朗那样，认为谷帛的使用，也会给人带来方便，相反，他

① 《宋书·周朗传》。
② 《宋书·周朗传》。
③ 《宋书·孔琳之传》史臣按语。

的着眼点却是谷帛作为流通手段的不便之处。比如，像周朗说过的“万匹为市”“千斛为货”的情形，他认为：人们纵然有抛乡离井、从事商业的念头，但在事实上也是很困难的了，这样，谷帛的使用就可以“使民知役生之路，非此莫由”，当然也就达到“驱一世之民，反耕桑之路”的目的了。沈约还说：“桓玄知其始，而不览其终”，也就是说，桓玄虽然倡议使用谷帛，可是在寓意的深远上，则远不能与他相比了。

我国历史上倡言废钱用谷帛者甚多，可是像沈约这样坚决而彻底者则不多。他的议论虽然不免被后人讥为“书生谋国”之谈；[①] 但毕竟还是一种有代表性的实物论思想。现将他的废钱用谷帛议论的主要内容摘录如下：

> 史臣曰：民生所贵，曰食与货，货以通币，食为民天。……虽懋迁之道，通用济乏，龟贝之益，为功盖轻。……钱虽盈尺，既不疗饥于尧年，贝或如轮，信无救渴于汤世，其蠹病亦已深矣。固宜一罢钱货，专用谷帛，使民知役生之路，非此莫由。夫千匹为货，事难于怀璧，万斛为市，未易于越乡，斯可使末伎自禁，游食知反。……抵璧幽峰，捐珠清壑，然后驱一世之民，反耕桑之路，使缣粟羡溢，同于水火，既而荡涤圜法，销铸勿遗，立制垂统，永传于后，比屋称仁，岂伊唐世？[②]

---

① 清人郝懿行云：“按沈氏论……阐义虽美，持论复工，而揆之施行，动作踬阂。……猥云涤圜销铸，反古还浮，行见湿谷薄绢复贻笑于魏朝，耒子苻叶先绝根于宋世矣。奚止书生谋国，取讥苍头公而已哉！”（郝懿行：《补宋书食货志》）

② 《宋书·孔琳之传》。

最后，关于实物论问题，还有必要略予说明一下。

自贡禹以来，人们所发表的废钱用谷帛的所谓“实物论”，严格说都不是完全废除货币的意思，而不过是要求废除金属货币罢了。

但是，南朝刘宋时期周朗的“罢金钱”的议论，更确切地说，则还不是真正的“罢金钱”，即废除金属货币，而只是限制金属货币作为流通手段职能的作用范围而已。他主张“市至千钱以还者用钱，余则用绢布及米”①。在这里，既然交易用钱与否，要以千钱为划分的标准，则铜钱实际上仍在整个商品界执行着价值尺度的职能。所以，他的建议的实质，则是要求把铜钱作为流通手段的职能，限制于小额交易之中，而大额交易，则主要应由合度中式的整匹布帛来充作货币。所以，对于这一主张，如果考虑到我国古代贵金属白银发展为货币以前所逐渐形成的唐代“钱帛兼行”的事实，那么，周朗在南北朝时期关于货币的议论，倒是不失为一个应予注意的新见解。

还应指出一个值得注意的情况，就是废钱用谷帛的实物论呼声，主要出自商品经济及金属铸币流通较为发达的南朝，而较为落后的北朝则付阙如。这个现象并不足异。废除金属货币这种不切实际的想法，在自然经济对商品经济居于最大优势的封建社会前期，在社会经济动荡不安、货币流通紊乱的情形下，每值货币严重贬损、币值跌落、物价剧烈上涨时，人们目睹金属货币流通的弊害，便容易产生。然而金属货币流通对实物交换的优势至为明显，在南北朝的具体历史条件下，最受战乱破坏的北朝地区，从晋室东迁至

① 《宋书·周朗传》。

北魏太和十九年（495）恢复铸钱的近两个世纪曾长时期陷于“谷帛为市”状态。因为人们对于实物交换的落后性及其弊害的感受也最深，所以，北朝虽然在正式恢复金属货币流通以后，也同样发生了货币贬损、私铸盛行及物价剧烈波动的情形，可是在不同的社会经济背景下也就无人再发出“废钱用谷帛”的呼声了。

二、孔琳之等的反实物论的观点

对于谷帛不适为币，人们早就认识到了。西汉贡禹初倡的“废钱用谷帛”建议，就是因“议者以为交易待钱，布帛不可尺寸分裂”，而未被采纳。

魏文帝正式宣布“使百姓以谷帛为币”的结果是：巧伪之民“竞蕴湿谷以要利，作薄绢以充资”，其弊害与金属货币的盗铸同出一辙，而更过之。

及至西晋末，进入十六国时期，西晋短暂的统一局面又复破坏，货币经济由于战乱受到严重损害，全国许多地方在不同时候均发生“钱货不行”“谷帛为市”而呈现经济实物化的情形。处于边远地方的河西地区，从泰始中（265—274）就已“不用钱”，而以谷帛为市。但在西晋末，当中原地区处于剧烈战乱的时候，河西因地处边远却呈现暂时的安定，因而成为中原人民避难的处所。这时，张轨为凉州刺史，太府参军索辅于愍帝建兴元年（313）便向他进言恢复铜钱流通。他说：“裂匹以为段数，缣布既坏，市易又难，徒坏女工，不任衣用，敝之甚也。”张轨采纳了这一建议，“立制准布用钱，钱遂大行，人赖其利”[①]。这说明，一俟社会经济趋于安定，为适应经济及商品货币关系发展的需要，“谷帛为市”的经济实物化的情形便会改变。所以，当桓玄又提议废钱用谷帛时，便受到以孔琳之为代表的人们的反对，最终未能成为事实。

孔琳之（369—423），字彦林，会稽山阴人。他总结了前人的经验及认识，比较详细地作出了反对废钱用谷帛的议论。他说：

《洪范》八政，以货次食，岂不以交易之所资，为用之至要者乎？……今农自务谷，工自务器，四民各肄其业，何尝致勤于钱？故圣王制无用之货，以通有用之财，既无毁败之费，又省运置之苦，此钱所以嗣功龟贝，历代不废者也。

谷帛为宝，本充衣食，今分以为货，则致损甚多，又劳毁于商贩之手，耗弃于割截之用，此之为敝，著于自曩；故钟繇[②]曰：巧伪之民，竞蕴湿谷以要利，制薄绢以充资，魏世制以严刑，弗能禁也。……钱之不用，由于兵乱积久……今既用而废之，则百姓顿亡其财。……一朝断之，便为弃物，是有钱无粮之民，皆坐而饥困，此断钱之立敝也。

且据今用钱之处不为贫，用谷之处不为富，……近孝武之末，天下无事，时和年丰，百姓乐业，便自谷帛殷阜，几乎家给人足，验之事实，钱又不妨民也。……愚谓救弊之术，无取于废钱。[③]

---

① 《晋书·张轨传》。

② 钟繇（151—230），字元常，颍川长社人，著名书法家；历曹操、文帝曹丕及明帝曹叡三世，为魏大臣。

③ 《宋书·孔琳之传》。

孔琳之首先肯定钱币是四民交易所不可缺少的流通手段，可是，他却仍与前人一样，把钱币视为无用之物，即所谓“圣王制无用之货，以通有用之财”，显示出他在货币本质的认识上仍带有名目主义倾向。

然而他在反对实物论方面，却较前人有所发展，即在对币材自然属性的分析上，不仅揭示了谷帛本身的缺点，而且着重在金属与谷帛二者的对比上，强调金属货币的优点与必要性。他指出金属作为币材，具有轻便易携、不易毁损的优点。他说：“既无毁败之费，又省运致之苦，此钱所以嗣功龟贝，历代不废者也。”谷帛就缺乏这些好处，而且割截、毁败以后，连原来“本充衣食”、作为一般商品的使用价值也失去了。除此，他还援引魏文帝时以谷帛为币的历史经验“巧伪之民，竞蕴湿谷以要利，制薄绢以充资”，来进一步证实谷帛为币之不可行。

他还着重指出，流通中的钱币不可轻易废弃，因为，一旦废弃，钱成为“弃物”，则会使老百姓“顿亡其财”，以致“坐而饥困”。在这里，所谓钱成“弃物”，即钱币失去了它的流通手段职能的意思；而“百姓顿亡其财”，即谓人们手中的钱，要丧失钱币的作用；可见他并没有把金属货币本身视为有价值的东西。他认为，由于人们“或仓庾充衍”“或粮靡斗储”，要互通有无，就必须“假于钱”，废钱也就会使有钱无粮之人“坐而饥困”了。他强调轻率废钱会使人民受到损失，这是对的，但是他的理论出发点，则仍为钱是“无用之货”的名目主义观点。

最后，他引证西晋武帝末年曾出现过“时和年丰”“谷帛殷阜”的情形，来说明当时社会的贫困与钱币的使用无关，即“用钱之处不为贫，用谷之处不为富”，而得出“救弊之术，无取于废钱”的结论，则是一个恰当的例证。

总之，孔琳之的反对废钱用谷帛的议论，虽然是以“圣王制无用之货，以通有用之财”的名目主义观点为理论出发点，但他的议论的中心内容，是从币材的自然属性对比金属、谷帛二者的优劣，并在这方面做出了较之前人更为完善的分析。而钱之不可废、谷帛之不可行，恰恰是在这一点上暴露得最明显，人们在现实生活中也都可体验到，因而，他维护金属货币流通的言论对批判复古倒退的实物论这一货币思想，减轻封建社会中货币经济发展的阻力方面，在客观上都是起到一定的积极作用的。

第二节

鲁褒的《钱神论》

在魏晋南北朝长时期的社会动乱、经济实物化情形加强，以及货币贬损严重、币值一再发生强烈变动的情形下，人们较多地发出废钱用谷帛的议论，应该说是一种较为自然的现象。然而如果把这种“实物论”作为一种货币思潮来看，则毋宁说是古代封建社会货币经济进一步发展下的产物，它正是作为人们在货币作用认识上的一种思潮的反动而发生的。我们可以从这一货币议论出现在西汉中叶以后，汉五铢钱制度已经建立、商品货币关系获得相当发展的事实予以说明。而在混乱的南北朝时期，如前所说，这些议论却又都是发生在货币经济较为发达的南朝，而北朝则付阙如，也正说明这一问题。

对于魏晋南北朝时期的经济与货币流通情况，经济实物化情形的加强是一个事实，可是我们也不能低估这一时期货币经济与货币流通已有的发展水平，因为，货币与货币流通的发展有其历史的延续性。自从战国时期我国确立了货币经济以来，到魏晋南北朝时期已有七八百年的历史，至于金属货币流通发生的时间则更为久远了。货币经济的发展，会出于战乱等原因而受到破坏或迟滞。可是，就是在长时期的社会动乱环境下，一旦出现某些较短期或局部地区的社会政治秩序的相对安定，随着经济的有所恢复，商品货币关系也就会很快地发展起来。所以，我们不应该过于低估魏晋南北朝时期的商品货币关系的发展水平。我们还应注意到，在悠久的货币经济迂回的发展过程中，货币对封建经济的腐蚀作用也在加深，这些在人们的思想意识方面便不能不有所反映，因而在我国的魏晋之际及其后的约百年时间之内（三世纪中叶至四世纪中叶），连续出现了两篇反映当时社会上的货币拜物教思想的文章，这就是成公绥与鲁褒二人的《钱神论》。

先是魏晋之际的成公绥写了一篇《钱神论》。成公绥（231—273），字子安，东郡白马人。他在这篇文章中写道：

> 路中纷纷，行人悠悠，载驰载驱，唯钱是求。朱衣素带，当涂之士，爱我家兄，皆无能已。执我之手，说分终始，不计优劣，不论能否，宾客辐凑，门常如市。谚曰：钱无耳，何可暗使，岂虚也哉！①

其后，东晋的鲁褒，约在元康（317—344）以后，写出了为人传诵的著名的《钱神论》。鲁褒，字元道，南阳人。这篇文章是他埋名隐居时写的，其文略曰：

---

① 《全晋文》卷五十九。

大矣哉！钱之为体，有乾有坤。内则其方，外则其圆。其积如山，其流如川。动静有时，行藏有节。市井便易，不患耗折。难朽象寿，不匮象道。故能长久，为世神宝。亲爱如兄，字曰“孔方”。失之则贫弱，得之则富强。无翼而飞，无足而走。解严毅之颜，开难发之口。钱多者处前，钱少者居后。处前者为君长，在后者为臣仆。……

钱之为言泉也，百姓日用，其源不匮，无远不往，无深不至。京邑衣冠，疲劳讲肄。厌闻清谈，对之睡寐。见我家兄，莫不惊视。钱之所祐，吉无不利。何必读书，然后富贵？……

由是论之，可谓神物。无位而尊，无势而热。排朱门，入紫闼。钱之所在，危可使安，死可使活。钱之所去，贵可使贱，生可使杀。是故忿诤辩讼，非钱不胜。孤弱幽滞，非钱不拔。怨仇嫌恨，非钱不解。令问笑谈，非钱不发。洛中朱衣，当涂之士，爱我家兄，皆无已已。执我之手，抱我终始。不计优劣，不论年纪，宾客辐辏，门常如市。谚云：“钱无耳，可暗使”，岂虚也哉！又曰：“有钱可使鬼”，而况于人乎？子夏云：“死生有命，富贵在天”，吾以死生无命，富贵在钱。何以明之？钱能转祸为福，因败为成，危者得安，死者得生。性命长短，相禄贵贱，皆在乎钱，天何与焉？天有所短，钱有所长。四时行焉，百物生焉，钱不如天。达穷开塞，振贫济乏，天不如钱。若臧武仲之智，卞庄子之勇，冉求之艺，文之以礼乐，可以为成人矣。今之成人者，何必然？唯孔方而已……①

---

① 《全晋文》卷一百十三。

《钱神论》突出表现了社会生活中的货币拜物教现象。在三世纪中叶到四世纪中叶不到百年期间，就出现了两篇《钱神论》，并非偶然之事，而是我国古代货币经济长期发展的产物。从我国战国时期货币经济确立以后，随着货币作用的扩大，货币拜物教现象在社会生活及人们思想中便更多地有所反映。战国时期苏秦外出游说铩羽而归，便备受家人冷眼，而当他挂六国相印，衣锦荣归时，他的前倨后恭的嫂子竟至“委蛇蒲服，以面掩地而谢曰：见季子位高金多也”[①]。这一话语集中道破了人们的货币拜物教思想。所以，大史学家司马迁说：“人富而仁义附焉”，并在引述民谚“千金之子，不死于市”后说“此非空言也！”[②]。而东汉著名辞赋家赵壹在其《刺世疾邪赋》中云：“文籍虽满腹，不如一囊钱！”也长期成为人们传诵的佳句。[③]

西晋王朝承汉末大乱、三国分裂之后，虽因长时期的政治、军事的混乱局面，促成经济趋向实物化的现象，致使货币经济有所衰退，谷帛与钱币兼行的情形也长期继续着，但是其时人们所使用的五铢钱已延续了数百年，它的流通毕竟早已深入人们的经济生活之中。而西晋司马氏政权自始就是一个非常腐朽的王朝，政治黑暗、风俗败坏，许多豪门大家，如家产拟于王者的和峤（？—292），性至吝，被人称为“钱癖”[④]；有些名门士族则斗奢争富，有人一天

---

① 《史记·苏秦列传》。

② 《史记·货殖列传》。

③ 《太平御览》卷八百三十六。

④ 《晋书·和峤传》。又《晋书·杜预传》：“时王济善相马，而又爱之，而和峤颇聚敛，预常称：‘济有马癖，峤有钱癖。’”

膳食万钱，犹嫌“无下箸处”[1]，又有一些人专务清谈，却又兼营商贾，“自执牙筹，昼夜算计，恒若不足”[2]。

就在金钱崇拜意识早已渗透于社会生活的各个方面的背景下，鲁褒写出了《钱神论》一文，而最早见于鲁褒文中的“孔方”一词，从此就成为“钱”的同义语。

在鲁褒《钱神论》的影响之下，后来历代有一些性质相近而体裁不同的文章，如南北朝时南朝梁豫章王综就曾仿《钱神论》而作《钱愚论》[3]；唐张说（667—731）的《钱本草》及一些唐代人以扑满（钱罐子）为题的《扑满赋》等皆是。

鲁褒的《钱神论》很典型地反映了当时社会上的货币拜物教思想；而我们读了这篇文章，往往会很自然地想到莎士比亚的《雅典的泰门》，马克思就很是欣赏《雅典的泰门》中对黄金权力的描述，[4] 认为“莎士比亚把货币的本质描绘得十分出色”[5]。可是，这一欧洲的“钱神论”与鲁褒的文章比较起来，在时间上却迟了一千多年。

不论是鲁褒的《钱神论》，还是莎士比亚的《雅典的泰门》中对黄金权力的描述，他们只是对“钱能通神”这一社会现象予以形象的描绘，好像货币天生就具有这种神力似的。可是对于货币的这

---

① 《晋书·何曾传》。

② 《晋书·王戎传》。

③ 《南史·梁宗室上》。

④ 对《雅典的泰门》中关于黄金权力的描述，可参阅马克思《资本论》（第一卷）注91；或朱生豪译《莎士比亚戏剧集》第十（作家出版社1954年版）。

⑤ 马克思：《1844年经济学—哲学手稿·货币》，人民出版社1979年版。

一超人的权力是如何产生的，他们就无法理解了。对于货币的这种神异莫测性质的谜，只有当马克思完成了他的货币拜物教学说、揭示出私有制下人们自己的一定的社会关系“在人看来，它竟然取得了一种物品关系的幻想形式”①，因而使得货币呈现出一种“魔法妖术”② 般的神异性质，于是才真正解开了“钱神”之谜。

① 马克思:《资本论》(第一卷)，人民出版社 1962 年版，第 48 页。
② 马克思:《资本论》(第一卷)，人民出版社 1962 年版，第 70 页。

第三节

南北朝时期关于铸币贬损政策争论中货币名目主义与金属主义的对立　反铸币贬损思想的发展

在整个魏晋南北朝时期，货币使用非常混乱。在进入南北朝以后，封建统治者又一再地实行铸币贬损政策，加以私铸繁兴，于是流通界充满了薄劣的钱币，致使币值陷于混乱，不断发生物价腾贵的情形；而在铸币大膨胀以后，往往又是通货紧缩的现象。长时期的币值与物价的剧烈波动，给人民的生活带来了非常大的痛苦。

由于货币问题的恶化，在南朝和北朝都曾发生过关于货币问题的争议。[①] 在人们的议论中，一方面可以看到为封建统治者实行铸币贬损政策辩护的一些名目主义的说法；另一方面，反对铸币贬损的带有金属主义观点的议论也发展了。在这个过程中，人们根据长时期货币混乱的经验，在反铸币贬损思想等方面所总结出来的一些正确的见解与认识，充实和发展了我国古代货币思想的内容。

一、南朝沈演之、北朝高谦之的货币名目主义观点

在为铸币贬损政策的辩护上，货币名目主义的说法是最方便的了。南朝的沈演之说："愚谓若以大钱当两，则国传难朽之宝，家赢一倍之利，不俟加宪，巧源自绝，施一令而众美兼，无兴造之费，莫盛于兹矣。"[②] 北朝的高谦之则说："今……财用将竭，……

① 南朝的货币争议，主要有两次，都发生于刘宋时期。一次发生于宋文帝元嘉二十四年（447），争议是由江夏王刘义恭（413—465）建议"以一大钱当两，以防剪凿"（《宋书·何尚之传》）引起的，赞成与反对的人都很多。反对派有何尚之等，拥护者有沈演之等。刘义恭的建议一度获得实行。另一次争议以尚书右丞徐爰（394—475）于孝武帝孝建三年（456）建议"以铜赎刑"（《宋书·颜竣传》）以补充国用不足，并以铜铸钱为肇始，这一建议被采纳后，因钱币更为薄小，盗铸弥甚，于是引起了"开署放铸"，即铜钱自由铸造问题以及改四铢钱为二铢钱问题的争论。大明元年（457）沈庆之提出"郡县开置钱署""听民铸钱"（《宋书·颜竣传》）的主张，这一主张颜竣有保留地赞成，刘义恭则激烈反对，但在大明末（465）前废帝刘子业即位后被采纳实行了。

北朝的货币争议主要与北魏政府恢复铸造铜钱以后引起的私铸问题有关。先是当私铸铜钱尚未形成大问题时，任城王元澄于孝明帝熙平初（516）主张新铸钱与古钱一律通用，以便推广金属货币流通、代替京师以外许多地方仍存在的谷帛为市的情形。后来，孝昌中（525—527）在私铸问题严重的情形下，高谦之任铸钱都将长史，主张铸造三铢钱，与五铢钱并行流通。但其建议未获实行。及至孝庄帝永安二年（529），杨侃、高恭之建议恢复铜钱的自由铸造政策、改铸较重的五铢钱，被获准实行。

② 《宋书·何尚之传》。

军国用少，别铸小钱，可以富益，何损于政？何妨于人也？且政兴不以钱大，政衰不以钱小，……臣今此铸，以济交乏，五铢之钱，任使并用，行之无损，国得其益，穆公之言，于斯验矣。”①

沈演之（397—449），字台真，吴兴武泉人。他所说的“大钱”，是指当时市面流通的、完好的旧五铢钱及刘宋政权最初铸造的足值的四铢钱，这些钱与盗铸、剪凿的薄劣钱币相比，就被称为大钱。由于人们多剪凿好钱，并竞事盗铸劣钱，致使货币流通状况日趋恶化。于是，刘义恭于元嘉二十四年（447）建议“以大钱当两”，即用提高市面大钱作价的办法，来作为阻止当时货币问题继续恶化的对策。沈演之赞同刘义恭的这一主张，可是他却将这一措施说成是“大钱当两，则国传难朽之宝，家赢一倍之利”；所以刘义恭的建议本身，并不是要实行新的货币减重措施，可是沈演之却将这一措施看作封建国家致富的捷径，而且还认为通过封建国家对货币作价的这一变更，个人的财富也就增加了一倍。显然，这是一种有害的错误看法，后来北朝的高谦之就是采用同样的观点与说法，而倡议实施公开的铸币贬损政策。

高谦之（486—527），字道让，渤海人。他于北魏孝昌三年（527）死前不久任铸钱都将长史的时候，建议铸造三铢钱，使之与五铢钱并行流通，作为解决当时封建政府“财用将竭”的对策。他公然说：“军国用少，别铸小钱，可以富益，何损于政？何妨于人也？”使减重的三铢小钱与五铢钱等价使用，以此“国得其益”，却又硬说“五铢之钱，任使并用，行之无损”！这是用货币名目主义说法，为封建统治阶级实行铸币贬损政策服务的最明显的事例

① 《魏书·高崇传》。

了。他还曲解单旗的“子母相权”说法，为他的“别铸小钱”的建议辩护说：“穆公之言，于斯验矣。”这也为后世封建统治者实行铸币贬损政策提供了理论上的有害根据。①

二、南齐孔颉的反铸币贬损思想与他的《铸钱均货议》

人们在长期的货币减重、劣币流行的痛苦经验中，也同时发展了反对铸币贬损的思想。在这方面，应以南齐孔颉的货币思想为代表。

孔颉在南齐建元四年（482）发表了他的《铸钱均货议》。当时，正是在刘宋政权严重的铸币贬损与膨胀之后，却又继之发生了通货紧缩的时候，孔颉发表议论说：

> 食货相通，事理自然，……三吴国之关阃，比岁被水潦而籴不贵，是天下钱少，非谷穰贱，此不可不察也。
>
> 铸钱之弊，在轻重屡变。重钱患难用，而难用为累轻；轻钱弊盗铸，而盗铸为祸深。民所盗铸严法不禁者，由上铸钱惜铜爱工也。惜铜爱工者，谓钱无用之器，以通交易，务欲令轻

---

① 单旗所说的“子母相权”，只是指同一种金属铸币的不同的重量之间的关系，重大者为母，轻小者为子，但都是足值的铜钱，所反对的“大钱”，则是不足值的“虚价”钱。可是，高谦之建议铸造的“小钱”，却要与民间流通的足值五铢钱等值流通，这样，就把“子母相权”概念发展为足值铜钱与虚价铜钱的并行流通关系了。

正是依据高谦之对“子母相权”原意的这一曲解，后来，唐代的第五琦主持财政，为填补财政亏空，于乾元元年（758）铸造当十的“乾元重宝”虚价大钱与足值的“开元通宝”钱并行，也说是“小大兼适，母子相权”。(《旧唐书·食货志》)

而数多，使省工而易成，不详虑其为患也。

自汉铸五铢钱，至宋文帝，历五百余年，制度世有废兴，而不变五铢钱者，明其轻重可法，得货之宜。以为宜开置泉府，方牧贡金，大兴熔铸，钱重五铢，一依汉法。……若官铸已布于民，使便严断剪凿，小轻破缺无周郭者，悉不得行，官钱细小者，称合铢两，销以为大。利贫良之民，塞奸巧之路，钱货既均，远近若一，百姓乐业，市道无争，衣食滋殖矣。①

他先肯定了商品流通离不开货币，分析了当时通货紧缩、货币缺少的情况。在这里，他与东汉张林一样，从货币购买力方面来解释物价波动现象，明白指出通货紧缩对价格的影响。他说，在连岁遭水潦灾害的情形下，“籴不贵是天下钱少，非谷穰贱，此不可不察也”，这一观察是比较深刻的；然而，从他所言“籴不贵是天下钱少”一语看，他也是持有货币数量论的观点的。

他又总结了以往金属铸币流通的经验，即“重钱患难用”“轻钱弊盗铸”。但对铸币流通的这两方面的弊病，他则针对当时一再出现的铸币贬损、私铸盛行的情形，着重指出钱轻引起盗铸的现象为祸更深；进而指出，造成这一货币流通方面恶劣后果的责任在于封建统治者，即所谓“由上铸钱惜铜爱工也”。

他还进一步地对长期流行的“钱无用之器”的名目主义说法予以批判。他认为，货币的名义价值应该有其实际内容，即与名义价值相当的、一定数量的铜与人工耗费；也就是说，货币本身是具有价值的东西，而货币的价值就是由“铜”与“工”构成的。根据

---

① 《南齐书·刘悛传》。

这一认识，他指出：如果按照“钱无用之器”的名目主义的看法，以为国家可以随意规定货币的价值，可以随意省工减料、滥铸钱币，那么就必然会造成盗铸盛行，虽严刑峻法也无法禁止的恶果。

在这里，我们不能说孔觊对货币的本质已有完全科学的认识。他对于货币与铸币的概念还不能区分开来；可是，由于他比较好地总结了金属铸币流通的经验，较有力地批判了为封建统治者铸币贬损政策服务的名目主义的流行看法，因而，他所提出的“不惜铜、不爱工”的原则，便长时期地为人们所不断地引用，从而成为人们反对封建政府实行铸币贬损政策的重要理论武器。

孔觊还认识到，货币作为价格标准应与现实价格水平相适应的关系。他称赞汉武帝所建立的五铢钱制度是“轻重可法，得货之宜”，因而主张要按照汉法来铸造足值的五铢钱，以解决当时通货紧缩、货币不足的问题。在具体做法上则应该是：先要求产铜的州郡采铜输送给中央，由中央统一铸造五铢钱；等到官铸的足值货币已有相当的数量流通到民间以后，则应严禁薄恶钱币的流通；对过去铸行的不合标准的官钱，则由政府按重量作价收回，以改铸为合乎标准的新钱。

显然，他的发行新足值货币的方案，在内容的考虑上还是比较周到的，特别是对于新币发行的态度，表现得很为审慎，因而这一方案如果实施的话，也应该是可以实现的。但是，在国家陷于分裂状态的南北朝时期，像南齐政权这一类短暂的小朝廷，要想实现这一发行新的足值货币的计划，却是很难办到的事。所以，孔觊文中最后所向往的“远近若一”的全国统一的货币制度，也只能有待于强盛有力的统一封建国家再度建立的时候，才有可能成为现实。

总之，孔觊的货币思想立论很是平正适当，特别是他较好地总结了以往金属铸币流通的经验，并且较有力地批判了货币名目主义和封建政府的铸币贬损行为，因而，他的货币观点与主张，可以说是南北朝时期最杰出的了。

三、南北朝货币议论中货币金属主义观点的发展

魏晋南北朝期间，特别是南北朝时期，人们的货币议论很多，但是，像孔觊那样立论明澈、较有价值的论说却很少，多数人的言论都很肤浅，或是未经深思的兴发之言，因而看法混乱、瑜不掩瑕是习见的现象。然而在这一时期的货币思想方面却还有值得注意的，即金属主义的倾向比以前有了较显著的发展。这与社会现实中货币流通的背景有关，而人们有关“实物论”、有关反对铸币贬损政策的争议，则也直接促进了它的发展。

在关于废钱用谷帛的争议中，反实物论者必然会更多地突出金属货币的优越性。如前所言，孔琳之就强调金属货币具有轻便易携、不易毁败的优点；而在南北朝时，北魏的元澄（467—520）[①]也对此发表了类似的议论。他说：

> 布帛不可以尺寸分裂，五谷则有负担之难。钱之为用，贯繦相属，不假斗斛之器，不劳秤尺之平，济世之宜，谓为深允。[②]

---

① 元澄，字道镜，北魏宗室。
② 《魏书·食货志》。

在反对铸币贬损的议论中，人们也必须更多地注意货币的实在金属内容。孔觊注意到货币的名义价值应与其实际价值，即铸造成本的相当问题；还有些人对铸钱的成本进行了具体的匡算，以作为立论的根据。南朝的颜竣（？—459）[①] 就曾谈道："铜既转少，器亦弥贵。设器值一千，则铸之减半，为之无利。"[②] 北朝的高恭之（489—531）[③] 是高谦之的弟弟，却主张铸造足值货币。他在分析了"在市铜价，八十一文得铜一斤，私造薄钱，斤余二百"的私铸钱的情形以后，提出了铸造足值的永安五铢钱的主张。他说："论今据古，宜改铸大钱，文载年号，以记其始，则一斤所成止七十六文。铜价至贱五十有余，其中人功、食料、锡炭、铅砂，纵复私营，不能自润。直置无利，自应息心，况复严刑广设也。"[④] 所以，南北朝时期，在孔觊等很多人的货币论说中，都往往可以发现金属主义观点的倾向。最突出的，为南朝的沈庆之（386—465）[⑤]，他发出了"禁铸则铜转成器，开铸则器化为财"[⑥] 的议论。这就是说，他不但把货币与财富等同起来，而且认为只有货币才是有价值的东西，铜如果铸造成器物，则反而成为"于世无益"的东西了。他的这一看法，与把货币视为饥不可食、寒不可衣的无用之物的货币名目主义的看法，正好成为对立的两个极端。

---

① 颜竣，字士逊，琅琊人。
② 《宋书·颜竣传》。
③ 高恭之，字道穆，渤海人。
④ 《魏书·高崇传》。
⑤ 沈庆之，字弘先，吴兴武康人。
⑥ 《宋书·颜竣传》。

四、铜钱的自由铸造概念

我国南北朝时，在货币思想领域还值得一提的，是铜钱自由铸造这一货币概念的发生。

南朝沈庆之在议论货币问题时，从其把货币与财富完全等同的观点出发，还提出了一种类似近代金属货币自由铸造原则的方案。他说：

> 方今……仓库未实，公私所乏，唯钱而已。愚谓宜听民铸钱，郡县开置钱署，乐铸之家，皆居署内，平其准式，去其杂伪，官敛轮郭，藏之以为永宝，……万税三千，严检盗铸，并禁剪凿。①

他的这一自由铸造铜钱的方案，要求"万税三千"，显然是很不合理的，而对铸钱之人要抽30%的重税，则所铸的新钱就不能是足值的货币。这样，不但有铜的人不会来钱署铸钱，而且还必然会使更多的人，都要冒刑而盗铸铜钱。

沈庆之的自由铸造铜钱的主张，在南朝虽受到很多人的反对而未能实现，可是在他发表这一议论以后约四十年，即北魏太和十九年（495）开始恢复金属货币的铸造时，却被实际采用了，《魏书·食货志》记述说："（太和）十九年，冶铸粗备，文曰'太和五铢'，诏京师及诸州镇皆通行之。……在所遣钱工备炉冶，民有欲铸，听就铸之，铜必精炼，无所私杂。"后来，在永安二年（529）

① 《宋书·颜竣传》。

铸造永安五铢钱时，按照杨侃（？—531）[①] 的建议，也"听人与官并铸五铢钱"[②]。北魏初施行的铸钱办法，与沈庆之的货币方案相比较，则要更为进步、合理些。因为，它不仅取消了铸钱抽税的措施，而且是官自立炉，备钱工，代为人们铸钱。这样，人们就不必以铸钱为职业，而是任何人持有铜料就都可以铸钱了。加之，铜钱一律由官炉备工代铸，钱币的规格与形式也自然会划一了。

北魏虽然曾经短期实施过铜钱的自由铸造政策，然而在把货币铸造权及铸钱事业视为国家特权及专有利源的封建社会中，却显然是不能长久维持下去的。而由南朝沈庆之最先提出的金属货币自由铸造的概念和原则，应该说是为我国古代的货币思想与货币政策增添了一点新内容。

① 杨侃，字士业，华阴人。
② 《通典·食货九》。

第四章

唐及五代十国的货币思想

第一节
唐前期关于货币铸造权的争议　刘秩的货币思想

隋唐帝国结束了魏晋南北朝以来长期的国家分裂的时期，重建了强盛、统一的封建国家。这时，我国的封建社会已臻于成熟，封建地主经济体系及其国家、政治制度也趋于完备起来。而在国家较长时期统一的情形下，不但封建地主经济在全国获得稳定发展，同时，商业和货币经济也获得较显著的发展，都市商业繁盛，京师长安等城市有了“行”的组织，而且出现了最早的金融市场。水陆交通通达四方，天下诸津，弘舸巨舰交贸往还，陆路店肆待客，远适千里不持寸刃。此时封建社会内的商品经济已远非汉代所能比拟。

在经济思想领域，对待工商的态度开始产生某些不同于传统本末教条的新变化。唐代前期的崔融（653—706）在《谏税关市疏》①

① 《全唐文》卷二百十九。崔融，字安成，全节人。

中强调农业和工商业都是历久传习的职业，发出“欲道化其本，不欲扰其末”的保护商人利益的呼声。刘秩则在《钱货议》[①] 中指出“夫物贱则伤农，钱轻则伤贾”，并进而发出也要利末的“末复利矣”的声音。中唐以后，这一变化更进一步发展，虽然著名理财家刘晏作为一位儒者掌管封建政府财政，但他改革盐政则变官运官销的盐专卖制为依靠私商自行运销；主办漕运则改强制差役为付给工钱的雇佣方式，以及常平等一系列财政措施，皆体现了顺应商品经济发展趋势的要求。一些思想家，如白居易主张农工商“三者和钧”[②]；甚至以道统自居的韩愈，也开始把农、工、贾并列，认为农、工、贾都是“圣人”传授给人民的“相生相养之道”[③]，不主张抑商，而把富商大贾“子父相承，坐受厚利”[④] 视为理所当然而不加非议。虽然唐代的思想家仍不能公开冲破旧传统的本末教条的藩篱，但是这些新兴的工商观点却是两汉以来所未有的变化。

在货币流通与货币思想方面，值得注意的是：终唐之世，在商品经济向前发展的影响下，基本上都存在着流通中货币量——主要是铜钱数量不足的问题，致使法定的钱帛兼行制度日益难以适应经济形势的发展，引起不同时期的一系列货币问题，并激发人们的各种议论。在唐代前期，主要是七世纪中叶到八世纪中叶约一百年中，由于流通中货币量的不足而招致了当时的所谓“恶钱”问题，

---

① 《旧唐书·食货志》。

② 《白氏长庆集》卷六十三《策林二》第二十《平百货之价，陈敛散之法，请禁销钱为器》。

③ 《韩昌黎集》卷十一《原道》。

④ 《韩昌黎集》卷四十《论变盐法事宜状》。

也就是政府所铸的官钱数量不足，以致减重的私钱不时地充斥于流通界，而造成币值与物价的波动。这一货币问题，虽然由于生产的增加而未发展到严重的地步，可是，在开元二十二年（734）时宰相张九龄（673—740）[①] 奏请“不禁铸钱”，其目的是借助开放钱禁，允许私铸以解决铜钱数量的不足的问题，并同时节省封建政府的铸造费用。这一建议，引起了西汉以来仅有的一次，但规模并不大的关于封建政权应否垄断货币铸造权的争议。

在唐代前期，因流通中铜钱不足，陈子昂（661—702）[②] 在武后时期就曾提出采铜铸钱的建议，并且认为这是一项重要的“富国”措施。他说：

> 伏见剑南诸山，多有铜矿，采之铸钱，可以富国。今诸山皆闭，官无采铸，军国资用，唯敛下人，乃使公府虚竭，私室贫弊，而天地珍藏，委废不论。[③]

开元二十二年，张九龄从单纯节省政府财政费用的角度出发，奏请解除盗铸钱的禁令，主张纵民铸钱，他说：

> 古者以布帛菽粟不可尺寸抄勺而均，乃为钱以通贸易；官铸所入无几，而工费多，宜纵民铸。[④]

当时，唐朝廷将这一建议交给百官讨论，结果，大多数人都反

---

① 张九龄，字子寿，韶州曲江人。

② 陈子昂，字伯玉，梓州射洪人，唐代著名的文学家。

③ 《陈伯玉集》卷一《上益国事》。

④ 《新唐书·食货志四》。又，《曲江张文献公集·代玄宗拟敕议启私铸书》张九龄原文作“布帛不可以尺寸为交易，菽粟不可以抄勺贸有无，故古之为钱，将以通货币”。这里所云“货币”一词，乃指贸易。

对。他们主要是以货币铸造权为封建国家的特权，不容轻易放弃这一传统说法立论。如裴耀卿（681—743）、李林甫（？—753）、萧炅等都认为“钱者通货，有国之权，是以历代禁之，以绝奸滥。今若一启此门，但恐小人弃农逐利，而滥恶更甚，于是不便”[①]；崔沔（673—739）还进一步指出：“夫国之有钱，时所通用，若许私铸，人必竞为，各徇所求，小如有利，渐忘本业，本计斯贫……况依法则不成，违法乃有利。”[②] 所以，在这种情形下，解除盗铸钱的禁令，并无助于解决当时的奸钱问题；而要解决这一问题，则应从扩大铜料来源、降低铸钱费用、增加流通中的货币入手。为此，他提出了“税铜折役，则官冶可成，计作度庸，则私钱无利”的办法，将其作为解决当时奸钱问题的具体措施。

然而，当时人们维护封建国家垄断货币铸造权的议论中，最为详尽而具有代表性者则为刘秩。刘秩，字祚卿，彭城人，开元二十二年时任左监门录事参军。他为反对张九龄开放私铸所上的《货泉议》略曰：

> 夫钱之兴，其来尚矣，将以平轻重而权本末，……国之兴衰，实系于是。
>
> ……今之钱，即古之下币也，陛下若舍之任人，则上无以御下，下无以事上，其不可一也。夫物贱则伤农，钱轻则伤贾，故善为国者，观物之贵贱，钱之轻重。夫物重则钱轻，钱轻由乎物多（按：“物多”，应作“钱多”），多则作法收之使少；少则重，重则作法布之使轻。轻重之本，必由乎是，奈何

---

① 《旧唐书·食货志上》。

② 《全唐文》卷二百七十三。

而假于人？其不可二也。夫铸钱不杂以铅铁则无利，杂以铅铁则恶，……方今塞其私铸之路，人犹冒死以犯之，况启其源而欲人之从令乎？是设陷阱而诱之入，其不可三也。夫许人铸钱，无利则人不铸，有利则人去南亩者众。……其不可四也。……若许其铸钱，则贫者必不能为。臣恐贫者弥贫而服役于富室，富者乘之而益恣。……其不可五也。

……夫钱重者，犹人日滋于前，而炉不加于旧。又公钱重，与铜之价颇等，故盗铸者破重钱以为轻钱。钱轻，禁宽则行，禁严则止，止则弃矣，此钱之所以少也。

夫铸钱用不赡者，在乎铜贵，铜贵，在采用者众。夫铜，以为兵则不如铁，以为器则不如漆，禁之无害，陛下何不禁于人？禁于人，则铜无所用，铜益贱，则钱之用给矣。夫铜不布下，则盗铸者无因而铸，则公钱不破，人不犯死刑，钱又日增，末利复矣，是一举而四美兼也。①

刘秩的议论虽然比较平正与完备，但基本上都是祖述《管子》与贾谊的成说。他绍述了《管子》的轻重理论以及把货币视为封建国家干预经济及民事的工具的思想，将《管子》的掌握“中币”以制上下之用的主张，运用于只存在一种“下币”——铜钱流通的情形下，而强调封建国家垄断货币铸造权的重要性。他认为货币具有“平轻重”“权本末”的功能，即借助货币这个工具可以平衡物价、调节农与工商间的关系，这一概括带有创见性，是对《管子》的货币论的发展。对于贾谊的反对任民铸钱的理由：开放私铸会造

① 《旧唐书·食货志上》。

成恶钱流行，并陷人于刑，盗铸有利、诱使农民放弃农事，以及掌握币材、实行铜禁的主张，他全盘接受了，而且还将贾谊的禁铜“七福”，发展为所谓“四美”。他说：“铜不布下，则盗铸者无因而铸，则公钱不破，人不犯死刑，钱又日增，末利复矣，是一举而四美兼也。”可是，在这里我们应注意的是，在刘秩的思想中，没有比较流行的轻商抑末观点。他注意到“物贱则伤农，钱轻则伤贾”的情形，而认为实行铜禁，杜绝恶钱、使足值的铸币能够顺利流通，也是为了维护商人的利益，即“末利复矣”。

在刘秩的货币思想中，最值得我们注意的，则是他关于货币数量概念方面的认识。

刘秩对《管子》的货币数量论的思想作了更明确的阐述。他说：“夫物重则钱轻，钱轻由乎物多，多则作法收之使少，少则重。”在这里，他将货币价值的大小与货币数量的多寡直接联系起来，因而，比张林、孔觊所说的“钱少物皆贱”“籴不贵是天下钱少”，即物价高下与货币数量的多寡相联系的说法，更为先进。因为，从物价变化角度来反映货币数量论思想，显然不如直接以货币数量的多寡决定货币价值的说法，更为确切。

刘秩还第一次把货币的需要量与居民人数的多寡联系起来。他说：“夫钱重者，犹人日滋于前，而炉不加于旧。……此钱之所以少也。”也就是说，流通货币之所以会发生不足，铜钱的价值之所以日高，是因为人口日增，但铸钱数量却不增加。这是货币流通概念方面的一个新见解。一般来说，人口增加以后，生产也会相应地增加，由此而引起的商品流通的扩大，也就需要更多的货币为其服务。当时人口增加的情况是，贞观时期（627—649）的户口还不满

300万户，但到开元二十二年（734）全国的户口已增至7861236户，约100年间，人口已增多了1倍以上，而生产更是取得了长足的发展，因而，在这种情形下，需要更多的通货，也就是很自然的了。

刘秩的这一议论，正是针对当时封建统治者因“钱重而伤本，工费而利寡”而不愿增铸官钱而发出的。他还说：“盗铸者破重钱以为轻钱。钱轻，禁宽则行，禁严则止，止则弃矣，此钱之所以少也。”也就是说：一方面官府不增加铸钱，另一方面官府又严禁私铸轻钱的流通，因而，货币不足的问题就更为突出了。从这里我们能够看出，刘秩并没有将当时的“恶钱”问题看得很严重，而其主要的着眼点则是如何解决当时的通货不足的问题。事实上，恶钱问题只不过是当时通货不足问题现象的一个方面，因而，刘秩对当时货币问题的认识，较之当时一些人的“钱者通货，有国之权，是以历代禁之，以绝奸滥”，即主要是从禁绝恶钱角度立论，而反对任民放铸的看法，还是比较深刻的。

当时，他的实行“铜禁”的方案，也并不全是正确、现实可行的意见。因为，要封建政府对于铜这种普通的金属实行垄断，是完全做不到的事情，伴随而来的则不过是增添了民间的骚扰而已。

刘秩等维护封建国家垄断货币铸造权，以及增加铸钱的意见，对于巩固封建皇权以及促进当时商业的发展都是有利的；而放弃钱禁，任民私铸，则只会对权贵之家有利，如刘秩所说的“铸钱，则贫者必不能为。臣恐贫者弥贫而服役于富室，富者乘之而益恣”的情形，将是必然的事情。事实上，就在刘秩等否定了张九龄的纵民铸钱建议以后，信安郡王李祎又一次提出“请纵私铸”的建议，史书称："议者皆畏祎帝弟之贵，莫敢与抗。"[①]可见，开放私铸意见也自有其阶级背景，它实际反映统治阶级中部分"权贵""富室"的经济利益。

① 《新唐书·食货志四》："信安郡王祎复言国用不足，请纵私铸，议者皆畏祎帝弟之贵，莫敢与抗，独仓部郎中韦伯阳以为不可，祎议亦格。"

第二节
第五琦、刘晏的货币政策及有关货币思想

安史之乱，使唐帝国出现了严重的财政危机，在这一背景下，唐政府根据第五琦的建议，于肃宗乾元元年（758）发行了当十虚价大钱。翌年，又发行了当五十重轮乾元钱，使其与原来的开元钱并行流通，这样，唐政府便正式施行铸币膨胀政策。

安史之乱期间的铸币膨胀，一时使唐代流通中货币量不足的现象中断了，然而我们从这一时期第五琦、刘晏先后实行的不同的货币政策，却清楚地看到当时人在拥护与反对铸币贬损问题态度上的差异，以及在对货币本质问题认识上所表现出来的货币名目主义与金属主义观点的对立。

唐政府实行铸币膨胀政策，发行虚价大钱的措施，是我国古代货币流通史上货币名目主义为封建统治者实行铸币贬损服务的重要事例。唐政府乾元元年七月发布的诏书曰："泉货之兴，其来久矣，

代有沿革，时为重轻。……必令小大兼适，母子相权，……干戈未息，帑藏犹虚。……御史中丞第五琦奏请改钱，以一当十，别为新铸，不废旧钱，冀实三官之资，用收十倍之利，所谓于人不扰，从古有经。”①

第五琦（712—782），字禹珪，京兆长安人。他直言不讳地倡言“以一当十，……冀实三官之资，用收十倍之利”，非常清楚地体现出他所主张的王权可以任意规定货币价值的货币名目主义思想。这种借助发行虚价大钱以进行财政剥削的目的是如此地露骨，他却要说成是“于人不扰”，这显然是不可能的。乾元大钱发行不久，就出现了“谷价腾贵，斗米至七千，饿死者相枕于道”② 的情形，与此同时人们纷纷盗铸新钱，使货币流通全然陷于混乱之中。

唐政府因财政危机，发行“乾元重宝”虚价大钱填补财政亏空，为时虽短，但影响却甚为深远。虚价乾元大钱发行后，由于铸币膨胀，引起物价上涨与大钱购买力的跌落，货币流通呈现混乱状态。对此，史书记载说：“缘人厌钱价不定，人间抬加价钱为虚钱。”③ 后来，上元元年（760）十二月二十九日诏曰：“应典贴庄宅、店铺、田地、硙碾等，先为实钱典贴者，令还以实钱价，先以虚钱典贴者，令以虚钱赎。”④ 由此，铜钱开始有了“虚”“实”之分。

“虚钱”之名的发生，“虚”“实”这一对概念被用于说明货币

① 《旧唐书·食货志上》。
② 《旧唐书·食货志上》。
③ 《旧唐书·食货志上》。
④ 《唐会要》卷八十九《泉货》。

流通现象，实际反映了我国封建社会内部商品货币经济发展的事实。就“虚实”概念作为货币概念的最早发生来说，我们还可以追溯到《盐铁论》御史大夫桑弘羊所说：“以末易其本，以虚荡其实”之语。[①] 所谓“实”，乃指商品，而“虚”则指“货币”，即还只限于说明商品与货币的关系。而八世纪中叶的唐代的“虚实”概念，“实”乃指足值铜钱，而“虚”则指不足值铜钱。“虚实”概念的内涵更丰富了，它进而又包括了流通界不同性质或种类的货币间的关系；而“虚实”作为货币范畴这两方面的内涵，在我国封建社会后期的宋、元各代更有新的重要发展。

第五琦铸造虚价乾元大钱时，还援用了“子母相权”概念。在这方面，北朝高谦之曾援用子母相权之说作为他建议铸造不足值小钱的理论根据，即所谓“军国用少，别铸小钱，可以富益”，并称这一主张是符合“（单）穆公之言”的。[②] 唐政府这次铸造乾元大钱，则使足值铜钱（开元通宝钱）与不足值的虚价大钱作为“子母相权”而在现实流通界并行流通。这样，“子母相权”这一概念也便由同一种金属铸币的不同重量之间的关系，而发展为金属足值货币与不足值货币的关系了。

除此，还应予指出，当虚价乾元大钱铸行后，很快便导致人们竞相铸新钱，致使流通界劣币充斥，而足值的“开元通宝”钱则被人们收藏起来，因而使人们对所谓劣币驱逐良币定律获得了进一步认识。西汉思想家贾谊对这一货币流通现象最先敏锐地指出“奸钱

① 《盐铁论·错币》。
② 《魏书·高崇传》。

日繁，正钱日亡”[1] 的事实。南北朝货币混乱、劣币盛行时，颜竣也说：“若细物（指轻薄的劣币）必行，而不从公铸，……五铢半两之属，不盈一年，必至于尽。财货未赡，大钱（指五铢、半两等良币）已竭，数岁之间，悉为尘土。”[2] 唐政府上元元年（760）六月诏书则曰“顷议新钱，且是从权，知非经久。如闻官炉之外，私铸颇多，吞并小钱（指足值的开元通宝钱），逾滥成弊”[3] 云云，即表明劣币驱逐良币这一货币流通现象，已被清楚地记载入古代中央政府的正式文件了，足见人们对这一货币定律已经有了一定的认识。所谓劣币驱逐良币定律，在西方经济学中被称为“格雷欣法则”（Gresham's Law），它得名于最初把这一货币流通现象予以揭明的英国人托马斯·格雷欣（Thomas Gresham，1519—1579）。格雷欣在1559年给英女王的奏书中使用了“劣币驱逐良币”的字样，但十六世纪的格雷欣其提出的时间与我国西汉的贾谊、唐上元元年六月的诏书提出的时间相比，那显然晚得太多了。

第五琦所倡行的铸币膨胀政策并未延续太久，刘晏于上元元年五月兼任铸钱使以后，改行稳健的货币政策，于是铸币膨胀政策给货币流通界带来的恶劣影响便被遏制住了。

刘晏（715—780），字士安，曹州南华人，是我国历史上为人们所推崇的著名理财家。他主管钱币事务后，便开始将各种乾元钱的法定价值逐渐减至一当三，或平价流通，即基本上使各种铜钱都按照它们的实际价值流通，甚至还进一步地将乾元大钱的法定价值

---

① 贾谊：《新书》卷四《铸钱》。

② 《宋书·颜竣传》。

③ 《旧唐书·食货志上》。

贬低到它的实际价值以下，有意识地利用劣币驱逐良币定律，迫使其退出流通界。在这里，应该指出的是，人们在多次铸币贬损的痛苦经验中，对所谓劣币驱逐良币定律，不但早已有所认识，而且还曾多次对之予以有意识的利用。如南朝刘宋在元嘉二十四年（447）实行的“以一大钱当两”措施，就是基于对流通中的良币“剪凿日多，以至消尽”[①] 的顾虑而采取的一种对策；之后，颜竣在铸造二铢钱的争论中以“恣行新细（指拟改铸的减重的二铢钱），……奸巧大兴，天下之货（良币）将靡碎至尽”[②] 作为反对铸造二铢钱的理由；而在上元元年六月唐政府宣布实行刘晏的新货币政策的诏令中，如前所引，也谈到所谓“私铸颇多，吞并小钱（良币）”的情形，所以，刘晏重视货币的金属内容的反名目主义的货币措施，显然是与这一认识相关联的。

安史之乱对唐代经济的破坏，仍然是局部的，因而在乱事还未结束时，由于商业的发展，市场上便又开始出现铜钱不足的现象了。对此，刘晏于宝应元年（762）再次主持财政及铸钱事务以后，曾采取增加铸钱的措施，史书记述说：“诸道盐铁转运使刘晏，以江、岭诸州，任土所出，皆重粗贱弱之货，输京师不足以供道路之直（值）。于是积之江淮，易铜铅薪炭，广铸钱，岁得十余万缗，输京师及荆、扬二州，自是钱日增矣。”[③] 应该说，在当时“铜贵钱贱”的情形下，他的这一增铸钱的措施是值得称道的，因为他很好地运用了古代“均输”的原则，解决了当时铸钱方面铜料价贵及

① 《宋书·何尚之传》。
② 《宋书·颜竣传》。
③ 《新唐书·食货志四》。

短缺的困难。而从货币理论的角度看，他对于货币的商品性质是有所认识的。虽然他有着将货币与商品同等看待的货币金属主义的倾向，但他运用商业原则较好地解决了增铸钱的问题，从而对社会经济的发展起到了良好的作用，这是应予肯定的。

第三节
围绕两税法改革促成钱荒而发生的货币争议
中唐思想家们的货币思想

唐代中叶，我国封建社会进入从臻于极盛步入后期的重大转折时期。均田制瓦解后，封建租佃关系获得广泛的发展；商业和货币经济也有持续和明显的发展；在两税法改革后，因一时的货币紧缩，我国货币流通史上第一次出现了所谓的“钱荒”现象。面对这一前所未有的货币问题，当时的一些重要思想家或政治家如陆贽、白居易、杨于陵等，均提出缓和钱荒的对策，并发表了不少货币议论。在货币思想方面，对货币数量、概念方面的认识，对人口与货币流通量的关系、货币贮藏与流通的关系、货币流通地区扩大对货币流通的影响等问题的认识，以及对货币基本职能的认识，多较以前有所加深，也增添了不少新的看法，因而发展与充实了古代货币思想的内容。

一、两税法反对者关于钱荒问题的议论

唐代中叶，正是我国封建地主经济体系从前期向后期转折的重要时期。由于商品与货币经济的显著发展，市场对货币的需求量增大了。在安史之乱战事尚未完全结束的时候，币值就已经回升，开始出现通货不足的迹象。及至德宗建中元年（780），在著名理财家杨炎（727—781）[①] 的主持下，实行了“两税法”改革。其时，在货币经济发展的影响下，推行新税法时杨炎采取了以钱定税的办法，遂使通货趋于紧缩，加重了通货不足的问题。因此，在两税法实施以后不久，“钱重物轻”的现象就趋于严重了，后形成了所谓的“钱荒”。

“钱荒”就是封建社会的货币危机，这是我国封建社会地主经济体系进入后期以后，因商品货币经济进一步发展而发生的新的货币问题。这一重要货币流通现象的出现，说明商品货币经济的水平在我国古代封建经济中已发展到一定的高度；而由于商品货币经济在封建地主经济体系进入后期后获得了持续的发展，因此“钱荒”及其发展形式“银荒”还曾一再出现，成为带有社会性的货币危机问题而为思想家们所注意。

两税法改革而引起的“钱荒”，作为我国货币流通史上第一次出现的问题，引起许多思想家的注意与议论，而议论的中心则是赋税征钱问题。当时，多数重要思想家对此持否定的态度。如陆贽说：

---

① 杨炎，字公南，凤翔人。

谷帛者，人之所为也；钱货者，官之所为也。人之所为者，故租税取焉；官之所为者，故赋敛舍焉，……曷常有禁人铸钱，而以钱为赋者也？①

韩愈说：

夫五谷布帛，农人之所能出也，工人之所能为也；人不能铸钱，而使之卖布帛粟米，以钱输于官，是以物愈贱而钱愈贵也。②

李翱说：

钱者官司所铸，粟帛者农之所出，今乃使农人贱卖粟帛易钱入官，是岂非颠倒而故取其无者耶？③

白居易说：

钱者，桑地不生铜，私家不敢铸，业于农者，何以得之？至乃吏胥追征，官限迫蹙，则易其所有以赴公程，当丰岁则贱粜半价，不足以充缗钱，遇凶年则息利倍称，不足以偿逋债，丰凶既若此，为农者何所望焉！④

诗人还写诗问道：

---

① 《陆宣公奏议》卷六《均节赋税恤百姓六条》。

② 《韩昌黎集》卷三十七《钱重物轻状》。

③ 《李文公集》卷九《疏改税法》。李翱（772—841），字习之，陇西人。

④ 《白氏长庆集》卷四十六《策林二·十九息游惰　劝农桑议赋税复租庸罢缗钱用谷帛》。

私家无钱炉，平地无铜山。胡为秋夏税，岁岁输铜钱？①

这些议论都比较肤浅，从而缺乏说服力。他们都以人们不能家家铸钱的“所征非所业，所业非所征”（陆贽语）为理由，反对征收货币或以钱定税，且都主张恢复原来的征收实物的办法。然而，封建租税的相当一部分从实物向货币的转化，是封建社会商品货币关系不断发展的必然趋势，他们显然不能认识到这一点。他们所持的不能家家铸钱的理由，很有鼓动性，但在理论上都站不住脚，因为，不能家家铸钱是至为明显的事情，也没有必要为了纳税家家铸钱。铜钱诚然是“官之所为”，但是官铸的铜钱都在民间流通，农人既然生产菽粟布帛，则通过交换也可以获得货币。因而，问题不在于钱币乃“官之所为”，而在于当农民为缴纳赋税而出卖农产品时，可能会受到商人的中间剥削罢了。

那么所谓“任土之宜”的实物征收办法，就是避免“所征非所业，所业非所征”的合理办法吗？显然也不是这样。因为，当农民缴纳实物赋税时，不但会因封建官府对贡物的挑剔而被百般留难，而且担负着与输送贡物有关的沉重而难以忍受的种种劳役。在社会分工及商品货币关系愈是向前发展的情况下，封建赋税征收实物的弊端所带给农民的损失也就愈大，并且愈来愈明显地暴露在人们的眼前。“思想落后于实际的事是常有的”②，当时人们对待封建赋税货币化趋势的态度，就正是这样。

可是，农民为缴纳货币赋税出卖农产品所受的损失，也的确是

---

① 《白氏长庆集》卷二《赠友诗五首》。

② 《毛泽东选集》（四卷合订本），人民出版社1966年版，第288页。

不容忽视的事情。恩格斯说:“为了获得纳税的钱，必须卖掉它们的一部分产品，并且这部分产品日益增多。……支付的期限到来时，农民无论如何要得到货币；不考虑生产费用的多少，而是按照商人出的价钱。”[①] 这是所有实行货币赋税的地方普遍发生的情形。由于唐代两税法是以钱定税，而实际缴纳时则为绢帛，因而在卖谷买绢的情形下，多经一次周折，损失就更大了。陆贽所说“或增价以买其所无，减价以卖其所有，一增一减，耗损已多”[②]，“有者急卖而耗其半直，无者求假而费其倍酬”[③]，都应该是实在的情形。而且，更严重的则是币值变动给农民带来的影响。当时，由于通货的一时紧缩，农产品价格急趋于跌落。如建中元年初定两税时，绢一匹值钱四千、米一斗值钱二百，而到元和末，即四十年后，绢一匹则跌至八百，米一斗则为五十钱了。这样，在人们纷纷反对的情形下，唐政府便放弃了两税法以钱定税的办法，而恢复了实物征收办法。

古代社会赋税货币化的过程是非常曲折迂回的。马克思说:“在劳动的社会生产力没有一定程度的发展时，这种转化是很少能够发生的，只要看到罗马皇帝曾屡次尝试这种转化但没有成功，看到在人们至少已经把实物地租中当作国税存在的部分一般转化成货币地租以后，又回到实物地租上来，就可以把这一点证明。”[④] 我国封建社会从这时已开始进入后期，由于封建经济中商品货币关系

① 马克思:《资本论》(第三卷)，恩格斯补注，人民出版社 1975 年版，第 818 页。
② 《陆宣公奏议》卷六《均节赋税恤百姓六条》。
③ 《陆宣公奏议》卷六《均节赋税恤百姓六条》。
④ 马克思:《资本论》(第三卷)，人民出版社 1966 年版，第 933 页。

的发展，国家赋税货币化的趋势是无法阻止的。事实上，从宋代以后，即使在国家正赋的收入中，征钱部分也是在不断增加的，甚至还形成了所谓“钱粮”的说法。所以，在封建社会自然经济基础上所产生的一些人们反对赋税货币化的观点和看法，虽然能够对赋税货币化产生一定的延缓作用，从而使整个货币经济的发展也受到某种程度的阻碍，但就总的发展趋势来说，赋税货币化无论如何都是阻挡不住的。

二、中唐思想家陆贽、白居易、杨于陵等的货币思想；杜佑的货币思想及《通典》的贡献

在人们关于两税法及钱荒问题的争论中，也出现了许多值得注意的货币见解与看法。其中，比较重要的是陆贽、白居易、杨于陵、韩愈等人的货币观点，史学家杜佑及其巨著《通典》对我国古代货币思想的贡献也应予以道及。

（一）陆贽的货币观点

陆贽（754—805），唐代著名的政治思想家，字敬舆，嘉兴人。他的货币思想皆见于《陆宣公奏议》。

陆贽说：

> 先王惧物之贵贱失平，而人之交易难准，又立货泉之法，以节轻重之宜，敛散弛张，必由于是。
>
> 古之圣人，所以取山泽之蕴材，作泉布之宝货，国专其利，而不与人共之者，盖为此也。物贱由乎钱少，少则重，重

则加铸而散之使轻；物贵由乎钱多，多则轻，轻则作法而敛之使重。是乃物之贵贱，系于钱之多少，钱之多少，在于官之盈缩；……诚宜广即山殖货之功，峻用铜为器之禁，苟制持得所，则钱不乏矣。①

陆贽与盛唐时的刘秩一样，在货币思想上都是祖述《管子》的学说；在对货币起源的认识上，他仍是沿袭了《管子》的先王制币的说法。他不懂，货币并不是人们有意识的创造品或协议的产物，而是交换与商品内在的矛盾发展的产物。可是，他却指出货币的职能是“平贵贱”与“准交易”，即作为价值尺度或价格标准与流通手段。马克思说：“价值尺度与流通手段的统一是货币。”② 陆贽对于货币这两个职能的表述虽然还不够明晰，但他对于货币基本职能的认识，还是较前人前进了一步。

刘秩阐述《管子》的轻重论及其把货币作为封建国家干预经济生活的工具的思想，主要的目的在于维护封建国家对货币铸造权的垄断，而陆贽则是为了解决当时的钱荒问题，在运用《管子》的学说时，他将《管子》的货币数量论思想发展得比刘秩更为清楚。他概括说：“物贱由乎钱少，少则重”，“物贵由乎钱多，多则轻”。运用这一理论来解决当时“钱重物轻”的钱荒问题。他强调：“物之贵贱，系于钱之多少，钱之多少，在于官之盈缩。”也就是说，要求以调节流通中货币数量的办法作为问题解决的关键，以采铜铸钱、禁铜为器两种办法作为补充货币的措施。除此之外，还以“榷酒”“粜盐”两种办法，作为政府“收钱”，即掌握货币的措施。这

① 《陆宣公奏议》卷六《均节赋税恤百姓六条》。
② 马克思：《政治经济学批判》，人民出版社1955年版，第89页。

样一来，政府手中就掌握了足够的货币，从而“散重为轻”，使民间也有充足的货币，再加上取消了两税法以钱定税的办法，民间对货币的需要也就减少了。于是，“钱重物轻”的钱荒问题也就得到缓和了。

在运用《管子》的轻重论及其把货币作为封建国家干预经济生活的工具的思想方面，值得称道的还有他改革漕运的建议。他于贞元八年（792）所拟的《请减京东水运收脚价于沿边州镇储蓄军粮事宜状》[①]，实际是一个运用“重轻之术”将漕运、均输、和籴、积贮进行综合改革的方案，要求大加减少江淮等地的漕运米，而把江淮等地余留之米转运到遭灾州县，按低于市价的价格出卖“以救贫乏”。可把这项粜米收入及节省的运费的小部分在京师按高于市价的价格籴米“以利农人”，同时也补足了原来漕运京师的定额；大部分的钱则可充作边地和籴的本钱，供边地州镇储蓄军粮。而且江淮籴米及减运米脚钱还可在当地购买绫、绢、绝、绵，运到京城而免运输铜钱，以节省费用。他自云这是“不劳人、不变法、不加赋税、不费官钱、不废耳目之娱、不节浮冗之用，唯于漕运一事，稍权轻重之宜”的大好事情。所以这是运用轻重之术，充分发挥货币的经济工具作用的一个出色设计。

（二）白居易的货币观点

白居易（772—846），唐代大诗人，字乐天，晚年号香山居士，原籍太原，后迁居下邽。

唐代的许多重要思想家，在货币思想方面多祖述《管子》，白

① 《陆宣公奏议》卷二。

居易的货币言论也是这样。不过，他在祖述《管子》的货币理论时，也能提出一些新的见解来。他说：

> 谷帛者，生于农也；器用者，化于工也；财物者，通于商也；钱刀者，操于君也。君操其一，以节其三，三者和钧，非钱不可也。夫钱刀重则谷帛轻，谷帛轻则农桑困，故散钱以敛之，则下无弃谷遗帛矣；谷帛贵则财物贱，财物贱则工商劳，故散谷以收之，则天下无废财弃物也。敛散得其节，轻重便于时，则百货之价自平，四人之利咸遂。”①

在这里，他根据《管子》的轻重理论，将《管子》的货币与谷物、百物相平衡的轻重关系，发展为货币与农、工、商业的关系，由此，封建国家可以货币为杠杆，来干预与调节农、工、商业。

在具体做法上，他仍然认为封建国家应该掌握货币及谷物二者，主要通过对农村投放货币，使农产品（谷、帛）的价格保持适当的水平，避免谷贱伤农的情况出现，从而促进农业的发展；对城市工商业则主要保证谷物的充分供应，使工商业者也不受损失，并促进货物的流转不息。就是这样，封建国家借助货币这一经济杠杆，可以实现农、工、商业“三者和钧”，或士、农、工、商“四人之利咸遂”的目标。

从理论上说，国家垄断了货币铸造权，并掌握了货币与谷物，在调节经济生活方面，货币的确可以发挥其重要作用。然而，在封

① 《白氏长庆集》卷六十三《策林二·二十平百货之价 陈敛散之法，请禁销钱为器》。

建社会中要想做到农桑不困、工商不劳、百货价平，是很难的。因而，诗人所企望的“三者和钧”“四人之利咸遂”的情景，也不过是一幅无法成为现实的美好图画罢了。

在封建社会中，把货币视为封建国家干预经济生活的工具的主张，多是和货币名目主义相关联的。白居易对货币本质的认识也是这样。他显然是接受了《管子》认为货币“握之则非有补于暖也，食之则非有补于饱也”的说法，因而在《赠友诗五首》中写道：“毕竟金与银，何殊泥与尘？且非衣食物，不济饥寒人。”①

白居易发表货币言论的时候，正是在钱重物轻的钱荒时期，已如前文所言，他主张将两税改收实物作为缓和钱荒的对策，并以此来减轻农民缺少货币的痛苦。他指出通货缺少的原因是铜钱被蓄积于政府及豪富手中，不被投入市场中流通，以及因铜贵而引起的人们销钱为器，从而提出由政府“散钱敛谷”，以及实行铜禁的办法，作为增加流通中货币的措施。

应予注意的，是他关于铜钱贮藏与流通中货币数量关系的看法。他说：“方今天下之钱日以减耗，或积于国府，或滞于私家。”②又说：“布帛之贱者，由锥刀（铜钱）之壅也。”③

从这里可以看出，他已能将贮藏货币与流通中的货币加以区分，而且认为，货币只有在流通中才能发挥积极的作用。

这种“贵流通、反壅积”的思想，东汉末荀悦就已经提出了。在封建社会中，人们贮藏货币的现象是很普遍的，它使货币流通的

---

① 《白氏长庆集》卷二。

② 《白氏长庆集》卷六十三《策林二·十九息游惰 劝农桑议赋役复租庸罢缗钱用谷帛》。

③ 《白氏长庆集》卷四十七《礼部试策五道》。

数量与速度都受到很大影响。多数情形下，贮藏本身就是目的，阻碍着货币贮藏对流通所起的“蓄水池”作用，并大大降低了自身对流通中货币数量的调节作用。在钱重物轻的钱荒时期，人们更是把铜钱贮藏起来，铜钱壅积对于货币流通的消极作用也就暴露得更清晰了。当时唐代不少思想家都已经注意到这一点，如与白居易同时的元稹（779—831）也认为“禁滞积”① 可以救一时之弊。唐政府还曾实行过所谓的“蓄钱三禁”，其所持的理由，也就是为了防止铜钱流通的壅滞。如元和三年（808）诏：“泉货之法，义在通流。若钱有所壅，货当益贱。……”元和十二年（817）敕：“近日布帛转轻，见钱渐少，皆缘所在壅塞，不得通流。……”②所以，鼓励流通、反对壅积的观念，在当时已是较普遍的看法了。这一思想在我国封建社会后期，还对人们反对“财聚于上”——货币财富日益集中于少数权豪势家这一不合理现象起到了一定的积极作用。

（三）杨于陵的货币观点

杨于陵（753—830），唐代政治家，字达夫，华阴人。在唐代两税法改革后的钱荒时期，对钱重物轻的原因分析得最全面的，就是杨于陵了。他说：

> 王者制钱，以权百货，贸迁有无，通变不倦，使物无甚贵甚贱，其术非它，在上而已。何则？上之所重，人必从之。

---

① 《元氏长庆集》卷三十四《钱货议状》。元稹，字微之，河南河内人，诗人，白居易挚友，二人齐名，人称“元白”。

② 《旧唐书·食货志上》。

> 古者权之于上，今索之于下；昔散之四方，今藏之公府；昔广铸以资用，今减炉以废功；昔行之于中原，今泄之于边裔。又有闾井送终之啥，商贾贷举之积，江湖压覆之耗，则钱焉得不重，货焉得不轻？开元中，天下铸钱七十余炉，岁盈百万，今才十数炉，岁入十五万而已。大历以前，淄青、太原、魏博杂铅铁以通时用，岭南杂以金银、丹砂、象齿，今一用泉货，故钱不足。
>
> 今宜使天下两税、榷酒、盐利、上供及留州、送使钱，悉输以布帛谷粟，则人宽于所求，然后出内府之积，收市廛之滞，广山铸之数，限边裔之出，禁私家之积，则货日重而钱日轻矣。[①]

根据他的建议，唐政府将实行了四十年的两税法以钱定税办法，改变为实物征收办法。但就货币思想而言，我们在这里注意到的是他对货币职能的认识，以及他对流通中货币减少的原因的分析。

首先，他比陆贽更为明确地指出货币的职能是作为价值尺度与流通手段，即所谓“以权百货，贸迁有无”。这是当时对货币基本职能认识的最确切的表述。

其次，他对造成流通中货币数量不足的因素，作了比较详细的分析。归纳起来，他主要指出四方面的原因：一、铜钱被官府及豪家、富商收藏而不出，即“藏之公府”及“私家之积”“商贾贷举之积”；二、铜钱铸造数量减少了，他将盛唐开元时的铸钱情形，与当时铸钱减少的情形作了比较；三、铜钱流通地区的扩大；四、铜钱的自然损耗，如“闾井送终之啥”“江湖压覆之耗”等。

① 《新唐书·食货志二》。

其实，除铜钱被收藏这一因素以外，这些原因唐以前的人多已述及。南朝刘宋的沈演之叙述当时流通中货币少的情形时，就说过："采铸久废，兼丧乱累仍，縻散湮灭，何可胜计？……金镪所布，爰逮荒服，昔所不及，悉已流行之矣。"① 他对铜钱铸造数量的减少、流通地区的扩大、自然损害等因素已经有所注意了。杨于陵复将这些因素予以归纳和综述，则反映了当时人们对流通中货币必要数量这一概念的认识，较前更进步了。

（四）韩愈的货币观点

韩愈（768—824），唐代著名的文学家，字退之，昌黎人。韩愈在其《钱重物轻状》中说道：

> 愚以为钱重物轻，救之之法有四。一曰，在物土贡……二曰，在塞其隙，无使之泄，禁人无得以铜为器皿，禁铸铜为浮屠、佛像、钟磬者，蓄铜过若干斤者，铸钱以为他物者，皆罪死不赦；禁钱不得出五岭，买卖一以银，盗以钱出岭，及违令以买卖者，皆坐死；五岭旧钱，听人载出，如此则钱必轻矣。三曰，更其文，贵之，使一当五，而新旧兼用之；凡铸钱千，其费亦千。今铸一而得五，是费钱千而得钱五千，可立多也。四曰，……官吏之禄俸，月减其旧三之一，各置铸钱，使新钱一当五者以给之，轻重平，乃止。四法用，钱必轻，谷米布帛必重，百姓必均矣。②

---

① 《宋书·何尚之传》。
② 《韩昌黎集》卷三十七。

韩愈认为凭借国家法权的力量，动辄处以死刑，以及改变一下铜钱的名义价值，“使一当五，而新旧兼用之”，就可以解决当时钱重物轻、通货缺少的问题，他的货币名目主义及王权论的倾向，的确是突出而少见的。

前人主张造虚价铜钱时，新的大额钱币的实际含铜量，多少还会象征性地加大一些，而韩愈则径直要求把“一”字改为“五”字就行了，倒是很直截了当。然而，他却不知，新钱投入流通以后，新旧币的比价绝不会像他所想的那样，按其面额价值流通，只会按照实值流通；而以新币为标准计算的物价，则会相应地被抬高。因而，实际的结果则是徒增价格体系的混乱，却无补于流通中货币数量的不足。除此之外，足值的旧钱会被人们藏而不出、盗铸纷纷发生的问题，也不是单靠法律的强制手段就能解决得了的。因此，他的这一主张显然暴露了他对货币认识的不足。

另外，他的“物土贡”，即两税征收实物的主张，他的实行铜禁、限钱出境，以及要求官吏减俸等主张，也都是平庸不足道或者是很不现实的事。特别是他关于五岭以南禁用钱，运钱出五岭者“坐死”的主张，实际上甚至是不利于边远地区的开发，不利于加强边远地区与内地经济联系的有害主张。

（五）杜佑的货币观点及《通典》的贡献

杜佑（735—812），字君卿，京兆万年人。他不属于两税法的反对派，因为他本人就参与了两税法的推行。

杜佑在货币思想方面，与唐代的许多人一样，也是一个祖述《管子》的学者。根据《唐书·艺文志》记载，他还著有《管氏指略》二卷，但是早已失传，因而他对《管子》的货币思想有无发展，就不得而知了。在他编纂的巨著《通典》中，如在《食货典》里引述《管子》言论的地方确实不少，但是我们很少能见到他自己的见解；他对其他的言论或著作的引述也是这样。所以，我们从《通典》一书中仅能看到一些他对货币的零散看法罢了，如他对货币产生的看法是：

> 凡万物不可以无其数，既有数，乃须设一物而主之，其金、银则滞于为器、为饰；谷帛又苦于荷担、断裂；唯钱可贸易，流注不住如泉。若谷帛为市，非独提挈、断裂之弊，且难乎铢两、分寸之用。①

他主要是从交换的技术上的需要来解释货币的产生。除此之外，他对币材的自然属性也作了较详细的考察。对于金属作为币材的优越性，除去前人讲过的轻便易携、不易毁败的优点之外，他还指出金属作为币材的可分性的优点。不过，贵金属金、银作为币材的优越性，他还没有觉察到。所以，从现有的材料中，我们还看不出他在货币方面有何重要的创见。

但是，由于他的巨著《通典》是我国最早的专门记载古代典章制度的史书，其中保存了很多古代货币制度与货币思想方面的史料，我们可以将这些材料，与历代史书中《食货志》的有关记述互相比较，以作参考。因而，现在从事货币史及货币思想史研究的我们，也就不能忘记史学家杜佑在这方面的劳绩了。

---

① 《通典·食货八·钱币上》。

第四节

晚唐及五代十国的货币思想

唐建中元年（780）的两税法改革与以钱定税办法的施行，导致钱重物轻和钱荒的现象。四十年后，从长庆元年（821）起，又恢复了两税实物征收方式，[①] 这样，钱荒虽暂时稍有缓和，但流通中铜钱不足这一基本状况并未改变，因而晚唐至五代十国时期，仍一直苦于铜钱数量的不足。

与这一基本货币流通状况相关，在这一时期发生了两次毁佛像铸钱事件：一次是在唐武宗会昌元年（841），一次是在五代后周世

---

① 元和十五年八月中书门下《议钱货轻重奏》云："伏准今年闰正月十七日敕令百寮议钱货轻重者。今据群官杨于陵等议，伏请天下两税、榷盐、酒利等悉以布帛丝绵任土所产物充税，并不征见钱，则物渐重、钱渐轻，农人且免贱卖匹帛者。伏以群臣所议，事皆至当；……诸州府应征两税供上都及留州留使旧额起元和十六年（821，按：宪宗李纯元和十五年死，穆宗李恒嗣立，故元和十六年改为长庆元年）已后，并改配端匹斤两之物为税额。"（《全唐文》卷九百六十五）

宗显德二年（955）。唐武宗会昌五年七月中书门下《毁佛像奏》云："天下废寺铜像、钟磬，委盐铁使铸钱……衣冠士庶之家所有金银铜铁之像，敕出后限一月纳官，如违，委盐铁使依禁铜法处分。其土木石等像合留寺内依旧。"①

唐武宗发布毁佛像铸钱令后，为促进新铸"会昌开元钱"的流行，还曾打算让旧钱在短期内暂停流通，并对毁铜像铸钱的理由予以说明。唐武宗的《停用旧钱敕》云："比缘钱重币轻，生人转困。今新加鼓铸必在流行，通变救时莫切于此，……京城诸道宜起来年正月已后，公私行用并取新钱，其旧钱权停三数年。如有违犯，同用铅锡钱例科断。"②

后周世宗在毁佛像铸钱之前，曾采取收禁民间铜器铸钱的措施。对此，他在《令毁铜器铸钱敕》中明确地说："国家之利，泉货为先。近朝已来，久绝铸造，至于私下不禁销镕，岁月渐深，奸弊尤甚，今采铜兴冶、立监铸钱，冀便公私。"③ 其后，当进一步实行毁佛像铸钱措施时，他还说："彼铜像者，岂所谓佛邪？且吾闻佛志在利人，虽头目犹舍以布施，若朕身可以济民，亦非所惜也。"④

由于流通中铜钱缺乏，市肆之中铜钱流通多杂有私铸铅、锡钱，因而封建政府乃屡申铅、锡钱之禁。前引唐武宗《停用旧钱敕》，即道及铅、锡钱的禁令。五代时期的几个朝廷在其辖区内主要行使铜钱，也曾铸造少量新钱；由于铜钱不足，也同样一再申明

---

① 《全唐文》卷九百六十七。
② 《全唐文》卷七十七。
③ 《全唐文》卷一百二十五。
④ 《五代史·周世宗本纪》。

铅、铁钱之禁。后唐庄宗《禁铅锡钱诏》云："泉布之弊，杂以铅锡，惟是江湖之外，盗铸尤多，市肆之闲，公行无畏，……实为蠹弊，须有条流……"① 后唐明宗《禁铁镴钱敕》则云："行使铜钱之内，访闻夹带铁镴，若不严设条法，转恐私家铸造，应中外所使铜钱内铁镴钱，即宜毁弃，不得辄行。"②

后晋高祖时（937—942）为了解决铜钱不足问题，还曾开放钱禁，实行任民铸钱政策。后晋高祖《许百姓铸钱诏》云："国家所资，泉货为重，……近代以来，中原多事，销蠹则甚，添铸无闻。爰降条章，俾臻富庶，宜令三京邺都诸道州府晓示，无问公私，应有铜者并许铸钱，……每一钱重二铢四，参（三）十钱重一两；仍禁断铅铁杂铸；……"③

中原地区以外的十国领域，由于铜钱缺乏，包括疆域较广和比较富庶的南唐及后蜀，后来都铸造铁钱使之与铜钱并行流通，而在此以前，湖南南楚马殷、福建王审知父子、广州南汉刘龚早已大量铸造铁钱及铅钱了。

整个晚唐、五代十国时期，是货币流通愈趋混乱的时期，而且在货币思想方面也没有什么建树。前述毁佛像铸钱和禁铅、铁钱等文献也均系就事论事之言，大凡铜钱不足之时，人们在认识上易于产生货币金属主义的倾向；毁佛像铸钱虽然也牵涉宗教方面的反佛灭佛之争，但在经济方面人们显然都认为增铸铜钱就是利国、增富之举。除此，在探索铜钱不足的原因时，人们也注意到所谓"销蠹

---

① 《全唐文》卷一百〇三。

② 《全唐文》卷一百〇八。

③ 《全唐文》卷四。少数文字据《会要》参《册府元龟》补。

则甚，添铸无闻”“岁月渐深，奸弊尤甚”等自然及人为因素造成货币减少的问题，① 但总体来看，在货币思想方面此时期较少有值得注意的见解。至于这一时期思想家的言论，只是偶有涉及货币问题的带有理论性质的议论，也很少有新义发明；如晚唐的文学家皮日休（约 838—约 883）② 曾对货币问题有所论述，他说：

> 或问或者曰：“物至贵者金玉焉，人至急者粟帛焉。夫一民之饥，须粟以饱之，一民之寒，须帛以暖之，未闻黄金能疗饥，白玉能免寒也。民不反是贵，而贵金玉也，何哉？”……曰：“……金玉者，王者之用也。苟为政者下其令曰：金玉不藏于民家，如有藏者，以盗法论之。民不藏矣。”法既若是，民必贵粟帛，弃金玉，虽欲男不耕而女不织，岂可得哉？或曰：“然……”③

金、玉在唐代早已失去充当正式货币的资格，但它们从来都是具有货币属性的商品。皮日休无视金、玉本身的内在价值，把金、玉之“贵”完全归于王权的作用，这显然是一种明显的货币名目主义思想；由于他这种“贵粟帛，弃金玉”的思想，基本上只是对西汉晁错思想的复述，因而从货币思想的理论发展角度说来，也就流

---

① 关于货币在流通中因自然耗损等而减少的问题，南北朝时人们已注意到了。如南朝刘宋时，沈演之就指出：“采铸久废，兼丧乱累仍，縻散湮灭，何可胜计……用弥旷而货愈狭，加复竞窃翦凿，销毁滋繁……”（《宋书·何尚之传》）徐爰则说：“年历既远，丧乱屡经，堙焚翦毁，日月销灭。”（《宋书·颜竣传》）

② 皮日休，先字逸少，后改袭美，襄阳人，居鹿门山，故自号鹿门子，他是参加黄巢起义军活动的少有的一位晚唐文学家。关于他的死，说法不一，或云黄巢起义失败后“被诛”、或云他避“广明之难”，徙籍会稽，依江南钱镠，病死。

③ 《皮子文薮》卷三《原宝》。

于肤浅了。

皮日休发表“弃金玉”议论的时候，已是唐王朝社会危机深重，王仙芝、黄巢起义没几年就爆发了的时候。作为一位不满社会现实的文学家，对此或已有了预见，因而轻贱金玉的思想还曾再次见于他自己所编定的《皮子文薮》之中，他说：“金贝珠玑，非能言而利物者也。至夫有国者，宝之甚乎贤，惜之过乎圣，如失道而有乱，国且输人，况夫金贝珠玑哉！”[①]

黄巢起义拉开了我国又一次分裂的序幕，在后来混乱的五代十国时期，在货币思想方面比较值得注意的，是吴越国钱弘亿谏阻铁钱的议论。

钱弘亿（929—967），字廷世，文穆王钱元瓘的第十子。吴越国偏处东南，是个弱小国家，但地方富庶，货币仍沿用旧铜钱。相对来说，一直还能保持货币流通的稳定。公元946年忠献王钱弘佐兴师救福州，欲铸铁钱以增益将士俸禄，钱弘亿反对铸造铁钱。谏曰：

> 铸钱有八害：新钱既行，旧钱皆流入邻国，一也；可用于吾国，而不可用于他国，则商贾不行，百货不通，二也；铜禁至严，民犹盗铸，况家有铛釜，野有铧犁，犯法必多，三也；闽人铸铁钱而乱亡，不足为法，四也；国用幸丰，自示空乏，五也；禄赐有常，无故益之，以启无厌之心，六也；法变而弊不可遽复，七也；钱者国姓，易之不祥，八也。[②]

---

① 《皮子文薮》卷九《鹿门隐书六十篇》。

② 《十国春秋》卷八十三。

钱弘亿反对铸造铁钱的议论，除最后“钱者国姓，易之不祥”条文近迷信之语以外，其余诸条大多立论平允，并能结合当时闽、楚诸国行铁钱的弊病晓示利害，因而他的陈述是有一定的说服力的。他认识到劣币驱逐良币的定律，指出铸造铁钱，将会造成铜钱外流现象，而铁钱不能通行于邻国，最后将导致“商贾不行，百货不通”的情形。他还指出，铸造铁钱，在钱币管理技术上更难杜绝盗铸，以及轻率改变钱法将会破坏货币流通的稳定局面等，这些都是应予肯定的见解。所以，在混乱的十国时期，钱弘亿的货币议论是最值得重视的了。

第五章

两宋的货币思想

第一节
宋人关于“钱荒”及铜钱外流的议论
李觏、新法反对派、沈括的货币思想

我国进入北宋后已处于封建社会后期。赵宋政权结束了五代十国分裂割据局面，重新建立了中央集权的封建国家，在我国历史上却是一个“积贫”“积弱”的朝代。但在两宋各约一个半世纪中，由于社会经济曾获得较安定的发展，因而又都出现了地主经济的繁荣。在此期间，中小地主阶层的成长、壮大，形成了一股政治力量，成为封建地主占有制后期的一个重要特征。宋代封建手工业和商业也发达起来，宋代的工商业已由唐代所谓“二百二十行”发展成为至今犹为人习说的“三百六十行”，反映出工商业的社会分工专业更加复杂。富商大贾的货财有至三五万缗乃至三五十万缗者。商业交易中盛行“预买”“赊卖”，这种商业信用关系是较高级的商业经营方法，反映着当时商品经济发展的一个新的水平。最为集中反映商品经济发展的都市生活中，大城市的市场交易已打破了时间、市区的限制，街市买卖昼夜不绝，街面随处皆有店铺，因而封建社会中的商品经济到两宋时期，较前已显著发展了。

在这一社会经济背景下，经济思想领域出现一些新的情况。从宋代起，传统的“富民”概念增添了新的内容，即除地主以外还包括“富工”，对待工商业的态度和倾向转变继续发展，在政治态度上拥护“庆历新法”的欧阳修（1007—1072）[①] 要求封建国家与商人“共利”，主张通商为上，制商为下[②]，这是一种与传统的重本抑末思想有异、反映时代特征的新思想。大政治家王安石，作为变法运动的首脑人物，他的“新法”虽以“摧制兼并，均济贫弱”[③]为标榜，但他的许多摧制兼并的措施：均输、青苗、免役、市易法等都充分重视和利用商业原则。保守的司马光作为新法反对派的首领人物，为反对均输法则指斥王安石“欲尽夺商贾之利”[④]。大文学家苏轼更持有鲜明的维护商人利益的观点，是一位对商贾之事有较多了解的人，他认为“商贾之事，曲折难行”[⑤]，反对官府经营商业；他还反对征收谷物税，指出：“商贾不行，农末皆病。”[⑥] 在这种重视通商思想趋势继续发展与不断扩大影响下，到南宋时期，

---

① 欧阳修，字永叔，庐陵人，著名文学家和史学家。

② 《欧阳文忠公集》卷四十五《通进司上书》：“夫欲诱商而通货，莫若与之共利，此术之上也。欲制商使其不得不从，则莫若痛裁之，使无积货，此术之下也。”

③ 《龟山先生集》卷六引《神宗日录》：“泉府一官，先王所以摧制兼并，均济贫弱，变通天下之财而使利出于一孔者，以有此也。……后世（唯）桑弘羊、刘晏粗合此意。自秦汉以来，学者不能推明其法，以为人主不当与百姓交利。”

④ 《温国文正公文集》卷六十《与王介甫书》。

⑤ 《苏东坡奏议集》卷一《上皇帝书》。

⑥ 《苏东坡奏议集》卷十二《乞免五谷力胜税钱札子》。

功利之学重要代表人物、著名思想家叶适终于冲破传统的重本抑末教条，第一次公开提出“抑末厚本，非正论也”的反传统观点。

在封建社会进入后期以后，由于商品货币经济的发展，财政货币问题愈益受到重视，封建国家对财政的控制加强了。叶适所说的“(宋)太祖之制诸镇，以执其财用之权为最急”①，正揭示了这一点。对于理财的重要性，北宋著名思想家李觏率先摒弃儒者贵义贱利、讳言财利的传统，提出“治国之实，必本于财用”② 的观点。王安石则更破除儒者鄙视理财的成见，公开讲求理财之术，并从理论上阐发说：“政事所以理财，理财乃所谓义也。一部《周礼》理财居其半，周公岂为利哉！”③ 这些都是与传统说法迥异的思想。

关于货币思想，在封建社会后期货币经济与货币流通不断发展的情况下，也推动了它的发展，当人们围绕各个时期的货币问题纷纷发表议论的时候，这一发展表现得最为明显。

封建社会后期货币经济与货币流通的发展，使长期作为流通界主要通货的铜钱，变得不能满足客观的商品货币关系发展的要求。这一过程，在我国封建社会向后期转折时的唐代中叶新出现“钱荒”的时候，就已开始了；而两宋时期，由于流通中长时期铜钱不足，则钱荒之声屡闻。熙丰年间王安石推行新法的时候，解除了钱禁，并放宽了对冶户的控制，大为刺激了铜矿开采及政府铸钱事业的发展，铜冶岁课从过去仁宗、英宗时的五六百万斤，猛增至元丰元年的1460万斤，与此相应，元丰时的铸钱额也达到宋代的最高

---

① 《文献通考》卷二十四《国用考》。
② 《直讲李先生文集》卷十六《富国策第一》。
③ 《王临川集》卷七十三《答曾公立书》。

峰，铜钱的铸造由宋初的四监增至十七监，铸钱额则达500多万贯。可是，也正是铸钱最盛的熙丰时期，却发生了北宋最显著的“钱荒”情形，因而，在我国封建社会后期最初的一个时期，人们对货币议论的中心，便大都是围绕着钱荒问题而发出的。

一、李觏的货币思想

宋朝虽然是我国历史上一个比较衰弱的朝代，但在两宋时期，我国的经济及商品货币关系的发展却是比较显著的。因而，在货币流通方面，长期作为主要通货的铜钱，不能满足商业及货币经济发展需要的情况，便日益明显地暴露出来了。

铜钱不足或铜荒现象，在北宋中叶，尤其是“熙丰新政”时期表现得最为明显，王安石新法的反对派，还曾把钱荒问题作为抨击新法的一个论题。

然而在北宋时期，最先注意到铜钱不足问题并发表议论的，则是著名的学者李觏。李觏（1009—1059），字泰伯，建昌军南城人，他是地主阶级中一位讲求功利主义的思想家。他说：

> 昔在神农，日中为市，致民聚货，以有易无。然轻重之数，无所主宰，故后世圣人造币以权之。其始以珠玉为上币，黄金为中币，白金为下币。但珠玉金银其价重大，不适小用，惟泉布之作，百王不易之道也。……大抵钱多则轻，轻则物重；钱少则重，重则物轻。物重则用或阙，物轻则货或滞。一重一轻，利病存乎民矣。至以国计论之，莫若多之为贵。何者？用有常数，不可裁减故也。

……而近岁以来，或以虚竭，天下郡国，亦罕余见。夫泉流布散，通于上下，不足于国，则余于民，必然之势也；而今民间又鲜藏镪之家，且旧泉既不毁，新铸复日多，宜增而却损，其故何也？……是有奸人销之也。奸人所以得销者，以恶钱容于市，铜像、铜器容于寺观也。……今欲绝盗铸，莫若去恶钱。去恶钱，非急诛之谓也。欲辨铜像、铜器，莫若一取而销之，勿得复用也。……①

从货币理论方面看，李觏并无太多新义发明，基本上仍然是沿袭前人的货币名目主义的一些说法。他对于货币起源的解释，仍是只看到商品交易的技术上的需要，即所谓“轻重之数，无所主宰”，并且将货币的产生归之于“圣人造币”；他也将钱币视为“不可衣”“不可食”的无用之物，但却又是人主“操柄权”“服下”的重要工具。不过，他也并没有完全否定铜钱的内在价值。他说：“销一法钱，或铸四五，市人易之，犹以二三，则常倍息矣。”② 持货币名目主义观点的人，混有金属主义的看法，这在古人中是常见的现象。

在币材问题上，他修改了《管子》的珠玉、黄金、刀布为上、中、下三币的说法，而以白银代替铜钱为下币；并且以珠玉、金银的价值高、不适小用为理由，肯定铜钱才是最适宜的货币。他说：“根周苗汉，蔓于隋唐，或因或革，模法亡常，独开元之号最得中制，相承遂至于今。”③ 他推崇唐开元通宝钱制度，将铜钱视为最

① 《直讲李先生文集》卷十六《富国策第八》。
② 《直讲李先生文集》卷十六《富国策第八》。
③ 《直讲李先生文集》卷十六《富国策第八》。

优的“百王不易”的货币的看法，说明他未能看出铜钱这种贱金属货币已不能很好地满足当时商业与货币发展的需要了。

他将白银当作古之下币的说法，实际透露出了宋时白银已开始进入民间流通的迹象。对于金银为币，他说：“货莫贵乎金，……所贵乎金者，以其器成而可革，革之而不耗也。……今兹乘舆之器，享燕之用，内赏赐群臣，外交通四夷，必不可毋用金银。”[①]这里，他把金银本身的使用价值与金银充作货币时所起的一般等价物的作用混同了。由此，他把进入宋代以后已逐渐丧失货币作用的绢帛，也与金银并列而论，这些都反映着他对货币本质与职能、作用问题在认识上的模糊不清。

他还分析了如何使“金（金银）多而足用”的问题。他说：“愚以为东南之郡，山高者鲜不凿，土深者鲜不掘，……矿石云涌，炉炭之焰，未之有熄，一泥一沙，蔑遗利矣，是金非不出也。……金尽出而用不足，盖用之者众也。……今也，……自饮食颒沐之器，玩好之具，或饰或作，必以白金，连斤累钧，以多为惬，……举天下皆然，故金虽尽出，而用益不足也。”[②] 李觏所说的金银使用情形是真实的。对如何解决金银不足问题，其办法是所谓“其用金银，上下有等，多少有数，匹庶贱类，毋得僭拟，则金不可胜用也”[③]。这种强调按照封建等级规定金银使用制度的主张没有太多的可取之处，然而从货币思想方面看，应予注意的是他比较具体地指出了金银作为工艺用途与作为货币用途之间的矛盾。

---

① 《直讲李先生文集》卷十六《富国策第三》。
② 《直讲李先生文集》卷十六《富国策第三》。
③ 《直讲李先生文集》卷十六《富国策第三》。

李觏根据货币数量说的观点，分析了货币数量多寡对币值与物价的影响，以及物价变动对商品流通的影响，即所谓“大抵钱多则轻，轻则物重；钱少则重，重则物轻。物重则用或阙，物轻则货或滞”。可是，他却强调流通中的货币应该宁多勿少，即“莫若多之为贵”；这一看法，显然是针对当时流通中铜钱数量不足的情形而提出的。

对于流通中铜钱不足的情形，他认为主要是由铜钱被人销毁所致，而造成铜钱销毁的原因，则又在于人们销“法钱”为恶钱，以及铜被用于铸造铜像、铜器等宗教迷信方面的糜费。根据这种情况，他提出禁止恶钱流通、按铜价收回恶钱，以及将寺观中的铜像、铜器一概销毁等办法，作为杜绝人们销毁铜钱的对策。在这里应予指出，对民间恶钱，他不主张单纯用行政手段禁止，而要求采用作价收铜的经济措施收回。因为，他注意到流通中的恶钱，对持有人来说就是他们的资财，所以他说：“今人间既多恶钱，一旦急之，则莫敢出，莫敢出则是销法钱之铜而积之无用之地，国既失实，民且伤财。”[①] 至于他提出的将寺观中铜像、铜器“一取而销之”的主张，则与他的斥道排佛思想相联系，他把不耕不织的和尚、道士们视为社会上多余的人，即“所谓冗者，不在四民之列者也”[②]。

对于流通中铜钱不足的原因，他还注意到铜钱外流的情形。他说：“蛮夷之国，舟车所通，窃我泉货，不可不察。”[③] 不过在这方面，他还没有将钱币外流视为财富外流，即把货币与财富等同的看

① 《直讲李先生文集》卷十六《富国策第八》。
② 《直讲李先生文集》卷十六《富国策第八》。
③ 《直讲李先生文集》卷十六《富国策第八》。

法，因而他只是根据贾山的把钱币视为“人主之操柄”的看法，要求采取措施以防止国家权柄的旁落罢了。

总之，李觏在货币思想方面，仍多是沿袭前人的成说。但是，他却是两宋时期对于铜钱不足问题，较早注意到并发出议论的人。

除此，对于贵金属金银，虽然他也接触到金银在民间流通的事实，看到金银在国用、赏赐等方面日益增加的重要性，而且他还认识到金银在自然属性上的可分性的优点，即“所贵乎金者，以其器成而可革，革之而不耗也”，可是，他却一直没有认识到适应货币经济进一步发展的要求，而明确地提出贵金属充作货币的必要性。

二、王安石新法反对派的货币观点

熙丰新政时期，是北宋钱荒最明显的时期，又是宋代铜钱铸造数量最多的时期。但是，钱币供应的增加，仍然不能满足生产及商品流通扩大的需要。而免役法这一赋役货币化措施，扩大了货币流通的范围，并引起了一定程度的通货紧缩，而使相当数量的钱币积贮于官府之中，加以民间对铜钱的销毁与收藏，以及铜钱的外流，这些都使钱荒问题浮现出来。

在这种情形下，新法的反对派便将钱荒问题与反对新法联系起来，并围绕钱荒问题，发表了不少货币议论。

免役法是新法反对派对新法攻击的重点之一，他们认为钱荒主要就是由免役法役钱的征收而引起的，司马光①和苏轼、苏辙

① 司马光（1019—1086），字君实，世称涑水先生。陕州夏县涑水乡人。北宋时期政治家、史学家，是新法反对派的首领人物。

兄弟[①]等均持有这种看法。

司马光说：

> 唐末兵兴，始有税钱者，故白居易讥之曰：私家无钱炉，平地无铜山，言责民以所无也。……今货（铜钱）益重，物益轻，年虽饥，谷不甚贵，而民倍困，……敛钱之咎也。[②]
>
> 钱者流通之物，故谓之泉布。比年以来，物价愈贱，而闾阎益困，所以然者，钱皆聚于官中，民间乏钱，货重物轻……[③]

苏轼说：

> 免役之害，掊敛民财，十室九空，钱聚于上，而下有钱荒之患。[④]

苏辙说：

> 钱者，官之所为，米粟布帛者，民之所生也，古者上出钱，以权天下之货，下出米粟布帛，以补上之阙，上下交易，故无不利。今青苗、免役皆责民出钱，是以百物皆贱，而惟钱最贵，欲民之无贫，不可得也。[⑤]

---

① 苏轼（1036—1101），字子瞻，号东坡先生，眉州眉山人，北宋的大文学家、诗人。苏辙（1039—1112），苏轼之弟，字子由，号颍滨遗老，北宋著名的文学家。

② 《温国文正公文集》卷四十五《应诏言朝政阙失事》。

③ 《温国文正公文集》卷四十七《乞罢免役状》。

④ 《苏东坡奏议集》卷三《辩试馆职策问札子二首》。

⑤ 《栾城集》卷三十五《自齐州回论时事书》。

谷帛，民之所生也，故敛而藏之于官；钱币，国之所为也，故发而散之于民，其意常以所有易其所无，有无相交，而国用足焉。……自熙宁以来，民间出钱免役，又出常平息钱，官库之钱贯朽而不可校，民间官钱，搜索殆尽，市井所用，多私铸小钱，……钱积于官，无宣泄之道，民无现钱，百物益贱。①

他们反对免役法对役钱的征收，与唐代人们反对两税法以钱定税所持的理由非常相似；甚至在语句上也多雷同，显露出这些反对新法的人在货币思想方面的贫乏与平庸。然而在相同的言辞背后，他们与唐代陆贽、白居易等人的货币议论，在所反映的阶级利益方面，都是有很大的歧异的。陆贽、白居易作为进步的地主阶级思想家，虽然在货币思想方面比较保守，然而他们的议论，却是在一定程度上比较真实地反映了当时多数农民在赋税货币化过程中所遭受的痛苦。新法反对派则不然，他们虽也异口同声地谈到农民由于役钱的征收，要受到贱粜农产品的损失，而真正的事实是：新役法的实施，却要使原来无任何徭役负担的所谓品官形势之家，也都要出役钱了，从而要与一般的中小地主及农民们均分负担，甚至还是相当多的一部分。所以，不论新法反对派个人所属的地主阶层如何，他们在免役法征收役钱方面的货币言论，在客观上却都主要是为大地主阶级的利益服务的。

新法反对派围绕钱荒问题的另一议论重点，则是钱禁与铜钱外流问题。

---

① 《栾城集》卷三十八《乞借常平钱买上供及诸州军粮状》。

发表这方面议论的人，可以张方平[1]、刘挚[2]为代表。他们也反对征收役钱，所持的理由与司马光等相同。刘挚也援引前人将“平地无铜矿，农家无钱炉”[3] 作为反对免役法的论据。张方平则认为“率钱募役一法，为天下害实深”，甚至还说农民伐木拆屋而缴役钱，就是钱荒的缘故。[4] 然而他们对钱荒发生原因，则认为主要是由熙宁七年（1074）解除钱禁以后引起铜钱大量外流，以及民间销钱为器造成的。

张方平说：

钱者国之重利，日用之所急，民生衣食之所资。有天下者，以此制人事之变，立万货之本，故钱者人君之大权，御世之神物也。……故钱必自官鼓铸，民盗铸者抵罪至死，示不与天下共其利也。

乃自比年以来，公私上下，并苦乏钱，百货不通，万商束手；又缘青苗、助役之法，农民皆变转谷帛，输纳见钱，钱既难得，谷帛亦贱，人情窘迫，谓之钱荒。……而自熙宁七年……削除钱禁，以此边关重车而出，海舶饱载而回，……钱本中国宝货，今乃与四夷共用。又自废罢铜禁，民间销毁无复可办，销熔十钱，得精铜一两，造作器物，获利五倍，如此则逐州置炉，每炉增课，是犹畎浍之益，而供尾闾之泄也。……

① 张方平（1007—1091），字安道，睢阳人。
② 刘挚（1030—1098），字莘老，永静军东光人。
③ 《忠肃集》卷五《论役法疏》。
④ 《乐全集》卷二十六《论率钱募役事》。

伏愿陛下申明旧章，急救其弊。①

刘挚说：

今都内之藏，既不闻于贯朽，而民间乏匮，时或谓之钱荒，此何谓也？其故大者，在泄之于四夷而已。……

四夷不劳而获中国之利以为利，三边之所漏，海舶之所运日积一日，臣恐竭吾货财，穷吾工力，不足以给之。……而又至于销毁法钱，盖缘钱者私炼之已精，其工费尤简，变而成器，又有数倍之利，然则既泄之，又坏之。

……乞欲申严边制，以塞流散之路，复立铜禁，以蕃鼓铸之本，而息销钱之患。②

熙宁年间铜禁的解除，对铜钱外流及销钱为器都是有影响的。它加重了当时钱重物轻、通货不足的钱荒现象；然而恢复钱禁，也不能完全解决当时的通货不足及钱荒问题。因为，根本问题是当时的铜钱流通已经不能满足商业及货币经济发展的需要，况且，铜禁这一单纯的法律手段，也不能解决销钱为器、私铸恶钱问题。为了防止国内铜钱的大量流失，虽然有必要禁止铜钱的自由携出，但如果在对外贸易方面不能保持平衡，则也无法杜绝外流，在当时官吏行政效率低下的情形下更是如此。

熙宁七年铜禁的解除，对于促进国内铜矿业的发展是有好处的。熙丰期间铜产量大量增加，就说明了这一点。但在铜贵、钱轻

---

① 《乐全集》卷二十六《论禁铜法事》。

② 《忠肃集》卷五《乞复钱禁疏》。

的情形下，解除钱禁却又会更多地引起人们销钱为器的行为。显然，这种矛盾在封建社会中是一个很难解决的问题。封建社会时期，历代对于铜禁的时严时弛，就正说明了这一问题。

铜钱外流是两宋时期长期存在的一个货币问题。由于铜钱外流，加重了国内通货的不足，自然会造成人们重视货币的观念。张方平从传统的“钱者人君之大权，御世之神物”的名目主义货币观点出发，把钱币外流现象视为“敛中国之利，挠君权，竭民用，以资外国”的坏事，但他也将钱币本身看作有用的财富，即所谓“钱本中国宝货”。刘挚则将铜钱不断外流，视为“竭吾货财，穷吾工力”的事；由于他称钱币为资财，还注意到钱币铸造的工料、人力的耗费，因而把货币视为有用财富的观念，就更为明显了。人们重视货币的观念，反映着当时货币在封建经济中的作用的扩大。

从上所述，在熙丰时期，新法反对派围绕钱荒问题所发出的货币议论虽然不少，然而多是表面、浮泛的议论，而少有新的、比较有价值的见解。

三、沈括的货币思想

北宋时期在货币思想方面有值得重视的见解的，还应首推我国十一世纪的博学多能的科学家沈括。沈括，字存中，湖州钱塘人。他是王安石新法的拥护者，并且是变法活动的重要参与人。熙宁十年（1077）他执掌中央财政事务的时候，宋神宗曾向他询问公私皆闹钱荒、货币不足的原因。

他针对当时的钱荒问题，列举了八项原因，其中有两项是不能补救的，即因人口增加、费用日繁而扩大对钱币的需要，以及流通中的自然耗损。另有五项原因是可以补救的，即一、钱禁解除以后，人们销钱为器的现象很严重；二、盐钞制度破坏了，原来富家多藏盐钞，现在也都改为藏钱；三、古代作为货币的物品很多，现在则专以钱为币，而贵金属金银仅作为器饰之用，因而通货就不够用了；四、官府积贮的铜钱很多，但积而不用，因而市面上的钱币反而感觉不足了；五、四邻的民族或国家都使用中国的货币，引起铜钱大量外流。最后，还有一项是不必过于忧虑的事，就是西北边境地区积贮的铁钱太多，而这些地区的物产又一向很贫乏，因而就造成物价涌贵的情况，所以，应该将过多的铁钱予以宣泄。

现把他的原话引述如下：

> 上尝问：公私钱币皆虚，钱之所以耗者，其咎安在？括对曰：钱之所以耗者八，而其不可救者两事而已，其可救者五，无足患者一。今天下生齿岁蕃，公私之用日蔓，以日蔓之费，奉岁蕃之民，钱币不足，此无足怪；又水火沦败、刓缺者莫知其几何，此不可救者二也。
>
> 铜禁既开，销钱以为器者利至于十倍，则钱之在者几何其不为器也？臣以谓铜不禁，钱且尽，不独耗而已。异日，富家备寇，攘水火之败，惟蓄盐钞，而以藏镪为不利。钞之在民以千万计。今钞法数易，民不坚信，不得已而售钞者，朝得则夕贸之，故钞不留而钱益不出。臣以谓钞法不可不坚，使民不疑于钞，则钞可以为币，而钱不待益而自轻矣。
>
> 古为币之物，金、银、珠、玉、龟贝皆是也，而不专赖于

钱。今通贵于天下者金银，独以为器而不为币，民贫而为器者寡，故价为之日轻。今若使应输钱者输金，高其估而受之，至其出也亦如之，则为币之路益广，而钱之利稍分矣。

钱利于流。借十室之邑有钱十万，而聚于一人之家，虽百岁，故十万也；贸而迁之，使人飨十万之利，遍于十室，则利百万矣。迁而不已，钱不可胜计。今至小之邑，常平之蓄不减万缗，使流转于天下，何患钱之不多也？

四夷皆仰中国之铜币，岁阑出塞外者不赀。议者欲榷河北之盐，盐重则外盐日至，而中国之钱日北；京师百官之饔饩，他日取羊牛于私市者，惟以百货易之。近岁，以济疾干没之为蠹，一切募民入饩牵于京师，虽革刍牧之劳，而牛羊之来于外国，皆私易以中国之实钱，如此之比，泄中国之钱于北者，岁不知其几何。此皆作法以驱之，私易如此者，首当禁也。此可以救者五也。

河隍之间，孤绝一隅，岁运中都之币以实塞下者，无虑岁数十万缗，而洮、岷间冶铁为币者，又四十万缗，岁积于三州之境。物出于三州者有穷，异时粟斗百钱，今则四五倍矣，此钱多之为祸也。若不以术泄之，数十岁之后，刍粟何止率钟而致石。今莫若泄之羌中，听其私易，贯率征钱数十，岁已得数万缗，以吾之滞积，而得战马、饩羊有用之物，岁入之刍粟遂减数倍之价，一术而数利。中都岁送之钱，但以券钞当之，不徒省山运之劳，而外之所泄，无过岷山之铁耳，此不足为害者一也。①

① 《续资治通鉴长编》卷二百八十三。

他提出的无法补救的两项原因中，关于人口与货币数量的关系问题，唐代刘秩已提到钱荒的原因是“人日滋于前，而炉不加于旧”，沈括对人口与货币数量的关系，则更具体地指明由于人口增加和公私收支日益繁多，就必然会造成钱币数量不能满足支付流转需要的情况。关于钱币的自然耗损问题，南北朝以来就一直有人言及，但也不如沈括所说的明晰。沈括还把这两项原因皆明确地肯定为货币流通中的必然现象。

他的货币言论中，最值得注意的是关于钱币不足可以补救的几项原因的阐述。其中除恢复铜禁问题，他认为“铜不禁，钱且尽，不独耗而已”，与当时人一般的看法相同，可不必多予介绍以外，他所指出的其余几项原因及补救的对策，都很值得重视。特别是他的以贵金属金银为币、利用类似信用货币作用的盐钞代行货币职能的主张，以及对货币流通速度与货币数量关系的认识，都是极为精辟的见解。

关于贵金属充当货币的问题。他指出，以贵金属金银充作货币，则会使“为币之路益广，而钱之利稍分”，这的确是解决当时通货不足、铜钱流通不能满足商业及货币经济发展需要这一矛盾的一个良好途径。事实上，贵金属金银，主要是白银在民间的流通，也确实是在扩大着，金银正朝着流通中正式货币的方向发展。但是这一过程很是缓慢，而且又由于以后纸币流通的迅速发展，这一过程更加曲折和复杂起来。

沈括还看到当时由于一般平民还无力以金银作器饰之用，所以金银的价格还比较便宜，封建国家可以将金银这种为人们普遍宝重的物品，用“高其价”的办法，首先通过财政上的输纳与支付，来扩大它的使用范围，从而促使金银能够成为普遍行使的货币，借以解决通货不足的问题。

总之，沈括最早认识到，适应商业与货币经济发展进一步的需要，应以贵金属充作货币，因而就表现出他在货币问题方面敏锐的认识能力。

沈括看到过去富家都保存盐钞，而不愿多藏铜钱，现在因盐钞失去信用，人们则多藏铜钱而不愿保存盐钞了。从沈括关于盐钞问题的议论中，我们可以看出，他对于作为货币符号的纸币，如当时四川早已流通的交子，轻便易藏、可以代替笨重的金属货币充作保存价值手段的优点，是有所认识的。可是人们利用纸币，或者如他所直接谈到的盐钞这种有价证券充作保存价值的手段时，却必须要以它们的价值具有稳定性作为先决条件。所以，他主张整顿盐钞制度。当时，范祥①首创的陕西盐钞制度趋于颓坏，主要是由于官府不考虑人们对食盐消费的限度，而过多地发行盐钞，即所谓“虚钞”，从而使得盐钞的价格大为跌落，而盐钞由于失去人们的信任，也就失去作为保存价值手段的能力了。在沈括的主持下，北宋曾采取了收买旧钞、调整盐价、扩大商销范围等改革措施，对陕西盐法进行了整顿，使盐钞的价值得以维持并稳定下来。显然，他这种利用盐钞代替金属货币以执行货币职能的主张，即所谓“钞可以为币，而钱不待益而自轻”这一解决流通中货币数量不足的思想，也是一个值得赞许的见解。

对于前人反对货币壅积的思想，沈括也作出了重要的发展。这就是他最早明确分析了货币流通速度与货币数量的关系，从而最早

---

① 范祥（？—1060），字晋公，邠州三水人。

概括出“货币流通速度”这一新概念。他精辟地说：“钱利于流，借十室之邑有钱十万，而聚于一人之家，虽百岁，故十万也；贸而迁之，使人飨十万之利，遍于十室，则利百万矣。迁而不已，钱不可胜计。”这就是说，他认为钱币处在流通中才能充分发挥它的效用。窖藏的货币，纵然一百年，十万个铜钱依然只是十万个铜钱。如果这些钱币不是被一家积聚不用，而是把它们投入到流通界不断充当交易的媒介，流转于各家各户，使每家每户都可以遍享十万钱之利，那么，同样是十万钱，它流通了十次，便能够发挥出一百万个铜钱的效用。这样，循环往复，流转不已，也就等于有无数的钱币被人使用了。按照这个道理，要是把当时各地官府所积聚的铜钱都拿出来投放到流通界，自然就可使“钱荒”大为缓和了。

比沈括约早一两年，张方平于熙宁九年的一篇疏中也开始提及货币流通速度的概念。他说：“向者再总邦计，见诸炉岁课上下百万缗，天下岁入茶盐酒税杂利仅五千万缗，公私流布，日用不息。”① 又说：“民间货布（货币）之丰寡，视官钱所出之多少。”② 即讲到宋朝政府有一段时间，一年新铸铜钱约百万缗，加上各种税收收进的铜钱五千万缗，这些铜钱被作为政府支出投放出去，使得公家收支、民间交易往来支付的铜钱都很充裕。他还认为，民间钱币的充足或缺乏是靠官府投放铜钱的多少，这主要是说政府机构是最重要的货币周转中心。虽然可以说已接触到货币流通速度的概念了，但“货币周转”并不等同于货币流通速度，因而就货币流通速度这一货币范畴来说，张方平的体会是模糊不清的。沈括则不

① 《乐全集》卷二十五《论免役钱札子》。

② 《乐全集》卷二十五《论免役钱札子》。

然，他不但非常明确地正面阐述了“货币流通速度”这一新概念，而且对这一问题的分析是继主张金银为币——增加通货绝对量问题后，随即论及“速度”问题的，所以，他对货币数量与货币流通速度间的关系在思想认识上是很明晰的。沈括早在十一世纪的时候就提出了“货币流通速度”的概念，这一贡献在货币思想上是十分出色的。①

对于铜钱外流问题，他指出，由于四邻的民族都使用宋钱，因而铜钱“岁阑出塞外者不赀”，他没有明确表示应否通过严厉的行政手段明令禁止铜钱的输出，然而值得注意的却是他的重视对外贸易，以及对外贸易与铜钱外流关系的看法。他反对当时有人建议在河北实行盐专卖的办法，因为，河北是与北方辽国接壤的地区，如果实行盐专卖政策，使盐价提高起来，那么由于国境内外的盐价有了显著的差异，就必然会造成“盐重则外盐日至，而中国之钱日北”的结果。除此，他还指出，京师百官饔饩所需的大量牛羊，由于京师附近不发展畜牧业，而使牛羊之需仰赖于外国，因而也造成本国铜钱的大量流出。基于此，他强调说：“如此之比，泄中国之

---

① 关于“货币流通速度”概念，马克思在《资本论》第一卷阐述“流通手段的量，由流通商品的价格总额和货币流通平均速度决定这一规律”时，在注 78 中引述了英国资产阶级古典政治经济学家威廉·配第（1623—1687）的代表作《赋税论》中的一段话：“‘……像商业所需铜板的数量比例，视购买者人数，他们购买的次数，特别是最小银币的价值而定的一样，我国商业所需的铸币（金或银），也视交换的次数和支付手段的大小而定。’（威廉·配第《关于赋税和捐税的研究》伦敦 1667 年版第 17 页。”《资本论》（第一卷），人民出版社 1963 年版，第 103 页。这段原话，还可参阅《赋税论》，商务印书馆 1978 年版，第 34 页）

马克思因而肯定了威廉·配第是西方经济学家关于货币流通速度概念的最早提出者。而威廉·配第是十七世纪的人物，与沈括相比，则要晚了六百年。

钱于北者，岁不知其几何。此皆作法以驱之，私易如此者，首当禁也。”

他不但认识到对外贸易与铜钱外流的关系及产生的影响，而且进而联系国内的金属生产与专卖、价格政策等进行综合考虑，因而他对经济及货币问题的观察与认识，就显得深刻多了。

最后，沈括言及的货币流通方面的一个“无足患”的问题，是指西北邻近西夏的一些僻远的边境地方，由于每年京师的输送，以及当地的鼓铸，使得铁钱的数量多起来，但当地的物产有限，因而形成粟价腾贵、币值低落的情形。对此，他主张采取向外输出铁钱的措施“听其私易，贯率征钱数十”，用以换回羌人的羊马。这样，不仅政府每年还可以增加数万缗的税款，而且币值提高以后，政府每年在当地购入刍粟的费用，也可大为节约了。他认为，这一宣泄铁钱的措施“一术而数利”，所失掉的东西，不过是“岷山之铁耳”。这显然是基于对外贸易与铜钱外流关系的认识而提出的。然而，我们从他将输出铁钱径直视为“岷山之铁”，则又可以看到他对货币的金属内容及商品性质，也是有所认识的。

从上所言，可见沈括对当时钱荒及货币不足原因的认识与分析比较全面、深入，与前人比较起来，他在许多方面，对我国古代的货币思想作了重要的发展。从他的以贵金属金银充作货币的思想，对货币流通速度与货币数量的关系的认识，对外贸易与钱币外流的关系及影响等问题的看法，能够看出他对流通中货币必要量概念的认识较之前人更为明晰了。这是因为，对钱荒及货币不足原因的分析，实际上与对流通中货币必要量这一范畴的认识紧密相关。在他以前，人们还只是泛言“物贱由乎钱少，少则重，重则加铸而散之使轻；物贵由乎钱多，多则轻，轻则作法而敛之”，即基本上还只是祖述《管子》的说法。而在调节流通中货币数量的具体措施方面，也主要是从铜钱数量这一比较表面的简单增减关系着眼，习见的增铸、禁铜、防止私销、限钱出境等议论就是。然而，沈括却进一步地分析了货币流通速度，以至信用货币或有价证券流通与货币数量的关系，并提出加快货币流通速度，以及稳定盐钞使之代替金属货币之类的新颖的建议，作为解决通货不足的对策，因而就使他对流通中货币必要量这一货币范畴的认识，比前人理解的程度更为深刻了。

除此，我们还可以看到沈括的货币思想，很少有传统的名目主义的束缚，包括传统的《管子》思想，如最习见的《管子》的轻重学说，他就没有援用。他也没有《管子》以来关于货币无补于饥暖之类的名目主义看法，相反，他却重视货币的商品性质与金属内容。我们还可以看到他能不拘于前人成说，如提出“借十室之邑有钱十万，……遍于十室，则利百万矣”，与《管子》的“万乘之国，不可无万金之蓄饰”比较起来，虽同是重视货币的流通作用，却显得很有独创性。所以，沈括在货币理论方面，有不少出色之处，他的确是我国古代的一个博学多能的优秀科学家和思想家。

第二节
周行己的货币思想　南宋人对于铜钱外流的看法

一、周行己的货币思想与北宋末崇、观年间的货币问题

北宋末年，政治腐败、蔡京弄权，为了达到聚敛财富的目的，推行货币贬损政策，于徽宗崇、观年间（1102—1110）先后铸行了“当十”虚价大铜钱、夹锡钱。[①] 崇宁四年（1105）还一度将四川

① 崇宁元年（1102），蔡京入相，二年，铸当十“崇宁重宝”钱，除陕西、河东、四川等铁钱区外皆通行。这种当十虚价大铜钱，重三钱，含铜量不足六成。崇宁四年时蔡京罢相，乃令东南地区将崇宁当十钱改为当五，再改为当三，即按其实际金属含量使用。大观元年（1107）蔡京复相，又铸行当十“大观通宝”钱。夹锡钱是一种含锡量大的成色低劣的金属铸币，这种劣币始铸于崇宁四年，为铜锡合金，每缗用铜八斤、黑锡二斤、红锡二斤。每枚不足三钱重，当铜钱二文，但因蔡京罢相而未得使用。大观元年蔡京复相，乃又铸行“当五”夹锡铁钱。

的纸币流通推广至除闽浙湖广以外全国大部分地区，致使国内货币流通状况迅速恶化，币值跌落，物价腾涌，原来流通铁钱的陕西地区，因铁钱壅滞而几至不行。

在这一货币流通背景下，大观初周行己于《上皇帝书》[①] 中提出了整顿当十钱、夹锡钱及陕西铁钱流通范围的意见。

周行己，字恭叔，永嘉人，为南宋永嘉学派的先驱者，学者称为浮沚先生。

周行己整顿货币流通主张的主要内容是：一、将当十铜钱按其实际金属含量改为当三行使，在铁钱区外可以全国通行。二、将夹锡钱的流通限于行使铁钱的陕西等地，与铁钱并行使用。三、将陕西的铁钱通用于河北、陕西、河东三路，在此三区，禁用铜钱。这些就是他所云："然而当十必至于当三，然后可平；夹锡必并之，然后可行；陕西铁钱必通之，然后可重。"

周行己货币言论的可贵之处，是他对其货币主张从理论上予以阐述，从而在一些方面发展了古代货币思想。首先，在轻重理论方面，他说："夫钱本无用，而物为之用；钱本无重轻，而物为之重轻，此圣智之术，国之利柄也。"

在货币与商品的相对轻重的关系方面，从《管子》以来，人们多言"币重而万物轻，币轻而万物重"[②]，即主要注意到货币与商品相对立的互为轻重关系，这种轻重关系即货币购买力与商品价格的变化是经常处于转化过程——由轻而重或由重而轻的过程，亦即由不平衡到平衡或由平衡到不平衡的不断调整的过程中的。周行己

---

① 《浮沚集》卷一，以下引文皆同。

② 《管子·山至数》。

在轻重思想上与《管子》不同的是:《管子》不强调二者的平衡，为了利用货币和运用价格政策，对于商品的价格强调其变动性，即所谓“衡，无数也。衡者使物一高一下，不得常固”，“不可调，调则澄，澄则常，常则高下不二，高下不二则万物不可得而使固”。[1]周行己在轻重关系方面则重视货币与商品间的平衡或相等，即所谓“钱”与“物”二者“相为等而轻重自均”。他认为钱本身是无所谓轻重的，只有钱与物相对比时才会发生轻重关系，而且是在二者的平衡被破坏时这种轻重关系才会表现出来。所以他说:

“钱与物本无重轻，始以小钱等之，物既定矣，而更以大钱，则大钱轻而物重矣。始以铜钱等之，物既定矣，而更以铁钱，则铁钱轻而物重矣。物非加重，本以小钱、铜钱为等，而大钱、铁钱轻于其所等故也。……铜钱以可运、可积为贵，而铁钱不可运、不可积为贱故也。以其本无轻重，而相形乃为轻重。”

他正是以此作为理论根据而提出了他的整顿货币的主张，即对于“以三为十”的当十虚价大铜钱要按其本身的实际金属含量改为当三行使；对于“不可运、不可积”，即要受到流通地区的限制和不可充作价值储藏手段的铁钱，也包括夹锡铁钱，则严格限制它的流通区域，在此流通区域之内排除铜钱流通（“若河北、陕西、河东行使铜钱，……与铜钱之流入三路，各论如私钱法”），从而恢复一种均等关系，并使之实现稳定。

周行己重视货币与商品间的等一性，从价值理论的历史发展来看，他的所谓“等”就应是指“价值”，可是他却还不能认识到这

① 《管子·轻重乙》。

一问题，即“他不能发现这个均等关系‘实际上’是由什么构成”①，正由于此，他的价值观表现出某些混乱。一、“钱与物本无重轻，……而相形乃为轻重”——不论商品还是货币，本身皆无所谓价值的高低，只是它们相比或交换时才显现出“重轻”的价值高低关系。但商品和货币交换最初所建立起的等价关系很重要，一旦被“定”下来，就会成为后来交换比例变化的始点和基准。这样，商品和货币都像是没有内在的实际价值，而只有交换价值的东西，并且，商品和货币交换比例的建立，也是一种纯属偶然的事情了。二、“钱本无重轻，而物为之重轻”——货币本身无所谓价值的高低，它的价值的高低是当商品和货币交换时形成的。可是本无重轻的“钱”——小钱、铜钱与大钱、铁钱间却又自有“重轻”之别，即这种金属货币本身却有价值的差异。产生价值的原因，或归结为实际金属含量的多少，或归结为“可运”（便于携运）、“可积”（便于贮藏）性，即币材本身属性的优劣程度，基于这一价值形成的看法也是不对的。

周行己价值观的混乱，都缘于他不知道构成商品与货币均等关系的“等一物——人类劳动”②。尽管这样，他的经济思想也还是难能可贵的，因为他毕竟对我国古代经济思想最为薄弱的价值论从理论上进行了探索，提出商品与货币的等一性，以及商品与货币价值的高低自身无法表现，而要借助对比或交换才能表现出来等有益的见解。这些理论上的新尝试使传统的轻重理论能与科学价值论联系或接近了一些。所以，他的一些新颖的命题如“钱本无重轻，而

① 马克思：《资本论》（第一卷），人民出版社1963年版，第33页。
② 马克思：《资本论》（第一卷），人民出版社1963年版，第33页。

物为之重轻”、“钱与物本无重轻，……而相形乃为轻重”、钱与物“相为等而轻重自均”，皆充实和丰富了我国古代的轻重理论，还是应该给予肯定的。

周行己不但在货币轻重理论方面作了重要的补充与阐发，而且还对货币虚实理论进行了阐发。他说：“盖钱以无用为用，物以有用为用，是物为实而钱为虚也。”

“虚实”概念，作为我国古代货币理论的一个特有范畴，主要包括两方面的内容，即货币与商品间的关系，以及货币流通界内部不同种类或性质的货币之间的关系，如上章所言，后者，文献记述始于唐代，即在安史之乱时，第五琦铸造当十、当五十“乾元重宝”大钱，因大钱贬值，遂使流通界的铜钱有“实钱”“虚钱”之分；而前者，即以商品为“实”、货币为“虚”，则可上溯至西汉《盐铁论》御史大夫桑弘羊所说的“以末易其本，以虚（货币）荡其实（商品）”之语，而周行己也主要是对这一方面的内容予以阐发。

周行己运用虚实概念解释商品与货币的关系说：“盖钱以无用为用，物以有用为用。”这个说法其实是我国传统货币理论的一个古老命题了。《管子》指出：珠玉、黄金、刀布作为货币，“握之则非有补于暖也，食之则非有补于饱也”，但是它们具有“以守财物”的作用；西汉晁错说：“夫珠玉金银，饥不可食，寒不可衣，……可以周海内而亡饥寒之患”；贾山则说：“钱者亡用器也，而可以易富贵”。[①] 据此，东晋孔琳之概括说：“圣王制无用之货（货币），以通有用之财。”[②] 到宋代，约比周行己早三十多年，张

---

① 《管子·国蓄》《汉书·食货志上》《汉书·贾山传》。

② 《宋书·孔琳之传》。

方平就进一步把货币的作用概括为“以无用而成有用”[1] 了，所以，所谓“有用”，它的意思甚明，即言“饥可食、寒可衣”的商品的使用价值，亦即周行己所说的“物以有用为用”。贾山所言可以“易富贵”之“钱者亡用器也”，周行己则予以阐述说：“盖钱以无用为用。”也就是说，货币没有普通商品的使用价值，但是却具有“特殊使用价值”，即它是“交换价值的负荷者，是一般交换手段”。[2] 正是在这个意义上，才使“实”（商品）、“虚”（货币）二者，有可能“相为等而轻重自均”，而二者“等”的共同基础，即是“用”，即所谓“钱以无用为用，物以有用为用”。所以，这一“钱以无用为用”的说法，是对我国古代货币虚实理论的充实和进一步阐发。然而“物以有用为用”之“用”与“钱以无用为用”之“用”，二者在性质上迥然有异：物之“用”乃言商品的使用价值，钱之“用”是言货币作为“交换价值的适宜存在”[3]，前者属于商品的自然属性，后者则纯为一种社会关系，因而把它们当作商品与货币间等一性的基础是不妥当的。这说明他不理解商品二重性，以及货币作为一般等价物的本质。纵令如此，他却以此将“虚实”概念与轻重概念联系起来，并借以解释现实的货币流通问题；在虚实理论方面他比西汉桑弘羊作出更为明确的“物为实而钱为虚”的命题，使“虚实”概念的含义更为明白、清楚了，所以，单就这一点来说，也使我国古代的货币思想增添和充实了内容。

---

① 《续资治通鉴长编》卷二百七十七：“夫钱者，无益饥寒之实，而足以致衣食之资，是谓以无用而成有用，人君通变之神术也。”

这段话，亦见于《乐全集》卷二十五《论免役钱札子》。

② 马克思：《政治经济学批判》，人民出版社 1955 年版，第 21 页。

③ 马克思：《政治经济学批判》，人民出版社 1955 年版，第 20 页。

周行己对铸币膨胀的发展过程及其影响作了深入的分析。他指出，在封建政府实行铸币贬损政策的铸币膨胀过程中，由于私铸盛行，物价的上涨会超过国家铸造的虚价大钱或劣质钱币所表示的金额的投放速度，即物价上涨的速度超过了铸币膨胀的速度，从而导致得不偿失、国用愈加匮乏的情形。他说："自行当十以来，国之铸者一，民之铸者十，钱之利一倍，物之贵两倍，是国家操一分之柄，失十分之利，以一倍之利，当两倍之物。又况夹锡未有一分之利，而物已三倍之贵，是以比岁以来，物价愈重，而国用愈屈。"对于导致封建政府得不偿失、国用愈加匮乏的原因，他还进一步阐述说："物出于民，钱出于官，天下租税常十之四，而籴常十之六，与夫供奉之物、器用之具，凡所欲得者，必以钱贸易而后可，使其出于民者常重，出于官者常轻，则国用其能不屈乎？"

铸币膨胀不但造成私铸盛行、物价上涨，使封建政府最后自食恶果，而且一般人民尤其深受其害，即使整顿货币时也仍是如此。如崇宁年间，在东南地区对当十钱的整顿，"自十而为五，民之所有，十去其半矣，自五而为三，民之所有，十去其七矣"。所以，周行己对当前大钱的整顿，不主张采取简单地改当十为当三的办法，而是要求先将当十铜钱由国家采取有偿收回的方式，即主张由政府出卖进纳、诰敕、度牒、紫衣、师号、见钱公据之类的有价凭证，收回当十钱，然后再"改为当三，通行天下"。他认为这一办法的好处是："国家无所费，而坐收数百万缗之用，其利一也；公私无所损而物价可平，其利二也；盗铸不作而刑禁可息，其利三也。"这一有偿收回当十钱的主张，对人民是有利的，然而收回当十钱如"随其钱数物值平易之"，从封建最高统治者的立场看，却就未必是“国家无所费”，因而要求封建政府全部采纳这一建议则是有困难的。

关于他将铁钱、夹锡铁钱并于河北、陕西、河东三路的建议，事实上是迁就宋代货币流通方面已形成的铜钱区、铁钱区的现实。他也看到“拘于三路而不可通于天下，不便于商贾”的弊害；可是姑且不言软弱的宋朝无力统一全国货币的事实，就当时的政治、经济状况看，基于对敌进行货币斗争的需要，保持铁钱流通却还是需要的，因为这样，就可收“铜钱不流于敌国（金国）”“敌人（金人）盗铸而无所复用”之效。

为了解决铁钱区对外通商往来的困难，他提出了发行纸币“交子”的建议。早在神宗熙宁年间政府曾在陕西、河东推行纸币未果，其后仍不断有人提出这一建议，如哲宗元符二年（1099）章楶（1027—1102）就建言：“两川有见行铁钱，有交子可以赍擎远行，今若精选有心力可倚办官，依仿西川体式，推行交子之法，庶几少有补焉。”[①] 但是，周行已建议“置交子，如川法”自有其特点。他说：

> 臣欲各于逐路转运司，置交子，如川法，约所出之数，桩钱以给，使便于往来；……前日钞法[②]交子之弊，不以钱出之，不以钱收之，所以不可行也，今以所收大钱桩留诸路，若京师

① 《续资治通鉴长编》卷五百十二。章楶，字质夫，浦城人。

② 宋人言钞法，“钞”字通常皆指盐钞。此处钞法之“钞”指崇宁五年北宋政府为收回当十钱曾发行的小面额纸币：小钞。对于这种“小钞”，周行己在《上皇帝书》中叙述说：“小钞之法，自一百等之，至于一贯。民之交易不能悉辨其真伪，一也。输于官而不可得钱，二也。是以东南之民，不肯以当三易钞，而尽销为黄钱，此前日已行之弊也。”

以称之，则交钞为有实，而可取信于人，可行于天下。

他的这一建议，所发行的铜钱交子在行使铁钱的河北、陕西、河东三路可以流通，但不可兑现；在三路以外的铜钱区域则可以兑换铜钱，因而在三路以内实际上是一种不兑换纸币，而在三路以外的铜钱区则起到汇票的作用。这种纸币由于能兑现，因而它的稳定性还是有保证的，可是这种纸币在三路发行、流通以后，怎样使它与当地的铁钱保持比较稳定的兑换比例，或如何避免铁钱继续贬值，没有予以说明。

在周行己建议推行纸币的阐述中，有一点在纸币理论方面却是值得予以注意的，即他指出发行纸币可使“国家常有三一之利。盖必有水火之失、盗贼之虞、往来之积，常居其一，是以岁出交子、公据，常以二分之实，可为三分之用”。他的所谓“三一之利”，如“水火之失”系属于自然损耗性质；“盗贼之虞”也应是纸币被毁的情况，因为纸币被抢劫或盗窃，虽然造成个人损失，但并非造成自然损耗。这些货币的自然损耗，都可以作为纸币发行者的国家的收益。所谓“往来之积”，这一点很重要，因为通常情形下，总是有相当部分的纸币会被商人作为日常准备金或一般居民作为待用资金，以至当作价值储藏手段被保存起来，而且纸币的信用愈是巩固，被保存起来的纸币占的比例也就会愈大。所以，周行己在对纸币发行准备金问题的分析中，能指出“往来之积”这一因素是很难得的。发行兑换纸币，不需要十足准备，在分界发行的情形下，换界之际总会有相当数量的纸币收不回来，这些，人们从四川交子的发行和流通的实践中早已知道，但予以理论上的说明则应推周行己为最早，尤其是他作出的“以二分之实，可为三分之用”的论断，可说是对纸币发行准备金这一范畴的最早的理论概括了。

周行己在《上皇帝书》中所提的整顿货币的建议，有些主张曾在不同程度上实现了。大观三年（1109），张商英①为相，上言："当十钱自唐以来，为害甚明，行之于今，尤见窒碍。"因而主张收回当十钱，办法是"限半年更不行用，令民间尽所有于所在州军送纳，每十贯官支金银物帛四贯文，择其伪造者，送近便改铸小平钱。存其如样者，俟纳官足，十贯作三贯文"②。

这一办法，对当十钱的作价收回，未能按照周行己所建言的"随其钱数物值平易之"，而只是按十贯作价四贯贬价收回，然后将当十钱改作当三使用。

政和元年（1111）五月七日，政府发布《公私当十钱改当三诏》，正式宣告"应公私当十钱，并改作当三"行使；五月十七日又发布《约束小平钱与当三钱重轻均一诏》云："比以泉币法坏，……朕不惜府库数千万之积，一旦改为当三行使，将以革伪滥。……务要小平钱与当三钱重轻均一，无白区别，使人致疑。"宋徽宗腆颜说"不惜府库数千万之积，一旦改为当三行使，将以革伪滥"③，其实，官铸当十大钱本来就是"以三作十"，何尝有损？受损害者仍只是广大人民罢了。

至于当时的夹锡铁钱，大观三年蔡京被罢相后，曾废止东南所铸的夹锡钱，翌年，又废用河北、河东、京东等路的夹锡钱，结果东南的夹锡钱全部运到陕西，与大铁钱并作折二使用，致使劣币充

① 张商英（1043—1121），字天觉，号无尽居士，蜀州新津人。
② 《文献通考》卷九《钱币二》。
③ 《宋大诏令集》卷一百八十四《财利下》。

斥，物价翔踊，币值迅速跌落，竟至跌至二十分之一。[1] 于是，崇、观年间铸币贬损政策引起的货币问题，就这样不了了之了。

二、南宋人对于铜钱外流及海外贸易的看法

钱荒与铜钱不足问题，是两宋时期长期存在的货币问题，其基本的原因，虽然是由国内货币经济迅速发展促成的，然而铜钱外流也始终是一个重要的因素。特别是铜钱流入海外，与流往北方的辽、金地区的性质还不同，因为后者虽然在政治上与宋朝形成敌对关系，而经济上则实际仍是与宋朝结成一个整体，因而铜钱的流出、流入关系也是常相变换的。如南宋时，当金人纸币通货膨胀程度超过南宋会子膨胀程度的时候，大量的铜钱就又由北方流回南方了；而铜钱向海外流出，则多是散而不易复还了。

由于南宋时期，在海运方面较之北宋又有显著的发展，而在南宋那样偏处一隅的情形下，从财政上现实利益的考虑，最高封建统治者虽然也一再严申金、银、铜钱出海之禁，并加严对外贸易的管理，但对于发展对外贸易，却一直还是较予注意的。如《宋会要》绍兴七年（1137）谕："市舶之利最厚，若措置合宜，动以百万计，岂不胜取之于民？"十六年又谕："市舶之利，颇助国用，宜循旧法，以招远人，阜通货贿。"因而铜钱流向海外的情形，比北宋加多，自然引起人们对铜钱外流问题更多的重视。如南宋初高宗绍兴四年（1134）时太常少卿陈桷就言："江淮海道，难以讥察，其日

---

① 李纲：《梁溪全集》卷一百四十四《御戎论》："自东南夹锡钱罢不行，悉运于陕西，物价翔踊而钱益轻，凡二十而当一。"

夜泄吾宝货者多矣。”①

后来,《宋会要辑稿》记述宁宗嘉定十五年（1222）时的情形说：

国家置舶官于泉、广，招徕岛夷，阜通货贿，彼之所阙者，如瓷器、茗、醴之属，皆所愿得，故以吾无用之物，易彼有用之货，犹未见其害也。今积习既熟，来往频繁，金、银、铜钱、铜器之类，皆以充斥外国。顷年泉州尉官尝捕铜千余斤，光烂如金，皆精铜所造，若非销钱，何以得此？

又云：

入蕃者非铜钱不往，而蕃货亦非铜钱不售。利源孔厚，趋者日众。今则沿海郡县寄居，不论大小，凡有势力者则皆为之，官司不敢谁何，且为防护出境，铜钱日寡，弊或由此。倘不严行禁戢，痛加惩治，中国之钱将尽流入化外矣。

理宗淳祐四年（1244）右谏议大夫刘晋之又说：

巨家停积，犹可以发泄，铜器鈹销，犹可以止遏，唯一入海舟，往而不返。②

淳祐八年（1248）监察御史陈求鲁则说：

蕃舶巨艘，形若山岳，乘风驾浪，深入遐陬。贩于中国

① 《建炎以来系年要录》卷七十九。
② 《宋史·食货志下》。

者，皆浮靡无用之异物，而泄于外夷者，乃国家富贵之操柄，所得几何？所失者不可胜计矣。①

当时对外贸易输入的物品，主要是香药、犀象之类的奢侈品，输出的则主要是丝绢、瓷器以及金、银、铜钱。在这种情形下，像北宋张方平等将铜钱视为国家宝货而不容流失的看法，当然会更普遍。这还促成了不少人敌视对外贸易的情绪，所谓“贩于中国者，皆浮靡无用之异物”，就是一个比较有代表性的说法。这种说法，不分东方和西方，都是封建社会里常有的，尤其是在我们这样一个国土辽阔、物产丰富的大陆国家，更是这样。

---

① 《宋史·食货志下》。

第三节
宋代纸币理论的产生和发展

一、北宋人对于纸币的议论和看法

我国在北宋时期，产生了世界上最早的纸币，随后历经宋、金、元，至明代前期，连续行用了约五个世纪。在长期的纸币流通实践中，积累了大量行钞经验，并形成了十分丰富的钞币思想，它们通过各种典籍保存和流传了下来，这是一笔十分宝贵的精神财富。因为从世界货币思想史范围考察，古代中国的钞币思想是独一无二的，所以它的重要地位与意义也就不言而喻了。

宋代是我国古代钞币思想产生和发展、行钞管理原则基本形成，使古代钞币思想达到繁荣、兴盛的时期。当纸币最早产生时，它是货币流通界的一个崭新的现象，因而就很自然地引起人们的注意并被加以议论。①

我国最早的纸币是四川的交子，它最初起于民间，但不久以后，即从仁宗天圣元年（1023）起，便改为官营了。关于交子的产生、交子流通的必要性，人们最初只是从实际生活上的需要来考虑的，如四川官交子的主要倡议人薛田②就说：

> 川界用铁钱，小钱每十贯重六十五斤，折大钱一贯重十二斤，街市买卖至三五贯文，即难以携持；自来交子之法，久为民便。

又说：

> 自住交子后，来市肆经营买卖寥索，今若废私交子，官中置造，甚为稳便。③

也就是说，商业及市场交易上的方便，特别是四川铁钱流通给人们带来的不方便，才使人们肯定了纸币存在的必要性。这是人们对纸币的最早的朴素认识了。

官府发行统一的官交子，为交子流通的扩大造成了更方便的条件。而发行纸币会给封建政府带来财政上的好处，也很快地为最高封建当局所认识了，因而在神宗熙宁年间，就曾两次（四年、七

---

① 纸币的产生，对于人们说来，还是桩崭新而引人注意的事，蜀人苏轼说："今秦蜀之中，又裂纸以为币，符信一加，化土芥以为金玉，奈何其使民不奔而效之也。"（《东坡续集》卷九《关陇游民私铸钱与江淮漕卒为盗之由》）

这里，苏轼是担心人们私造纸币；然而他所云"符信一加，化土芥为金玉"之语，则显然从一个侧面反映了人们对待纸币流通的新奇心理。

② 薛田，字希稷，河东人。

③ 李攸：《宋朝事实》卷十五。

年）试图在陕西也推行交子。

在陕西交子推行期间，作为熙宁新法的重要执行人之一的吕惠卿（1032—1111）[①]，在其《日录》中于熙宁八年（1075）八月十三日曾记述了一段关于宋神宗与臣僚们议论交子的事情。从这段记述中，可以看到北宋初交子流通时，人们对纸币的一些认识。

上曰："交子自是钱对，盐钞自以盐对，两者自不相妨。"石曰："怎得许多做本？"上曰："但出纳尽，使民间信之，自不消本。"佥曰："始初须要本，俟信后，然后带得行。"

余曰："自可依西川法。今民间自纳钱请交子，即是会子自家有钱，便得会子，动无钱，谁肯将钱来取会子？"

石曰："终是妨盐钞，缘盐钞每岁凶丰不常，又督察捕盐有缓急，即用盐多少不定，若太多出钞即得，若少出即暗失了卖盐课利可惜，许以此须多出些钞印置场平卖。"

余曰："不然，岁虽多凶丰，用盐多少不争多；此不比酒，乃是民间常用之物，纵饶，酌中立法，丰岁所添亦不多，若觉民间渴盐少钞之时，即旋出钞不难，自然钞常重矣。钞常重，即籴价不虚抬矣，故不如少出钞，即以交子行使为便。"[②]

这是记述陕西第二次推行交子期间（熙宁七年六月至九年十月）的事。第一次在陕西推行交子是在熙宁四年正月，当时发行交子的财政目的非常明确，宋神宗就露骨地说："行交子，诚非得已，

① 吕惠卿，字吉甫，泉州晋江人。
② 《续资治通鉴长编》卷二百七十二。

若素有法制，财用既足，则自不须此。”① 在这种情形下，宋朝廷甚至还采取了向民间摊派交子的办法，并企图将民间的铜铁钱尽收于官，因而引起民间的骚乱不安，结果这次交子仅推行了不到四个月，就不得已而停止了。

第二次在陕西推行交子，是为了节省封建政府向沿边州军搬运现钱的费用，因为，从陕府（西安）搬运铁钱一百万贯到秦州（甘肃天水），仅运费就需要二千六七百贯之多。在这种情形下，由官府发行交子，当商人将现钱向沿边州军交纳时，官府就可用较优惠的价格，付给商人交子，然后由商人将交子持回陕西内地兑现或流通使用。这样，既可节省向沿边州军的现钱输送费用，又推广了交子的流通，并为封建政府多开辟了一项财政来源。

在陕西交子发行以后，却发现不断增多的交子与原来已经过多发行的盐钞之间发生了矛盾。于是，就产生了如上文所引的有关交子发行、交子与盐钞之间关系的议论。

从宋神宗及其臣僚们的议论中，能够看到，当时人们对纸币使用最普遍的看法是：发行纸币必须有一定数量的发行准备金，即“本钱”；在纸币已获得人们的信任以后，便可以超过本钱而发行较多的纸币，即所谓“始初须要本，俟信后，然后带得行”。

这种看法是带有普遍性的，如当时负责陕西财政事务的皮公弼也说：

> 交子之法，以方寸之纸，飞钱致远，然不积钱为本，亦不

---

① 《续资治通鉴长编》卷二百二十一。

能以空文行。[1]

应该说，这种看法虽然是直接的经验之谈，然而却也是符合信用货币流通规律的看法。

与此不同，宋神宗却提出了不用本钱的单纯纸币流通的想法，即所谓“但出纳尽，使民间信之，自不消本”。这种发行政府不兑换纸币，并通过政府收支而推广纸币的设想，如果是在流通界深感现钱不足的情形下慎重地实施，倒是有可能实现的；然而，包括宋神宗在内的当时的人们显然还不能认识到纸币的性质，以及纸币与信用货币的区别，所以，神宗的这一议论，仅反映出他利用纸币敛财的企图而已。

关于交子与盐钞的关系问题，宋神宗认为“交子自是钱对，盐钞自以盐对，两者自不相妨”，也就是说：交子代表的是现钱，盐钞代表的是盐，因而二者的发行不应有矛盾。这在原则上是对的，因为纸币“交子”与有价证券“盐钞”是性质上不同的东西，二者是可以并行流通的。然因二者在流通中都起有汇兑——“便钱”的作用，而且二者都因过量地发行，均已出现了贬值的现象，便发生“相妨”的情形了，即发生了商人多从永兴军（西安）携钱赴秦州以贱价收买交子，而不肯购买盐钞，因而使得盐钞更为滞销、钞价更形低落。

因此，王安石主张废除交子，而专行盐钞。他认为，由于盐的生产往往受自然方面的影响，产量的丰歉常是各年不同，而专行盐钞便可以按照盐的实际生产量而有伸缩地发行盐钞。除此，还可以

---

① 《续资治通鉴长编》卷二百五十九。

利用历来的类似近代有价证券在公开市场买卖的“置场平卖”办法，来维持盐钞价格的稳定，从而使盐钞发行的数量扩大到最大的限度。

吕惠卿则主张应该使盐钞与交子并行流通。他认为：盐的生产虽然岁有丰凶，可是盐与酒类不同，乃是人民不能缺少的必需消费品，它的消费量是比较稳定的。所以，对于盐钞的发行，只要按照一个比较固定的数量发行就可以了。与此同时，还应该仿照四川交子的办法，由官府蓄积一定的本钱而推广纸币的发行，使交子与盐钞并行，则可使政府获得更多的财政好处。

显然，单从理论上说，吕惠卿的看法比王安石要更高明些；实际上，政府由于无力筹措充足的本钱以保证兑现，不久还是将陕西的交子废除了，而采取了整顿盐钞的途径。

从上述的一些议论中，我们却可以看到人们对于交子、盐钞，以至“便钱”这些不同种类的流通证券或货币符号的性质与作用，已有了一定程度的辨认能力了。特别是在封建国家财政政策的实际运用方面，当时人们已有了比较丰富的经验。沈括就曾对汇兑事业“便钱”与盐钞的关系，以及二者应如何配合应用的问题，作了较好的总结。他说：

> 募民入资，太府执券以受钱于外州，以省转送之费。此虽为利，而不知民乐应募而钞盐不售。盐所以生财利，出于海而无穷，不售则朽壤，钱虽未入太府，而藏于外州，其实皆在也，独费将送而已。
>
> 闭便钱之路，而专以售盐为利者，不知民食盐有常，而为钞岁蔓，则陕西折估之弊，复移于东南，是二法欲相权，当以

售盐为主，而以便钱调其盈虚，不可以一术御也。[①]

可是，就总的情况看来，北宋时期由于纸币流通还不广泛，因而人们关于纸币问题的议论，包括比较有见地的周行己的纸币观点在内，也都还是一些朴素的看法，而缺少理论上的阐发及比较系统的见解。

二、南宋初在东南推行交子的争议

南宋纸币制度的推广，与军事的需要有密切关系。对此，当时人卫泾（1159—1226）[②] 曾予以概括地说明，他说：

盖官会之行，本助养军。

又说：

某尝考楮币之制，始于四川，交子虽行于乾道，而实胚胎于绍兴之初。时方渡江，兵革未息，因措置籴本，……张澄奏请，于行在所置交子务，造交子……绍兴末年，因军兴复置交子务，体仿民间寄附会子，印造官会……至乾道间，遂决行之。[③]

渡江之初，都督行府主管财用的张澄请置交子务于东南，于绍兴六年（1136）二月发行交子。由于政府发行交子缺少本钱，遭到

---

① 《续资治通鉴长编》卷二百八十。
② 卫泾，字清叔，华亭人。
③ 《后乐集》卷十五《知福州日上庙堂论楮币利害札子》。

当时人们的纷纷反对，结果，交子的发行未及三个月就被迫停止。

当时，反对在东南发行交子的议论很多，而较有代表性的是一位姓氏不详的“言者”作出的。他说：

臣闻天下事有利必有害，……今之论交子者，其利有二，其害有四。一则馈粮实边，减搬挚之费；二则循环出入，钱少而用多。此交子之利也。一则市有二价，百物增贵；二则诈伪多有，狱讼益繁；三则人得交子，不可零细而用，或变转，则又虑无人为售；四则钱与物渐重，民间必多收藏，交子尽归官中，则又虑难于支遣。此交子之害也。

所谓害者，固已在于目前，而所谓循环之利者，亦恐未必可得。何以知之？交子出数既多，则人必知官中无本，商贾纵或收买，岂肯停留私家？必须即时请换见钱，虽有桩垛数目，必不能给，既不能给，则交子之法大坏。……

自古军兴之际，未有不以财用之绌为患者，苟出数寸之纸，可足一时之用，则古人亦何惜不特出数百万以济其阙，而乃区区讲求理财之术也？①

关于纸币流通的好处，即所谓“馈粮实边，减搬挚之费”，实际也是汇兑事业的必要性，当时人多已无异议了，所以，这位“言者”着重论述“循环出入，钱少而用多”的好处。对此，他认为，在纸币缺少本钱、不能保证兑现而发生贬值的情形下，人们是不会收藏纸币的。因而，封建政府利用纸币发行的所谓“循环之利”，在实际上却是“未必可得”之事。这一观察是正确的。他承认在纸

① 《建炎以来系年要录》卷一百〇一。

币有充足本钱、可以保证兑现的条件下，政府发行纸币可以收“循环出入，钱少而用多”之效，则说明当时人对于信用货币的性质，已具有一定的认识。

至于他所谈到的害处，即“市有二价，百物增贵”；伪造纸币；纸币面额大，不便零用；人争藏钱，使纸币尽归官府等害处，则也是当时人们的普遍看法。如当时反对发行交子的赵霈，也认为使用交子的害处是“用现钱则价必平，用交子则价值必倍”“片纸不可以分裂，千钱不可以散用”“物重财轻，缗钱藏于私家”“官私既许通行，民间岂无诈伪”[①] 等。胡交修则以“崇宁大钱，覆辙可鉴”，而力陈其害云：“今之交子，较之大钱无铜炭之费，无鼓铸之劳，一夫日造数十百纸，鬼神莫能窥焉，真伪莫辨，转手相付，旋以伪券抵罪，祸及无辜。久之见钱尽归藏镪之家，商贾不行，细民艰食。”[②] 这些弊害，除纸币面额大不便零用属于行钞的技术性问题外，大多是纸币通货膨胀下的现象，而不是纸币流通本身所固有的。显然，当时人们还是不能把纸币流通与纸币通货膨胀二者，作为不同的货币范畴在理论上予以区分。

反对发行交子的议论，还有值得言及的，是著名爱国将领李纲（1083—1140）[③] 的意见。他说：

> 窃谓交子之法，行于四川为有利，行于他路则为害。四川山路峻险，铁钱脚重难于赍挈，故以交子为便。当时设法者措

---

① 《建炎以来系年要录》卷一百〇一。赵霈，时为谏议大夫。

② 《建炎以来系年要录》卷一百〇一。胡交修，字己楙，晋陵人，时为翰林学士。

③ 李纲，字伯纪，邵武人，时为江西制置大使。

置得宜，常豫桩留本钱一百万贯，以权三百万贯交子，公私均一，流通无阻，故蜀人便之。……今东南道路安便，铜钱脚轻，若欲便民，固已不待交子，自能流布。目今户部财用窘迫，必无数百万桩留钱本，交子之行，止凭片纸，……其为害者有不可胜言者。

某大观间任真州司法参军，兼管常平仓库，是时朝廷推行交子之法，豪民挟形势户，竞以贱价得之，以待见钱，输纳官司，……应系官钱，悉是交子，……仓库见钱，为之一空；由此观之，非独不便于民，而官司尤甚。[1]

纸币可行于四川，不可行于他地的说法，是当时人们企图阻止纸币流通扩大的一种较为流行的说法。还在北宋熙宁四年（1071）最初欲将交子推广于陕西的时候，就有人发表了这种看法。张景宪（1004—1080）[2] 就说："交子之法，可行于蜀，不可行于陕西。"[3]这时，李纲又强调四川的地理特点，作为纸币可行于蜀，而不可行于东南的结论的依据。这是人们怵于纸币通货膨胀弊害而产生的一种看法，它带有片面性，但却反映了人们对封建统治者采取纸币通货膨胀政策的畏惧与反感。

事实上，南宋政府于渡江之初，又复在东南地区尝试推行纸币制度，而人们对宋徽宗崇、观年间发行虚价大钱，推广"钱引"流通的恶果，记忆犹新，因而反对发行交子，也往往是用徽宗的货币政策作为例证。李纲在这里就用"钱引"发行失败的教训，作为说

---

① 《梁溪先生文集》卷一百〇四《与右相乞罢行交子札子》。

② 张景宪，字正国，河南人。

③ 《续资治通鉴长编》卷二百二十二。

服封建统治者停止发行交子的根据。所以，当时人们反对发行交子而作出的议论，实际上也可说是北宋行钞一个多世纪的历史经验总结，尤其是北宋末年徽宗货币政策失败的经验总结。他们无例外地强调“官有桩垛之钱”，交子不能无“本钱”而行，即纸币发行的现金准备的作用。这在当时是最有说服力的理由了，因为，当时人们还没有不兑换纸币制度的行钞实践经验，当然谈不上理解不兑换纸币流通的道理了。

在纸币发行的现金准备问题上，当时主张十足准备者仍不乏人。[①] 然而李纲关于纸币发行准备金的观点却很可贵。他将四川交子的行钞实践经验，概括为“桩留本钱一百万贯，以权三百万贯交子”，虽说是继周行己之后，但较周行己关于纸币发行准备金的理论概括“以二分之实，可为三分之用”还更为确切，[②] 所以值得予以足够的肯定。

不论是持十足现金准备论，还是持部分现金准备论的人，发行新纸币必须备有充足的“本钱”则是众口一词，所以南宋绍兴六年，在东南发行交子一事，就也在人们纷纷反对的情形下而被迫停止了。

---

① 四川交子制度一开始就是非十足准备金制度，每界发行交子 125.6 万缗，备本钱 36 万缗，约为发行额的 28%。但在七十年后北宋哲宗绍圣二年（1095）时，鲁布就仍认为“交子须有现钱相当乃可行”（《群书考索》卷六十二《财用门》）。南宋绍兴六年的这次推行交子问题的争议中，前所引述的那位不详姓氏的“言者”也是一位十足准备论者，他要求发行交子“先令库务桩垛见钱”，认为“其或桩钱而不足，已桩而别用，……必有不行者矣”。

② 周行己的“以二分之实，可为三分之用”是历史上关于兑换纸币非十足准备的最早理论概括。然而按“二分之实”的现金准备计算则为 66%，这一比率对于正常情形下的兑换纸币说来实际是太多了。他的这一说法主要是以所谓“三一之利”的三项不要求兑现的理由推论出来的，属于非深思之言，所以，周行己的说法，作为理论概括虽无不可，但揆诸兑换纸币的实践经验，显然就不如李纲确切了。

三、杨万里的钱楮母子说与杨冠卿的钱楮实虚说

伴同南宋时期纸币开始广泛流通的实践，我国传统的货币子母相权论与虚实论也有了发展。杨万里最先把子母相权论推广用于纸币流通而提出钱楮母子说，杨冠卿则最先提出钱楮实虚说。

杨万里，字廷秀，号诚斋，吉州吉水人，南宋著名诗人。他在光宗绍熙三年（1192）任江东转运副使，总领淮西、江东军马钱粮时所上的《乞罢江南州军铁钱会子奏议》中说：

> 盖见钱之与会子，古者母子相权之遗意也。今之钱币其母有二：江南之铜钱、淮上之铁钱，母也；其子有二：行在会子，铜钱之子也；今之新会子，铁钱之子也。母子不相离，然后钱会相为用。①

他认为，行在会子代表铜钱，铜钱为母，会子为子；两淮会子代表铁钱，铁钱为母，铁钱会子为子。所谓“母子不相离”，即纸币与它们所代表的金属钱币并行流通，能互相兑换，便于使用。这儿的“兑换”应包括人们持纸币兑现和在市场上按自发形成的比价兑换。杨万里没有强调政府兑现的责任，但只要纸币和所代表的金属钱币并行流通，能保有一定比价的兑换关系就是符合“古者母子相权之遗意”了。

杨万里提出钱楮母子说，是为了反对在不流通铁钱的沿江八州军发行新铁钱会子。他说：

---

① 《诚斋集》卷七十。以下引文皆同。

> 会子所以流通者，与钱相为兑换也。今新会子每贯准铁钱七百七十足，则明然为铁钱之会子，而非铜钱之会子矣。淮上用铁钱，用新会子，则有会子斯有见钱可兑矣，是母子不相离也。江南禁铁钱而行新会子，不知军民持此会子而兑于市，欲兑铜钱乎？则非行在之会子，人必不与也。欲兑铁钱乎？则无一铁钱之可兑也。有会子而无钱可兑，是无母之子也。

所以，他认为新铁钱会子是一种单独行使的不兑换纸币，这种“无钱可兑”“无母之子”的新铁钱会子因无金属钱币并行，故不符合母子相权原则。

除此，他还指出新铁钱面额大、不便零星交易的缺陷：“一钱两钱之物，十钱五钱之器，交易何自而行、商旅何自而通乎？”

杨万里的钱楮母子说在性质上属于兑换纸币的理论范畴，可是他并不强调政府应负纸币兑现责任，因而确切说，其主张的应是一种不兑现银行券性质的纸币。马克思说：“不管这种纸币在法律上是否可以兑现。……实际的互相平行运动、互相交换，就是兑现。就不可兑现的银行券来说，可兑现性不是表现在银行的出纳上，而是表现在具有金属货币命名的纸币和金属货币之间的日常交换上。”[①] 杨万里强调的“母子不相离，然后钱（铜钱）会（会子）相为用”，就正是这个意思。由于这种纸币，政府不保证兑现，因此它实质上就要受不兑换纸币流通规律的支配，即在市场上纸币所能兑换到的钱数决定于该纸币的发行数量、对政府的法偿能力等条件。

杨万里显然是反对不兑换纸币流通的。其实，不兑换纸币也是

① 马克思：《经济学手稿》(1857—1858 年)，《马克思恩格思全集》第四十六卷上，人民出版社 1979 年版，第 75 页。

可以流通的，对政府的法偿能力，如向政府的输纳就是一项重要的前提条件。杨万里也注意到了这个问题，他说："江南官司以新会子发纳左帑内帑，左帑内帑肯受乎？左帑内帑万一不受，则百姓之输官物，州县亦不受矣。州县不受则是新会子公私无用，上下不受而使镇江、建康两税入纳百万而行使不通，不知将何用也。若止欲用之于军人之支遣，百姓之交易，其肯受乎？万一有受有不受之间，此喧争之所从起，而纷纭之所从生也。"

南宋政府把铁钱会子扩大到江南八州军，纯是从财政聚敛的目的出发，无疑会加重人民的负担，并给民间带来骚扰不安，所以杨万里根据上述一些理由，坚持反对在八州军发行新铁钱会子的意见，不愿"阿谀奉旨"，抗言："若江南八州复欲力行铁钱会子，是江南之民又将不胜其扰也。"这使得他丢官罢职，长时期被置于闲散官员之列。然而他的正直品格灼然可见。

杨冠卿（1139—?），字梦锡，江陵人。他持有鲜明的主观唯心主义的价值观及货币名目主义的王权论思想。他说：

> 愚闻之，物无轻重，物物者能为轻重，物物者执物之权者也。故轻重不随乎物，而物之轻重不得不随乎我。土之与金，其贵贱固异也，齐高祖（指南朝齐高帝萧道成）欲使之同价，土与金不能自为轻重，而轻重之者，齐高也。鹿皮（白鹿皮币）之与钱，其缓急固殊也，汉武帝以方尺之皮直钱四十万，而诸王朝享，非此不行。鹿皮与钱不能自为轻重，而轻重之者武帝也。齐之君、汉之主，执其物物之权，故欲重而重，欲轻而轻，惟其所欲耳。①

① 《客亭类稿》卷九《重楮币说》。以下引文皆同。

他认为商品和货币本身皆无价值，它们的价值都是王权赋予的，凭靠君王的权力可使金土同价，“欲重而重，欲轻而轻，惟其所欲耳”！这种唯意志论的主观价值论的谬误是明显的。

他在货币思想上的主要贡献，在于他最先使用虚实概念解释纸币与铜钱的关系，提出“楮虚也”“钱实也”的钱楮实虚说。

在宋孝宗乾道二年、三年（1166—1167）开始整顿会子以前，会子曾贬值达一成以上，于是在劣币驱逐良币规律的作用下，发生人们竞藏铜钱、纸币充斥的现象。杨冠卿较早地注意到这一纸币驱逐铜钱的现象，指出“楮日轻，钱日重，楮日泛滥，钱日匮乏，富家大室，竞以藏镪为得计”。随即他列举了贬值的纸币引起的一些弊病：“楮币之行于行都（杭州），近郡之外则滞而不通，有兑折之弊，有伪造之弊，有售而不乐取之弊，盖戛戛乎难行而反以蠹铜（驱逐铜钱），人皆病之。”然后，他便运用虚实概念来解释人们贵重铜钱、轻贱纸币的原因，他说：

> 人皆曰蜀之铁（铁钱）与此之铜（铜钱）一也，而不知二也。愚闻蜀之父老曰：铁之为质易于盬坏，不可以久藏如铜比也。是则铜者人之所贵，铁者人之所贱，故蜀之铁（铁钱）与楮（纸币）并行而无弊。今之铜（铜钱）所以日乏者，正以富家巨贾利其所藏而不肯轻用耳。其意若曰：楮虚也，其弊又不可言也（指上所列举的纸币贬值所引起的弊病）；钱实也，藏之而无弊也。况夫上所出之楮日至而无穷，民间之输于上，则惟铜币之为贵，吾何苦以吾之实（铜钱）而易彼之虚（纸币）哉！故钱日乏而楮日轻，州郡之间执虚券（行在会子）相授，殆有终日而不见百钱者，则又何怪其不弊耶？

这里，他首先对比作为金属货币的两种币材——铜与铁——自然属性的差别，指出铁易锈蚀，作为货币不具有良好的贮藏手段的职能，因而为人所轻贱，使得蜀之铁钱与纸币“交子”并行流通不易发生纸币驱逐铁钱的弊害；铜钱则不然，它具有较好的作为贮藏手段的功能，人们乐于窖藏而不愿轻易使用，它与纸币比较起来，贬值的纸币存在“兑折”“售而不乐取”等弊病，加之封建政府对民之赋税之类的输纳也拒收纸币，这样更促成铜钱缺乏、纸币日益贬值的情形了。所以杨冠卿区分钱、楮二者为实为虚的标准主要是着眼于铜钱之自然实体不易豔坏的优点，作为贮藏货币“久藏无弊”、无“兑折”之虞；纸币则易朽败、可能发生贬值现象并带来许多不良的后果。也就是说，货币实体的自然属性是区分钱楮实虚的基本标准。

杨冠卿提出的钱楮实虚说在内容上还是很粗略的，一些问题没有清楚地解释或显然没有经过深思。如易于豔坏的铁与易于朽烂的纸，它们充作币材在性质上有何差异；纸币为“虚”，铁钱到底是“实”是“虚”；铁钱作为一种金属实体，虽然在自然属性上充作贮藏手段有缺陷，但究竟具有这一货币职能否；在纸币稳定的情形下人们也乐于保存纸币，应如何正确解释等。不过，这一钱楮实虚说的最根本性的缺陷，“那便是价值观念的缺乏”①，因为他认为：无论是商品和货币、无论是具有实在价值的铜钱和铁钱，还是作为货币符号的纸币，都是无价值之物，所以他也就不可能以有无价值实体为标准来区分钱与楮二者的“实”与“虚”了。可是他毕竟较早把虚实概念用于解释纸币流通现象，并提出了钱楮实虚说，这

① 马克思：《资本论》（第一卷），人民出版社1963年版，第33页。

一理论性的尝试对古代货币思想的贡献还是应予肯定的。

杨冠卿是一位“重楮”论者，很推崇蜀交子：“今日楮币（行在会子）与钱（铜钱）并行凡几年矣，始行之而利，今行之且弊。……且西州（四川）之楮币（蜀交子），其便用亦东州（以行在临安为中心的东南地区）之楮币（行在会子）也。东州之铜钱，其流通亦西州之铁钱也。何西州用之百年而无弊？贸百金之货，走千里之涂，卷而怀之，皆曰‘铁不如楮便’也，东州则不然。”其实，四川交子也不是百年无弊，他这样说主要是为了提出在东南地区保持纸币流通的“救弊”主张。当时有一种比较流行的说法：“东南与蜀异也，楮之不宜于东南，废之可也！”他反驳了这一意见而阐发自己的主张说：

> 愚则曰：救之可也，废之非也。夫蜀救弊之法东南之所未尽行也。何谓未尽行也？夫蜀之立法，则曰：租税之输，茶盐酒酤之输，关市泽梁之输皆许折纳，以惟民之便，此一法也。又有一法焉，贱则官出金以收之，而不使常贱；贵则官散之，以示其称提，使之势常平，而无此重彼轻之弊。夫如是，则楮与铁常相权而公与私常相济，何弊之有哉！

随后，他历述行在会子流通地区，官府收税要用铜钱而拒用纸币，官务支遣用纸币代替铜钱支付，而发纳上贡则用低价收买的纸币充数等不合理的情形。他还讲到官府曾出钱用较高价格收换贬值纸币一事，但却限制“一人日支一缗”，而胥吏刁难之事不一而足。然后，他正面提出他的“救弊”主张说：

> 夫欲使民之视铜如楮，视楮如铜，此其原不在乎下，而在

乎上。今为之法曰：吾之楮与铜初无轻重也，将以相权而行也。自今日以往，凡远近之输于公者，钱楮各半，否者不纳也。如是，则非特近者重之，而远者亦重之。远者重则近者有所泄，楮之价其必无减折之患，而铜（铜钱）之重亦变而为轻，民之楮虽不支于官，其价自与官等矣。轻重之权是岂不在我哉！

可以看出，他赞同的是一种可兑换纸币制度，但其“救弊”之术不强调官府出钱收换，而主要是通过财政回笼的方式，采取“钱楮各半”的输纳办法收回流通中过多的纸币，以平复纸币的价值。所以，他的钱楮实虚说与杨万里的钱楮母子说所言的可兑换纸币制度是相近似的。

杨冠卿所持有的主观唯心主义的价值观及货币名目主义的王权论思想是错误的，然而他从儒家“己所不欲，勿施于人”，以及“己不正焉能正人”的思想出发，强调“有诸己然后可以求诸人，无诸己然后可以非诸人。我自轻楮而责之民，我自重钱而怪楮之不轻，固亦不知事体矣”。这样要求最高封建统治者还是可取的，可是寄托于最高统治者的明智与善意则是靠不住的。

至于他的钱楮实虚说及“救弊”方案的理论依据，他自言就是陆贽、刘秩的货币数量论：“陆贽谓钱重则加铸而散之使轻，钱轻则作法而敛之使重；刘秩谓物少则作法布之使多，物多则作法收之使少，二子之时未有楮弊之患，故惟以钱物轻重为言。愚则借二子之言以为楮币之说。”纸币数量说虽然只是流通界的一种现象，然而流通中“纸票的价值决定于流通中纸票的数量”[①]，因而却是符

① 马克思：《政治经济学批判》，人民出版社 1955 年版，第 87 页。

合纸币流通规律的。

四、辛弃疾、吕祖谦、叶适的纸币观点

南宋时期是纸币流通迅速扩大的时期。南宋纸币流通的扩大，始于绍兴末东南会子的发行。自此以后，纸币的流通区域便从原来的四川一地逐渐扩及两浙、两淮、湖北、京西各地。各地流通的纸币种类，则包括东南会子、淮交、湖北会子、川引等，纸币在流通中已成为全国性的主要通货了。伴随纸币流通的扩大，各地的纸币都无例外地因过多发行而不同程度地发生了通货膨胀现象，给人们带来日益增大的损失与痛苦。关于纸币问题的议论便日益增多起来，一些较系统的纸币言论或看法也开始出现了。

在南宋纸币广泛流通的最初一个时期，对纸币问题先后发表议论的有辛弃疾、吕祖谦、叶适等人。辛弃疾对纸币持拥护态度，吕祖谦、叶适对纸币则持否定态度。

辛弃疾（1140—1207），字幼安，自号稼轩居士，历城人，南宋著名的爱国词人。他在淳熙二年（1175）的《论行用会子疏》中说：

> 世俗徒见铜可贵而楮可贱，不知其寒不可衣，饥不可食，铜楮其实一也。今有人持见钱百千以市物货，见钱有搬载之劳，物货有低昂之弊；至会子，卷藏提携，不劳而远，百千之数，亦无亏折，以是较之，岂不便于民哉！[①]

① 《历代名臣奏议》卷二百七十二。又见辛启泰辑：《稼轩抄存·淳熙乙未登对札子》。以下引文皆同。

他首先从历来的“寒不可衣，饥不可食”的说法出发，将纸币与铜钱等同起来，从而把币材问题完全视为无关轻重的事，因而就暴露出他的更为明显的货币名目主义的观点。他从这种观点出发，又根据交易过程中纸币较铜钱具有轻便易携的优点，肯定了纸币是良好的货币。

在这里，他与以前的名目主义者一样，只看到货币作为流通手段的职能，对于本身具有价值的铜钱作为贮藏手段的职能与用途，均不在他的视野之中。他甚至还将“物货有低昂之弊”也视为铜钱专有的弊病，却避而不言纸币流通及其相伴随的通货膨胀时，物价的波动却是更为常见而剧烈得多的情形。显然，他对纸币“本以便民”的优点的强调，具有很大的片面性，而其有意为封建政府纸币政策做辩护的意图，也是很明显的。

不过，他在拥护封建政府的纸币政策方面，主要还是从对封建政权的长远利益出发，并且注意到士兵及一般人民的切身利益，因而，他也就对纸币贬值造成的“军民嗷嗷，道路嗟怨”的情形深表不满，对封建政府的通货膨胀政策持反对的态度。

辛弃疾还对当时纸币贬值的原因进行了分析。他首先将其归咎于“朝廷用之自轻”，这就是说，纸币所以会贬值，主要还是在于封建政府自身对纸币之不重视。具体的事实就是：过去政府对民间输纳的规定是多收现钱，而少收会子。官府支出时，却又是多支会子而少支铜钱，因而会子就跌价很多。近来规定的民间输纳可以会子、现钱各半了，于是会子也就贵些了。

用赋税形式回笼纸币，是借助纸币兑现以外的减少流通中过多纸币的又一渠道，它不但是保证纸币稳定性的重要手段，而且是在我国古代纸币历史发展的过程中形成的一项非常重要的行钞原则，尤其是兑换纸币发展为不兑换纸币以后更是如此。封建政府对纸币的多收或少收，对流通中纸币的数量是有影响的，而纸币作为金属货币的符号，它的价值却正是由其数量的多少而直接决定的，因而封建政府通过财政收付途径影响流通中的纸币数量，从而影响纸币的价值是很重要的。借助赋税回收纸币这一重要的财政回笼措施始于南宋初。其时，总领四川财赋的赵开[①]规定："凡民钱当入官者，并听用引（钱引）折纳，官支出亦如之。"[②] 对这一规定，"民以为便"。南宋在最重要的行在会子发行以后不久，也施行了这一办法，孝宗淳熙元年（1174）的敕文说："札子去岁降下指挥，许人户以会子入纳官物，及今年正月内令诸州军起发上供诸色窠名钱许用三分会子。……人知会子之贵，自然流通无滞。"[③] 敕文从法律上保证这一财政回笼措施的实行，并揭明它的目的就是提高货币信用，促使会子的正常流通。辛弃疾在《论会子行用疏》中则较早地对这一重要行钞原则从理论上作了阐发。

辛弃疾虽然是从货币名目主义的观点出发，将会子的贬值归咎于封建统治者的主观意志方面，即朝廷"用之自轻"，然而从其对会子贬值原因分析的具体内容中，我们却也可以看到：纵然他不懂得纸币价值的真正形成原因，但他对于纸币数量与货币必要量之间的关系，已经是直觉地意识到了。

他在这方面的认识，我们从他对纸币数量与纸币流通地域的关

---

① 赵开，字应祥，安居人。
② 《宋史纪事本末》卷六十八《张浚经略关陕》。
③ 《群书考索》卷六十二《财用门》。

系的分析中还可以更清楚地看到。他说：

> 夫会子之所以轻者，良以印造之数多，而行使之地不广。

因为当时会子的行使，还只限于京师附近的州县和军队屯驻的地方，一般村镇乡落和僻远的州县地区，则都还没有会子流通，以致积而不泄促成了会子的贬值现象。

基于对纸币的数量与货币必要量关系的认识，他对提高与稳定纸币价值提出了一些措施。他要求政府暂行停止纸币的发行。同时，还要求：一、扩大会子的流通地区，将会子的使用，从京畿扩大到福建、江、湖等路；二、增加民间向政府输纳的份额，即民间上三等户的租赋，要七分使用会子，三分使用现钱，而僧道输纳免丁钱、民间田产买卖等，则规定为钱、会各半。

为了说明这些措施的有效性，他还具体地计算了一下会子流通地区扩大的好处。他假定，远地州县民间向政府的输纳也收会子，各地输纳会子的数量，如以十万贯计，而各地人民为了便于以后年份的输纳需要，便还会有十万贯的会子为人们积存起来；且由于远地州县所需的会子主要是靠商人贩运带出的，因而处于商人往来途中的也还有十万贯。所以，政府只要向远地州县要求输纳十万贯会子，而实际上却可以发泄掉畿内地方的会子三十万贯。在事实上，远地州县实行以会子输纳的办法以后，其应输纳的数量是要远远超过十万贯之数的。对于这一扩大了的会子需要量，人们势必求之于各地军队屯驻的地方，这样，原来贬值的会子的价格，也会自然地提高起来。

根据这一设想，他还进一步预计：一两年以后，会子的数量便要发生显著不足的现象，封建政府就又可以多印会子，而逐步地将民间的现钱也都集中起来，以充实国家的财政准备力量。对此，他称之为“将固取之，必固予之”之术。

很明显，辛弃疾是站在封建统治阶级的立场上说话的，他的货币建议也全然是为南宋朝廷的利益打算的。因为，他认为，平时政府如能使会子在民间的流通树立起信任，那么，“缓急之际”才能利用会子发行作为财政上的应急之用，使“百万财赋可一朝而办也”。不过，也应该指出，他的货币建议如果真正能够实施，使当时的纸币贬值、通货膨胀现象有所缓解，则对广大的士兵及一般平民而言，也还是有好处的。当时正是民族矛盾处于主导地位的时候，志在恢复失地的爱国词人所提出的这一反通货膨胀政策的货币建议，还是有积极意义的。

与辛弃疾不同，南宋的一些著名学者和在野人士，则往往对纸币持否定或批判的态度，可以著名学者吕祖谦、叶适为代表。

吕祖谦（1137—1181），字伯恭，婺州人，学者称东莱先生，是金华学派的主要代表人。

吕祖谦对纸币基本上持否定的态度，他说：

> 交子行之于蜀则可，于他，利害大假不同，何故？蜀用铁钱，其大者以二十五斤为一千，其中者以十三斤为一千，行旅赍持不便，故当时之券会生于铁钱不便，缘轻重之推移，不可以扶持，交子之法出于民之所自为，托之于官，所以可行。铁钱不便，交子即便。今则铜钱稍轻，行旅非不可挟持，欲行楮币，铜钱却便，楮券不便。昔者之便，今日之不便。①

① 《文献通考》卷九《钱币考二》。以下引文皆同。

他的关于纸币可行于蜀而不可行于他地的说法，基本上与李纲所述的理由相同。这种强调将地理上的差异，作为反对推广纸币流通的论据，虽然在理论上是站不住脚的，却一再为人们所复述，因而这一说法显然在当时是有其代表性的，尤其是出之于名臣、学者之口，也就更增强了它的影响力。

吕祖谦对纸币持否定的态度，与他仍持有传统的重视铜钱的看法有关，他说：

> 自汉至隋，……五铢之钱最为得中，……自唐至五代，惟开元之法终不可易。论者盖无不以此为当。

他推崇汉之五铢、唐之开元为“钱之正”。由于天下之事，“经权本末，常相为用”，他虽认为铜钱是最良好的货币，但是对纸币还不是采取完全否定的态度。对于四川的交子，他只是评述说：“若是权一时之宜，如寇瑊之在蜀，创置交子，此一时举偏救弊之政，亦非钱布经久可行之制。”与这一总的看法相关，他又说：“议者欲以楮币公行，参之于蜀之法，自可以相依而行，要非经久之制。”所以，他对于在四川以外地方推广纸币的使用，虽持批判态度，但也不坚决反对。

讲求功利之学的著名学者叶适，对于纸币采取反对与批判态度则更为明显些。叶适，字正则，温州永嘉人，学者称水心先生，他是永嘉学派的著名代表人物。

叶适说：

> 凡今之所谓钱者，反听命于楮，楮行而钱益少，此今之同患而不能救者也。夫率意而戏造，猥以补一时之阙，而遂贻后

日之忧。大都市肆，四方所集，不复有金钱之用，尽以楮相贸易。担囊而趋，胜一夫之力，辄为钱数百万。行旅之至于都者，皆轻出他资以售楮，天下阴相折兑，不可胜计。故凡今之弊，岂惟使钱益少，而他货亦并乏矣。设法以消天下之利，孰甚于此！兴利之臣，苟欲必行，知摹刻之易，而不知其为尽钱之难。十年之后，四方之钱亦藏而不用矣，将交执空券，皇皇焉而无所从得，此岂非天下之大忧乎！①

在这里，他以愤激的言辞抨击了流通界发生的纸币驱逐铜钱现象。他发表这些言论是在宋孝宗整顿会子以后纸币币值还比较稳定的淳熙年间，这时，伴随行在会子开始在东南地区广泛流通而出现了铜钱被收藏的情形。楮币作为可兑换纸币被投入流通，本来就是为了代替铜钱及弥补流通中铜钱的不足，因而相应部分的铜钱退出流通界属于正常的现象。行在会子能代替铜钱广泛流通，大量铜钱作为贮藏货币被窖藏起来，说明其时商品经济活跃，人民欢迎轻便易携的楮币充作流通手段，于是才使得“大都市肆，四方所集，不复有金钱之用，尽以楮相贸易”。可是，叶适囿于把铜钱视为最良货币的传统观念，把纸币说成是兴利之臣“率意而戏造”的东西，而将其视为不良的“虚券”，对“楮尊而钱贱”——人们贵重纸币、贱视铜钱的情形——也当成不正常的现象对待。这说明他不理解纸币的本质及纸币存在的经济必然性。尽管如此，他较早地注意到纸币驱逐铜钱这一货币流通现象，还是有意义的。他指出“造楮之弊，驱天下之钱，内积于府库，外藏于富室”，而且看到“楮在

① 《水心别集》卷二《财计》。

而钱亡，楮尊而钱贱者，固其势也”，即认为这是不依人们意志为转移的客观趋势。这一事实，实际是由于金属货币与纸币并行流通时，只有金属货币才具有贮藏手段的职能，在纸币发生贬值情形以后它还会表现得更为明显。他较早地注意到纸币排斥铜钱这一问题，并预感到“十年之后，四方之钱亦藏而不用矣，将交执空券，皇皇焉而无所从得，此岂非天下之大忧乎！”。这个预言后来果然不幸而言中，因为，恶性通货膨胀下，贬值的纸币已是真正的“劣币”，在劣币驱逐良币规律作用下，货币流通情况就正是这样。当然，叶适是不可能区别纸币流通与通货膨胀这两个相关而又不同的范畴的，因而也就不能对纸币币值还较稳定、纸币流通还保持正常情形下的纸币排斥铜钱的现象作出正确的解释了。

叶适与吕祖谦一样，持有重视铜钱的传统观念，认为唯有铜钱才是最适用的货币，他说：

先王之用币也，钱居其一；而后世之用钱也，它币至于皆废，诚以为轻重之适也。①

但与此相关又导致他对纸币产生了一个错误看法，他说：

故天下之货，未有可轻于钱者也，一朝而轻千倍，曾不为后日之计者，何也？②

这里，他显然是把印造纸币的纸，与铸造铜钱的铜都看作相同性质的货币材料了。其实，从货币的角度考察，货币材料铜是构成

① 《水心别集》卷二《财计》。
② 《水心别集》卷二《财计》。

足值铜钱的价值的实在金属内容，因而铸造铜钱的铜与印造货币符号纸币的纸，二者是不能对比较量的，可是对一般人说来，这却是一种比较普遍的错误看法。

由于对铜钱的重视，在一些方面叶适对铜钱的认识就比较深入些了。在货币的起源方面，虽然他也没有摆脱先王创制的观念，但他注意到钱币产生与商业、商品交换的联系，所以他强调“为其无以阜通流转，则作币铸金以权之”①；又说：“钱币之所起，起于商贾通行四方，交至远近之制，物不可自行，故以金钱行之”②。他最重视货币作为流通手段的职能，以为“惟通融流转，方见其功用”③，而且还阐发说：

> 钱之所以上下尊之，其权尽重于百物者，为其能通百物之用也，积而不发，则无异于一物；……夫徒知钱之不可以不积，而不知其障固而不流，徒知积之不可以不多，而不知其已聚者之不散，役楮于外，以代其劳，而天下有坐镇莫移之钱，此岂智者之所为哉？④

显然他忽视货币的贮藏手段的职能，所以才强调铜钱“积而不发，则无异于一物”。他强烈反对人们竞事积钱，致使铜钱“障固而不流”“已聚者之不散”，从而造成“役楮于外，以代其劳”的纸币广泛流通的事实，他认为这是很不明智的事情。当然，这一论断又是与他持有的否定纸币存在的合理性的观点相联系的。

---

① 《水心别集》卷十一《财总论》。
② 《文献通考》卷九《钱币考二》。
③ 《文献通考》卷九《钱币考二》。
④ 《水心别集》卷二《财计》。

从这一观点出发，他在分析宋代钱荒及铜钱长期不足问题的原因与对策时，认为当时所建言的两种补救办法，即针对铜钱外流及毁钱为器的“防钱之禁”与采铜铸钱的“羡钱之术”，均无济于事或作用不大。因为，前者是很难严密查禁的，而后者，则由于东南铜矿一时难以恢复，因而就也难以增加铜钱的鼓铸。这样，对于钱荒问题的解决，按照他的意见，则势必只有废除纸币一途了。他之所谓“所贵于智者，推其有无之所自来，不反手而可以除其患”，或所谓“弊极而当反”，就正是这个意思。

对于铜钱问题，他还进一步指出：当时的货币问题，从实质上说来，并不是钱少或钱贵，相反，却是钱多物少或钱贱物贵。因为，宋代在政府收支、民间贸易方面，都大量地使用铜钱，即使在“虚券以阴纳天下之钱”的情形下，与前代比较起来，钱币仍然是很多的。而从铜钱的购买力来看，东南稻米之区的一般米价过去为三四百钱一石，而现在则涨至十倍；就是极南的交、广或地旷人少的荆、襄地方，米价每斗也要百钱之多了。

所以，他得出结论说：

> 然则今日之患，钱多而物少，钱贱而物贵也。

又说：

> 天下惟中民之家，衣食或不待钱而粗具，何者？其农力之所得足以取也，而天下之不为中民者十六，是故常割中民以奉之，故钱货纷纷于市，而物不能多出于地。夫持空钱以制物而犹不可，而况于持空券以制钱乎？[①]

---

① 《水心别集》卷二《财计》。

在这里，他将钱多物少、钱贱物贵之患，与大量自耕农民以至一些小地主，即所谓“中民”破产的事实联系起来。他认为，原来可以自给自足的中民的破产，导致了社会生产衰退、物资匮乏的后果，因而也就造成了“持空钱以制物”，即有钱无物或钱多物贵的现象。显然，他能将货币问题与当时的社会危机结合观察，是他的可贵之处；但是，他在这方面的观点，却仍然将之与取消纸币的主张联系起来，并说：“夫持空钱以制物而犹不可，而况于持空券以制钱乎？”这则是一个理论上的错误。

叶适还对当时的铁钱问题有所论述。宋金对峙时，南宋在江淮地区也行使铁钱，其目的是防止铜钱流入金国，因而铜钱只在江南行使，江北专用铁钱，人们携带铜钱到江北时，要把铜钱换成铁钱使用。这样一来，江淮一带的铁钱因私铸太多，币值不断跌落，以致公私交弊，民心动摇。

为了解决江淮地区的铁钱问题，叶适主张也应允许江淮地区的铁钱过江兑换铜钱。他说：

> 若要称提得所，义理均平，当使铁钱之过江南，亦如铜钱之过江北，皆有兑换之处，两无废弃之虞。……淮人知铁钱过江有兑换之处，自加贵重，商旅之在淮南者，亦不敢轻贱铁钱，则金银官会及其他物货，自当低小，如此称提，虽行铁钱，可以经久无弊。①

单纯从理论上说，叶适这个“审朝廷称提之政”的主张是合理的，可是却要涉及各地区财政负担重新分配等一系列复杂问题，因

① 《水心文集》卷二《淮西论铁钱五事状》。

而这一主张的实现也就不是易事了。

总之，在南宋时期纸币流通开始进一步扩大，并已发生了通货膨胀，人们由于身受纸币贬值之害，从而较普遍地对纸币持否定的态度。由于当时纸币通货膨胀还没有发展到严重的地步，因而对纸币持完全否定态度的人还是不多的，即如叶适这样对纸币持反对和批判态度较激烈的人，也还是没有对纸币采取完全否定的态度，如他对于纸币流通，就也曾推许过同时人李浃（1152—1209）对楮币加强管理的办法，[①] 这虽然只是涉及纸币发行的技术问题，但也足见他对纸币不是坚持采取完全取消的态度。

最后，还有必要讲一下理学大家朱熹的纸币观点。

朱熹（1130—1200），字元晦，婺源人，学者称晦庵先生。他说：

> 官会出于印造，非有鼓铸之劳，见今通行，轻重之权，与见钱等，虽使更散三数十万，亦未遽有害于流通也。[②]

这真是一个有害而错误的看法。他认为印造纸币与铸造铜钱比较起来，毫不费事，且其当作货币功用相同，因而多印“三数十万”贯也无所谓。与他同时人比较起来，不论是对纸币持拥护态度

① 《水心文集》卷十九《太府少卿福建运判直宝谟阁李公墓志铭》：“初，公在军器监，言‘造会子者二百人，放作则散处于外，稍久则兑卖名役，恣其自便，诲其为奸。宜置营区聚，老而后代，死而后收’。及外府，又言四弊：‘戮伪造，一也；立营房，二也；戮纲出峡，重其防禁，无使售易，三也；暂止印造，或出内库钱收换桩管以救低折之害，四也。’于时会子法未敝，而公之策如此。”

② 《朱文公文集》卷十七《乞降给官会等事仍将山阴等县下户夏税秋苗丁钱并行住榷状》。

的辛弃疾，还是同为学人而持批判态度的吕祖谦、叶适，皆已注意到纸币过多发行的弊害，而他对此则是熟视无睹。他不喜讲求功利的永嘉学派而“目之为功利之学”[①]，然而侈言性理的这位理学先生，对于货币理论却是如此无知，则也足见其与现实的社会经济生活实际，脱离过远了。

五、纸币的称提理论　袁燮、袁甫、陈耆卿论纸币

南宋纸币的流通，从宁宗开禧（1205—1207）以后，便开始迅速地恶化了。促使纸币膨胀的直接原因，是军事开支的增加。

当时人就说：

> 国贫楮多，弊始于兵，乾、淳（1165—1189）初行楮币，止二千万，时南北方休息也；开禧兵兴，增至一亿四千万矣，绍定（1228—1233）有事山东，增至二亿九千万矣……[②]

在这种情形下，纸币贬值的速度也加快起来。端平元年（1234）金国覆灭以后，南宋处于蒙古军队的直接威胁之下，纸币发行的数量就更迅速增加而趋于恶化，于是继宁宗嘉定二年（1209）实行新会子以一当二的措施后，理宗嘉熙四年（1240）发行十八界新会子时，又实行新会一当旧会五的措施，这标志着南宋纸币通货膨胀已进入严重阶段，因而如何稳定币值，维持纸币制

① 《宋元学案》卷五十二《艮斋学案》：“考亭（即朱熹）之徒所不喜，目之为功利之学。”

② 《宋史·王迈传》。

度，便成为这一时期封建最高统治者及不少朝野人士注意的中心问题而为之议论纷纭。马克思说："英格兰银行停止兑现时期，货币理论几乎比战报还要多。"[①] 当时的情形就正是这样。

其实，关于如何维持纸币价值的稳定问题，南宋的最高统治者还在会子初发行的时候，就开始注意了。宋高宗"最善沈该称提之说，谓官中常有钱百万缗，如交子价减，官用钱买之，方得无弊"[②]；宋孝宗则说："会子少则重，多则轻。"[③] 这些，都可以说是人们从交子流通百余年来的对纸币行用的经验之语。

所谓"称提之说"，"称提"一词是宋代产生的货币术语，主要用于纸币流通；作为纸币管理的理论、政策、方法和原则，每称为"称提之说""称提之策""称提之术""称提之法"等。

不论持赞成或反对态度者，南宋人心目中的纸币原则上皆指可兑换纸币，所以"称提"一词作为一个货币理论范畴，其基本含义是：借助兑现保持纸币名义价值与它所代表的真实价值相符。推而广之，"称提"还有泛言管理的意思。而所谓称提之术、称提之策，每可理解为纸币发行和流通的管理原则和方法。就"称提"这一概念的主要内容言，其就是用金属货币或实物（钱、银、绢、茶盐钞引、官诰、度牒等），收兑流通中过多的纸币，[④] 从而使贬值的纸币得以恢复其原来的价值，亦即设置纸币发行准备金，用以保证兑

① 马克思：《政治经济学批判》，人民出版社 1976 年版，第 64 页。

② 《宋史·食货志下》。据《建炎以来系年要录》卷一百七十一注引何俌《龟鉴》："沈该言之，至论折阅称提之说，乃谓但得官中有钱百万缗，遇（交子）减价则用钱自买，方得无弊。"沈该，字约文，归安人。

③ 《皇朝中兴圣政》卷十九。

④ 宋人言"称提"，除以现钱收兑纸币称为"称提"外，以绫绢或茶盐钞引、官诰、度牒等现金以外之物收兑纸币时，或称为"阴助称提"。

现，以维持纸币价值的稳定。

随着时间的推移，对于“称提”一词的含义，人们已不再强调借助兑现把纸币价值恢复到原来应有的水平，而只是要求把已贬值的纸币币值提高并稳定下来，使纸币币值在一个新的水平上与物价建立一种新的平衡关系；而“称提”作为泛言管理之意，除以现金及绫绢、茶盐钞引等收兑纸币称作称提外，财政缴纳中的铜钱、纸币按成搭配、发行新纸币贬价收回旧纸币等措施也可以称为称提。

在最初，“称提”一语并不专用于纸币，当金属货币铁钱贬值时，朝廷采用的办法也同样可以使用这一术语表述，如北宋时陕西路是铜钱、铁钱并行流通的地区，但铁钱则每因发行过多而贬值，因而哲宗元符二年（1099）朝廷就曾通令官员进行一次“如何措置，可以称提铁钱稍重”[①] 对策的研究。周行已则把“称提”概念用于说明纸币流通问题，他在提议推广交子的建议时说：“今以所收大钱，桩留诸路，若京师以称之……”[②] 进入南宋以后，伴随纸币流通的推广，人们运用“称提”概念言纸币问题的就多起来了。如前面讲到的宋高宗“最善沈该称提之说”[③]，而总领四川财赋的太常少卿王之望则说：蜀中交子“皆有称提见（现）钱”[④]，淳熙九年（1182）赵雄等奏言“称提会子”[⑤] 等。

从十三世纪起，即宁宗嘉泰、开禧间（1201—1207），南宋最主要的纸币“会子”流通状况开始恶化，成为朝野人士所关心的重

① 《续资治通鉴长编》卷五百十二。
② 《浮沚集》卷一《上皇帝书》。
③ 《宋史·食货志下》。
④ 《建炎以来系年要录》卷一百九十三。
⑤ 吴冰:《鹤林集》卷十五《乾淳讲论会子五事》。

大社会经济问题，于是“称提”一词开始被人们广泛使用，人们讲求称提之术、称提之策者也一时多至难以列举。[①] 这样一来，“称提”一词也基本上发展为一个与纸币流通相关联的专用术语了。虽然，也还有人把“称提”概念用于分析铁钱、和籴等问题，[②] 但已只是个别情形。“称提”一词作为经济范畴的代表含义，则主要还是与纸币相关联；宋代以后的人使用“称提”一词时，便都是用于解释纸币流通的现象了。

至于纸币称提之术的运用，即运用兑现原则来平复与提高纸币价值这一方法，则在北宋庆历八年（1048）范祥[③]的钞盐制度中，早已应用于盐钞的发行上了。北宋人王巩[④]曾记述说：“范祥钞法，陕西贮钱五百万贯，不许辄支用，大约每钞极贱，至即官给钱五十文买之；极贵，即减五十文货之低昂之权，当在官矣。”[⑤] 对于盐钞说来，这就是近代有价证券的公开市场政策的原理，可是，它在约一千年前，在我国却已是为人们所熟知并付诸实践了。

纸币称提方法，与盐钞的“置场买卖”在原则上也是相类似的。由于最初的纸币“交子”本来就是可兑换的信用货币，因而通过兑现以保证纸币价值的稳定，人们早已懂得了，如前述北宋皮公

---

① 许衡：《楮币札子》：“讲称提之策者，今三四十年矣。”许衡代人所拟的这一《楮币札子》作于理宗嘉熙二年（1238），上溯三十年，正是宁宗嘉泰、开禧时候。

② 如叶适《水心文集》卷二《淮西论铁钱五事状》，他的论铁钱五事中，其三即所谓“审朝廷称提之政”。

又，董煟《救荒活民书》卷二《和籴》：“和籴本谷贱伤农，增价以称提之耳。”

③ 范祥，字晋公，邠州三水人。

④ 王巩，字定国，莘人。

⑤ 王巩：《随手杂录》。

弼就曾说："交子之法，以方寸之纸，飞钱致远，然不积本钱，亦不能以空文行。"①

至于纸币称提原则与方法的理论出发点，则是纸币"少则重、多则轻"这一人们习知的货币数量论。在金属货币流通的情形下，货币数量论已是人们习见的说法了，而纸币作为金属货币的符号，它的价值的大小，却正是直接决定于流通中纸币数量的多少，因而人们从纸币流通的实践中，得出纸币"少则重，多则轻"的认识，也是很自然的了。这一结论是正确的，虽然当时人们还不懂得，不论纸币数量的多少，它所能代表的价值，只能是流通所必需的真实货币的价值这一纸币价值形成的原理。

在上述的货币认识的支配下，当南宋纸币膨胀趋于严重、纸币价值急骤跌落的时候，人们就竞言称提之术。他们往往依据货币数量说立论，提出许多具体的称提措施。宁宗时，袁燮②在嘉定年间任江西提举时所上的《便民疏》中说：

> 楮之为物也，多则贱，少则贵，收之则少矣；贱则壅，贵则通，收之则通矣，……视时楮价其贱耶，亟从而收之，何忧其不贵？既贵矣，日日浸久，价将复贱，则又收之，非常收也，贱而后收也。③

所谓纸币"贱则壅"，是说纸币急骤贬值，人们往往多方拒用，

---

① 《续资治通鉴长编》卷二百五十九。

② 袁燮，字和叔，号絜斋，鄞县人。

③ 《历代名臣奏议》卷二百七十三江西提举袁燮《便民疏》。《历代名臣奏议》卷二百七十三收有两篇袁燮的《便民疏》，另一篇为他知江州时所上，时间较此为早。两篇《便民疏》时间均在宁宗嘉定年间。

而使纸币更形充斥的意思。“贵则通”则是说，当纸币价值提高，或维持其币值稳定时，纸币才能顺畅地流通。为了保持纸币的稳定，并使其畅通，按照他的意见，主要的办法是要保持一定的货币准备，作为收兑纸币的基金，但是，也并不需要经常地收，而只是要等跌价到一定的程度时，然后才实行收兑，即所谓“非常收也，贱而后收也”。他自言这是总结宋孝宗的成功经验：“我孝宗皇帝颁楮币于天下，常通而不塞，常重而不轻，无他道焉，有以收之而已。”把孝宗的纸币政策归结为一个“收”字是不恰当的，因为孝宗稳定会子的最根本的方法是严格控制纸币的发行量，其次才是收兑。他所言“非常收也，贱而后收也”实际是为最高封建统治者献策，要求用很少限度的现金准备，以保证获得最大纸币发行利益，他的剥削意图是很明显的。

袁燮在杨冠卿之后，也使用虚实概念论述纸币问题，他说：

> 夫楮币之作，本借虚以权实尔。虚与实相当，可以散，亦可以敛，是之谓权。①

这里的“虚”，指无价值可言的方寸之纸，“实”则为铜钱。

他也注意到纸币驱逐铜钱的现象。在嘉定二年（1209）知江州时所上的《便民疏》中说：“臣窃观当今州郡，大抵兼行楮币，所在填委而钱常不足；间有纯用铜钱不杂他币者，而钱每有余。以是知楮惟能害铜，非能济铜之所不及也。”② 这是对通货膨胀下纸币作为劣币驱逐良币——铜钱——现象很典型的描述。

---

① 《历代名臣奏议》卷六十。
② 《历代名臣奏议》卷二百七十三。

袁燮之子袁甫[1]，也认为纸币“收愈多则数愈少，数愈少则价愈昂”[2]。他在理宗嘉熙四年（1240）十八界新会子即将发行的时候，在其《论会子札子》中为封建政府献策说：“愿陛下力持四戒：一曰戒新会三界并用，二曰戒轻变钱、会中半，三曰戒空竭升、润桩积，四曰戒新会不立界限，此四戒者决不可犯。”[3] 他也主要是依据会子“少则贵、多则贱”的货币数量说立论的。因为，不使三界会子同时并行，坚持民间输纳的“钱、会中半”规定，以及保持会子分界发行，借以节制会子的增发量，都是为了减少流通中的纸币数量，以便保持会子的价格，使之不再继续跌落或是较少地跌落。至于他不主张动用升、润等地所积存的铜钱收换会子，则是鉴于“端平初年（1234）因换会子，遂出累朝所积金银，弃之轻如泥沙”的失败教训，深怕如果再一次收换不成功，连仅有的千万贯现钱也丢光了。

在言称提之术的人们中，陈耆卿[4]还把“子母相权”概念运用于称提纸币问题。他说：

> 钱犹母也，楮犹子也，母子所以相权，不可重子而轻母也。
>
> 夫有钱而后有楮，其楮益多，则其壅底益甚，甚则称提之说兴焉。厥今在朝在野，日夜讲画而奉行，非称提不急也，而未尝有言及钱者。楮日多，钱益少，禁楮之折阅者日严，而禁

---

① 袁甫，字广微，号蒙斋。
② 《蒙斋集》卷六《是日上不视事缴进前奏事札子》。
③ 《蒙斋集》卷七。
④ 陈耆卿，字府老，号篔窻，临海人。

钱之漏泄者日宽，……豪家泄之于近，而富商泄之于远。泄于近，犹在中国也，泄于远则转及外国，而不可复返矣。

……钱既日耗，则其命遂归于楮，其弊遂积于楮而上下之间，遂一切并力于楮，不知楮之所以难行者，不独以楮之多，而亦正以钱之少也；存者既少，藏者愈牢；……故臣以为今日之务，不专在于称提楮币，又在于称提铜钱也。……严漏泄之宪，优掩获之典，……诚使钱不甚荒，则楮不偏胜，此称提本务也。①

陈耆卿指出，称提之术不仅在于紧缩流通中的纸币数量，还必须注意到铜钱方面，特别是对于铜钱流出海外的情形，更需要严厉地禁止。因为，铜钱外流直接导致国内铜钱的缺少，使铜钱对纸币的比价增高，更促使人们“藏钱”不出。这样，国内的流通便更加依赖于纸币，流通中的纸币更形充斥，即所谓“钱既日耗，则其命遂归于楮，其弊遂积于楮”。所以，他得出结论说：“不知楮之所以难行者，不独以楮之多，而亦正以钱之少也。”陈耆卿从钱、楮两个方面联系考察流通中纸币数量过多对币值的影响，对当时货币问题的观察就较深入了一步。

陈耆卿是继杨万里之后运用子母相权概念阐述纸币问题的人。他注意到铜钱外流对国内纸币贬值的影响，而且将铜钱与纸币两方面联系起来谈纸币称提问题，要求不单是管理纸币，而且要管理铜钱，这是对古代纸币称提理论的一个发展。

---

① 《历代名臣奏议》卷二百七十三。

六、林駉、戴埴论纸币

自从南宋初叶会子发行，扩大了我国纸币流通的范围，并使纸币成为流通界主要通货以后，到南宋末则又已约百年的时光，若从北宋交子流通时算起，则纸币流通已有两个多世纪的经验了。因而在南宋末时，便自然地发生了一些关于纸币的较系统的或带有总结性的言论。

南宋人林駉①说：

> 自后世以券币而权钱，钱之与楮相为消长，此券币之通塞，国计命脉之所系，民生利疚之所关焉。……
>
> 至于今也，称提无术，券币不行，非惟民病之，国亦病之，沿流溯源，岂非钱重而楮轻？天下之理，多则轻，少则重。……
>
> 今交子之行，通于江、淮、福、浙，一夫可赍千万缗，而无关津讥征之患，无变易轻货之劳，其于民亦可谓便矣。然今之民，往往重钱而轻楮者，何哉？曰：敛散之无术也。今日讲求其敛散之术，将求诸钱乎？抑求褚楮乎？抑亦钱楮之相权乎？在昔，楮券之行于蜀，贱则官出钱以敛之，贵则官出楮以散之，使居者以藏镪为得，行者以挟券为便，是故州县之折纳，四方之征商，坊场河务之课息，不责其钱，不拘其楮，是钱重而楮亦重。今则不然，中半之法，行于出而不行于入，元

① 林駉，字德颂，宁德人。

陌之令，行于近而不行于远，朝廷未尝不严出纳之禁矣，而巧为名色邀阻者自若也，未尝不严殿最之课矣，而虚数伪冒罔上者亦自若也。门关之外，便同隔江，上下皆知，置而不问，辇毂之下尚乃如此，何责于外郡乎？

若是，则今日敛散之策当如何？必如孝宗之出内帑金帛以收换，则可重，必如孝宗纲运许中半入纳，则可重；不然，则得守臣如赵开者，用公钱以收之，则可重。苟舍是而他求焉，殆非敢知也。①

林駉比较明确地指出了纸币作为真实货币铜钱的代表的特性，即“以券币而权钱”，以及在纸币与铜钱相辅并行的货币制度形成以后，纸币流通的健全与否，就成为对国计民生至为重要的事情了。然后，他依据纸币“多则轻，少则贵”，以及铜钱、纸币相权的保持平衡的原则指出，纸币最初行于四川，由于敛散得宜，就可以获得“居者以藏镪为得，行者以挟券为便”，以及“钱重而楮亦重”的效果。反之，在南宋末通货膨胀恶化的情形下，封建政府紧缩通货的主要途径，即民间输纳“钱、会中半”的规定实际上已成为虚文，而封建政府对纸币行市的强制规定也早已不行，因而，要想提高与稳定纸币的价值，则只有中央或地方政府用钱、银、金、帛等收换过多发行的纸币，除此别无其他途径。

显然，他的议论切中时弊，而且是对纸币流通经验的较为正确的总结。但这仅就纸币作为可兑换的信用货币的流通经验来说是对的，至于对纸币与信用货币在性质上的区别，以及全然不用现金准

① 《古今源流至论》续集卷四《楮币》。

备的、纯粹政府纸币，在不超过流通中货币必要量的限度内可以代替金属货币流通而保持其价值稳定的道理，他和同时代的其他人，都还是不能理解的。

另一更值得人们注意的纸币议论，是南宋末年的戴埴[①]发表的。戴埴在考究了“楮币源流”，即纸币的历史发展以后，总结说：

予谓钱与楮犹权衡也，有轻重则有低昂，分毫之力不与焉。盖钱与楮皆本无用，可以贸有用之物，则人用之，使如古所谓粟易械器，械器易粟，有无可以相易，则何资于钱？如古所谓治田百亩，岁用千五百之类，大小粗足于日用，何资于楮？自物货难以阜通，于是假圜法以流转。故言钱则曰平准，所以见有是钱，必有是物，而后可以准平也。钱多易得，则物价贵踊，此汉唐以后议论也。

自商贾惮于搬挈，于是利交子之兑换，故言楮则曰称提。所以见有是楮，必有是钱，以称提之也。楮多易得，则金钱贵重，此绍兴以后议论也。

准平、称提，皆以权衡取义，而低昂有在于重轻明矣。陆贽谓钱多则轻，必作法以敛之；赵开谓楮多则轻，必用钱以收之。今日病在楮多，不在钱少，如欲钱与楮俱多，则物益重矣。且未有楮之时，诸物皆贱，楮愈多则物愈贵，计以实钱，犹增一倍。盖古贸通有无，止钱耳。钱难得，则以物售钱而钱重，钱易得，则以钱售物而钱轻，复添楮以佐钱，则为贸通之用者愈多，而物愈贵。

---

① 戴埴，字仲培，桃源人。

……食物本也，钱末也，楮又末之末。楮惟便于商贾，……今日所虑，在楮日益而不知止耳！柳宗元言平衡曰：增之铢两则俯，反是则仰。此称提大术也。今日悉欲取法孝宗，独楮币一事与孝宗议论相反，何耶？①

首先，戴埴很重视货币作为价值尺度与价格标准的作用，因而他说："钱与楮犹权衡也，有轻重则有低昂，分毫之力不与焉。"在这里，他将货币与商品间的关系，做了很形象的比喻。

其次，他还进一步区分了铜钱与作为它的代表的纸币二者性质上的差异，并且提出"平准"与"称提"这两个概念，用以区分铜钱、纸币作为价值尺度和价格标准的作用。他认为"平准"是货币与商品间的平衡关系，即所谓"见有是钱，必有是物，而后可以准平也"；而"称提"则是铜钱与作为其代表的纸币间的平衡关系，即所谓"见有是楮，必有是钱，以称提之也"。由于他有把铜钱与纸币均视为"无用之物"的名目主义思想，并不认为铜钱本身是具有价值之物，也不能够明了形成纸币价值的真正原因，因而便从铜钱与纸币二者作为计算货币共有的"权衡"作用出发，用货币数量论的观点等同解释铜钱与纸币价值的形成，认为"钱多则轻""楮多则轻"。他还最早地运用货币数量论，以铜钱与纸币二者数量之和解释当时的货币购买力及物价问题。他说："今日病在楮多，不在钱少，如欲钱与楮俱多，则物益重矣。且未有楮之时，诸物皆贱，楮愈多则物愈贵，计以实钱，犹增一倍；……钱轻，复添楮以佐钱，则为贸通之用者愈多，而物愈贵。"但他能够区分以纸币及

---

① 《鼠璞》卷上《楮券源流》。

以“实钱”计算的不同的物价水平，这是他观察问题的细致之处，而他完全从货币的数量来解释物价问题则错了。因为，当时用“实钱”计的物价水平的上涨，应与社会生产衰退、谷粟布帛这些主要物资的匮乏相关，故他说：“食物本也，钱末也，楮又末之末。”可是在物价问题方面，他却不能像叶适那样，将货币问题与社会生产问题结合起来考察，因而就突出了他的错误的货币数量论观点。不过，他从“少则重，多则轻”的观点出发，强调指出“今日所虑，在楮日益而不知止耳”，从而对当时的纸币问题，得出与林駉相同的看法与结论，则是符合实际的。

最后，他与林駉一样，都考究了“楮币源流”，即纸币产生的历史，他们都认为先秦时民间私相借贷的“傅别”、汉武帝发行的“白鹿皮币”是宋代纸币的滥觞，唐时的飞钱、入宋以后的“便钱”是宋代纸币的直接先驱，这也是比较符合历史实际的。另外，他们都着重谈到货币的发生与商业、交换发展需要的联系，以及纸币的“无关津讥征之患，无变易轻货之劳”“无欠数贴偿脚乘之费”等优点，肯定纸币在经济及商业周转上的必要性，这也是比较正确的看法。

第四节
宋元之际思想家许衡、马端临的货币思想

一、许衡的反纸币思想

南宋末年，随着军事的节节失败，经济也逐步濒于崩溃的境地；而长期通货膨胀弊害所加于人民的痛苦，则使人们自然地产生反纸币的思想，甚至对纸币抱敌视态度，在这方面，宋元之际的思想家许衡就是一位突出的代表。

许衡，字仲平，号鲁斋，怀州河内人，入元以后出任为官，为元初著名的理学家。他在元朝建立之前为人代拟的《楮币札子》中说：

> 楮币之折阅，断无可称提之理，直一切罢而不行用耳。臣请言其币之设，非古先圣王智虑不及后世而不能用也。盖制法无义，则古先圣王知其为天下害，必不可行也。古者为市，以

谷粟、布帛、器用之物自相贸易，泉货未铸，安肯持虚券以易百姓之实货哉！……夫以数钱纸墨之费，得以易天下百倍之货，印造既易，生生无穷，源源不竭，此世人所谓神仙指瓦砾为黄金之术，亦何以过此？然后世不期于奢侈，虽有贤明之资，恐不能免也。奸民不期于伪造，而自不能不伪造，虽制以死刑不能绝也，此岂良法哉？是故讲称提之策者，今三四十年矣，卒无能为朝廷毫发之助，但见称提之令每下，而百姓每受其害，而贯陌益落矣。嘉定以一易二，是负民一半之货也，端平以一易五，是负民四倍之货矣，无义为甚！

今不若以实货而收虚券，犹足以救目前之过，而无愧百姓也。实货者何？盐是也。[1]

在反对纸币的思想家中，许衡可说是最坚决的人了。许衡主张将纸币“罢而不行”。他指斥封建政府发行“数钱纸墨之费”的纸币这种行为为“神仙指瓦砾为黄金之术”，并称纸币为“虚券”，为“无用之破纸”。特别是他对封建统治者所实行的纸币强制贬价措施的抨击：“嘉定以一易二，是负民一半之货也，端平以一易五，是负民四倍之货也，无义为甚！”[2] 将南宋政府以新纸币强行折兑

① 《许文正公遗书》卷七。

② 《宋史·食货志下》：“嘉定二年（1209）以三界会子数多，称提无策，……以旧会之二易新会之一。……端平二年（1235），臣僚言，两界会子，……今当以所收之会，付封桩库贮之。……”

按：此年开始准备造十八界会子，但到嘉熙四年才发行。南宋政府明令按1∶5的比率使十八界会子与十七界会子并行流通，并收回十六界会子。许衡所言“端平以一易五”应指此事。关于这一“以一易五”大幅度贬价折兑比例，最初，有人以“白札子”上言朝廷提出这个建议，且因此而引起一番争论。参加争论者、当时任兵部侍郎的袁甫在《论会子札子》中言及：“今白札子遽欲以十八界会子旋印旋支，其说谓一新之直可当旧之五六……”袁甫对1∶5比率未加反对，但对发行十八界会子的“旋印旋支”的一些办法持有异议。前文引述袁甫的“力持四戒”之说就是他的具体意见。

旧纸币的措施，径直斥为“无义”的行为，指出发行纸币是封建统治者对人民的负债，并提出政府用食盐收换百姓手中的纸币，作为“救过”的措施，这反映了广大群众反对纸币的愿望，以及人们对南宋封建政权绝望的激愤心情。显然，许衡对封建统治者的尖锐抨击，对于后来人们反对纸币通货膨胀的封建剥削方面，是具有其积极的一面的。

可是从货币理论上看，许衡的纸币观点则多有错误之处。

首先，他将货币视为古先圣王“智虑”的创造物，而“楮币之设”则归诸不义的“小人”聚敛财货需要的产物，并强调指出：“鹿皮（白鹿皮币）之造，特出于汉武帝虚耗无聊之末计，历千三百年，无敢染指于其后。”说明他不了解纸币产生的客观经济条件及经济必然性，这是一种唯心主义的错误看法，而且带有较浓的义利之辩的道学色彩。

其次，他指斥以数钱纸墨之费，得以易天下百姓之货为“神仙指瓦砾为黄金之术”，这一说法比较形象，并在反纸币议论方面具有强烈的鼓动力，然而也说明他不懂得纸币的本质“不过是价格的记号，因而是金的记号”①，亦即纸币是货币的符号的道理。但是他提出发行纸币是国家对人民的负债这一新的概念，则是很难得的见解。他说纸币以新为旧，“以一易二，是负民一半之货”，“以一易五，是负民四倍之货”，其实，封建国家发行强制行使的纸币，不论其贬值与否，都是对人民的一种强制征课，从而也都是对人民的一种负债。

他主张废用纸币，主要因为纸币流通带来两个弊病：一、会使

① 马克思：《政治经济学批判》，人民出版社 1955 年版，第 81—82 页。

封建君主利用纸币发行这一简便的财政剥削手段，不事撙节而侈靡无度，即所谓“不期于奢侈，虽有贤明之资，恐不能免也”；二、重利所在，奸民伪造纸币成风，即“不期于伪造，而自不能不伪造，虽制以死刑不能绝也”。其实，纸币流通所带来的弊病，与纸币能否流通是两个不同性质的问题，二者可说是因“噎”应否“废食”的关系，所以他主张废用纸币的论据是不充分的。

最后，许衡把盐称为“实货”，把纸币称为“虚券”，提出用盐全数收回纸币，作为朝廷对百姓补救的措施，还申述理由说：“言者又曰，朝廷倚盐课为国之命脉，今乃欲以之易无用之破纸，计狂而事左，何以为国乎？曰：不然，谷粟布帛，铜铁金银，皆足以充国用，历黄帝以来四千余年之所通行，何独不可行于今日？”除此，他还认为渡江之初南宋初建时，在“干戈相寻，江左萧条”的情形下，朝廷“不造官会”，可是日子也过下来了，而且“亦渐致富强”。由此他作出结论说：“其所以致国家之财用者，亦人耳！”这些言语很是迂腐，显然不能解决南宋朝廷面临的实际问题。

所以，许衡的纸币思想，虽然曾被人们用作反对封建政府纸币通货膨胀行为的重要思想武器，可是在理论上则显然是有其错误及不足之处的。

二、马端临的货币思想

马端临（1254—1323），字贵与，饶州乐平人，宋相马廷鸾之子。他熟知历代典章制度及宋时士大夫的议论与故事。入元以后，隐居不仕，从事著述，历时二十余年，著成《文献通考》，是宋元之际杰出的史学家。

马端临以身当宋亡，故对宋朝统治集团的腐败深为不满，他对宋末纸币通货膨胀的现象揭露说：

籴本以楮，盐本以楮，百官之俸给以楮，军士支犒以楮，州县支吾无一而非楮；铜钱以罕见为宝，前日桩积之本，皆绝口而不言矣。是宜物价翔腾，楮价损折，民生憔悴，战士常有不饱之忧，州县小吏无以养廉为叹，皆楮之弊也。楮弊而钱亦弊，昔也以钱重而制楮，楮实为便；今也钱乏而制楮，楮实为病。①

他很生动地描绘了恶性通货膨胀下的图景，指出广大的人民、士兵，以至依靠薪俸为主要收入的低级官吏们，都是通货膨胀下"物价翔腾，楮价损折"的受害者，表露了他对宋朝统治集团的愤慨及对一般人民的同情。

但是，在纸币问题上，他并没有否定纸币存在的必要性。他说：

生民所资，曰衣与食。物之无关于衣食而实适于用者，曰珠、玉、五金。先王以为衣食之具未足以周民用也，于是以适用之物作为货币以权之。……然珠、玉、黄金为世难得之货，至若权轻重，通贫富而可以通行者，惟铜而已，故九府圜法自周以来未之有改也。

……自交、会既行，而始直以楮为钱矣。夫珠、玉、黄

① 《文献通考》卷九《钱币考二》。

金，可贵之物也，铜虽无足贵，而适用之物也，以其可贵且适用者制币而通行，古人之意也。至于以楮为币，则始以无用为用矣。举方尺腐败之券而足以奔走一世，寒借以衣，饥借以食，贫借以富，盖未之有。然铜重而楮轻，鼓铸繁难而印造简易，今舍其重且难者，而用其轻且易者，而又下免犯铜之禁，上无搜铜之苛，亦一便也。①

马端临持有先王制币的传统看法，但他对传统上把衣食以外之物皆视为“无用之物”的说法加以修正，把珠、玉、金、铜称为“适用之物”。但前三者为“难得之货”，故唯有铜可“权轻重，通贫富”，即最适宜充作上下普遍通用的货币材料。至于印造纸币的纸——“方尺腐败之券”才是所谓“无用之物”。他说：“以楮为币，则始以无用为用矣”，这是对古代货币“以无用为用”说法的一个发展。

马端临虽然没有摆脱先王制币的观念，并且仍然把铜钱看作最适当的货币，但他还是承认纸币比笨重的铜钱具有轻便易携、印造简便、无搜铜之苛、免犯铜之禁的优点，故“楮实为便”；而他所坚决反对的则是“无本”之楮而已。

除此，他还根据纸币便于轻赍的特点，主张纸币制度也应采取统一发行与流通的原则，他说：

以尺楮而代数斤之铜，赍轻用重。千里之远、数万之缗，一夫之力，克日可到，则何必川自川、淮自淮、湖自湖，而使

① 《文献通考·自序》。

后来或废或用，号令反复，民听疑惑乎？[1]

显然，这种“造钱币之司，当归于一”的统一币制的观点也是可取的，因为这样，纸币流通才能更好地发挥它为商业及商品流通服务的作用。

在对纸币性质的认识上，他并不认为纸币是真正意义上的货币，而仅是金属货币的代表。他说：

盖置会子之初意，本非即以会为钱，盖以茶盐钞引之属视之，而暂以权钱耳。[2]

但是，他也将作为金属货币的代表的纸币，与作为有价证券的茶盐钞引清楚地区分开来。他指出：

然钞引则所值者重（承平时，解盐场四贯八百售一钞，请盐二百斤），而会子仅止于一贯，下至三百、二百；钞引只令商人凭以取茶盐香货，故必须分路（如颗盐钞只可行于陕西，末盐钞只可行于江淮之类）。会子则公私买卖、支给，无往而不用，且自一贯造至二百，则是明以之代见钱矣。[3]

也就是说：茶盐钞引主要是作为商人领取货物的证书，面额大，且有固定的用途，虽可买卖，但却不便流通；而纸币则在公私交易、财政收支等方面均可使用，且面额只是一贯，甚至小至二百文，因而在流通中完全起到现钱的作用。显然，他对于纸币概念规

---

① 《文献通考》卷九《钱币考二》。

② 《文献通考》卷九《钱币考二》。

③ 同上。

定的叙述，还是清楚的。

马端临在货币思想方面，还有值得重视的见解，就是他能从货币购买力的变动去考察、比较历代的国用、人民生计等社会经济问题。他引述南宋叶梦得的话说：

> 石林叶氏曰：《汉书·王嘉传》：元帝时都内钱四十万万，水衡钱一十五万万，少府钱十八万万，言其多也。以今计之，才八百三十万贯耳，不足以当榷货务盛时一岁之入。盖汉时钱极重，……谷价甚贱时至斛五钱，……故嘉言是时外戚赀（资）千万者少，正使有千万，亦是今一万贯，中下户皆有之。①

他分析南宋绍兴时代，一州盐利超过唐代全国盐利收入的原因时指出：

> 盖盐值比唐则愈贵，……缗钱比唐则愈轻。②

这种重视货币购买力的变动对不同时代封建财政收入、人民生计的影响的认识，也是很可贵的。

然而，马端临对于货币思想史的贡献，不能忽略的更在于他的史学巨著《文献通考》。《文献通考》为我们保存了大量的货币流通与货币思想史料，从而为我们的研究工作创造了很大的便利条件。他的《文献通考》与唐代杜佑的《通典》，都是记载古代典章制度

---

① 《文献通考》卷八《钱币考一》；叶梦得（1077—1148），字少蕴，长洲人。

② 《文献通考》卷十六《征榷考三》。

的专门性史学著作。杜佑的《通典》虽然也将记述经济制度的“食货”作为书的开端，但“食货”在《通典》全书中则仅占十二卷，而“礼”却占了一百卷。《文献通考》的经济部分，即关于“食货”方面却扩展到八门、二十七卷，还汇集了许多思想家对一些历史经济事例的论述，并且也提出自己的一些见解。在关于“礼”的部分，则为三门、六十卷。对比起来，有关经济史料的记述显然也增多了，因而马端临在这方面的史学工作成就，就更值得我们重视。

第六章

元代的货币思想

第一节
元前期关于中统钞的议论
王恽、卢世荣、刘宣等的货币思想

一、统一的中统钞制度建立前耶律楚材等论纸币

元朝（1271—1368）是中国历史上比较短的朝代。由于蒙古贵族统治者实行民族压迫政策，因此国内各民族的反抗与起义不断，社会经济安定的时间少，经济思想也比较贫乏。但横跨欧亚的统一大帝国为国内外商业的发展和繁荣创造了条件，加之元朝统治者还有游牧民族固有的“商业的精神”①，重商思想就得以传播，传统的轻商观点暂时有所抑制。在这一思潮的影响下，元初大儒许衡也

① 马克思：《资本论》(第三卷)，人民出版社1975年版，第371页：“对那些没有定居下来的游牧民族来说，商业的精神和商业资本的发展，却往往是它们固有的特征。”

提出“士君子”可以经商的主张，他说：“治生者农、工、商贾而已。士子多以务农为生，商贾虽为逐末，亦有可为者。果处之不失义理，或以姑济一时，亦无不可。若以教学与作官规图生计，恐非古人之意也。”① 这一反传统的主张出于一位有名望的理学家之口，表明传统重农轻商思想已发生了变化。

元朝时期的经济思想，除重商思想外，更值得称许的则是货币思想。中国古代的纸币流通历经元朝一代，已有近四个世纪的历史了，而元朝作为第一个以统一的纸币为基本货币制度的朝代，积累了丰富的纸币流通经验，因而在当时人士对纸币问题的各种争论或专门论述中，不乏创新的纸币观点，而体现于各种行钞原则、钞币管理制度和措施中的纸币思想也不乏合理之处。所以，货币思想在元代整个经济思想中具有独特而重要的地位。

元朝承金、宋之后，将纸币流通发展为基本上不再使用铜钱的纯粹纸币制度。

从元朝纸币制度的性质看，其最初是可兑换的银本位制度，可是不久，由于纸币发行不断膨胀，“银本”也遭到挪用，于是纸币兑现的制度被破坏，其成为不兑换纸币制度。

早在元世祖忽必烈在中原建立元朝以前，蒙古贵族就已沿袭金、宋经验，开始发行纸币了。太宗窝阔台八年（1236），有名为于元的人，建议推行纸币“交钞”。为此，耶律楚材曾发表了简短的议论，他提出了纸币限额发行的原则。耶律楚材（1190—1244），字晋卿，契丹族，成吉思汗、窝阔台时期的著名大臣。他说：

---

① 《许鲁斋集》卷六《国学事迹》。

金章宗时，初行交钞，与钱通行，有司以出钞为利，收钞为讳，谓之老钞，至以万贯惟易一饼，民力困竭，国用匮乏，当为鉴戒。今印造交钞，宜不过万锭。①

耶律楚材以金人交钞恶性通货膨胀为鉴戒，对纸币发行抱以慎重态度，提出限额发行的原则，这对于保持纸币稳定、防止封建统治者无限度地滥发纸币应是有好处的。

其后，各道多分散发行地方性纸币。一般二三年辄一更易，互不越境流通。钞本日耗，纸币贬值，致使商旅不通。宪宗蒙哥元年（1251），真定路兵马都总管史楫（1214—1272）因而上言皇太后海迷失云：

银钞相权法，度低昂而为重轻，变涩滞而为通变。②

史楫所谓的银钞相权法，就是实行以银为本位的可兑换的纸币制度，这些纸币主要是按照商业及商品流通的需要投放的，即“度低昂而为重轻”，因而带有信用兑换券性质。“银钞相权”法丰富了传统的子母相权论的内容。

二、王恽论元钞法　马亨的纸币观点

元朝建立以后，于中统二年（1261）便着手建立统一的纸币制度，并发行了“中统元宝交钞”，即“中统钞”。王恽作为中统钞

① 《元史·耶律楚材传》

② 《秋涧先生大全文集》卷五十四《大元故真定路兵马都总管史公神道碑》。史楫，字大济，永清人。

制度的重要主持人，对元代钞法的建立及以后中统钞的流通问题均有议论。王恽，字仲谋，卫州汲县人，元代文学家。他这样记述元初的中统钞发行制度：

其法大约随路设立钞库，如发钞若干，随降银货，即同现银流转，据倒到课银，不以多寡，即装垛各库作本，使子母相权，准平物估，钞有多少，银本常不亏欠；至互易银钞，及以昏换新，除工墨出入正法外，并无增减。……①

所以，最初的中统钞具有以银为本位的信用兑换券性质，而且采用的甚至是十足准备的银本位制度。在这种情形下，纸币的币值也能保持稳定。因而，王恽列述纸币制度的优点：

当时钞法有甚便数事：艰得，一也；经费省，二也；银本常足不动，三也；伪造者少，四也；视钞重于金银，五也；日实不虚，六也；百货价平，七也。②

然而未及中统二十年，中统钞制度便趋于败坏了。王恽在其论钞法的文章中说：

窃见元宝交钞，民间流转，不为涩滞，但物重钞轻，谓如今用一贯才当往日一百，其虚至此，可谓极矣。究其所以，法坏故也。其事有四。自至元十三年（1276）已后，据各处平准行用库倒到金银，并元发下钞本课银，节次尽行起讫，是自废相权大法，此致虚一也。其钞法初立时，……造有数，俭而不

---

① 《秋涧先生大全文集》卷八十《中堂事记上》。
② 《秋涧先生大全文集》卷八十《中堂事记上》。

溢，……钞常艰得，物必待钞而后行，如此，钞宁得不重哉？今则不然，印造无算，一切支度，虽千万锭，一于新印料钞内支发，而谓有出而无入也，其无本钞数，民间既多而易得，物因踊贵而难买，此致虚二也。又……物未收成，预先定买，……此致虚三也。又外路行用库，令库子人等，私下倒易，多取工墨，以图利息，百姓昏钞到库，不得画时回换，民间必须行用，故昏者转昏，烂者愈烂，流转既艰，遂分作等级，……此致虚四也……

谓救其虚，莫若用银收钞，……或更造银钞，以一百当元宝二百……①

他指出，纸币贬值的原因在于：一方面钞本被挪用，使银本位制度遭到破坏，即“自废相权大法”；另一方面，纸币毫无限制地增发，一切支度无不用钞，甚至还用作预付款以抢购货物，这就使得流通中纸币充斥，尽是“无本钞”，于是纸币贬值也就不能避免了。除此，人们以旧钞易新钞也受到官吏的刁难，不能随时换易，更造成流通中新钞、旧钞分等作价的混乱现象。

王恽对于当时纸币贬值原因的分析，还是符合实际情况的，而我们从其对纸币问题的议论中也能够看到，作为他的纸币主张立论根据的，是他所说的“钞常艰得，……宁得不重”亦即纸币“少则重”这一为人熟知的原则。从此出发，他提出“用银收钞”的主张——将流通中过多的纸币收回，从而使贬值的纸币得以恢复其币值。除此，他还提出发行以一当二的“银钞”，以收换流通中的

---

① 《秋涧先生大全文集》卷九十《便民三十五事》。

旧币的主张，这则是一种对纸币持有人实行财产剥夺的、强制压缩流通中纸币数量的措施。显然，采取用银收钞作为挽救纸币的措施，还是比较可取的。因为，这还是可以使人民少受一些损失的。然而，对于贪婪的元朝统治者来说，王恽的货币政策的后一种方案显然更具有吸引力。元政府当时虽然没有采纳这一建议，但到至元二十四年（1287）发行至元通行宝钞时就是按照这一方案的精神付诸实践的。

元朝中统钞发行以后不久，即在至元三年（1266）时，曾发生了一桩外国商人“贾胡”向元政府请求包买纸币发行权的事情，由于当时户部尚书马亨的反，其请求被拒绝了。

马亨（1207—1277）说：

> 交钞可以权万货者，法使然也。法者，主上之柄，今使一贾擅之，废法从私，将何以令天下？①

这是对汉代贾山“富贵者，人主之操柄也”的国家垄断货币权思想的一个发展，王恽将这一原则运用于纸币发行权上，并明白地将纸币的职能与作用，归结为封建国家法权的产物，更体现了货币国定论的名目主义观点。

三、卢世荣的货币政策　刘宣、张之翰论钞法

至元十三年（1276），阿合马（？—1282）专政，将诸路平准库金银尽数起赴大都，继而灭亡南宋政权，至元十九年（1282）又

---

① 《元史·马亨传》。马亨，字大用，邢州南和人。

宣布禁止私人买卖金银。从此以后，元朝的中统钞实际上已成为不兑换的政府纸币。这时的纸币发行越来越被用于填补财政亏空，于是中统钞的稳定性被破坏了。因而，人们围绕“钞法虚弊”这一问题发表了不少主张和议论，如何稳定或改革中统钞，一时成为朝野人士关注的重点。

至元二十一年（1284）十一月，卢世荣由回纥人桑哥（？—1291）推荐为相，受命“整治钞法”。卢世荣（？—1285），原名懋，大名人。当时，他提出印造绫券、铸造铜钱与钞并行，以及恢复民间金银自由买卖等主张与措施，企图对当时的纸币制度作较全面的改革。他说：

> 为今之计，莫若依汉唐故事，括铜铸至元钱及制绫券，与钞参行。
>
> 金银系民间通用之物，自立平准库，禁百姓私相买卖，今后听民间从便交易。
>
> 国家虽立平准，然无晓规运者，以致钞法虚弊，诸物踊贵，宜令各路立平准周急库，轻其月息，以贷贫民，如此则贷者众而本且不失。①

卢世荣改革币制的要旨，是适当扩大金属货币流通的作用，借以相对减轻纸币发行的压力。对于纸币发行，包括绫券及原来的中统钞，从他强调平准周急库的作用和保持钞本的态度来看，他是要采取慎重发行及收缩通货的方针。然而他企图利用平准周急库的钞本作为营运资金贷放取息，虽然可使库存金银这部分资金免于呆

① 《元史·卢世荣传》。

滞，对贫民发放低息贷款也可能会对打击高利贷资本有作用，可是如果运用不当则会给钞本作为纸币发行准备金的信用保证作用带来风险。不过，总的来看，卢世荣整顿币制的重点，实际上都在整顿财政方面，因为当时纸币的过多发行，多是由财政上的缺陷引起的。他提出的“裁抑权势所侵”“兴贩市舶”“制市易税”“榷酤”“立平准周急库，轻其月息，以贷贫民”等措施，皆是为了扩大国家的财政收入，从而使新纸币制度的稳定，可以有一个较充裕的财政基础作为保证。他这种将货币改革与财政改革密切结合的主张，显然是有不少可取之处的。然而，由于他的一些财政改革措施直接触犯到某些“权势”的利益而受到反对，而且，许多新的货币、财政措施，在稳定钞值方面也不能短期见效。所以，他的货币改革方案进行还不及数月，即在许多措施还未施行的情形下，就在一片反对声中失败了。①

到至元二十三年（1286）年末，元政府又进行了一次“更钞铸钱”的议论，在这次讨论中，比较受人注意的是刘宣的货币议论。刘宣（？—1288），字伯宣，潞州人，尝从许衡讲理学，至元二十五年（1288）因事自刭死。他说：

中统建元，……印造中统元宝，以钱为准，每钞二贯倒白

① 《元文类》卷十四陈天祥《论卢世荣奸邪状》：“前江西道榷茶转运使卢世荣者，亦拜中书右丞，中外喧哗，……计本人任事以来，百有余日，验其事迹，……与所言已不相副者，……始言能令钞法如旧，钞今愈虚；始言能令百物自贱，物今愈贵；始言课程增添三百万锭，不取于民，而能自办，今却迫胁诸路官司勒令尽数包认；始言能令民皆快乐，凡今所为，无非败法扰民之事。既及于民者，民已不堪其生；未及于民者，民又难为后虑。……”于是卢世荣竟以得罪伏诛。

银一两，十五贯倒赤金一两，稍有壅滞，出银收钞。恐民疑惑，随路桩积金银，分文不动。当时支出无本宝钞未多，易为权治，诸老讲究扶持，日夜战兢，如捧破釜，惟恐失坠，行之十七八年，无少低昂。后阿合马专政，不究公私利害、出纳多寡，每一支贴至十有余万锭者，又将诸路平准库金银尽数起赴大都，以要功能，是以大失民信，钞法日虚，每岁支遣又逾向者，所行皆无本之钞，以至物价腾贵，奚止十倍。拯救之法，不过住印贯钞，只印少（小）钞，发去诸库倒换昏烂，以便民间爪贴找零；验元起钞本金银，发去以安民心；严禁权豪官吏，冒名入库倒买；国用当度其出入，量其所出，如周岁差税、课程，可得百万锭者，其岁支只可五七十万，多余旧钞，直便烧毁。如此行之，纵不复旧，物价可减今日之半。欲求目前速效，未见良策。纵创新钞，以权旧钞，只是改换名目，无金银作本称提，军国支用不复抑损，三数年后亦如中统旧钞矣。利民权物，其要自不妄用始，若欲济溪壑之用，非惟铸造不敷，抑亦不久自弊。①

刘宣的货币见解，在纸币理论方面虽然少有新义发明，然而却立论平妥，无论是对当时纸币贬值原因的分析，还是所提出的对策，都能够切中时病，不乏可取之处。

按照他的意见：一、停止纸币的发行，但小面额纸币仍可继续发行，以便于民间交易的找零之用；二、将作为钞本的金银，仍发还给当地平准库，加强纸币发行的保证；三、杜绝权豪官吏入库倒

① 魏源：《元史新编》卷八十七《食货志·钞法》。

买金银、侵吞库款的行为；四、纸币发行不能用于弥补财政赤字，而且政府要从财政结余中逐年收回一部分流通中过多的纸币。

从此我们能够看出，他相当清楚地看到当时纸币膨胀的弊害，主要就是政府过多的财政支出造成的，这一局面如不改变，纸币的贬值就是不可避免的事。因而，他认为解决当时纸币问题的关键，就在于如何节约政府的支出，即所言“其要自不妄用始”①。基于这一认识，他反对发行新钞，因为，“纵创新钞，以权旧钞，只是改换名目，无金银作本称提，军国支用不复抑损，三数年后亦如中统旧钞矣”②。

事情的实际进程正如刘宣所预言的，元政府于至元二十四年（1287）开始发行至元新钞，即“至元通行宝钞”，使其按照一当五的比价与中统钞并行流通，但新钞流通并未多久，就又走上中统钞物重钞轻的老路了。

在这一时期，围绕中统钞问题发表议论者仍不乏人，如张之翰在元灭南宋、南北统一后，就针对中统钞贬值问题作《楮币议》。张之翰（1243—1296），字周卿，邯郸人，晚号西岩老人。他说：

> 天下之患，莫患于财用之不足；财用之患，莫患于楮币之不实。夫楮币裁方寸为飞钱，敌百千之实利。制之以权，权非不重也；行之以法，法非不巧也，然未有久而不涩滞者，惟在救之何如尔。自中统至今二十余年，……楮日多而日贱，金帛珠玉等日少而日贵，盖不知称提有致也。问称提有策乎？曰有。今南北混一，此楮必用，不过自上贵信之尔，如出金以兑

---

① 魏源：《元史新编》卷八十七《食货志·钞法》。
② 魏源：《元史新编》卷八十七《食货志·钞法》。

换使之通行，一策也；铸钱以表里使之折当，二策也；造钞以更新使之收买，三策也。愚见若此，未审可否，惟详择焉。[①]

张之翰的货币议论，在内容上没有多少新的看法。他强调“南北混一，此楮必用”“自上贵信之尔”，表现出他对纸币的稳定主要寄希望于最高封建统治者。至于具体对策，他则主要要求恢复纸币的兑现。除此，他也主张恢复铜钱流通。这些看法在当时是有一定的代表性的；可是元政府出于现实财政利益的考虑，对于中统钞的改革，采取的却是把它发展为更为严密的不兑换的纯纸币流通制度。

① 《西岩集》卷十三。

第二节
叶李的钞币条划　郑介夫的货币思想

一、叶李的《至元宝钞通行条划》

元世祖至元二十四年（1287），元政府对纸币制度实行了一次重要改革，发行了“至元通行宝钞”，整顿中统钞的流通，并采纳了叶李的钞币条划，即著名的“叶李十四条宝钞条划”。这是中国，也是世界上最早而又较为完备的不兑换纸币发行条例。

叶李（1242—1292），字太白，杭州人。南宋末，他曾因太学诸生上书反对权相贾似道一事而轰动一时。入元以后，几经元世祖征召始行出仕，甚得信任。他持有较强的重商思想，赞成回、汉商人执政，著名回纥商人宰相桑哥就曾得到他的推荐。他所拟的钞币条划，据说在南宋时曾献给南宋政府[①]，后又根据元代纸币流通的新经验在内容上予以增补，从而使之成为较为完善的不兑换纸币条划。现将这一条划冠以序数摘录如下：

一、至元宝钞一贯，当中统宝钞五贯，新旧并行，公私通例。

二、依中统之初，随路设官库，买卖金银，平准钞法。私相买卖，并行禁断。每花银一两，入库官价至元宝钞二贯，出库二贯五分（五分，即五十文），白银各以上价买卖。课银一锭，官价宝钞二锭，发卖宝钞一百二贯五百文，赤金每两价钞二十贯，出库二十贯五百文。

三、民间将昏钞赴平准库倒换至元宝钞，以一折五，其工墨费依旧例，每贯三分（即三十文）。

四、民户包银愿纳中统宝钞者，依旧止听收四贯。愿纳至元宝钞者，折收八百文。

五、随处盐课每引见卖官价钞二十贯，今后卖引许用至元宝钞二贯、中统宝钞一十贯。买盐一引新旧中半，依理收受，愿纳至元宝钞四贯者听。

六、诸道茶酒醋税，竹货、丹粉、锡碌诸色课程，如收至元宝钞以一当五，愿纳中统宝钞者并仰收受。

七、系官并诸投下营运斡脱公私钱债，关借中统宝钞，若还至元宝钞，以一折五，愿还中统宝钞者抵贯归还。出放斡脱人员，即便收受，毋得阻滞。

---

① 《南村辍耕录》卷十九《至元钞样》："归附后，入京上书言时相，并献至元钞样；此样在宋时固尝进呈，请以代关子，朝廷不能用，今则别改年号，复献之。世皇嘉纳，便用铸版。"

八、随路平准库官收差办课人等，如遇收支交易，务要听从民便，不得迟滞，若有不依条划，乞取刁蹬，故行阻抑钞法者，取问是实，断罪除名。

九、街市诸行铺户兴贩客旅人等，如用中统宝钞买卖诸物，通依旧价发卖，无得疑惑，陡添价值，其随时诸物减价者听。富商大贾等高抬物价，取问是实，并行断罪。

十、访闻民间缺少零钞，难为贴兑，今颁行至元宝钞自二贯至五文，凡十一等，便民行用。

十一、伪造通行宝钞者处死，首告者赏银五锭，仍给犯人家产。

十二、委各路总管并各路管民长官，上下月计点平准钞库应有见在金银宝钞。若有移易借贷，私己买卖，营运利息，取问明白，申部呈省定罪。长官公出，次官承行。仰各道宣慰司提刑按察司常切体察，如有看徇通同作弊，取问得实，与犯人一体治罪，不得因而骚扰，沮坏钞法。

十三、应质典田宅，并以宝钞为则，无得该写斛粟丝绵等物，低昂钞法，违者治罪。

十四、随路提调官吏，并不得赴平准库收买金银，及多将昏钞倒换料钞，违者治罪。

条划颁行以后，若禁治不严，流转涩滞，亏损公私，其视管司县府断罪解任，路府州官亦行究治。[1]

---

① 《元典章》卷二十《户部六·钞法》。

这一以“叶李十四条宝钞条划”著称的《至元宝钞通行条划》的内容实际为十五节，各条之前原无序号，这里为照顾习惯说法，故序号仅列至十四条，末条未计序号。

这一《至元宝钞通行条划》（以下简称《宝钞条划》）将元代纸币制度的各项基本原则与重要规定，基本上都包括了。它确定了以银为本及纸币的法偿性质，规定政府税收、俸饷、民间市易、借贷等均以宝钞为则，规定宝钞的票面单位和种类、至元钞与中统钞的固定比价、宝钞发行和换易的方法，并涵盖了设置发行准备金，新钞的金、银平价及对金银收进与出售价格的差额，防止伪造及舞弊等事宜。

这次改革使旧中统钞与新至元钞按固定比价而继续流通，没有采取以新钞收回旧钞的办法，而且继续保持中统钞作为一切政府收支、民间支付的价格计算单位的地位，这就更易于避免改革过程中在商业交易、债务契约等方面会发生的某些混乱。

除此，为了确立宝钞作为法定货币的地位，《宝钞条划》规定民间交易“以宝钞为则”，质典田宅“无得该写斛粟丝绵等物”，这一禁止实物交易的规定，则有助于货币经济的发展。

《宝钞条划》强调现金准备，要求有充足的“银本”，即金银保证，但禁止民间金银的买卖和流通。金银保证的目的主要是取得人民对纸币的信任，所以在性质上它仍属于不兑换纸币制度。

另外，我们从《宝钞条划》所规定的恢复准备金制度的内容，可以看出它还是包含一些创新思想的。为了保证不兑换纸币的顺利流通，采取金银集中于国库的政策，即“随路设官库，买卖金银，平准钞法。私相买卖，并行禁断”。也就是说，人民可以持有金银，但不许金银流通，民间金银的私相买卖是严格禁止的。这样，就可使封建国家不必强制向民间搜刮金银，但可收金银流入国库之效。至于人民持纸币向平准库购买金银，按《宝钞条划》的规定，即使是提调官吏，也不许赴平准库购买金银。因而事实上，即使是在金银准备充足的时候，一般人民也是不敢赴库购买的，至少是不敢大量购买。

依据《宝钞条划》的规定，在准备金管理方面，将定期检查平准库准备金储存情况，从原来每月一次改为半月一次，并严格规定了库官职责及有关措施，这不仅可保证准备金的名实相符，杜绝贪污、盗窃、借贷、挪用等弊病，而且能够显示政府发行的纸币拥有充足的准备金，以获取人民的信任。元代这一定期检查准备金的措施，是对两宋纸币准备金思想的发展。

可以看出，《宝钞条划》所包含的不兑换纸币制度的一些重要原则与现代国家的纸币流通制度和原则已是非常类似的了。

元世祖忽必烈对于叶李的《宝钞条划》及至元钞法的改革很是赞赏和关心。他重视金银钞本对纸币流通的保证作用，就在至元钞改革的第二年，召见平章政事桑哥并告诫他说："朕以叶李言更至元钞，所用者法，所贵者信，汝无以楮视之，其本不可失，汝宜识之。"①

据说，在元朝建立之初，忽必烈曾向刘秉忠（1216—1274）②征询过币制问题，刘秉忠建议实行纸币制度。他说："钱用于阳，楮用于阴，华夏阳明之区，沙漠幽阴之域，今陛下龙兴朔漠，君临中夏，宜用楮币。"③ 刘秉忠把纸币与阴阳谶纬之说拉扯在一起，是一派胡言。

其实，纸币流通到元朝建立时已有二三百年的历史，元朝统治

---

① 《元史·桑哥传》。

② 刘秉忠，字仲晦，邢州人。

③ 陶宗仪：《南村辍耕录》卷二《钱币》。

者从现实的财政利益出发，依据宋、金旧法，实行纸币制度本是易事；然而我们从忽必烈对叶李《宝钞条划》的赞赏，强调“所用者法，所贵者信”，而且谆谆告诫臣下“本不可失”，即不可轻易地把纸币看成一张简单的“桑皮纸（楮）”。显然，忽必烈作为一位开国君主，在纸币问题上还是有一定的识见的。

二、有关纸币制度的几个货币范畴的发展

元朝的纸币制度，是直接承袭金人的“交钞”制度而来的，因而所谓“钞”字就发展为人们对纸币称谓的习用语了，而在宋代，“钞”字则基本是茶、盐钞引的专用语。①

由于元朝纸币制度的基础，已从宋、金纸币发行的“以钱为本”发展为“以银为本”，因而“子母相权”这一货币概念的含义，也主要是银与纸币的关系了。在元朝统一的中统钞发行以前，即各地方政府分散发行纸币的时候，已有“银钞相权法”的货币概念了；以银为本的中统钞制度建立时，也将这一制度称为“使子母相权，准平物估”；而当“银本”，即发行准备金被挪用而破坏了银钞相易制度时，则言“自废相权大法”。

除此，与“子母”这一组货币概念常相结合使用的，还有“虚实”这一组概念。

---

① 宋人皆称纸币为“楮”“楮币”，少数场合曰“券币”，如林駉云：“称提无术，券币不行”；称纸币曰“钞”仅偶见之，如北宋末周行己所言的“小钞”，“钞”字指宋徽宗崇宁五年（1106）一度发行的小面额纸币，但南宋各地分散发行的纸币仍不称“钞”，而称“行在会子”“淮交”“湖会”“川引”等。但金国于公元1154年（金海陵王贞元二年、南宋高宗绍兴二十四年）开始印造纸币时，就称纸币为“交钞”了。

当宋代纸币开始流通以后，如前所言，人们又常以铜钱为“实”，纸币，特别是贬值了的纸币为“虚”，如杨冠卿说“钱实也，藏而无弊也”“楮，虚也”。叶适则称纸币为“虚券”。袁燮说“夫楮币之作，本借虚以权实尔”，其子袁甫也有“以实钱博虚会”之语。到元代，人们则往往将“虚实”与“子母”的概念联系起来，如赵孟頫就说“始造钞时，以银为本，虚实相权”，而纸币贬值，也都说为“钞虚”，如王恽把纸币贬值现象叫作“钞虚”“致虚”。除此，赵孟頫还说：“古者以米、绢民生所需，谓之二实，银、钱与二物相权，谓之二虚。”① 这则是沿袭传统的“钱者，无用器也”的说法，运用“虚实”这一概念对商品与货币二者的关系进行一种区分。

另外，在大多数情形下，元人还从币材的自然属性上来区分实、虚，或以纸币贬值现象为虚，如刘宣把中统钞的贬值说为“钞法日虚”，元末吕思诚则说“钱、钞用法，以虚换实”，王祎也说：“钞乃虚文，钱乃实器。”

---

① 《元史·赵孟頫传》。赵孟頫（1254—1322），字子昂，归安人，我国著名的书法家。上面关于“虚实”概念的一段话，是他于至元二十三年（1286）元朝廷议论刑法问题时讲到的，《元史》记述说：“诏集百官于刑部议法。众欲计至元钞二百贯赃满者死。孟頫曰：‘始造钞时，以银为本，虚实相权，今二十余年间，轻重相去至数十倍，故改中统为至元，又二十年后，至元必复如中统，使民计钞抵法，疑于太重。古者以米、绢民生所需，谓之二实，银、钱与二物相权，谓之二虚。四者为直，虽升降有时，终不大相远也。以绢计赃，最为适中。况钞乃宋时所创，施于边郡，金人袭而用之，皆出于不得已，乃欲以此断人死命，似不足深取也。’”

赵孟頫这段议论很值得注意，实际上已触及价值论了。他以米、绢为“二实”，钱、银为“二虚”，虽然主要着眼于使用价值，视米、绢为“实”，视白银、铜钱为“虚”，可是他也约略意识到作为普通商品的米、绢，与作为一般等价物的银、钱，都是具有实在价值之物，因而“虚”“实”可以相权，并认为“四者为直（值），虽升降有时，终不大相远也”。

除此，“称提”一词，从元代起也已更确定地在原则上成为纸币流通相关的专用语了。如论述中统钞问题时，刘宣言“无金银作本称提”，张之翰则云“称提有致”“称提有策”。

所有这些货币概念或术语，是人们对客观存在的货币流通现象的思维概括；它们的不断发展、演变，也正反映着客观的货币流通与货币制度的历史演变进程；而对我们来说，辨明这些概念的含义，也是分析和研究古人货币思想的一种重要的锁钥。

三、郑介夫的货币思想

至元二十四年发行的至元钞与中统钞并行流通以后，很快又走上纸币膨胀，钞本被挪用，以致物重钞轻的老路。到了元成宗年间（1295—1307），纸币通货膨胀的现象已很明显了。这时，郑介夫又发表了改革纸币制度的议论。

郑介夫，字以居，衢州开化人，于大德七年（1303）上《太平策》。他这样论述当时的货币问题：

> 前宋铜钱与交会并行，以母权子，而母亦贵，是时民间贫无置锥者，亦有铜钱、官会之储，无他，子母相权而行也。今国家造钞虽广，而散之民间者甚少，民得之者亦甚难，无他，轻重失相权之宜也。
>
> 夫天下之物，重者为母，轻者为子；前出者为母，后出者为子；若前后倒置，轻重失常，则法不可行矣。……宋以铜钱而权交会之重，交会为母，铜钱为子；国初以中统钞五十两为一锭者，盖则乎银锭也，以银为母，中统为子，既而银已不行，

所用者惟钞而已，遂至大钞为母，小钞为子。今以至元钞一贯准中统钞五贯，是以子胜母，以轻加重，以后逾前，非止于大坏极弊，亦非吉兆变谶也。

夫铸铜为钱，乃古今不易之法，盗贼难以赍将，水火不能销灭，世世因之，以为通宝；言者谓铸一钱费一钱，无利于国，殊不知费一钱可得一钱利，利在天下，即国家无穷之利也。……言者又谓，钱重不可致远，尤为愚昧。夫国家输送，则钞为轻，百姓贸易，则钱为利便，二者相因，而未尝相背，即子母相权之说。此理甚明，无足疑者。

今请造铜钱以翼钞法，虽于国未见其利，将有大利于民耳。……如一岁造铜钱一百万，散在天下，并无消折，岁累一岁，布流益广，虽亿千万年，犹如一日，所谓钞为一时之权宜，钱为万世之长计也。①

郑介夫的货币议论，其中心思想就是要求恢复铜钱流通，实行大额交易用钞、小额零星支付使用铜钱的钱钞兼行制度。

他对元代银钞相权法遭破坏、中统钞制度纸币化，以及发行至元新钞，使中统钞强行贬价五倍并与至元新钞并行流通的情形，深感不满。对此，他运用子母相权说，按照“重者为母，轻者为子；前出者为母，后出者为子”的原则，指出“以银为母，中统为子”的银钞相权的中统钞制度遭破坏以后，蜕变为“银已不行，所用者惟钞而已”的不兑换纸币制度，市场上出现了单纯中统钞流通的“大钞为母，小钞为子”的情形，这已是不正常的了；元政府又进

① 朱健：《古今治平略》卷一。

而于至元二十四年发行了至元新钞，用一比五的法定比价使其与中统钞相权而行，这就更造成了“以子胜母，以轻加重，以后逾前”的不合理的局面。在这里，他实际是表达了对封建统治者使纸币贬值的不满。他说：“今则怀十文（小钞）而出，虽买冰救渴，亦不得敷，民安得不贫？”就很明白地道出了这一点。

郑介夫在货币理论方面的阐发，值得注意之处是：他区分了大宗交易、财政调拨与民间零星交易和支付对货币的不同需要。他着重指出民间日用方面使用铜钱的必要性，这是人们对于封建社会后期的货币经济与货币流通认识方面的发展。他说：“夫国家输送，则钞为轻费，百姓贸易，则钱为利便，二者相因，而未尝相背，即子母相权之说。此理甚明，无足疑者。”这说明对于不同的货币流通领域，对作为流通手段的货币形式具有不同的要求这一点，他已有了较清楚的认识。

本来，元朝专用纸币而禁用铜钱，也有十文以下的小额钞券，但小额钞券由于使用频繁，势必易于昏烂，因此难以满足城乡日益增长的支付周转需要。而在纸币不断贬值的情形下，小额钞券在小额交易领域的应有作用也发生问题了。

值得我们注意的是，郑介夫对于民间交易，特别是农民出售农产品时使用铜钱的必要性的分析，他说：

> 农家终岁勤动，仅食其力，所出者谷粟、丝绵、布帛、油漆、麻纻、鸡豕、畜产等物，所值几何？若得铜钱通行，则所出物产，可以畸零交易，不致物价消折，得钱在手，随意所用，入多而出少，此所以益富。今穷乡僻壤，钞既难得，获得十贯一张，扯拽不开，若计物还钞，则零不肯贴，欲尽钞买

物，则多无所用，展转较量，生受百端。或丧婚之家，急切使用，只能以家货物贱价求售，货不值钱而利尽归于商贾之辈，此所以益贫。①

我们知道，在纸币通货膨胀情形下，农民受到的损失最大。因为人们出售农产品时，不但要受商人的中间剥削，而且收到的都是贬值的纸币。即使他们可以尽量不卖或少卖，某些多余的物品也不免被弃于地。在封建社会后期，货币经济日益发展，农民在货币流通方面所遭受的损失，就越发不应被忽视。所以，郑介夫关于恢复铜钱使用的主张，显然对一般老百姓是较为有利的。当然，这与封建统治者的长远利益也未必不相符合，因为通货膨胀为城乡联系砌下了一道人为的墙壁，使城市平民遭受物资匮乏、物价高涨之苦，而对封建统治者也会产生不利的影响。郑介夫指出，恢复铜钱的使用，可以解决单纯用钞情形下“国不可得民货”的矛盾，就正说明了这一方面。

郑介夫关于恢复铜钱使用的主张，并不是要简单地恢复到宋代以铜钱为本的交、会制度，而是“造铜钱以翼钞法”，即仍然保持现行的不兑换纸币制度，但是用铜钱作为辅助通货。他的这种改革纸币制度的主张，虽然是基于他对不同货币的流通领域对货币形式产生不同需要的认识而提出的，但也反映出当时货币经济发展的客观需要。所以，郑介夫铸造铜钱的主张在当时虽并未被采纳，但是其后不到几年，于元武宗至大年间（1308—1311）一度实

① 朱健:《古今治平略》卷一。

行的“银钞”① 制度实际上就是以他的这一货币改革设想作为张本的；而以后至正年间的至正钞制度，以至明初的大明宝钞制度，也都是颇相类同的。

除此，在郑介夫的恢复铜钱使用的议论中，能够发现其货币金属主义倾向更加明显。他认为“铸铜为钱，乃古今不易之法，……世世因之，以为通宝”，是与铜钱作为金属“水火不能销灭”的自然属性相联系的，因而他断言：“费一钱可得一钱利，利在天下，即国家无穷之利也。”又说“如一岁造铜钱一百万，散在天下，并无消折，岁累一岁，布流益广，虽亿千万年，犹如一日”；反之，政府年年制造的几百万纸钞，则不多几年，就会“昏烂无余”“举为乌有”，所余者，仅不过“工墨钱”而已。

他这种金属主义的货币观点，在反对封建统治者无限制地实行纸币膨胀政策方面是有些积极意义的，然而在货币理论认识方面则有其片面性。因为，从货币作为流通手段的职能来看，虽然纸币容易昏烂，但是铜钱作为铸币也有自然耗损，这一点前人已经指出。除此，他所说的纸币昏烂以后，所存者仅“工墨钱”而已的论断，其实从封建统治者的角度看，所剩余者，绝不仅若干“工墨钱”，更多的是劳动人民的劳动所得，早已被纸币发行者攫取了。另外，铜钱作为民间的贮藏手段，则较纸币来说有其优越之处，甚至因它

① 元武宗至大年间实行了一次纸币制度“银钞”改革，并开始铸造铜钱；至大二年（1309）十月颁发的姚燧所拟的《行用铜钱诏》对铸造铜钱也援用传统的子母相权的说法，诏曰：“钱币之法，其来远矣，三代以降，沿革不常。世祖皇帝建元之初，颁行交钞以权民用，已有钱币兼行之意；盖钱以权物，钞以权钱，子母相资，信而有证。今钞法一新，期于公私两利，重惟经久之计，必复鼓铸之规。”（《元文类》卷九）

姚燧（1238—1313），字端甫，号牧庵，河南洛阳人，元代文学家。

的笨重性，还会有所谓“盗贼难以赍将”的好处。

郑介夫关于恢复铜钱使用的主张，不但要求封建政府国课收铜，以充作铸钱之用，而且要求利用“历代旧钱”以满足“市廛交易”的需要。其实，他关于允许使用前代旧钱的主张，也并不是纯主观的想法，而是说明在元代的纸币制度下，在民间交易中使用铜钱的情形是一直存在的，而铜钱只不过没有被赋予正式的法定支付手段的地位而已。

综上所言，郑介夫的货币见解，在对不同货币的流通领域对货币形式产生不同需要的认识，尤其是他对农民出售农产品时使用铜钱的必要性的分析，还是比较深入并对货币思想有所发展的。而他久居民间，对农民因缺少货币所遭受的困难与痛苦的深刻描述，则最是值得重视的了。

第三节
元末关于至正钞改革的议论　元明之际思想家的货币思想

一、元末封建统治集团关于至正钞改革的争论

元惠宗至正十年（1350），元政府对纸币制度进行了最后一次改革。这次改革的主要内容是：停止中统钞的发行与流通，改发新的“中统元宝交钞”，即所谓至正钞，这种至正钞以一比二的法定比价与至元钞并行流通；铸造铜钱，并允许历代旧钱流通。至正钞与铜钱的比价是：一贯钞合铜钱一千文。

至正钞的发行，实际上并无“钞本”可言，仅是元朝统治者继续实行通货膨胀政策的一个步骤而已。因而，至正钞发行不久，即出现了更为剧烈的纸币贬值、物价高涨的情形。这时，全国规模的农民大起义也爆发了。随着元朝统治的覆灭，元代的纸币制度也瓦

解、崩溃了。

在至正十年发行至正钞的时候，元朝统治集团曾对此进行了一次讨论，史书记载说：

> 右丞相脱脱欲更钞法，……偰哲笃言更钞法，以楮币一贯文省权铜钱一千文为母，而钱为子。众人皆唯唯。……吕思诚[①]独奋然曰："中统、至元，自有母子，上料为母，下料为子，比之达达人乞养汉人为子，是终为汉人之子而已，岂有故纸为父，而以铜为过房儿子者乎?"一坐皆笑。思诚又曰："钱钞用法，以虚换实，其致一也。今历代钱及至正钱、中统钞及至元钞、交钞分为五项，若下民知之，藏其实而弃其虚，恐非国之利也。"[②]

所以，元政府这次纸币制度的改革，从最初就有人反对。

吕思诚反对改革纸币制度，主要是反对铜钱的使用，仍然是依据货币名目主义立论。他着眼于货币作为流通手段，将纸币与铜钱等同起来，即所谓"钱钞用法，以虚换实，其致一也"；而其真正的政治意图，则还是从封建统治者的利益出发，顾虑一旦恢复铜钱流通，人们将会藏铜钱而拒用纸币，从而更快地导致纸币制度的崩溃；所以，他强调："若下民知之，藏其实而弃其虚，恐非国之利也。"这一顾虑是有一定道理的。至于他在货币政策的议论中，引用惯常使用的子母相权概念，并且以"过房儿子"为喻，虽然很是形象，然则未免有伤大雅；不过，对于缺乏文化修养的元朝蒙古贵

---

① 吕思诚（1293—1357），字仲实，平定人。

② 《元史·食货志一》。

族来说，倒是比较易于理解。

二、王祎、刘基的货币思想

在至正钞发行以后不久，元末隐居青岩山，后入仕明朝的王祎发表了他的《泉货议》，提出铸造金、银货币的主张。王祎（1322—1373），字子充，浙江义乌人，著名的文学家、史学家，《泉货议》为其元末上宰相万言书的一部分，他说：

> 天下之物，以至无用而权至有用者，泉货是也。……其制先有铜钱，后有楮币，……之二物者，握之非有补于暖，食之非有补于饱也，……有国家者恒赖以为生民之大命而不能以一日废。一日或废，则国家之命几乎息矣。……国朝因时制宜，袭近代之法，一切用钞，而钱尽废不用。……
>
> 乃自顷岁，以中统交钞重其贯陌（指至正钞），与至元宝钞相等并行，京师复铸至正新钱，使配异代旧钱，与钞兼用，其意殆将合古而达今，而不知适以起天下人心之疑。
>
> 夫中统本轻（指旧中统钞），至元本重，二钱并行，则民必取重而弃轻（弃新中统钞，即至正钞）。钞乃虚文，钱乃实器，钱钞兼用，则民必舍虚而取实。故自变法以来，民间或争用中统，或纯用至元，好恶不常；以及近时，又皆绝不用二钞，而惟钱之是用；而又京师鼓铸寻废，所铸钱流市不甚广，于是民间所用者，悉异代旧钱矣。
>
> 愚窃以为今日钞法，宜姑置弗问，而钱法当在所速讲。钱法之议有二：一曰广开鼓铸，二曰罢铸大钱；……至于权铜有

禁，尤当加严。……又民间所有铜皆得入官。官为鼓铸，除工本之费，更取其三，而以七归于民。……复有其说，古者三币，珠玉为上，黄金为中，白金为下，……今诚使官民公私，并得铸黄金、白金为钱，随其质之高下轻重，而定其价之贵贱多寡，使与铜钱母子相权而行，当亦无不可者。且今公私贸易，苦于铜钱重不可致远，率皆挟用二金，借使有司不明立之制，而使之用，公私之间有不以为用者乎？是则用黄金、白金为钱，与铜钱并行，亦所谓因其所利而利之者也。①

王袆把货币说成是关系国家命脉、生民百姓，不可一日废的事物。这一看法反映了我国封建社会后期货币经济发展、货币作用扩大的现实。虽然这一看法是对《管子》“先王以守财物，以御民事，而平天下也”思想的发挥，可是相较于当时以至明清时期的一些思想家仍很欣赏和迷恋上古物物交换、以有易无的原始状态，他则高度强调货币存在的客观必要性。他用现实的眼光看出在自己生活的时代，一旦取消货币，社会生活则会陷于停顿，故把货币的作用提升到“有国家者恒赖以为生民之大命”的高度，这在我国固有的货币思想体系中是非常难得的见解。

王袆生活在社会动乱、朝代鼎革之际，他具有因时制变的思想。他的货币思想虽然受《管子》的影响，将货币视为无补于饥寒的“至无用”之物，具有货币名目主义的思想倾向，可是面对正在崩溃的纸币制度，他并不认为有必要去设法挽救这一制度，而只是主张整顿钱法，促进铜钱流通。他主张广铸铜钱，但反对使用虚价

① 《王忠文公集·泉货议》。

大钱，因为大钱的使用，“质轻而利重，利重故盗铸者多”，而且从历史经验看，历朝大钱“皆旋踵而废”，故非长久之计。至于铜的来源，除进行铜矿开采外，他还主张实行铜禁，促使人们将铜入官，而官府则可以代为铸造新钱。这些前人多已述及了。

值得注意的是他的以贵金属金、银为币，并铸造金、银钱的主张，这是汉武帝的“白金币”、金章宗的“承安宝货”政策失败以后，封建社会晚期时，首先公开主张以贵金属金、银铸钱的建议。

这是一个具有积极性的新颖建议，然而也是对当时已经发生的贵金属流通现实的承认。他说：“今公私贸易，苦于铜钱重不可致远，率皆挟用二金，借使有司不明立之制，而使之用公私之间，有不以为用者乎？”在这种情形下，当时也有些人产生了类似的看法，如孔齐①说：

> 予尝私议，用三等：金银皆作小锭，须以精巧者铸成，面凿几两重，……背凿郡县名，上至五十两，下至一两重；第三等铸铜钱……。凡物，价高者用金，次用银，钱不过二锭，盖一百贯也，银不过五十两，金不过十两，每金一两重准银十两，银一两准钱几百文，必公议铜价，工本轻重，定为则例可也。②

这些建议，都是基于当时贵金属金、银在民间流通的事实而提出的，因此在我国封建社会入于晚期之际，以贵金属金、银铸钱的

---

① 孔齐，字行素，号静斋，曲阜孔裔。
② 《静斋至正直记·楮币之患》。

主张，就由有着因时制宜思想的王祎再一次提出了。[①]

王祎的同时人、明朝的开国功臣刘基对纸币也采取摒弃的态度。

刘基（1311—1375），字伯温，浙江青田人，明初政治家、文学家。他于至正年间元政府更钞法以后，在一首《感时述事》诗中写道：

> 国朝币用楮，流行比金珠。……此物岂足贵？实由威令敷。……至宝惟艰得，韫椟斯藏诸。假令多若土，贱弃复谁沽。钱币相比较，好丑天然殊。譬如绨与绤，长短价相如。互市从所取，孰肯要其𥳑！[②]

他认为纸币之所以能够获得流通的能力，以至贵比金、珠，全是靠国家的“威令”。因而在对货币本质的认识上，他的思想也带有传统的货币名目主义的倾向。他的这种货币国定说，在其以寓言形式批判元末暴政的《郁离子》中论及钱币问题时表露得更为清楚，他说：

> 币非有用之物也，而能使之流行者，法也。行法有道，本之以德政，辅之以威刑，使天下信畏，然后无用之物可使之

---

① 王祎主张官民皆得铸造金、银钱，他所主张的民得铸金、银钱，似与孔齐所主张的“金银皆作小锭”不同，而应是如他所建议的民持铜入官，请代铸标准的铜钱那样，也是由民把持有的金、银送去官府，请求官府代为铸造合乎标准成色和重量的、形式一致的金、银钱。因为，如果任民私自铸造，那么流通时，每笔交易仍不免要重新鉴定成色、重量，那就与民间已作为称量货币的金、银锭的流通没有什么不同了。

② 《太师诚意伯刘文成公文集》卷十三。

有用。[1]

又说：

> 铸钱造币，虽民用之所切，而饥不可食，寒不可衣，必借主权以行世。[2]

然而对于古人来说，真正持有完整、明确的货币名目主义或金属主义观点的人是不多的，反而往往是二者并有或混淆不清。如王袆，一方面言“天下之物，以至无用而权至有用者，泉货是也”；同时另一方面又强调“钞乃虚文，钱乃实器，钱钞兼用，则民必舍虚而取实”；对于铸造铜钱，则强调其足值性，而且注意到它的“工本之费”。刘基也是这样，他将纸币与铜钱相比，就犹如絺（细葛）与绤（粗葛）相比一样，“好丑天然殊”。

至于他们对纸币皆持摒弃态度，这是因为在当时人们备受纸币恶性通货膨胀之苦以后，会从不同角度产生否定纸币的看法，这其实是相当普遍的。

三、叶子奇论纸币

在至正钞崩溃以后，也有人试图对元代的纸币制度作客观的总结，这就是刘基、王袆的浙江同乡叶子奇。

叶子奇（约 1327—1390），字世杰，浙江龙泉人，元末名士。

---

① 《诚意伯刘先生文集·郁离子》。
② 《诚意伯刘先生文集·郁离子》。

对于纸币，叶子奇说：

> 盖尝考之，非其法之不善也，由后世变通不得其术也。……当其盛时，皆用钞以权钱，及当衰叔，财货不足，止广造楮币以为费，楮币不足以权变百货，遂涩而不行，职此之由也。必也欲立钞法，须使钱货为之本，如盐之有引，茶之有引，引至则茶盐立得，使钞法如此，乌有不行之患哉！当今变法，宜于府县各立钱库，贮钱若干，置钞准钱引之制，……使富室主之，引至钱出，引出钱入，以钱为母，以引为子，子母相权，以制天下百货，出之于货轻之时，收之于货重之日，权衡轻重，与时宜之，未有不可行之理也。譬之池水，所入之沟与所出之沟相等，则一池之水动荡流通而血脉常活也。借使所入之沟虽通，所出之沟既塞，则水死而不动，惟有涨满浸淫，而有滥觞之患矣。此其理也，当时不知，徒知严刑驱穷民以必行，所以刑愈严而钞愈不行，此元之所以卒于无术而亡也。①

他指出历代钞法的失败，都是由封建政权滥发纸币以弥补财政亏空造成的，这是合乎历史实际的看法。

对于纸币的性质，他认为纸币是铜钱的代表，即“钞以权钱”，然而要想纸币能够代替金属货币流通，必须先贮本钱，使其作为纸币随时兑现的准备金，使“引至钱出，引出钱入”，获得人们的信任，然后才能像钱币一样流通，他用茶、盐钞引来说明纸币可以流通的道理。他还比喻说：

---

① 《草木子·杂制》。

又如富人粜谷以给批（批子，支取钱物的凭条），行批得谷，其批行矣；贫人给批以无谷，批乃虚文，又何以行之哉？[①]

这种看法仍未超出宋元人的认识。它虽然是符合纸币流通实际的经验之谈，然而还是不能区分出信用货币与纸币的性质差别，以及理解货币的流通手段职能导致纸币流通的道理。所以，他认为理想的货币制度应该是“宜于府县各立钱库，贮钱若干，置钞准钱引之制，……使富室主之”，也就是说，只有可兑现的信用货币才是可行的制度。而在纸币发行方面，他主张实行由地方政府负责的、分散的私人纸币发行制度，这显然是对元代实行了近一个世纪的统一的政府纸币制度弊害的一种认识上的反映。

叶子奇虽然还不理解强制通用的不兑换政府纸币的本质，然而他对纸币进入流通后不能自动退出的特点的观察是很深入的。他很形象地比喻说：“譬之池水，所入之沟与所出之沟相等，则一池之水动荡流通而血脉常活也。借使所入之沟虽通，所出之沟既塞，则水死而不动，惟有涨满浸淫，而有滥觞之患矣。”他已意识到纸币代替金属货币流通，必须保持在一个客观的适当数量的水平上，如果超过这一限量，则不免要泛滥成灾。所以，如果纸币不能兑现，则无异于堵塞了池水疏泄的渠道，从而不免会有水满浸淫之患。显然，他的这种保持纸币的正常流通的“池水动荡、血脉常活”的譬喻，与宋人戴埴在保持纸币价值稳定方面的“钱与楮犹权衡也”的譬喻，都是很值得赞许的形象说法。

① 《草木子·杂制》。

四、高则诚的《乌宝传》

我国是世界上纸币流通最早的国家。从北宋“交子”、南宋“会子”、金的“交钞”以至终元一代的纸币流通制度，到元末，纸币流通已有近四百年的历史了。对于纸币，一直不乏有人目为“神仙指瓦砾为黄金之术”。欧洲人马可·波罗（1254—1324）于元代来到中国见到纸币时，就惊诧地说：“大汗国中商人所至之处，用此纸币，以给费用，以给赏用，以购商物，以取其货物之货价，竟与纯金无别！”因而认为是中国皇帝的“点金术”。[①] 就是这样，在鲁褒的《钱神论》之后约千年，元代大戏剧家高则诚又仿鲁褒之意写出了以纸币为题材的《乌宝传》一文。

高名（1310—1368），字则诚，瑞安人，所著《琵琶记》为南曲之冠。他的《乌宝传》曰：

> 乌宝者，其先出于会稽楮氏，世尚儒，务词藻，然皆不甚显。至宝，厌祖父业，变姓名从墨氏游，尽得其通神之术，由是知名。初，宝之先有钱氏者，亦以通神术显，迨宝出，而钱氏遂废，然其术亦颇相类，故不知者，犹以为钱云。宝轻薄柔默，外若方正，内实垢污，善随时舒展，常自得圣人一贯之道，故无入而不自得，流俗多惑之。凡有谋于宝，大小轻重，多寡精粗，无不曲随人所求，自公卿以下，莫不敬爱。……
>
> 宝之所在，人争迎取邀致，苟得至其家，则老稚婢隶，无

① 《马可波罗行纪》，冯承钧译，第九十五章《大汗用树皮所造之纸币通行全国》。

不忻悦，且重扃邃宇，敬事宝爱，惟恐其他适也。然素趋势利，其富室势人，每届辄往，虽终身服役弗厌；其窭人贫氓，有倾心愿见，终不肯一往。……

宝好逸恶劳，爱俭素，疾华侈，常客于弘农田氏（地主），田氏朴且啬，宝竭诚与交。田氏没，其子好侈靡，日以声色宴游为事，宝甚厌之。邻有商氏（商人）者，亦若田氏父之为也，遂挈其族往依焉。……

是时，昆仑抱璞公（玉）、南海玄珠子（珠）、永昌从革生（金）皆能济人，与世俯仰，曲随人意，而三人者亦顾与宝交；苟得宝一往，三人亦无不可致，故时誉咸归于宝焉。

宝族虽夥，然其状貌技术亦颇相似，知与不知咸谓之乌宝云。[1]

鲁褒的《钱神论》与高则诚的《乌宝传》皆属愤世嫉俗的文章，均为暴露世人货币拜物教思想的作品。《乌宝传》晚《钱神论》约千年，然而与西方莎士比亚（1564—1616）的《雅典的泰门》比较，仍早了二百多年。

《钱神论》和《乌宝传》的作者是不可能理解货币拜物教的秘密的。中国封建社会自秦汉以来就是以土地可以买卖为特征的地主经济体系，它比封建领主制经济在货币经济发展方面水平要高，城市中有着较发达的商业和手工业。可是它们都主要是为封建贵族、官僚、居住在城市中的地主、大商人们的骄奢侈靡的生活服务的。货币作为“随时可用并且具有绝对社会性质的财富形态”[2]，便成

① 《南村辍耕录》卷十三。

② 马克思：《资本论》（第一卷），人民出版社1963年版，第113页。

为他们疯狂追逐的对象，并使人们误以为“钱能通神”！因而在这一历史背景下，就在我国封建社会中较早、较多地产生了《钱神论》《乌宝传》这些反映货币拜物教思想的文字作品。

值得指出的是，我国古代反映货币拜物教思想的优秀作品，多采取刺世文章的形式，而且往往把贵族、官僚、地主豪强、大贾富商这些权贵势人作为讥刺的对象。《乌宝传》用拟人的手法，把乌宝（纸币）描绘成“公卿”敬爱、“富室势人”愿交的宠儿，他与“弘农田氏”（地主）和“商氏”（商人）过从密切，连黄金（永昌从革生）、珠（南海玄珠子）、玉（昆仑抱璞公）也屈居下风。这些绘声绘色的描述，暴露了他们唯钱是务、见钞开颜的贪鄙面目。所以，从《钱神论》到《乌宝传》这些反映货币拜物教思想的优秀作品，把权贵势人作为讽刺对象，体现了一种可贵的文化传统。

第七章

明清的货币思想（上）

明清时期是我国封建社会的晚期，封建地主经济体系已进入它的腐朽阶段。

在全国各族人民反元斗争胜利的基础上，朱元璋于 1368 年建立明朝，重新建立了以汉族为主体的统一的封建专制主义大帝国。

明朝前期约百年间，国内农业生产获得比较迅速的恢复和发展，全国人口及垦田亩数均已超过前代。在十五世纪以后，国内城市经济与商品货币关系也都有了显著的发展，到宣德年间（1426—1435）全国已有了包括北京、南京、苏州、松江等三十多个新兴的商业城市。都市及商业日趋繁荣，商品货币关系活跃，促使我国封建经济内部在明朝中叶以后出现了资本主义的萌芽，并在货币经济方面，贵金属白银开始成为普遍通用的货币。这一变化，在经济获得发展的江南地区最为明显。顾炎武在《天下郡国利病书》中引述

《歙县风土论》说：

> 国家厚泽深仁，重熙累洽，至于弘治盖綦隆矣。……寻至正德末、嘉靖初，则稍异矣。出贾既多，土田不重。操资交捷，起落不常。能者方成，拙者乃毁。东家已富，西家自贫。高下失均，锱铢共竞。互相凌夺，各自张皇。于是诈伪萌矣，讦争起矣，芬华染矣，靡汰臻矣。……迨至嘉靖末、隆庆间，则尤异矣。末富居多，本富尽少。富者愈富，贫者愈贫。起者独雄，落者辟易。资爰有属，产自无恒。贸易纷纭，诛求刻核。奸豪变乱，巨猾侵牟。……迄今三十余年则敻异矣。富者百人而一，贫者十人而九。贫者既不能敌富者，少者反可以制多。金令司天，钱神卓地。贪婪罔极，骨肉相残。受享于身，不堪暴殄。[1]

这些文字比较典型地描述了当时社会经济的深刻变化。

这时，随着工商业及货币经济的显著发展，在经济思想领域，越来越多的地主阶级思想家，甚至包括一些倾向保守、维护旧传统的人也不同程度地重视工商业的社会功能，而开始否定一向崇奉的轻商抑末教条。如十五世纪的思想家丘濬一方面对旧传统思想仍很留恋，推崇"抑商之政，犹有古意"[2]，但另一方面又对封建政府"摧抑商贾"不满，并为商贾辩护说："贫，吾民也；富，亦吾民也。彼之所有孰非吾之所有哉！"[3] 到万历时，著名政治家、在全

---

① 《天下郡国利病书》卷三十二《江南二十》。
② 《大学衍义补》卷三十《征榷之课》。
③ 《大学衍义补》卷二十五《市籴之令》。

国推行“一条鞭法”的张居正（1525—1582）则提出“厚农而资商”“厚商而利农”并举的思想①；而公开以“异端”自居的思想家李贽（1527—1602），则更把社会上少数工商富人说成是“天与之以富厚之资”，并说：“若非天之所与，则一邑之内，谁是不愿求富贵者，而独此一两人也耶!”② 而且，他还把“至圣先师”孔子与七十弟子的关系也说成是一种商品交换关系，认为“天下尽市道之交也”③。这些表现为“异端”的工商观点，体现着新的市民意识，有力地冲击了传统本末教条的支配地位，它们显然是当时资本主义萌芽的产物。

在这一反传统的批判思潮下，明清之际的著名启蒙思想家黄宗羲终于突破旧的本末观念，从正面提出“工商皆本”④ 的思想。

然而在明清时期，毕竟自然经济仍然居于统治地位，资本主义生产关系的萌芽还只是稀稀疏疏，封建生产关系和政治等上层建筑虽然腐朽，却仍拥有强大的力量，新兴工商经济的代表——市民阶层也还未形成一个阶级；反映市民意识、与正统思想相对立的“异端”思想，虽然从十六世纪出现后就在社会思想领域冲击了旧传统

---

① 《张文忠公全集·文集八·赠水部周汉浦榷竣还朝序》。张居正还对这一思想阐释说：“古之为国者，使商通有无，农力本穑。商不得通有无以利农，则农病，农不得力本穑以资商，则商病。故商农之势，常若权衡。”张居正，号太岳，湖北江陵人。

② 《李氏文集》卷十八《明灯道古录》。

③ 《续焚书》卷二《论交难》：“七十子所欲之物，唯孔子有之，他人无有也；孔子所可欲之物，唯七十子欲之，他人不欲也。……以身为市者，自当有为市之货，固不得以圣人而为市井病。”

李贽，字宏甫，号卓吾。泉州晋江人，泰州学派后期的重要代表。晚年被统治集团以“敢倡乱道，惑世诬民”迫害下狱，自缢死。

④ 《明夷待访录·财计三》：“世儒不察，以工商为末，妄议抑之。夫工固圣王之所欲来，而商又使其愿出于途者，盖皆本也。”

观念，但由此发轫的新的“启蒙运动”的力量仍是薄弱的，它们批判的目标主要还是指向两宋道学。在经济思想方面，总的来说，则尚缺乏独立、成系统的观点。在货币思想方面更表现为发展迟滞的状态。

贵金属白银从明中叶发展为流通界普遍通用的主要货币，但自始就遭受维护旧传统的官僚、士大夫们重钱轻银意识的顽强抵制，如谭纶、靳学颜就是主张贱银、把铜钱视为最良货币的有代表性的人物。甚至明清之际重要的启蒙思想家如黄宗羲、顾炎武、王夫之等，也都无一例外地对白银持否定态度。

他们身历全国农民大起义及国内民族战争，封建经济又一次遭受重大破坏；而这次王朝更替的历史反复，也使封建经济内新生的资本主义萌芽遭受一时的挫折。

就在这一特定的历史环境下，他们总结亡国之痛，均把批判锋芒指向封建专制主义的腐败与不合理性，因而政治思想上的民主主义突出，黄宗羲指出：“天下之治乱，不在一姓之兴亡，而在万民之忧乐。”并愤慨地说：“然则为天下之大害者，君而已矣。”[①] 顾炎武也在国家观念上超出易姓改号的朝代兴亡的局限，而提出“天下兴亡，匹夫有责”[②] 的名言。

然而在经济思想方面他们就不那么突出了，尤其在货币思想方面。面对战后经济凋零、货币经济受到严重损害、自然经济状态增强的现实，在明清之际封建财政危机造成的“银荒”情形下，江南较发达的城市经济呈现市井萧条的不景气境况，北方经济落后的地

① 《明夷待访录·原君》。

② 《日知录》卷十三《正始》。

区由于赋税征银，竟出现征粮之日农民相率卖其妻子的所谓“人市”现象。这些促使他们在货币观点上皆对贵金属白银为币持否定的态度。

启蒙思想家在经济思想和货币思想中存在的反历史潮流倾向，虽然有其特定的历史和社会背景，是对中国当时封建经济现实的反映，但自此以后，从世界范围看，中国的经济思想和货币思想发展就显著地落后于西方了。

第一节

明前期关于纸币的议论　刘定之、丘濬的货币思想

一、陈瑛、夏原吉、范济论钞法

明初，承宋元之制，仍采用纸币制度。明代大明宝钞制度是不兑换纸币制度，由于宝钞过度发行，不久就发生纸币贬值及新旧钞差价使用等现象，于是行钞不及二十年，宝钞制度便败坏了。因而，在明代前期，即白银尚未获得正式货币地位以前，人们在货币理论方面的议论仍是围绕着纸币问题而展开的。

明成祖永乐二年（1404）左都御史陈瑛（？—1411）提议实行户口食盐法，借以收回流通中过多的纸币。他说：

> 比岁钞法不通，皆缘朝廷出钞太多，收敛无法，以致物重钞轻，莫如暂行户口食盐法。天下人民不下千万户，官军不下

二百万家，诚令计口纳钞食盐，可收五千余万锭。①

仁宗即位时（1424），因纸币愈益壅滞，便征询户部尚书夏原吉（1366—1430）的意见，夏原吉说：

> 钞多则轻，少则重，民间钞不行，缘散多敛少，宜为法敛之。请市肆门摊诸税，度量轻重，加其课程，钞入官，官取昏软者悉毁之，自今官钞宜少出，民间取钞难得，则自然重矣。②

夏原吉、陈瑛建议的主旨都是要求紧缩通货。夏原吉曾长期主持财政事宜达三十年，他所云“钞多则轻，少则重”，已是宋元以来人们熟知的规律和经验之谈，所以他与陈瑛提议实行的“户口食盐法”、增添“市肆门摊诸税”这些具体措施，都是为了回笼货币，以提高纸币的购买力。

及至宣宗即位时（1425），年逾八十、入明以后曾任知府、后因罪谪戍的范济，诣阙言事。关于纸币制度，他主张：

> 重造宝钞，一准洪武宝钞若干，务使新者不冗，旧者兼行，取元日所造之数而损益之，审国家之用而经度之，每季印造几何？内府供用几何？给赐几何？天下课税日收几何？官吏俸给

---

① 《明史·食货志五·钱钞》。陈瑛，巴人。关于户口食盐法的内容，《明实录》记载较详。《成祖实录》卷三十三“永乐二年八月庚寅”条记述此事及陈瑛之言曰：“‘今莫若暂行户口食盐之法，以天下通计，人民不下一千万户，军官不下二百万家，若是大口月食盐二斤，纳钞二贯，小口一斤，纳钞一贯，约以一户五口，季可收五千余万锭，行之数月，钞必可重。’上命户部会群臣议，皆以为便，但大口令月食盐一斤，纳钞一贯，小口月食盐半斤，纳钞五百文，可以行久。覆奏，上行之。”

② 《明史·食货志五·钱钞》。夏原吉，字维喆，湖南湘阴人。

几何？以此出入之数，每加较量，用之不奢，取之适宜。……俾钞罕而物广，钞重而物轻，则钞法流通，永永无弊。[①]

这里，他要求严格审度和控制国家财政收支，要求做到“用之不奢，取之适宜”是对的，可是他对纸币发行所提出的两个标准——一是以元代旧日发钞额作为参考，一是根据国用的需要而增减之，第二个在理论上就是错误的。因为，纸币发行不应根据财政上的需要，而应根据流通界的经济需要才能保持纸币币值的稳定。所以，他的“审国家之用而经度之”这个标准是不妥的。以元代造钞额作为参考当然是可以的，至于他讲到元代制度，“其法日造钞万锭”[②]，如理解为纸币发行应有一定的限额未尝不可，但如据为纸币的实际印造数额，则时变世异，那就不可了。

夏原吉及范济皆重视对昏烂旧钞的回收及销毁问题。夏原吉要求“钞入官，官取昏软者悉毁之”，范济建议“开倒钞库，专收昏烂不堪行使之钞，辨其真伪，每贯取工墨五分，随解各于上司，又或一季或一月……公同以不堪之钞烧毁”[③]，这些加强与健全纸币流通的管理措施，对避免发生新旧钞分等作价、保证新旧纸币的正常流通，都是必要的。

二、刘定之的货币思想

在刘定之所著《策略》一书中有两篇专门论述货币问题的文

① 《皇明经世文编》卷二十九《范司训疏·诣阙上书》。
② 《皇明经世文编》卷二十九《范司训疏·诣阙上书》。
③ 《皇明经世文编》卷二十九《范司训疏·诣阙上书》。

章。刘定之（1409—1469），字主静，号呆斋，永新人。他关于货币问题的议论，也以纸币问题为中心。当时，大明宝钞持续贬值，永乐年间市价每贯只值银一分二厘，而到宣德元年时官价则只值二厘五毫了。他针对纸币发行过多、贬值不已的情况，也是主张要收缩通货。他认为：

> 楮之弊在于贵贱不中；……夫少造之则钞贵，而过少则不足于用；多造之则钞贱，而过多则不可以行，必也。①

对于回笼纸币，他反对像户口食盐法之类把负担放在广大平民身上的办法，而认为应以“取之商贾”为主。他说：

> 钞之造于上也，有出而无纳；钞之行于下也，有散而无换。及其征钞于民也，豪商大贾积钞于家而无征，奸胥猾吏假钞为名而渔猎，闾左贫民鬻田产、质妻子，而后得钞以送之官。大臣谋国、扰郡县、暴闾里，而后收钞以贮之库。呜乎！不意古人利民之事，而为今日病民之本也。②

又说：

> 若一概取之于民，而为头会箕敛之下策，则古人利民之货，反为今日病民之本矣。草野之士，何敢尽言？③

针对这种情况，他提出的对策是：

---

① 《刘文安公策略》卷六《历朝钱法钞法得失》。
② 《刘文安公策略》卷十《钱钞法制异同》。
③ 《刘文安公策略》卷六《历朝钱法钞法得失》。

为今之计者，如不欲收旧钞乎，则直造新钞而用之，上之所以赏赐俸给者，以渐而出之，下之所以输纳赋役者，时或而取之。则钞何患乎不行？如欲收旧钞乎，则或取之商贾，而因以厚本抑末；或取之徒役，而因以赎罪示恩；或出帑藏以收之。①

他的意见是：如果当局不愿意收回旧钞，为了维持现状，从此对于赏赐、俸给，以及赋役收纳都应该有节制地进行，即“以渐而出之”“时或而取之”，这样，钞法也能够保持下去。如果要紧缩通货，收回旧钞的话，就应该根据厚本抑末的原则，首先向商贾收税，也可以采取纳钞赎罪的办法，或者用政府库藏的现银去收兑回纸币。

很显然，他对政府的政策是不满的，但是他并不反对纸币制度。他认为纸币就是代替钱币之用的，他说：

民之所赖以生者谷帛，而一环之钱诚若何所用者？然而钱可以致谷帛，则用钱可也。民之所赖以用者钱货，而一尺之楮又若何所用者？然而楮可以代钱货，则用楮可也。②

又说：

珠玉金宝可以为用矣，而不能多得，谷粟布帛可以为用矣，而不能致远，腰万贯之缗，手方寸之楮，寒可以衣，饥可

① 《刘文安公策略》卷六《历朝钱法钞法得失》。
② 《刘文安公策略》卷六《历朝钱法钞法得失》。

以食，不珠玉而自富，不金宝而自足，盖亦古人抚世便民之良规也。①

他基于重视货币流通手段职能这一思想，而一反千多年来“珠玉金银，饥不可食，寒不可衣”（晁错语）的传统观念，甚至径直说纸币“寒可以衣，饥可以食”，可以说是一个值得注意的新的说法。

三、丘濬的货币思想

丘濬（1421—1495），字仲深，号深庵，琼山人，学者称琼台先生。

丘濬在成化二十三年（1487）写成了《大学衍义补》一书，其中有《铜楮之币》两卷，专门论述货币问题。这本书是为最高统治者“治国平天下”参考之用，书中在征引一段史实后，有时再引一段前人的言论，他则以按语形式表达自己的见解。

他在货币理论方面较前人进步之处，在于阐述货币问题时触及了商品的劳动价值论。他说：

世间之物，虽生于天地，然皆必资以人力而后能成其用，其体有大小精粗，其功力有浅深，其价有多少，值而至于千钱，其体非大则精，必非一日之功所成也。②

① 《刘文安公策略》卷十《钱钞法制异同》。
② 《大学衍义补》卷二十七《铜楮之币下》。

这里的“物”，应指劳动生产物而言，因为它是“资以人力”而“成其用”的，即它的使用价值是靠人的劳动产生的。不仅如此，他还破除了《管子》以来“夫物多则贱，寡则贵”，即世俗“物以稀为贵”的传统看法的束缚，认为物的贵贱，决定于劳动时间的耗费，即“值而至于千钱，其体非大则精，必非一日之功所成也”。

他从此出发，阐述货币的发生问题：

> 以物易物，物不皆有，故有钱币之造焉。必物与币两相当值，而无轻重悬绝之偏，然后可以久行而无弊。①

在此，他认为货币是为解决物物交换的困难而产生的。在其他地方，他也指出货币之发生与商业相联系，他说：

> 钱以权百物，而所以流通之者，商贾也。故商贾阜盛货贿而后泉布得行。②

不过，他未能摆脱《管子》“先王制币说”的影响，不了解货币是商品交换过程中的自发产物，因而在这方面的看法是错误的；但是他以“物与币两相当值”作为理论根据，在当时的条件下，用以反对封建帝王实行铸币贬损或纸币通货膨胀政策，却是具有积极意义的。

对于纸币，他基本上持否定态度，认为纸币的产生是不正常的，而纸币的存在只是一个现成的事实而已。所以他说：

> 楮之造始于汉，……其初用之以代木简、竹册以书字，唐

---

① 《大学衍义补》卷二十六《铜楮之币上》。
② 《大学衍义补》卷二十六《铜楮之币上》。

王玙乃用为假钱焚以事神。噫！孰知至是真以代铜钱而为行使之币哉！……以无用之物，易有用之物，遂使蔡伦之智与太公之法并利于天下后世。噫，可叹也哉！①

与此相关，他以“物与币两相当值”为论据，但是用货币的金属主义观点看待不兑换纸币制度，把它指斥为封建帝王的“阴谋潜夺之术”，并质问道：

所谓钞者，所费之值不过三五钱，而以售人千钱之物。……乃以方尺之楮，值三五钱者而售之，可不可乎？②

随之，他更尖锐地正面抨击不兑换纸币制度与通货膨胀政策：

民初受其欺，继而畏其威，不得已而黾勉从之，行之既久，天定人胜，终莫之行，非徒不得千钱之息，并与其所费三五钱之本而失之，且因之以失人心，亏国用，而致乱亡之祸如元人者，可鉴也已。③

这种说法不尽正确，却不失为封建社会时期纸币流通崩溃的写照。

丘濬在货币思想方面有更值得重视的观点，即是他提出的以银为主、钱钞并行的货币制度的主张。在此之前，王祎在元末已经最早提出过以贵金属金、银为货币，并铸造金、银钱流通的主张，但是把贵金属白银提高到主要地位，作为基本的价值尺度的，则丘濬

① 《大学衍义补》卷二十七《铜楮之币下》。
② 《大学衍义补》卷二十七《铜楮之币下》。
③ 《大学衍义补》卷二十七《铜楮之币下》。

为第一人。他说：

本朝制铜钱、宝钞相兼行使，百年于兹，未之改也。然行之既久，意外弊生，钱之弊在于伪，钞之弊在于多。……所以通行钞法者，臣请稽古三币之法，以银为上币、钞为中币、钱为下币，以中下二币为公私通行之具，而一准上币以权之。①

又说：

既定此制之后，钱多则出钞以收钱，钞多则出钱以收钞，银之用非十两以上禁不许以交易，银之成色以火试，白者为准。宝钞铜钱，通行上下，而一权之以银，足国便民之法，盖亦庶几焉。②

在这种货币制度下，银是基本的货币，因为宝钞与铜钱都是“权之以银”。丘濬没有重钱轻银思想，其突出白银作为主要货币地位的观点是很可贵的，因为它符合历史发展的要求和当时货币经济发展的现实。他所设计的以银为基本货币的制度，银、钱、钞三者之间的比价是：每银一分易钱十文；新制之钞，每贯易钱十文。要求实行时通诏天下以为“定制”，使“银与钱、钞交易之数，一定而永不易，行之百世”③。

贵金属白银虽是基本的货币，但它的使用只限于十两以上的大额交易，而铜钱与纸币才是上下通行的货币。铜钱与纸币二者，他

① 《大学衍义补》卷二十七《铜楮之币下》。
② 《大学衍义补》卷二十七《铜楮之币下》。
③ 《大学衍义补》卷二十七《铜楮之币下》。

实际重视的则是铜钱，因为，他认为：

盖天下百货皆资于钱以流通，重者不可举，非钱不能以致远，滞者不能通，非钱不得以兼济，大者不可分，非钱不得以小用；货则重而钱轻，物则滞而钱无不通故也。①

又说：

米谷有丰歉，非人力所能致，金铜则无丰歉，可以人力为之，故为之铸钱，使之博食以济饥也。②

基于这一认识，他主张铸行一种钱面镌有“皇明”字样的合乎标准的足值新铜钱，予以推广，以解决当时私钱流行的货币问题。

至于纸币，实际是面对既成事实，他认为不便更改成法加以废除，因而他建议：新钞每贯只易钱十文，即合银一分。这种新钞，他未明言是否为可兑换纸币，看来也仍是不兑换纸币。不过，就其本意说，他认为纸币是应该兑现的，他在评述宋人“称提之术”时就清楚地说：

称提之说犹所谓平准也。平准以币权货之低昂，而称提则以钱权楮之通塞。今世钞法，遇有不行，亦可准此称提之法，出内帑钱以收之，则流行矣。③

丘濬建议实行的这种以银为主要货币的制度，显然还不是近代

① 《大学衍义补》卷二十六《铜楮之币上》。
② 《大学衍义补》卷二十六《铜楮之币上》。
③ 《大学衍义补》卷二十七《铜楮之币下》。

意义的银本位制度，因为，银与铜钱并非严格意义的主辅币关系，铜钱并无支付额上的限制，而且是足值的货币，这样，实际就形成了银、铜复本位的关系。可是，“价值尺度的二重化是同价值尺度的职能相矛盾的”[①]，因而要求两种足值货币并行流通，而期保持每银一分易钱十文的比价“一定而永不易”，显然也是不可能的事。

丘濬在货币思想上偏向于货币金属主义，但他在货币职能的认识上很强调流通手段，特别是货币作为购买手段的功用。

他对马端临“蓄钱者志在流通，初不烦上之人立法以教其懋迁也”的说法表示赞同，因而反对以法律方式禁止蓄钱。他还认识到流通中的货币数量应与商品的流通量相适应，才能保持价格的稳定。他说：“务必使钱常不至于多余，谷常不至于不给，其价常平。”[②] 这里，他已谈及流通中的货币必要量的问题了。

他还说过“所以通百物，以流行于四方者，币也”；又说：“然其物之聚也，有多有少；时之用物也，有急有缓。少而急于用则通，多而不急于用则滞，上之人因其滞也，则以泉布收之，俾其少而通焉，所以厚民生也。上既收之矣，下之人或有所急而需焉，则随其原价而卖之，所以济民之用也。”[③] 他把货币作为调节百物的工具，这与《管子》的轻重理论及把货币作为“御民事”“平天下”工具的思想是一致的。他又说：“钱也者，寓利之器，昔人所谓贫可使富，贱可使贵，死可使生之，具通神之物也。”[④] 在这里，则把货币作用强调得近乎货币拜物教思想了。

---

① 马克思：《资本论》（第一卷），人民出版社1975年版，第114页。
② 《大学衍义补》卷二十六《铜楮之币上》。
③ 《大学衍义补》卷二十五《市籴之令》。
④ 《大学衍义补》卷二十七《铜楮之币下》。

第二节
明中叶围绕铜钱问题的议论与重钱轻银思想

自明英宗正统元年（1436）解除用银之禁后，白银获得合法货币的资格，并在货币流通中开始取得支配的地位。进入十六世纪以后，大明宝钞实际上已不行使，与民间日用行使关系最密切的是铜钱，可是由于铜贵，铸钱无利，官铸的好钱数量不足，因此造成私铸恶钱流行，钱价波动不已，形成长时间的货币问题。

在这种情形下，当时不少人要求政府增铸铜钱，并发表不少议论。

嘉靖年间，何良俊（1506—1573）[①] 说：

> 盖财之所出，不过天之所生，地之所长，皆有极限；惟钱之用不穷者，以能权轻重，而伸缩之数在我制之耳。[②]

① 何良俊，字元朗，号柘湖，华亭人。
② 《皇明经世文编》卷二百〇四《何翰林集》。

从此出发，他主张于两京、十三省及六盐运司共二十一处都开局铸钱。据他计算，“一局每日铸钱三万，易银可得五十两，则终岁可得银一万八千两，总计二十一局，每岁几有五十余万矣”①。

萧端蒙（1521—1554）② 则提出铸造“嘉靖大钱”的建议，要求“以五铢为定制，而布之上下，其轮廓深广倍旧钱，……而以之市易则缗准一金（即银一两）焉”③。因为他建议铸造的这种大钱“费奢而直（值）廉”，所以，他解释道“夫经国者以度宜为政，而不袭于故常；议事者以成务事轻，而不顾小费”，④ 意即封建国家铸钱应该不讲成本。

谭纶（1520—1577）⑤ 在隆庆三年（1569）《论理财疏》中则主张铸造“大明通宝”，改变年号钱制度。他说：

> 钱制必轻重适均，每钱十文直银一分，不足则稍重其制，钱铸五文，直银一分。其钱俱以大明通宝为识，期可行之万世。⑥

他着重强调铸造铜钱的好处：

> 今之议钱法者，皆曰铸钱之费与银相当，朝廷何利焉。臣以为岁铸钱一万金，则国家增一万金之钱流布海内；铸钱愈

---

① 《皇明经世文编》卷二百〇四《何翰林集》卷四《与王槐野先生书》。

② 萧端蒙，字日启，潮州人。

③ 《皇明经世文编》卷二百八十六《萧同野集》。

④ 《皇明经世文编》卷二百八十六《萧同野集》。

⑤ 谭纶，字子理，宜黄人；他曾长期主持兵事，因与戚继光共事而与之齐名，号“谭戚”。

⑥ 《皇明经世文编》卷三百二十二《谭襄敏公奏疏》。

多，则增银也愈多，此藏富之术也。[1]

隆庆四年（1570），靳学颜（1513—1571）[2] 在《讲求财用疏》中说：

今之为计者，……曰利不酬本，所费多而所得鲜矣。臣愚以为此取效于旦夕，计本利于出入，盖民间之算，非天府之算也。夫天府之算，以山海之产为材，以亿兆之力为之，以修洁英达之士为役，果何本而何利哉？[3]

隆庆、万历年间的杨成（1521—1600）[4] 也说：

往两都大司空佥为国家铸钱无利，嗟嗟！此自贩夫贩妇交易相对者言耳。若国家以天下为度，岂其然乎？假如大司空议银一分，铸钱五文，乃七文用之，……是诚亏本二文无利矣。不知以银为钱，非投水火类也；银一分故在天地间，又加铜五文，可当银八厘，又在天地间，是一本而八息也，利孰大焉。[5]

郭子章（1543—1618）[6] 则说：

钱法者，不收之田，不计之海，不出之府库，无大损于国贮，而博利于民生，诚今日救弊之急务也。[7]

---

① 《皇明经世文编》卷三百二十二《谭襄敏公奏疏》。
② 靳学颜，字子愚，济宁人，被称为明中兴经济名臣。
③ 《皇明经世文编》卷二百九十九《靳少宰奏疏》。
④ 杨成，字汝大，号震佳，长洲人。
⑤ 《皇明经世文编》卷三百六十一《杨庄简公奏疏》。
⑥ 郭子章，字相奎，号青螺，泰和人。
⑦ 《皇明经世文编》卷四百二十《郭青螺集》。

又说：

藏铜于民，铜皆铜也；……铜一入官，铜尽钱矣，而国家日富。[1]

又说：

王者以四海为家，费百万以铸百万，则二百万，费千万以铸千万，则二千万；一生二、二生四、四生八，生生不已，铸铸无穷。[2]

这些主张增铸合乎标准的新钱的观点都带有货币金属主义的倾向，如说“岁铸钱一万金，则国家增一万金之钱流布海内；铸钱愈多，则增银也愈多，此藏富之术也”；“铜一入官，铜尽钱矣，而国家日富”。从此可以看出，他们认为铜钱就是财富，铸钱愈多，则国家愈富。可是，他们并不理解货币与铸币的区别，而且还忽视了铜钱与白银的区别。货币是社会财富的结晶或代表。然而，在流通中并存着银、铜二种货币金属，而且白银已取得支配地位的情形下，显然，财富的结晶在更大程度上是白银而不是铜钱，即使铜钱是十足价值的铸币也不行；更何况，铜钱作为铸币形态的货币，它的名义价值与实际金属内容本来就不一致，而且从来也不是一致的。

既然铜钱在某种程度上已失去作为社会财富代表的作用，那么与此相关，增铸铜钱也就不能与白银的增加相等同，所以，谭纶所

① 《皇明经世文编》卷四百二十《郭青螺集》。

② 《皇明经世文编》卷四百二十《郭青螺集》。

谓“铸钱愈多，则增银也愈多”；杨成所说耗费值七文铜钱的成本银一分，铸成五文铜钱，不但没有“亏本”，而谓“银一分故在天地间，又加铜五文，可当银八厘，又在天地间，是一本而八息也”；郭子章所谓“费百万以铸百万，则二百万，费千万以铸千万，则二千万”的说法，也都是谬误了。

白银在货币流通中获得支配地位，成为流通中的主要货币，是我国封建社会货币经济发展的自然结果。这一自发过程反映着社会经济的深刻变化，会给社会不同阶层带来各方面的影响，因而在用银、用钱问题上便会引起许多不同的议论和看法。

一些倡行铜钱的人，往往都有重钱轻银的思想，如谭纶就说：

> 言足国必先富民，欲富民必重布帛菽粟而贱银。欲贱银，必制为钱法，增多其数，以济夫银之不及而后可。①

然而在这方面思想最突出的代表则为靳学颜。他在《讲求财用疏》中竭力反对“用银而废钱”，他说：

> 今天下之民愁居慑处，不胜其束湿之惨；司计者日夜忧烦，皇皇以匮乏为虑者，岂布帛五谷不足之谓哉？谓银两不足耳！②

其实，在明代，由于海外白银的流入及国内银产量的增加，白银的供应还是充足的。所以，白银的购买力一直呈现下降的趋势，

① 《皇明经世文编》卷三百二十二《谭襄敏公奏疏》。
② 《皇明经世文编》卷二百九十九《靳少宰奏疏》。

这从银、钱比价及以银计算的米价中均可反映出来。[1] 白银发展为流通界主要通用货币以后，封建财政收支转用白银是合乎货币经济发展的历史趋势的，他所言“岂布帛五谷不足之谓哉？谓银两不足耳”并非事实，这主要还是从独崇铜钱偏见出发而作出的议论。

于是他说：

> 夫银者，寒之不可衣、饥之不可食，又非衣食之所自出也，不过贸迁以通衣食之用尔。而铜钱亦贸迁以通用，与银异质而通神者，犹云南不用钱而用海肥，三者不同而制用则一焉。今奈何用银而废钱？[2]

随之，他便指斥用银的弊害说：“钱益废则银益独行，独行则豪右之藏益深，而银益贵，银贵则货益贱，而折色之办益难；而豪右又乘其贱而收之，时其贵粜之，银积于豪右者愈厚，而银之行于天下者愈少，再踰数年，臣不知其又何如也。”[3]

然后，他正面提出关于用钱的看法与主张。他说：

> 钱者，泉也，如水之行地中，不得一日废者。……用钱则

---

① 按：从银、钱比价看，明初白银一两售钱1000文；自成化（1465— ）以后，约为800文；弘治（1488— ）以后，又减为700文；万历年间（1573—1620）为500—600文；“嘉靖金背钱”还曾涨至400文一两；天启（1621— ）以后，一两白银也仍换得600文。这一趋势直至明清之际由封建财政危机而引起的“银荒”才有所变化。

从米价上看，在明朝宣德年间米每石值银二三钱；但成化以后米价就提高了，米价由三四钱逐渐涨至五六七八钱；荒歉年头，米价一向均在一两以上；明末崇祯时“银荒”期间，米价曾涨至二三两之多。

② 《皇明经世文编》卷二百九十九《靳少宰奏疏》。

③ 《皇明经世文编》卷二百九十九《靳少宰奏疏》。

民生日裕，铸钱则国用益饶。①

他的基本目的是为最高封建统治者的利益着想，主张封建君主要重视掌握货币铸造权。但白银流通的自发力量则导致权力的旁落，因而他反对用银，而倡行铜钱。他说：

> 此裁成辅相之业，惟人主得为之。……钱者，权也；人主操富贵之权，以役使奔走乎天下，……奈何废而不举？窃闻江南富室有积银至数十万两者；今皇上天府之积，亦不过百万两以上，若使银独行而钱遂废焉，是不过数十里富室之积，足相拟矣。②

他认为用银会造成权力的旁落，以及他所列举的用银弊害和富室藏银的事实，其实也从一个侧面反映了封建统治者与商人阶级间的矛盾。他特别强调："不愿行钱者，独奸豪耳！"

另外，靳学颜还指出：

> 钱比钞异，于小民无不利矣，独所不便者，奸豪尔。一曰盗不便、一曰官为奸弊不便、一曰商贾持挟不便、一曰豪家盖藏不便，此数不便者，与小民无与也。③

这些情况，以及前所列举的"银益贵，银贵则货益贱，而折色之办益难；而豪右又乘其贱而收之，时其贵粜之"的事实，则反映着用银也的确使社会矛盾加深了。

---

① 《皇明经世文编》卷二百九十九《靳少宰奏疏》。
② 《皇明经世文编》卷二百九十九《靳少宰奏疏》。
③ 《皇明经世文编》卷二百九十九《靳少宰奏疏》。

靳学颜反对用银的主张，显然与历史发展的趋势相违背，可是，由于封建社会自然经济占统治地位，因此他的一些主张与说法往往仍不断有人在援用。

所有倡行铜钱的人，都无一例外地要求封建政府用法令确认铜钱为上下通行之币，并规定铜钱使用的用途。如谭纶说：

> 令民得以钱输官，如税粮、起运、折色，则银六钱四；存留折色及官军俸粮、罪赎抵价，俱从中半收钱，如此则百姓皆以行钱为便，虽欲强其用银而不可得矣。①

靳学颜则说：

> 请自今事例，罚赎、征税、赐赍、宗禄、官俸、军饷之属，悉银钱兼支；上以是征，下以是输，何患其不行哉！②

郭子章则说：

> 今自折俸、募役外，朝廷不入，赏赍不予，是自贱之也。自贱之而欲人贵之，其势焉得？……诚用之如循环，行之如流水。上辟其出之涂，若赏赐、若俸薪、若顾募之类，无不以下；下辟其入之涂，若军资、若榷税、若赎锾之类，无不以上。银用其六，钱用其四，又何不行之足虑乎？③

这些建议，贪婪、腐败的明统治者根本就不会采纳，即使有时

---

① 《皇明经世文编》卷三百二十二《谭襄敏公奏疏》。

② 《明史·靳学颜传》。

③ 《皇明经世文编》卷四百二十《郭青螺集》。

迫于形势，宣布用钱之令，但也从未真正施行。

以银为币，是当时封建社会历史发展的必然趋势。重钱轻银论者的主张与建议显然是无法实现的，特别是他们都希冀最高封建统治者用一纸命令，就能达到倡行铜钱的目的。而当时的最高封建统治者恰恰都是最爱积银、对铜钱则一贯“自贱之”的人，因而这些人的希望落空也就是必然之事了。

第 三 节

明末统治集团关于铸大钱和行钞的议论

晚明思想家的货币思想

一、明末统治集团关于铸大钱和行钞的议论

明代末期，内忧外患，国用匮乏，封建统治者内外交困之余，又复乞灵于铸大钱、行钞法。

关于铸大钱的建议，万历二十六年（1598）给事中郝敬(1557—1639)[①] 在其《钱法议》中说：

> 天生五金并为民利，而金银最少；……举天下之人用其最少者，若之何不匮！况逐年九边之费往而不返，顷者天府之入，又闭而不出，银非雨之自天，非涌之自地，非造之自人，

① 郝敬，字仲舆，京山人。

奈何不竭？……惟铜则不然，二百余年来，……天下废铜在民间为供具什器者，不知几千万亿，其产于各处名山者……又不知几千万亿。假使尽天下之铜，化而为钱，则尽天下之铜，皆可贸银而归之太仓，以助司农之急；……铸大钱，……以大钱为母，权子行，其费少而利多。今宜另开秘局一，所铸大钱或一当三十，或一当五十，……曰大明通宝，……与小钱三七或四六兼行，背铸文曰：私铸者斩……。①

天启元年（1621），兵部尚书王象乾（1546—1630）② 则建议铸当十、当百、当千大钱，他说：

> 军需浩大，征派不可屡加，内币不能常继。……请两京十三省设局鼓铸，……所铸钱，定以六百为一两，兼铸当十、当百、当千三等大钱。……当十者重二倍，每百兼用四文，当百者重五倍，每千兼用四文，当千者重十倍，每万兼用四文，……务令银、钱兼半，处处流通。③

铸行虚价大钱，是历代封建统治者惯用的财政剥削方法，这些议论并无创新发明，但所言“假使尽天下之铜，化而为钱，则尽天下之铜，皆可贸银而归之太仓”，以及“军需浩大，征派不可屡加，内币不能常继”，则使封建统治者窘迫之情暴露无遗。

可是铸大钱以刮财，显然不如行钞法更为方便。崇祯时桐城生员蒋臣（1597—1652）的行钞计划，可谓这方面的突出代表。

---

① 《春明梦余录》卷四十七《宝源局》。
② 王象乾，字子廓，号霁宇，山东新城人。
③ 《明实录·熹宗悊皇帝实录》。

蒋臣的行钞建议，在崇祯十六年（1643）曾获得在朝掌管财政的大臣倪元璐（1593—1644）等人的赞同。最高封建统治者明思宗朱由检更是急不可耐，愿行钞法。当时，户部议行纸钞，有“十便十妙”之说：

> 一曰造之本省，二曰行之途广，三曰赍之也轻，四曰藏之也简，五曰无成色之好丑，六曰无称兑之轻重，七曰革银匠之奸偷，八曰杜盗贼之窥伺，九曰钱不用而用钞，其铜尽铸军器，十曰钞法大行，民间货卖并可不用银，银不用而专用钞，天下之银可尽实内库。①

这“十便十妙”最妙之处，显然就在于“天下之银可尽实内库”，蒋臣的行钞计划，要害之点也正在于此。

蒋臣的行钞计划也主张行钞要有白银作为准备金，钞一贯合银一两（实卖九钱七分）或铜钱一千文。但他所谓的准备金，全靠发钞去收换民间的白银。他估计当时民间的白银为二亿五千万两，他说：

> 与民间白金之数，稍稍相准，过此则不能行矣。……今岁行五千万，五岁为界，是为二万五千万，则民间之白金，约已尽出，后且不可继矣。故一界以后，以旧易新，五界既行，则通天下之钱数又足相抵。②

这一搜刮白银的企图是如此明显，因而，据说这一行钞计划一

---

① 《花村谈往补遗·铸钱造钞》。

② 《崇祯长编》卷一。

传出，就出现“京商骚然，绸缎各铺，皆卷箧而去”[①] 的局面。阁臣蒋德璟也说：“民虽愚，谁肯以一金买一纸？”[②]

二、李之藻、宋应星的货币思想

在传统的重钱轻银思想笼罩货币思想界的时候，晚明两位著名的科学家李之藻、宋应星却对白银流通持赞同的态度。

李之藻（1565—1630），字振之，号凉庵居士，仁和人，是我国著名的数学家。

他认为白银为币是合乎时势发展、不可更易的事实。他说：

> 嗟夫！圣王治天下因民之情与之宜之，不深强也。今民情不以钱币，而以银币，非一日矣，上又求金之使旁午，而积金之府岁拓，明夺其所欲，而予之以其所不欲，强而行之，无乃借青蚨（铜钱）以愚黔首，天下攘攘，其亦有辞。[③]

所以，贵金属白银为币乃是社会经济发展的必然。可是，在白银作为大额货币、铜钱用于小额支付，即“银为母，钱为子”银、钱并行流通的情形下，他对当时铜钱购买力跌落的情形则持悲观态度。他指出：

> 自古支告悬磬，而铸钱议起，钱之利弘矣。……第令多铸而可必其行，则一冶之铸，真可当数州之征，鼓橐之夫，倍贤

① 《春明梦余录》卷三十八《宝泉局》。
② 《春明梦余录》卷三十八《宝泉局》。
③ 《皇明经世文编》卷四百八十四《李我存集》。

于矿税之使，……虽然，多铸易也，多铸而阏且奈何？多铸而官私混且奈何？多铸而利不偿费且奈何？[1]

又说：

曩民间银一两值钱四百有奇，自水衡之钱日散于工匠，榷税之钱日溢于都市，而钱忽贱，溢其值于五百以外，乃多者必贱之征也。[2]

也就是说，多铸铜钱使得流通界铜钱充斥，从而导致铜钱购买力跌落。这是因为，官府谋求铸利，减重铸造钱币必然又引起民间盗铸，致使劣币充斥，造成铜钱购买力不断跌落；而铜钱币值跌落，最后又至于“利不偿费”，所以他建议：

第缗不可使之多，而孔不可使之旁出于他所，一责成于行在之宝源，而于以见人主独操驭富之棅，或者其有赖也乎？

也就是说，他不得已建议停止各省铸钱，将铜钱的铸造集中于宝源局，以限制铜钱的过多铸造，以便阻止铜钱购买力的继续跌落。

不过值得注意的，还是他对比银、钱二者购买力稳定性问题的分析。

他说：

钱法之祀，自不肯多蓄始耳。……今试以问嘉靖之钱视其

---

① 《皇明经世文编》卷四百八十四《李我存集》。
② 《皇明经世文编》卷四百八十四《李我存集》。

直之钱价奚若？而富者肯蓄多藏厚，以自为困乎？积金以券人，逾日而息增，蓄钱以实藏，阅岁而必贱！①

也就是说，铜钱由于购买力跌落，已失去作为贮藏手段的职能，而事实上，只有白银才是人们采用的货币。

宋应星（1587—约1661），字长庚，江西奉新人。他的名著《天工开物》初刊于崇祯十年（1637）。

宋应星对于白银问题议论道：

普天之下，民穷财尽四字，蹙额转相告语。夫财者，天生地宜，而人工运旋而出者也。天下未尝生，乃言乏。其谓九边为中国之壑，而奴虏又为九边之壑，此指白金之物而言耳。

财之为言，乃通指百货，非专言阿堵（货币）也。今天下何尝少白金哉？所少者，田之五谷、山林之木，墙下之桑，洿池之鱼耳。有饶数物者于此，白镪、黄金可以疾呼而至，腰缠箧盛而来贸者，必相踵也。②

宋应星对白银为币是肯定的，没有重钱轻银思想。但他认为当时主要的社会问题还不是白银的缺乏，而在于社会生产的萎缩。所

① 冯梦龙在其所撰《钱法议》中，对崇祯时铜钱购买力跌落、藏钱之家遭受铜钱贬值损失的情况有翔实的记述，他说："至崇祯钱出，而司铸者未暇急公，先课润橐，扣铜价，征样钱，勒余羡，于是搀和铅石，掷地即碎，体制薄小，百不盈握，官铸与私铸工拙不相远，故私铸益多，而价因以大减，今每千止三钱五分矣。新钱既贱，旧钱不能独贵，藏钱之家，十而亏七。用钱之人，三而当一，民安得不日贫，而国用安得足乎？"（《甲申纪事》卷十二）

冯梦龙（1574—1646），字犹龙，自号龙之犹、墨憨斋主人等，长洲人，明末文学家、戏曲家，所辑话本《喻世明言》《警世通言》《醒世恒言》，世称"三言"。清兴渡江后，他参加过抗清活动，后忧愤死。

② 《野议·民财议》。

谓“民穷财尽”只不过是当时这一社会危机的表现罢了。

他认为货币是财富，而财富则是自然与人力结合而产生的结果，因而，所谓财富应是通指“百货”，而并非专指货币。

从这一财富观出发，他认识到商品和货币间的关系是会随时易位的，如果五谷、林木、桑、渔各种物资丰富了，大商贾自会携带金、银群集而至。所以他说：“今天下何尝少白金哉！”① 这一断言，在当时朝野上下群言乏银的情形下，显然是一个超出凡俗的见解。

宋应星对于铜钱的作用也是肯定的，他说：“贸迁有无，货居周官泉府，万物司命系焉。”②

他对封建统治者铸造虚价大钱则持反对的态度，他说：“凡钱通利者，以十文抵银一分值，其大钱当五、当十，其弊便于私铸，反以害民，故中外行而辄不行也。”③

在总的货币观方面，宋应星仍然未摆脱传统的所谓“贵五谷而贱金玉”④ 的影响，然而他肯定白银为币的态度还是很难得的。

综观贵金属白银从明中叶发展为通用的主要货币以后，货币思想界却一直涌动着重钱轻银思潮，尤其是明末财政危机造成“银荒”的情形下，更多的人对白银为币持反对态度。可是李之藻、宋应星对白银流通持肯定态度。这一事实反映了他们作为科学家对事物发展所持有的客观态度与实事求是精神。然而从货币思想史的发展来看，当时的思想界乃至明清之际的启蒙思想家们也多对白银流通持否定或批判态度，则又反映了我国发展迟滞的封建社会在货币

---

① 《野议·民财议》。

② 《天工开物》卷十四《五金》。

③ 《天工开物》卷八《冶铸·钱》。

④ 《天工开物卷序》。

思想领域也开始落后于西方世界了。

三、陈子龙、钱秉镫的货币思想

在明末封建政权危殆、财政匮乏无策之时，有些忧国忧时之士也主张推行钞法，以陈子龙、钱秉镫为代表。

陈子龙（1608—1647），字卧子，自号大樽，文学家。他关心时事，注重经世之学，曾与夏允彝等组织复社。他于崇祯十一年（1638）主持编成《皇明经世文编》。该书采集了明代各家文章中有关政治、经济等各方面的奏疏和文章，保存了很多经济、货币思想方面的资料，共504卷，清代曾被列为禁书。明亡后，陈子龙在松江起兵抗清，事败后被捕，乘隙投水死。

陈子龙在其所作《钞币论》一文中，对纸币理论提出一些值得注意的看法。他说：

> 楮非钱也，而可执为券以取钱，无远致之劳，有厚赍之用，是以飞钱钞引唐创行之，宋之交子会子乃自西蜀一隅通于天下，始于暂以权钱，久之以代现钱，迨元而钞遂孤行矣。终元之世，无一人知有钱之用，而衣于钞、食于钞，贫且富于钞，岂尽禁令使然哉！夫亦因民所便，而持以收换称提，时疏其滞也。①

这里，他从我国古代纸币产生及纸币从可兑换纸币发展到不兑换纸币的历史过程，特别是元代实行纯纸币流通制度的经验出发来分析，认为纸币的流通有其客观必要性，是“因民所便”，而并非单纯

① 王鎏：《钱币刍言·先正名言》。

依靠国家的强制法令，国家的作用则是顺应这个客观过程，而“收换称提，时疏其滞也”。从纸币流通过程本身解释纸币发生的原因，承认纸币流通自有其客观必要性，是他的纸币论中值得肯定的观点。

他叙述元代的纯纸币流通制度，说元代“无一人知有钱之用”，虽属夸张之语，然而“钞遂孤行”的话，在某些时期则也是事实。人们把纯纸币流通称为“孤钞”，如清人许楣所说的“元之孤钞，积欺与愚使然”[1]，就是源于此，从而使我国古代的纸币理论中多了一个新的术语。

为了说明纸币之可行，陈子龙用当时民间会票流通的事实作为例证，他说：

> 今民间子钱家多用券，商贾轻赍往来则用会，此即前人用钞之初意也。岂有可以私行，反不可以公行者？[2]

那么，为什么以前行钞都失败了呢？他说：

> 患在官出以予民，则命曰钞贯；民持以还官，即弃如败楮。收之散于无用，则予之不肯复收耳，故钞不行，上自格之也。

贪婪短视的封建统治者，历来都是自坏其法，以收钞为讳，所以，他把行钞失败之咎归于“上自格之也”。

与此相关，他认为要做到“自上始”，规定各种税收、缴纳都收钞，办法是：让人们先用银、钱向政府领钞，再令其用钞向政府缴纳，而不许其用银、钱缴纳，待纸币获得人们的信任以后，政府

---

① 许楣：《钞币论》。
② 陈子龙：《钞币论》。

的官俸、兵饷、工钱等便也可用钞支付了，人们持有钞券也可换钱。这样让纸币上下通行，“循环如流水”，最终就可以把“内库腐败之纸，悉化为金”。使内库腐败之“纸”，悉化为“金”（白银），比较清楚地显露出了陈子龙的货币名目主义观点。

陈子龙认为行钞会给封建统治者带来巨大的财政利益。他认为封建政府理财，如不知行钞，“此与富人之子，不知其祖父所积窖金，一发百万，而从昔所使金之人丐贷为生者何异”？所以，陈子龙的行钞主张，是具有非常明显的财政目的的。

然而就陈子龙的总的货币观来看，作为一位货币名目论者，他否认货币也是财富。他说：“夫金银钱币，所以衡财也，而不可以为财。”①

他视具有实在价值的金银钱币皆非财富，而只是将其看作计算货币。这样，自然以金银为币、以铜铸钱、以纸造钞也就都无不可了。也正因此，他在所编的《皇明经世文编·范司训奏疏》的旁注中又说：“钞以便于行财耳，以钞为财则万不可久也。”然而，在《钞币论》中他又竭力鼓吹行钞，看来态度似乎有矛盾，其实这在货币理论上仍是相通的。他之所以鼓吹行钞，是因为要挽救垂危的明封建王朝。

与陈子龙同时代的钱秉镫，在他所作的《钱钞议》中对纸币理论也提出了值得注意的看法。

钱秉镫（1612—1693），字幼光，后改名澄之，字饮光，号田间老人，桐城人，文学家。曾参加过抗清活动，且曾一度削发为僧，名西顽。关于纸币，他说：

> 夫钞止方寸之楮，加以工墨，命百则百，命千则千，而愚

① 见陈子龙为《农政全书》所作的《凡例》。

民以之为宝，衣食皆取资焉，惟其能上行也。盖必官司喜于收受，民心不疑，自可转易流通。①

钱秉镫也认为行钞或保证纸币购买力稳定，都必须钞“能上行”“官司喜于收受”，但他更突出国家政权的作用，带有货币国定论的色彩。他的方寸之纸“命百则百，命千则千”之言，则把货币名目主义思想更为发展了。

钱秉镫还认为行钞与用银二者不能并立。他说：

宋、元以及国初，钞虽屡滞，犹能设法以行，至于今独不能行者，则以往代不用白金，而今专以为币也。

所以，他得出结论说：“钞法惟在禁银。”还说：“禁银世以为怪论，然不如此，终不能行也。”

这在理论上是不对的，可是当货币经济发展到一定水平、白银获得流通中主要货币地位以后，纸币不再通行也是历史的事实。

面对白银已成通用货币的事实，钱秉镫没有坚持禁银而行钞。他说，若不禁银，就可实行银、钱、钞三者并用的办法，由国家法律规定：“每钱一千值银一两、钞一贯值钱一千，而银以五十两为锭，零用则钱、整用则钞，满五十两始用银，钱多折钞、钞多折银，而碎银以代钱钞之用者罪之。”白银只许整用，不许零用，是他货币方案中的限制白银使用的一个新的设想。

钱秉镫主张行钞，为封建政府谋求财政利益的意图是明显的，所以他说：“夫钞止方寸之楮，加以工墨，命百则百，命千则千。”他

---

① 王瑬：《钱币刍言·先正名言》。下同。

还从其货币国定论的名目主义思想出发，径直把封建统治者凭借皇权“命百”“命千”发行的纸币都要变成百姓们衣食所资之“宝”。

为了推行纸币，他认识到利用商贾力量的重要性，建议实行关榷银、钞兼收办法，他说：

> 关榷本名钞关，祖制钱钞兼收，钱十之三，钞十之七，未有征银之例。于各关设一钞务，以俟商至用银买钞输官，银钞循环，亦朝三暮四之术。但务在钞之持易不穷，而商人交易亦无吏胥之争银色、较锱铢，固所欲也。盐钞亦然。如此行钞，庶可行乎！

这在我国古代行钞历史上算不上新颖的建议，但他把这一行钞办法比拟为“朝三暮四之术”，则较为露骨地表现了封建统治阶级的欺诈性。

在我国古代货币思想中，钱秉镫所言方寸之楮，“命百则百，命千则千”的名句，显然使南朝沈演之的“大钱以一当两，家赢一倍之利”的说法、唐朝韩愈的铸钱以一当五“是费钱千而得钱五千”的见解，都“黯然失色”了。古代货币名目主义的观点发展至此，可说已到了登峰造极的地步。①

---

① 钱秉镫的行钞献策，对垂危的明王朝来说，也可说是一种“奇迹疗法”。马克思说：“各种幻想的目的，……是要实行经济上的‘奇迹疗法’，……已经有配第在他所著《关于货币的随笔给哈利法克斯侯爵》一书（1682）中详尽地评述过了。……例如他说：‘如果一国的财富，可以由一张布告而增加10倍，那就很奇怪，为什么我国政府不早些公布这样一张布告了。’”（马克思：《资本论》（第一卷），人民出版社1963年版，第80页注62引语。）（这段引语，还可参阅威廉·配第：《货币略论·献给哈利法克斯侯爵》，商务印书馆1978年版，第120页。）

第四节

明清之际关于“银荒”的议论

启蒙思想家及其他学者的货币思想

明朝末期，社会危机严重，阶级矛盾与民族矛盾交织。这时，白银早已在流通界获得主要货币的地位，特别是明政府在赋税制度方面推行“一条鞭法”以后，货币经济有了更进一步的发展。在这一背景下，明末封建政府财政竭蹶，疯狂地加重聚敛的活动，致使我国历史上第一次“银荒”的出现。入清以后，社会经济遭到严重破坏，矿冶封闭与厉行海禁，更阻塞了白银的流入，“银荒”问题一直存在，成为当时重要的社会问题。明清之际，人们关于“银荒”的议论，与唐中叶两税法改革后关于“钱荒”的议论，颇多雷同，甚少新义发明，反映了我国封建社会后期发展的迟缓状态，导致了经济、货币思想发展的缓慢甚至是停滞。

一、黄宗羲的货币思想

黄宗羲（1610—1695），字太冲，世称梨洲先生，浙江余姚人。明亡之际，曾参加四明山区的抗清斗争，后专门从事讲学与著述。著成于1663年的《明夷待访录》是一部集中反映他的民主主义思想和经济、货币思想的著作。

黄宗羲在所著《明夷待访录》中对货币、“银荒”问题相当重视。他叙述当时的情况说：

> 夫银力已竭，而赋税如故也，市易如故也。皇皇求银，将于何所？故田土之价，不当异时之什一，……百货之价，亦不当异时之什一。①

这里真实描述了当时市井萧条的情况。而对这一情况，当采取何种对策？他说：

> 当今之世，宛转汤火之民，即时和年丰无益也，即劝农沛泽无益也，吾以为非废银不可！②

废金银的主张，是违反货币经济发展的历史趋势的，实际上是行不通的；然而这种思想的发生，也正反映着我国封建社会自然经济占统治地位、社会经济发展迟滞的现实。

黄宗羲认为废金银有七利：

---

① 《明夷待访录·财计一》。
② 《明夷待访录·财计一》。

粟帛之属，小民力能自致，则家易足，一也。铸钱以通有无，铸者不息，货无匮竭，二也。不藏金银，无甚贫甚富之家，三也。轻赍不便，民难去其乡，四也。官吏赃私难复，五也。盗贼胠箧，负重易迹，六也。钱钞路通，七也。①

他所说的这些理由，前人多已道及，如明中叶靳学颜所讲废银用钱“与小民无不利”、对“奸豪”有四不利。这些理由大多似是而非，如所谓“不藏金银，无甚贫甚富之家”“轻赍不便，民难去其乡”“官吏赃私难复”“盗贼胠箧，负重易迹”等，显然这些问题有其社会原因在，而并非废金银所能致效的事情。

黄宗羲主张废金银，其主要目的在于反对赋税征银。他说：

夫以钱为赋，陆贽尚曰：“所供非所业，所业非所供”，以为不可，而况以银为赋乎？天下之银既竭，凶年田之所出不足以上供；丰年田之所出足以上供，折而为银，则仍不足以上供也，无乃使民岁岁皆凶年乎？天与民以丰年而上复夺之，是有天下者之以斯民为仇也。②

黄宗羲的货币思想有一值得注意的观点，即“银与钞为表里，银之力绌，钞以舒之”③ 的看法。他分析在当时的“银荒”情形下，“诚废白银，则谷帛钱缗不便行远，而囊括尺寸之钞，随地可以变易，在仕宦商贾又不得不行”，便提出“银之力绌，钞以舒

① 《明夷待访录·财计一》。
② 《明夷待访录·田制三》。
③ 《明夷待访录·财计一》。

之"[1] 的废银用钞主张。

他能注意到“商贾”的需要，是与他排斥以“工商为末”的传统思想、提出“工商皆本”的进步观点相联系的。他显然肯定和重视当时民间“会票”流通的事实，因而他主张行钞，但反对不兑换纸币。

为此，他试图对宋代的“称提之术”作一个系统性诠释，他说：

> 按钞起于唐之飞钱，犹今民间之会票也；至宋而开始官制行之。然宋之所以得行者，每造一界备本钱三十六万缗，而又佐之以盐酒等项。盖民间欲得钞，则以钱入库，欲得钱，则以钞入库。钱，当使与所造之钞相准，非界则增造无艺；一则每界造钞若干，下界收钞若干，诈伪易辨，非界则收造无数。宋之称提钞法如此。[2]

所以，黄宗羲所谓的“称提”就是分界发行和自由兑现，这与主张不兑换纸币的钱秉镫在《钱钞议》中所言“界满则易，谓之称提”，含义就全不相同了。

黄宗羲认为，过去行钞失败，主要是因为“不讲行之之法”。他说：

> 徒见尺楮张纸居然可以当金银，但讲造之之法，不讲行之之法，官无本钱，民何以信？故其时言可行者犹见弹而求炙也。[3]

---

① 《明夷待访录·财计二》。
② 《明夷待访录·财计二》。
③ 《明夷待访录·财计二》。

“见弹而求炙”的确是历代封建统治者行钞馋财的绘形。

他的行钞办法是：“停积钱缗，五年为界，敛旧钞而焚之。官民使用，在关即以之抵关税，在场即以之易盐引。”[①] 这是一种以铜钱为本的可兑换纸币制度，主要是在直接与商业有关的范围内行使。与废银行钞相关，他主张“盗矿者死刑，金银市易者以盗铸钱论”[②]。

在黄宗羲的货币方案中，重点仍在行钱，“使货物之衡尽归于钱”[③]。他主张铸行每钱重一钱、不冠年号的足值铜钱，“除田土赋粟帛外，凡盐酒征榷，一切以钱为税”[④]。

二、顾炎武的货币思想

顾炎武（1613—1682），字宁人，世称亭林先生，江苏昆山人。明亡之际，他曾参加苏州、昆山的抗清活动，是一位具有爱国思想与民族气节，讲求经世致用之学并有多方面成就的学者。他的货币思想散见于《日知录》《亭林文集》等著作中。由于他的《日知录》及文集的刊布流行均较早，因此他发表的议论比同时代其他人的影响要广泛得多。

在对待“银荒”问题上，他的基本思想也是集中于反对赋税收银。

他在中年以后，长期奔走于北方各地。这些地区经济上较落

---

① 《明夷待访录·财计二》。
② 《明夷待访录·财计一》。
③ 《明夷待访录·财计二》。
④ 《明夷待访录·财计二》。

后，商品经济很不发达，因而“银荒”现象更为突出。如他所言：

往在山东见登、莱并海之人多言谷贱，处山僻不得银以输官。今来关中，自鄠以西，至于岐下，则岁甚登，谷甚多，而民相率卖其妻子。至征粮之日，则村民毕出，谓之人市。①

对于造成这种严重“银荒”现象的原因，他指出：

夫银非从天降也，丱（矿）人则既停矣，海舶则既撤矣，中国之银在民间者已日消日耗，而况山僻之邦，商贾之所绝迹，虽尽鞭挞之力以求之，亦安所得哉！②

基于此，他反对封建政府田赋收银的政策，他说：

国家之赋，不用粟而用银，舍所有而责其所无，……田野之氓不为商贾、不为官、不为盗贼，银奚自而来哉？此唐宋诸臣每致叹于钱荒之害，而今又甚焉。③

夫树谷而征银，是蓄羊而求马也；倚银而富国，是恃酒而充饥也。以此自愚，而其敝至于国与民交尽，是其计出唐宋之季诸臣之下也。④

不过，对待白银的态度，他没有像黄宗羲那样要求“废金银”，而只限于反对赋税征银，强调从实际出发而因地制宜。他说：“今若于通都大邑行商麇集之地，虽尽征之以银，而民不为病；至于遐

① 《亭林文集》卷一《钱粮论上》。
② 《亭林文集》卷一《钱粮论上》。
③ 《日知录》卷十一《以钱为赋》。
④ 《亭林文集》卷一《钱粮论上》。

陬僻壤舟车不至之处，即以什三征之，而犹不可得。”①

所以，对于田赋的征收，他主张“凡州县之不通商者，令尽纳本色，不得已以其十之三征钱”②。可是尽纳本色，对政府财用如何解决？他提出可“权岁入之数，酌转般之法”③。这个办法的具体内容是：“除京漕运京仓之外，其余则储之于通都大邑，而使司计之官，……量其岁之丰凶，稽其价之高下，粜银入京。”④ 所以，他不是简单地反对田赋征银，也没有否定以银为币的事实。⑤

他对待纸币全持否定的看法，认为银、钞二者“势不两行”。他说：

> 钞法之兴，因于前代未以银为币，而患钱之重而立钞法。……今日上下皆银，轻装易致，而楮币自无所用。……银日盛而钞日微，势不两行，灼然可见。

又说：

> 废坚刚可久之货，而行软熟易败之物，宜其弗顺于人情，而卒至于滞阁，后世兴利之臣，慎无言此可矣。⑥

从我国古代纸币发展、衰落的历史过程看，顾炎武所指出的银、钞“势不两行”确也是事实，同时期的一些人，如钱秉镫，也

---

① 《亭林文集》卷一《钱粮论上》。
② 《亭林文集》卷一《钱粮论上》。
③ 《亭林文集》卷一《钱粮论上》。
④ 《日知录》卷十一《以钱为赋》。
⑤ 清人冯桂芬说：“顾氏炎武著论，用钱废银，志在复古。”（《校邠庐抗议·筹国用议》）
⑥ 《亭林文集》卷六《钱法论》。

有此看法。可是，这在理论上是错误的。他把作为真实货币的白银与作为货币符号的纸币二者之间的关系，绝对地对立起来了。至于钞法之不能行，把其主要原因归于钞券本身“软熟易败”的技术缺陷，当然也是不对的。

顾炎武的货币方案，也是把重点放在行用铜钱上，主张铸行足值的铜钱。他在所撰《钱法论》中总结明代的经验说：“莫善于国朝之钱法，莫不善于国朝之行钱。”① 他赞赏明代嘉靖、万历等朝铸造的金背、火漆、镟边等精致、足值的铜钱，但对于封建统治者采取“下而不上”的态度甚为不满。因为，在货币流通方面造成两种恶果：一、田赋征银而不征钱，造成“泉货弱，害金兴”的银通钱滞现象，加重了“银荒”；二、引起私铸繁兴，而致“伪钱日售”，“制钱日壅”②。所以，他的行钱办法是：“凡州县之存留支放，一切以钱代之，使天下非制钱不敢入于官。”③

顾炎武与黄宗羲一样，都不赞成年号钱制度。他说：“钱者，历代通行之货，虽易姓改命，而不变古。”④ 关于改变年号钱制度的主张，在明代也曾不断有人提出，如丘濬、谭纶等都有此主张或想法，因而已不是新颖的看法。

三、王夫之的货币思想

王夫之（1619—1692），字而农，号姜斋，湖南衡阳人，著名

① 《亭林文集》卷六《钱法论》。
② 《亭林文集》卷一《钱粮论下》。
③ 《亭林文集》卷一《钱粮论下》。
④ 《日知录》卷十一《钱法之变》。

的唯物主义哲学家与爱国学者。明亡之际，曾起兵衡阳进行抗清斗争，失败后隐居于湘西山区，晚年住在衡阳石船山，世称船山先生。他的货币议论主要散见于《读通鉴论》《宋论》《黄书》《噩梦》等著作中。

王夫之对于封建统治者聚敛无度、兼并横夺等超经济剥削行为造成的“财聚于上”的不合理现象深恶痛绝。他愤然写道：“以故粟货凝滞，根柢浅薄，腾涌焦涩，贫弱孤寡佣作称贷之涂窒，而流亡道左相望也！”[①] 由此，他甚至一反自己强烈的“贱商抑末”的一贯态度，居然说：“大贾富民，国之司命也。”[②]

关于反对“财聚于上”，黄宗羲、顾炎武也有此思想，他们二人也都反对最高统治者专擅矿利政策。黄宗羲说：开采金、银矿“使宫奴专之，以入大内，与民间无与”[③]。顾炎武主张“利尽山泽”，要求地方广开矿冶，作为“富国之策”，但反对“天子”开矿。[④]

王夫之反对“财聚于上”的思想最为强烈，因而在其著作中就更多见。他说：“聚钱布金银于上者，其民贫，其国危。”[⑤]

他的财富观主要是从使用价值着眼。由于“谷者，民生死之大司也”[⑥]，所以，他反对“财聚于上”的观点，并不限于金、银、钱币，同时还反对粟聚于上的现象。对此，他写道：“博曰财聚则

① 《噩梦》。
② 《黄书·大正》。
③ 《明夷待访录·财计一》。
④ 参见《亭林文集》卷一《郡县论六》。
⑤ 《读通鉴论》卷十九。
⑥ 《读通鉴论》卷二十。

民散，财散则民聚。谓五谷也；……聚五谷于上者，其民死，其国速亡。”[1]

基于这一财富观，结合他一贯强烈的重农贱商抑末思想，便形成了他贵粟贱金的思想。他说：

> 粟生金死而后民兴于仁，菽粟如水火，何如金钱之如瓦砾哉！[2]

因此，他甚至主张入粟拜爵免罪，以“夺金之贵而还之粟”[3]。他认为这样便可避免谷贱伤农，达到重本抑末的要求。

王夫之反对“财聚于上”的思想，针对当时社会财富分配极端不合理现象是有其进步意义的；可是他单纯从地主阶级利益出发的贵粟贱金思想，则显然是流于片面、不利于工商业正常发展的。而且在实际生活中，谷价“恒贵”，以至金钱如瓦砾的现象是不会存在的。

鉴于当时的“银荒”问题，王夫之在田赋征银问题上当然也是持反对态度的。他说：

> 法之最颠倒者，农所可取者粟，而条鞭使输金钱（指银，下同）。……粟可博金钱，官不移丰以就欠，而责之易金钱以偿官，其不交困，得乎？[4]

但是，他对银持憎恶态度，并不限于田赋征银一事。他说：

---

① 《读通鉴论》卷十九。
② 《读通鉴论》卷十六。
③ 《读通鉴论》卷二。
④ 《噩梦》。

> 呜乎！自银之用，流行于天下，役粟帛而操钱之重轻矣，天下之害不可讫矣。……银之流行，污吏箕敛，大盗昼攫之尤利也，为毒于天下岂不烈哉！①

所以，他也主张废银用钱，具体办法是：一、严禁银矿开采，以“杜塞其采炼之源，而听其暗耗”②；二、广铸铜钱，以渐夺白银之权；三、租税以入本色为主，路远交通不便之处，“参之以钱”。他认为这样，“行之百年，使银日匮，而贱均铅锡”③，于是便可实现废银用钱的目的。显然，这一主张是违反历史发展趋势的。

王夫之的历史观在许多方面不乏进化的观点，在财政问题上也偶有表现。如他对待唐代杨炎行两税法后以钱为赋的问题，独能与黄宗羲、顾炎武不同，而持赞同的态度。他说：

> 敬舆（陆贽）之言，惜旧制之湮，顺愚民不可虑始之情耳。金钱大行于天下，因无折色之利而病于国也，故论治者贵乎知通也。④

然而在“一条鞭法”实行之后，与此颇多类似的田赋征银问题上，他却一反“论治者贵乎知通”的态度，而持反对态度了。可见，他的历史进化观点也不是彻底的。

作为在哲学上持唯物主义的王夫之，其实他的唯心观点是颇不少见的。他反对以银为币的主张，正与他在货币起源问题上的唯心

---

① 《读通鉴论》卷二十。
② 《读通鉴论》卷二十。
③ 《读通鉴论》卷二十。
④ 《读通鉴论》卷二十四。

主义观点，以及他一贯所持的“贱商抑末”的传统偏见相联系。

他认为，开采银矿会聚“游民”于山谷，会造成“奸者逞，愿者削，召攘夺而弃本务”，甚至“一旦山竭泽枯，游民不能解散而乱必成”。①

至于白银为什么能成为货币？他说：

> 银之为物也，固不若铜铁为械器之必需，而上类黄金，下同铅锡，无足贵者，尊之以钱布粟帛之母，而持其轻重之权，盖出于一时之利，上下竞奔走以趋之，殆于愚天下之人而蛊之也。②

既然银之为币“盖出于一时之利”，而且是“愚天下之人而蛊之也”，那么，当然废银用钱也就无妨了。

为什么铜可以成为货币呢？他说：

> 金玉珠宝之仅见而受美于天也，故先王取之以权万物之聚散；……铜者，天地之产繁有，而人习见之也，自人范之以为钱，遂与金玉争贵，而制粟帛材蔬之生死……③

又说：

> 银产少而淘炼难，铜随在可采，而通市交缅犹易充足。物有余，斯可为不穷之用也。④

① 《读通鉴论》卷二十。
② 《读通鉴论》卷二十。
③ 《读通鉴论》卷二。
④ 《噩梦》。

这就是说：货币的源起，或者是由于天生得少而宝贵，或者是产多而不穷，或者是由于“先王取之”，或者是“自人范之”，显然都是从物的自然属性、人的主观意志或心理因素等方面解释的。倒是他在反对行钞而论及货币起源问题时，还多少接触到一点货币产生的真正原因。他说：

> 后世民用日繁，商贾奔利于数千里之外，……而且粟米耗于升龠，布帛裂于寸尺，……故民之所趋，国之所制，以金以钱为百物之母，而权其子，事虽离古，而圣王复起不能易矣。[1]

关于纸币是怎样产生的？为什么要反对用钞，而且钞必不行、而须行钱呢？他认为金银铜铅“其所以可为百物之母者，固有实也”，可是纸币则不然，“有楮有墨皆可造矣，造之皆可成矣，……藏之久则改制矣，以方寸之纸被以钱布之名，轻重惟其所命而无等，则官以之愚商，商以之愚民，交相愚于无实之虚名”[2]。而历代行钞，“或废或兴，或兑或改，千金之资，一旦而均于粪土，以颠倒愚民于术中，君天下者而思为此，亦不仁之甚矣”[3]。在这里，他虽然同情人民所受历代行钞的纸币贬值之苦，可是显然并不明白作为货币符号的纸币产生及流通的道理。

王夫之的货币方案，也是把重点放在行用铜钱上，主张铸造足重的铜钱。他的具体办法是“拣精铜而以佳锡点之，每文足重一钱二分，而当银一厘”，严禁恶钱流通，“虽一钱亦不放行”。[4] 他说这

---

① 《宋论》卷四。

② 《宋论》卷四。

③ 《宋论》卷四。

④ 《宋论》卷四。

种新钱推广以后，可收裕民富国之效，因为，“假使岁得百万缗，即岁增百万两银之用于天下”；“钱多则粟货日流，即或凶荒，而通天下以相灌输，上下自无交困”①。这一方案中，把铜钱与银两规定固定比价是行不通的，至于指望通过广铸铜钱，“行之百年，使银日匮，而贱均铅锡”以专用铜钱，当然更是不能实现的事。

综观王夫之的货币思想，他强烈抨击“财聚于上”，主张铸造足值铜钱等，反对封建统治者的超经济剥削也是有积极意义的；可是，基于他一贯的贱商抑末思想而形成的片面贵粟贱金观点，以及违反历史发展的废银行钱思想，则是不符合社会经济发展要求的。王夫之在有关货币的起源、本质方面的阐述，较之当时其他著名思想家要多，可是多肤浅之谈，少有新义，说服力不足，而且多偏激专断之语。

四、唐甄的货币思想

唐甄（1630—1704），字铸万，四川达州人，是位具有较强烈的新兴市民意识的思想家。他的民主主义思想很是突出，指出“天子之尊，非天帝大神也。皆人也”②。他猛烈抨击封建最高统治者说：“自秦以来，凡为帝王者皆贼也。”③

唐甄生活的年代稍晚于黄宗羲、顾炎武等。他出身于没落的小地主家庭，做过县令，之后长久居于苏州吴江家中，因生活困难，

① 《噩梦》。
② 《潜书·抑尊》。
③ 《潜书·室语》。

卖田经商。所以，他对于清的“银荒”及当时市面萧条的情形，有亲身的体验。他说：

清兴五十余年矣，四海之内，日益困穷，农空、工空、市空、仕空。[①]

又说：

至于今，银日益少，不充世用。有千金之产者尝旬日不见铢两，……枫桥之市，粟麦壅积，南濠之市，百货不行，良贾失业，不得旋归。万金之家不五七年而为窭人者，予既数见之矣。[②]

为什么如此呢？他说：“当今之世，无人不穷，非穷于财，穷于银也。”[③] 至于造成这种“穷于银”的原因，他看到封建帝王及其爪牙的横征暴敛，以致银“输于幸官之家，藏于巨室之窟”[④]。他把这种“财聚于上”的现象，比拟为“蠹多则树槁，痈肥则体瘦”[⑤]。

怎样解决“银荒”问题呢？他从唯心的历史循环观点出发，提出废银用钱的“更币”主张。他说：

天运物运，皆有循环，兴必废，废或复。钱废于前代，岂不可复于今世？救今之民，当废银而用钱。[⑥]

---

① 《潜书·存言》。
② 《潜书·更币》。
③ 《潜书·更币》。
④ 《潜书·更币》。
⑤ 《潜书·富民》。
⑥ 《潜书·更币》。

这一“更币”方案的基本点就是：“以谷为本，以钱辅之，所以通其市易也。”① 他还说：“夫赋以钱配，课以钱配，饷以钱配，自朝廷至于闾阎，自段帛至于布絮，出纳无非钱者。不出三年，白银与铜锡等矣。”② 很显然，这一主观愿望是不会实现的。

总结上述观点，可以看出，唐甄对于清初“银荒”及市面萧条的情形，虽有亲身感受，可是他的货币思想与“更币”主张并无新见，与黄宗羲、顾炎武比较起来甚至还更后退些。这固然是当时长期战乱之后经济萧条、自然经济倾向增强的现实的反映，但违反客观历史发展的潮流。当时的一些启蒙思想家对待白银的态度与现实发展状况之间的矛盾是共同的。

随着清王朝统治的加强以及封建经济的趋于稳定，加之康熙二十三年（1684）解除海禁以后，海外白银又复流入，十七世纪结束时，“银荒”和缓了下来。于是，在唐甄以后，人们围绕“银荒”这一货币问题的议论也就归于结束了。

五、关于行“银券”“铜钞”的议论

在清初“银荒”期间，还有关于行“银券”“铜钞”的议论。

陆世仪主张发行“银券”以缓和当时流通中白银不足的问题。陆世仪（1611—1672），字道威，号桴亭，太仓人。陆世仪所言的“银券”，实即银汇票，他的行“银券”的主张就是根据当时“会票”流通的事实而提出的，他说：

---

① 《潜书·更币》。
② 《潜书·更币》。

今人家多有移重资至京师者，以道路不便，委钱于京师富商之家，取票至京师取值，谓之会票，此即飞钱之遗意。[1]

基于此，他建议：

于各处布政司或大府去处，设立银券司，朝廷发官本造号券，令客商往来者纳银取券，合券取银，出入之间量取微息。[2]

他对于不兑换纸币持反对态度，认为纸币“所费之纸不过三五钱，而欲售人千钱之物，民虽愚岂为所欺哉”[3]？

陆世仪倡议的“银券”，是汇票，实质上还不是纸币，但对于缓和“银荒”、解决流通中白银不足的问题，则不失为一个合理的建议。“银荒”期间，在对待白银的态度上，多数都是持否定态度，甚至不少人主张废银为币，可是陆世仪对待白银流通采取比较现实的态度，是应予肯定之点。

还有一些人曾提出所谓的“铜钞”之议。

如李呈祥（？—1688）[4] 在《论铜钞序》一文中，讲到淄川唐济武创行“铜钞”，并认为借行铜钞作为“银荒”的对策，可获得“银价不昂，钱值不绌”的效果。[5]

邱嘉穗[6]在其《铜钞议》中则建议：

取白铜之精好者，销铸为钞，如今之钱式而稍加重大，镂

---

① 《皇朝经世文编》卷五十二《论钱币》。
② 《皇朝经世文编》卷五十二《论钱币》。
③ 《皇朝经世文编》卷五十二《论钱币》。
④ 李呈祥，字吉津，号木斋，山东沾化人。
⑤ 《皇朝经世文编》卷五十三《论铜钞序》。
⑥ 邱嘉穗，字秀瑞，浙江上杭人。

以文字，面曰康熙宝钞，背曰准五、准十之类，以至准百而止，而其中孔则别之以圆，取其内外圆通，流行钱法之义。……用是杂行于散钱之中。[①]

这实际上是铸行虚价大钱。当时倡行大钱的也不乏其人。如高珩（1612—1697）[②] 就主张铸行当十、当百的虚价大钱，并认为凭借君主权力就能用虚价大钱取代白银流通。他说：

人主之权，变化万物者也，可以顷刻变化人之贵贱，独不能顷刻变化物之贵贱乎？

又说：

今言废银，人必大笑为狂，……苟能流金放银，杀珠殛玉，不患太平不立见矣。[③]

这一议论的狂妄无知，是比较典型的。

① 《皇朝经世文编》卷五十三《铜钞议》。
② 高珩，字葱佩，山东淄州人。
③ 《皇朝经世文编》卷五十三《行钱议》。

第八章

明清的货币思想（下）

第五节
清代前、中期思想家的货币思想

清代前、中期的康、雍、乾三朝，是清朝最强盛的时代，政权日益稳定。在清朝封建政府施行政治高压政策，并配合利用传统儒家思想以加强思想统治的情形下，思想界一时趋于沉寂，经济思想和货币思想也呈现停滞状态而较少有创新观点。随着社会获得较长期的安定发展，经济和生产也逐渐恢复和发展了。进入十八世纪以后的所谓“乾隆盛世”（1736—1795），在工商业方面大体已恢复到明末的工商业发展水平，封建经济内部的资本主义萌芽也较显著地出现了，思想界也开始发生变化并出现了值得注意的新的经济观点。如诗人袁枚（1716—1798）[①] 在对待商业和货币态度上的看法就很突出，他说：“夫钱谷之在民间犹血脉之在人身也，商贾之在

① 袁枚，字子才，号简斋，浙江钱塘人。侨居江宁，居小仓山原金陵织造隋氏之园，改其名为随园，因自号随园老人。

民间犹气之行血脉也。气一日不行，血一日不流，则人病。今欲人之强健而故意约束之、壅遏之，则其有余者为疽痈，而不足者为痨瘵。枚愚以为钱之所在即谷之所在也，今之民未闻有抱青蚨（货币）而饿死者；商之所在即仓之所在也，今之商未闻有积死货而不流通者。”① 著名桐城派散文家方苞（1668—1749）② 则说：“大凡米价腾贵之地，一遇客商凑集，价必稍减。此地稍减，又争往他所。听其自便，流通更速。”③

袁枚把货币与谷物交换的活动看作人体的“血脉”，有钱即有谷，有商人就不患无粮；方苞则如实地写出价值规律支配下商人逐贵去贱的自由竞争情景，这些都反映了早期资本主义萌芽发展的要求。他们这些反映新事物出现的言论，也显示了经济和货币思想领域的新变化。

一、王源、李塨的货币思想

李塨与王源是颜元（1635—1704）建立的四存学派的重要继承人，因李塨倡大四存学派的贡献，故又称颜李学派。颜李学派是一个反对程朱宋学的比较注重实际的专务“经世”“经济”之学的学派。李塨（1659—1733），字刚主，号恕谷，直隶蠡县人。王源（1648—1710），字昆绳，号或庵，顺天府大兴人，四十余岁时遇李塨，始改习颜学，著有《平书》，由李塨订正成《平书订》。李塨

① 《小仓山房文集》卷十五《复两江制府策公问兴革事宜书》。
② 方苞，字灵皋，号望溪，安徽桐城人。
③ 《方望溪先生全集》外文卷一《请除官给米商印照札子》。

自云："日稽夜营，着为《平书》，授予订之。与拙见载于《瘳忘编》《学政》诸帙者大论皆合，但予著散录，……因尽毁己著，但附拙见于各卷后以考正之。"[①] 所以，王、李的货币思想主要皆见于《平书订》中。

王、李对白银流通，尤其是赋税征银均持批判态度。

王源说：

> 夫唐宋未尝尽令输钱，而白居易、张方平诸人犹痛切以陈农民之害，况尽折为银，而农之害可胜道哉！不特农也，仓廪处处空虚，一有水旱之灾，而赈济无所出矣；一有师旅之役，而转输之费百数十倍而不可省矣。纳粟劝输，一切之政，纷纷四出，而弊且流于后世矣。[②]

李塨则说：

> 金刀之制，先王原为救灾而设，以后遂踵行之，以其赍轻致远，为移易天下之具也。如不为赍轻而致远，衣食之计，焉所用之？乃后世征银尽折银钱，则弊有不一而足者。民所力者粟布，而官所积者金刀，势必贱粥其物以充官入，故谚有曰：丰年病民。于是富商操其奇赢，以至沾泥涂足者（农民）无升斗之储，逐末者千箱万仓，坐牟厚利，一遇凶急，乃出之以制农民之命，此病民也。官吏之俸皆以银，夫银可卷怀而藏、键笥而积也，而贪官污吏比比矣。若出入皆以粟布，能贮邱山以取败耶？此病官吏也。……一旦猝然有事，兵马蚁聚，无敖仓

① 《平书订·序》。
② 《平书订·财用第七上》。

黎阳之积可以供给千里，运粮籴于一处，米价腾涌，至莫可问，势必饷当一金者，费至数金、数十金矣，此病国也。……昔有斗米七千，饿殍满道，又有敌人围城，富家皆怀金握玉而死者，非重银钱而不重五谷者之前辙耶？①

李塨说货币的发生是先王救荒而设，乃重复历代俗儒的错误说法；而王、李关于反对赋税征银的理由，前人也均已道及，并无创新之处。当然，他们所言农民受赋税征银的痛苦，也多是实际情况。颜李学派能提出某些反映农民利益的要求，不失为一个进步学派，然而在对待赋税征银问题上却是违反社会经济发展的趋势的。王源所言“吾于田制欲悉复古法，特取公田之谷，而户第纳布帛数尺、丁钱四文”、李塨所强调的“赋用本色”，当然也是不可能实现的事。

王源对白银流通持批判态度，而“钞法必不可行”，所以他重视的是钱制问题。他主张仿隋开皇之制，销旧钱，铸新钱。这一钱法，“钱分大小，以权子母。以黄铜为小钱，每文重一钱五分，一贯九斤六两；以青铜为大钱，每文重二钱，一贯十二斤八两。小钱一贯直银一两，其铸也约贯银七钱，是以七钱为一两也；大钱一贯直银二两，其铸也约费一两二钱，是以六钱为一两也”。“不铸年号，使世世不废，但铸‘永宝’二字于其阴，若周郭如五铢式。……州藩亦得铸钱，……铸其州藩之字如今式。”② 根据新的钱法，官民之间，上行下，除买铜用银外，一律用钱；下行上，则除买官盐用银，他税用银听便，也一律用钱。至于民间交易，则提倡物物交换，用钱也听便，但不许用银。

---

① 《平书订·财用第七上》。
② 《平书订·财用第七上》。

李塨很赞同这一钱制，所以他于晚年所著的《拟太平策》（1631）中又建议："宝源局铸钱，分大小以权子母，以黄铜为小钱，每钱重一钱五分；青铜为大钱，重二钱，支物价、官禄、兵饷。离京远者，州藩亦许鼓铸，各铸字以别美恶。惜费者罪，有私铸则斩"；[①] 对于白银的使用，"禁银永不许充征，但如金、珠、玉、翠为器饰用，或杂税以钱应亦以银"[②]。

李塨认为，"钱与银，特储之以备流通之具耳，不专恃以为用也"，所以，他又主张民间"人情往来，令其尽以粟布""以粟布货物相易"[③]，提倡民间交易实行物物交换。

王、李所设想的钱法，包括废除年号钱制度，前人皆已述及；而他们主张限制白银流通，尤其是提倡民间交易的物物交换，则更是逆潮流之事了。

二、靳辅、慕天颜、蓝鼎元的货币观点及海外贸易思想

靳辅、慕天颜都是清朝的大臣。靳辅（1633—1692），字紫垣，辽阳人，康熙年间任河道总督时，在水利家陈潢（1637—1688）的襄助下治河有功。慕天颜（1624—1696），字鹤鸣，甘肃静宁人，亦曾任职河道总督。为了缓和银荒问题，他们都主张开放海禁。

靳辅在讲到禁海的影响时说：

> 顺治十六年（1659）……申严海禁，……经今二十年矣。

---

① 《拟太平策》卷六《冬官》。
② 《拟太平策》卷二《地官》。
③ 《平书订·财用第七上》。

流通之银日销，而壅滞之货莫售。臣屡闻江浙士民之言，谓“顺治初年江浙等处，一切丝、粟、布帛、器具各物，价值涌贵，而买者甚多，民间资财流通不乏，商贾俱获厚利，人情莫不安恬。近年各物货价颇贱，而买者反少，民情拮据，商贾亏折，大非二十年前可比”等语。臣又闻江浙士民云：“伊等邻里宗族戚友，顺治初年，凡十家之中，富足与平常可以度日者居其七八，穷窘者居其二三，然亦告贷有门，觅食有路，而不至于大困。”……臣细察舆论，实因海禁太严，财源杜绝，有耗无增，是以民生穷困，至于此极。①

靳辅还指出：

然天下之赖以流通往来不绝者，惟白银为最。盖天下之物，无贵贱，无大小，悉皆准其价值于银，虽奇珍异宝，莫不皆然。……而不可片时或缺者也。但海内之银，见存有限，而日耗无穷，凡贴箔、鍐镀、剪断、镕折者不可悉数。……天下之开张铺面者合计何止数百万家。……其用银之时，……每镕银一两必被火耗二三厘，……并合天下行铺，止作一百万家科之，计每日耗银一万两，每岁耗银三百万两矣。加以直隶十四省商民上纳地丁杂项、关税、盐课等，一切钱粮皆有镕折，以及民间镀器皿、镶螺钿、贴扇花笺纸，与夫鍐折撒袋、刀环、鞍辔等各物，每岁所耗又何止数十万两。合而计之，天下岁耗之银不下四百万两，而江湖之所沉溺者不计焉。②

① 《靳文襄公奏疏》卷七《生财裕饷第二疏·开洋》。
② 《靳文襄公奏疏》卷七《生财裕饷第二疏·开洋》。

慕天颜则说：

> 自开采既停，而坑冶不当复问矣；自迁海既严，而片帆不许出洋矣。生银之两途并绝，则今直省之所流转者，止有现在之银两。凡官司所支计，商贾所贸市，人民所恃以变通，总不出此。而且消耗者去其一，湮没者去其一，埋藏制造者又去其一，银日用而日亏，别无补益之路，用既亏而愈急，终无生息之期。如是，求财之裕，求用之舒，何异塞水之源而望其流之溢也！……
>
> 惟番舶之往来，以吾岁出之货，而易其岁入之财。岁有所出，则与我毫无所损，而殖产交易，愈足以鼓艺业之劝。岁有所入，则在我日见奇赢，而货贿会通，亦可以祛贫寡之患。银两既以充溢，课饷赖为转输，数年之间，富强可以坐致。……
>
> 犹记顺治六、七年间，彼时禁令未设，见市井贸易，咸有外国货物，民间行使多以外国银钱，因而各省流行，所在皆有。自一禁海之后，而此等银钱绝迹，不见一文。即此而言，是塞财源之明验也。可知未禁之日，岁进若干之银，既禁之后，岁减若干之利。揆此二十年来，所坐弃之金钱，不可以亿万计，真重可惜也。①

值得注意的是他们都认为财富就是白银。靳辅认为海禁使得“财源断绝”，并且认为江浙闽粤四省每岁有值银一百万两之货出洋，则四省之民每岁可增货财七八百万，所以，如能使海外的白银源源而至，则“不五年而民困自苏，不十年而民生大遂”。慕天颜则说：“惟番舶之往来，以吾岁出之货，而易其岁入之财。岁有所

① 《皇朝经世文编》卷二十六《请开海禁疏》。

出，则与我毫无所损，……数年之间，富强可以坐致。”

他们还都认为，导致江浙沿海一带经济凋敝、生产衰落的重要原因，就是作为流通手段的白银的缺乏，并对原有白银销蚀的原因作了较具体的分析。有鉴于此，靳辅说：“臣愚以为凡可使天下增银为流通不匮之计者，洵当并为兴举也。”因而他除主张开矿采银以外，更要求解除“商人出洋之禁”。慕天颜则主张“破目前之成例”，断言“曰开海禁而已矣”。

靳辅、慕天颜开放海禁解除银荒的主张，反映出清朝统治集团从实际需要出发，对海外贸易的态度发生了变化。但是，这些主张和看法，显然反映着沿海居民及商业资本的要求，实际也是符合货币经济发展趋势的。它有利于封建经济内部资本主义萌芽的发生和增长，因而是有其积极意义的。

在清朝前期，对海外贸易思想较有认识者，则为蓝鼎元。

蓝鼎元（1680—1733），字玉霖，号鹿洲，福建漳浦人。青年时代曾周游闽、浙、澳门沿海，后到过台湾，故较熟悉闽、广沿海及南洋之事。

雍正二年（1724），他针对南洋海禁事，指出闽、广沿海居民望海谋生者十居五六，禁海以前家给人足，而禁海以后，百货不通，民生日蹙，居者苦艺能之罔用，行者叹至远之无方。所以，他主张“大开禁网，听民贸易”。

蓝鼎元关于海外贸易思想较前人深入之处，在于他是从贸易经济的角度坚持开放南洋贸易。他说：

> 以海外之有余，补内地之不足；……内地贱菲无足重轻之物，载至番境，皆同珍贝。是以沿海居民造作小巧技艺以及女

工针黹，皆于洋船行销。岁收诸岛银钱货物百十万入我中土，所关为不细矣。①

蓝鼎元对货币问题亦有论述，在这方面，他有传统的重铜钱思想，但不轻银，对纸币则持反对态度。他说：

闽地不生银矿，皆须番钱（指银币），日久禁密，无以为继，必将取给于楮币皮钞以为泉府权宜之用，此其害匪甚微也。②

又说：

钞之弊在于多，则以其用纸为之，所费之直不过三五钱，而售人千钱之物，宜其用之不能久也。③

对于铜钱，他推崇汉五铢、唐开元钱制，认为是“贵得其中”。不过，他关于铜钱问题的议论，主要在于解决闽、广等沿海地方的铜钱流通不足问题，他说：

闽、广、江、浙等省，皆苦钱贵，云南又苦钱贱，欲将滇铜购运，则虑道远费繁；……广东铜矿亦可开采，即于闽、广之交，命官开矿，并买洋铜鼓铸，以裕沿海各省之用。④

在他的货币问题的一些议论中，多系重复前人旧说，很少创新之处；然而他为解决闽、广地区铜钱不足的建议中，提出购买“洋

① 《鹿洲初集》卷三《论南洋事宜书》。
② 《鹿洲初集》卷三《论南洋事宜书》。
③ 《鹿洲初集》卷十四《钱币考》。
④ 《鹿洲初集》卷十四《钱币考》。

铜”铸钱的主张，这显然是与他的“以海外之有余，补内地之不足”的海外贸易思想相关，不失为一个合理的主张。

三、关于钱贱、钱贵、私铸、私销及铜价问题的议论

清代银钱“相权而行”，两种货币金属并行流通。由于铜钱与民间日用有着密切的关系，铜钱价值（铜钱购买力）的波动对一般平民生活有直接的影响，因而钱贱、钱贵、私铸、私销及铜价问题便是带有经常性的货币问题。对于这些问题，人们在实践上积累了不少经验之谈。

对于钱价之高低，康熙时姚文然（1620—1678）[①] 说：“钱之为物，少则流通，多则壅滞。”[②]

夏骃[③]则说：

> 凡物少则贵，多则贱；精则贵，滥则贱；流则贵，不流则贱；可久则贵，不可久则贱，其理甚明也。
>
> 银不便厘用铢使，故用钱；钱不便负重而致远，故多则壅，壅则贱[④]。

铜钱“少则流通，多则壅滞”，“多则壅，壅则贱”，是由于铜钱本身价值低、不是一种良好的贮藏手段，而封建国家垄断铸造权，也妨碍着铜钱随市场需要变化而自由调节数量的能力，这在白银获得流

---

① 姚文然，字弱侯，安徽桐城人。

② 《皇朝经世文编》卷五十三《请停鼓铸事宜疏》。

③ 夏骃，字文茵，号宛来，浙江乌程人。

④ 《皇朝经世文编》卷五十三《鼓铸议》。

通界主要货币地位以后，铜钱数量多寡而影响钱价高下的情况就更为明显了。对于这方面的情形，姚文然就已注意到了，他阐述说：

> 曰贮之者少也，官库富室，朝收夕放，银藏累代，钱散目前，此其一也。曰运之者少也，质重值微，运艰脚费，银行千里，钱行百里，又其一也。曰用之者少也，置产经商，多处不用，斤盐斗米，用处不多，又其一也。有此三少之故，则其物不可以过多，多则必滞，乃自然之势。天也，非人之所能强，非法之所能通也。①

然而，在封建社会自然经济占统治地位的情形下，藏钱之习则始终存在，特别是在白银供应充足、铜价相对高昂，因而使得铜钱价高之时，人们多藏铜钱，则会发生铜钱“壅滞”，以致加重了流通中铜钱不足及钱贵现象。这种情形，乾隆时的陶正靖（1682—1745）② 就说：

> 钱币之制，流通则见有余，壅滞则见不足；有余必贱，不足必贵，此自然之理。③

储麟趾（1702—1783）④ 也说：

> 太平之时，……藏银又不如藏钱；……钱价愈贵，富户愈藏，富户愈藏，则钱价愈贵。⑤

---

① 《皇朝经世文编》卷五十三《请停鼓铸事宜疏》。
② 陶正靖，字稺中，常熟人。
③ 《皇朝经世文编》卷五十三《陈明钱贵之由疏》。
④ 储麟趾，字梅夫，江苏宜黄人。
⑤ 《皇朝经世文编》卷五十三《敬陈泉布源流得失疏》。

应予注意的是，夏骃所谓“钱之为物，少则流通，多则壅滞”之“壅滞”一词，系指流通界铜钱充斥而导致钱价跌落的现象；这里“壅滞则见不足”之“壅滞”一词，则系指人们“死藏”铜钱，导致流通界铜钱更形不足的现象。

对于私铸私销问题，如海望（？—1755）[①] 于乾隆时指出：

> 古语云，铜贵钱重，则有私行销毁之弊；铜贱钱轻，则滋私铸射利之端。[②]

晏斯盛（1689—1752）[③] 说：

> 大约本重则销毁多而患钱少；本轻则私铸多而患钱轻，其势然也。[④]

乔光烈（？—1765）[⑤] 说：

> 大抵钱质重则盗销者多，钱质轻则盗销者寡，此自然之理也。[⑥]

不过，盗铸滥恶小钱，在封建社会是随时可以发生的，即使是铜贵钱重之时，如乾隆五十年（1785）在陕西“山南二郡，小钱之多，如水涌而出；……兴、汉三郡，其患独深，则以南连蜀山，

---

① 海望，满洲正黄旗人，乌雅氏。

② 《皇朝经世文编》卷五十二《请弛铜禁疏》。

③ 晏斯盛，字虞际，江西新喻人。

④ 《皇朝经世文编》卷五十三《开铜源节铜流疏》。

⑤ 乔光烈，字敬亭，上海人。

⑥ 《皇朝经世文编》卷五十三《禁私销议》。

东接楚泽，奸民之渊薮，盗铸之巢穴也”[①]。

关于铜价与铜钱的关系，夏骃有段话讲得比较清楚，他说：

> 夫铜即未铸之钱，钱即已铸之铜，贵则俱贵，贱则俱贱，未有此贵而彼贱者。

又说：

> 今国用告匮，生财之道……势必重议鼓铸，鼓铸势必熟求所以贵钱贱铜之术。然愚以为国家但有行钱之法，无贵钱之法，钱诚行，则钱自贵，但有采铜之法，无贱铜之法，钱诚贵，铜即不贱而利自多。今为贵钱之术者，吾不能曲为之阿也。[②]

他讲这段话的中心意思，在于主张铸行足重铜钱，反对铸币减重政策。

四、郑板桥的货币观　清代反映货币拜物教思想的作品

清代中叶，由于封建社会商品经济的发展及资本主义萌芽的产生，使得人们对待货币的态度有了变化。如前所言，诗人袁枚就非常强调货币在社会经济中的作用，把货币与谷物交换的活动比作人体的“血脉”。除此，他还留下了“千古帝王留字去，万般人事让兄（货币）骄！”“解用何尝非俊物，不谈未必定清流”[③] 等诗句。

---

① 《皇朝经世文编》卷五十三《兴安郡志食货论》。
② 《皇朝经世文编》卷五十三《鼓铸议》。
③ 《小仓山房诗集》卷十三。

然而更值得称道的，是大画家郑板桥（1693—1766）[①] 暴露和嘲弄人们金钱崇拜意识的一篇短文。这是他在扬州卖画时自书的润格，写道：

> 凡送礼物、食物，总不如白银为妙。公之所赠，未必弟之所好也。送现银则心中喜乐，书画皆佳。礼物既属纠缠，赊欠尤为赖账，年老体倦，亦不能陪诸君子作无益语言也。[②]

这一《板桥润格》(乾隆己卯，1759）堪称一篇以白银为主题的反映货币拜物教思想的优秀文学作品。

在我国封建社会晚期的明清时代，贵金属白银从明中叶发展为流通界上下通用的主要货币以后，便很自然地成为人们的崇拜对象和追逐物，明万历年间《歙县风土论》中就已有“金（指白银）令司天，钱神卓地”之语，民间更广泛流传着“三年清知府，十万雪花银”之类的话语。然而在士大夫阶层仍普遍存在重钱轻银思想情形下，以白银为主题的反映人们货币拜物教思想的文学作品则甚为罕见。郑板桥生活在商业和货币经济素为发达的扬州，思想开放，对新事物感觉敏锐，这一别具风格的《板桥润格》作为一篇优秀的反映货币拜物教思想的文学作品，显然是很可贵的了。

可是迟至清代，以铜钱为主题的简单发挥鲁褒《钱神论》，甚至仅拾其唾余的作品则仍不乏见。如明清之际的李世熊（1602—1686）[③]

---

① 郑板桥，即郑燮，字克柔。《板桥自叙》曰：“板桥居士，姓郑氏，名燮，扬州兴化人。兴化有三郑氏，……其一为‘板桥郑’。居士自喜其名，故天下咸称为郑板桥云。”

② 《郑板桥集·六，补遗》，中华书局1962年版。

③ 李世熊，字元仲，福建宁化人。

就编有《钱神志》七卷，还有从清中叶以后就广为传播的《劝民惜钱歌》等。

《钱神志》是李世熊于1665年编成的，但到道光乙酉（1825）时方始刊行。它是把历代正史、百家诸子，旁及稗官野乘、仙佛鬼神的著述中有关金、银、钱币的故事，包括反映货币拜物教思想的材料皆汇集起来的一部专书。[①]《劝民惜钱歌》[②] 则是清中叶一位封

---

① 华亭黄之隽（1668—1748）《钱神志序》云："晋鲁元道作《钱神论》，讽世之饕财黩货者；……闽汀李元仲当明之末，因之而作《志》。……元道谓钱能操决死生，役使人鬼也，而创谥曰'神'而论之百世之上。元仲则谓其能济世利物，害盈福谦也，而袭其故号而志之于百世之下，厥旨颇殊而志则大矣。"所以二者的宗旨殊异。《钱神志》旨在"济世利物，害盈福谦"，宣扬封建伦理道德、善恶报应之说，在思想性上甚少可取之处。

② 全名是《总督部堂蒋劝民惜钱歌》。它流传甚广，直至辛亥革命后的民国时期，上自四川，下及长江下游一带，尚以不同形式传播。现把著者所见四川自贡富厂"萃丰乾记"钱庄于民国六年（1917）所发行的钱票背面所印的《劝民惜钱歌》全文抄录如下：

"钱、钱！你本是国宝，流源万事当先。堪羡你内方似地，外圆像天；无翼能飞，无手能攀；周流四海，运用无边。有了你许多方便。无了你许多熬煎；有了你精神刚健，没了你坐卧不安；有了你夫妻和好，没了你妻离夫散；有了你亲朋尊仰，没了你骨肉冷淡。见几个登山涉水，见几个鸡鸣看天，见几个抛妻别子，见几个背却椿萱，见几个流浪江湖，见几个千里为官，见几个为娼为盗，见几个昼夜赌钱，看来一切都为钱。说什么学富五车、七岁成篇，论什么文崇北斗、才高丘山，论什么圣贤名训、朱子格言，讲什么穷理尽性、学贯人天。有钱时令人钦羡，无钱时人人避嫌。惟憾你性太偏，喜的是富贵，恶的是贫贱。看来有无都被你挂牵。钱，你不似明镜，不似金丹，倒有些势力威权。能使人搬天揭地，能使人平地登天，能使人顷刻为业，能使人陆地成仙，能使人到处逍遥，能使人不第为官；能使人颠倒是非，能使人痴汉作官。因此上，人人爱，个个贪。人为你昧灭天理，人为你用尽机关，人为你败坏纲常，人为你冷灰起烟，人为你忘却廉耻，人为你无故生端，人为你舍死丧命，人为你平空作颠，人为你天涯遍走，人为你昼夜不眠。钱，人人被你颠连。出言你为首，兴败你为先。成也是你，败也是你。到而今止你机关。你去我不烦，你来我不欢。免被你颠神乱志、废寝忘餐。从今后休说那有钱无钱。钱，你易我难，到大限到来买我还，人人都一般。倒不如学一个居易俟命，随分安然。岂不闻得失有定数，穷通都由天！"

疆大吏颁发的通俗劝世文。这个劝世文对钱币的神异性和人们对它的疯狂追求作了淋漓尽致的刻画。可是，它们的主旨与鲁褒的《钱神论》不同，主要是宣扬封建礼教和天命鬼神的宿命论，因而是一些维护封建统治和麻痹人民思想意识的、思想性落后的文字作品。迟至封建社会晚期，像《劝民惜钱歌》这类作品的出现和长时间的流传，正反映了我国封建社会发展的迟滞、其时的商品货币经济仍无力冲决封建地主所有制基础上特别牢固的自然经济这一现实。

第六节
鸦片战争前后关于白银外流与银荒的议论
重要思想家的货币思想

清王朝到了嘉庆时期，特别是进入道光朝以后，社会危机及财政危机开始凸显，而且日趋严重。嘉庆年间，白莲教起义以后，乾隆末年户部存银7000余万两耗费殆尽。嘉庆后期，西方资本主义的侵入及可耻的鸦片走私，改变了中国三百余年的白银流入情形，出现了白银外流的局面。道光年间，鸦片走私与白银外流急剧恶化，到鸦片战争前夕，中国每年的白银流出量已达1000万两。

由于清初以来，白银在货币流通中早已占据主要货币的地位，清王朝的收支都以银为标准，大宗交易、民间支付亦以银为主，因而白银外流直接引起国内流通界支付手段与流通手段的不足而促成银荒，形成前所未有的严重货币危机。银荒现象，使得银价上涨、钱价跌落，在嘉庆末年银贵钱贱的现象已日渐明显。在1810年以前，银钱一直围绕银一两钱千文的比价在变动，变动的幅度不大，而在此以后，这一比价便被破坏了，从1810年起银钱比价超过了银一两千文，而其比价还一直呈上升趋势，到鸦片战争前夕，纹银一两已值制钱一千六七百文。

银贵钱贱出现以后，当农民出售农产品以钱折银纳税时，其要缴的钱数因而增加，加以官吏的浮收，在许多地方银每两往往要折钱二三千文之多，因而就使得农民负担成倍增长，封建社会内的基本矛盾加深了。

银价高涨，也使得清政府田赋收入减少，民间的拖欠、抗粮不断发生，各省钱粮积欠空前增加，因而加重了封建政府的财政危机。

在这种封建社会危机及财政危机的背景下，银荒这一货币问题日益引起地主阶级内部朝野人士的注意，出现了许多关于货币问题的议论，而且还出现了论述货币问题的专著。这时，又有一些人发出关于废银、轻银重钱或专用铜钱等的陈旧主张，而关于行钞、铸大钱的主张又出现了，在这方面，王鎏是一个突出的代表人物。与此同时，地主阶级开明派的魏源、林则徐等就银荒及白银外流等问题发表了许多值得重视的看法，许楣兄弟则对王鎏的纸币理论予以专门驳斥。

一、林则徐的货币思想

林则徐（1785—1850），字少穆，福建侯官人，是我国著名的爱国政治家。他的货币思想主要见于他历年关于货币问题、开矿问题、对外通商问题的奏稿中。

林则徐面对西方资本主义的侵入与鸦片的祸害，坚决主张抵抗资本主义侵略与禁烟。他说："若犹泄泄视之，是使数十年后，中原几无可以御敌之兵，且无可以充饷之银。"① 这些精辟的话语使道光皇帝深为震动，因而一时对禁烟采取支持的态度。

林则徐对于外国鸦片走私造成银荒及其危害性的认识是清楚的。他说：

> 佥谓近来各种货物销路皆疲，凡二三十年以前，某货约有万金交易者，今只剩得半之数，问其一半售于何货，则一言以蔽之曰鸦片烟而已矣。……夫财者，亿兆养命之原，自当为亿兆惜之。果皆散在内地，何妨损上益下，藏富于民。无如漏向外洋，岂宜借寇资盗，不亟为计？②

对于禁烟以堵塞白银外流的漏卮，他还有一段形象的说明：

> 夫银之流通于天下，犹水之流行于地中；……譬如闸河之水，一遇天旱，重重套板，以防渗漏，犹恐不足以济舟。若闭闸不严，任其外泄，而但责各船水手以挖浅，即使此段磨浅而过，尚能保前段之无阻乎？银之短绌何以异是！③

从这些话可以看出，他把白银看作财富，甚至视为"亿兆养命之原"。他还区别了白银在国内流通与流往国外的不同，认为散在内地，无论何人得之，财富均无丢失，且可"藏富于民"。他还清

① 《林文忠公政书·湖广奏稿·钱票无甚关碍宜重禁吃烟以杜弊源片》。
② 《林文忠公政书·湖广奏稿·钱票无甚关碍宜重禁吃烟以杜弊源片》。
③ 《林文忠公政书·湖广奏稿·钱票无甚关碍宜重禁吃烟以杜弊源片》。

楚地认识到白银是国内不可少的流通手段，银的减少会直接导致商业疲敝，“闸河之水”的比喻，就是一个非常形象的说明。

基于这一财富观及对货币作用的认识，他指斥外国侵略者可耻的鸦片贸易“以土易银，直可谓之谋财害命”[①]，因而坚决主张严禁鸦片，以塞漏卮。他对于正常的通商贸易，不仅不反对，还要求发展对外贸易，并主张在国内开采银矿。他说：

> 广东利在通商，……若前此以关税十分之一制炮造船，则制夷已可裕如。……以通夷之银，量为防夷之用，从此制炮必求极利，造船必求极坚，似经费可以酌筹，即裨益实非浅鲜矣。[②]

又说：

> 论者或恐各夷商因此裹足，殊不思利之所在，谁不争趋？……且闻华民惯见夷商获利之厚，莫不歆慕垂涎，以为内地民人，格于定例，不准赴各国贸易，以致利薮转归外夷，此固市井之谈，不足以言大义。然就此察看，则其不患无人经商，亦已明甚矣。[③]

他不但要求杜绝鸦片，从原来贸易出超中获得白银，而且进一步主张鼓励华商赴海外贸易易银回国。这一主张，对于巩固封建国家财政、增强反侵略力量有利，而且也符合国内商业资本积累财富

---

① 《林文忠公政书·江苏奏稿·会奏查议银昂钱贱除弊便民事宜折》。
② 《林文忠公政书·两广奏稿·密陈夷务不能歇手片》。
③ 《林文忠公政书·使粤奏稿·附奏夷人带鸦片罪名应议专条夹片》。

的要求。

关于开采矿产，主要是开银矿，他认为是“裕国足民利用厚生”之事，并主张鼓励商人自由开采。他说过

> 有土有财，货原恶其弃于地；因利而利，富仍使之藏于民。

又说：

> 滇省跬步皆山，本无封禁，而小民趋利若骛，矿旺则不招自来；矿竭亦不驱自去，断无盘据废硐、甘心亏本之理，其谓人众难散，非真知矿厂情形者也。①

林则徐还是中国早期提出铸造银币的最著名的倡言人。

由于商品货币经济的发展，对于贵金属白银的流通，客观上社会早已产生从称量货币到计数货币的发展要求。在当时的银两流通情况下，每次交易支付，都要经过秤称折算及成色鉴定，非常不方便，因而在西方的银元流入中国以后，到鸦片战争前，在广东、福建及东南沿海几省西方的银元便广泛流通起来。正如林则徐所说的“江苏商贾辐辏，行使最多”“盖民情图省图便，寻常交接，应用银一两者，易而用洋钱一枚，自觉节省，而且无须弹兑，又便取携，是以不胫而走，价虽浮而人乐用，此系实在情形”②。

在发生严重“银荒”银贵钱贱之时，洋钱溢价流通引起人们的注意。如林则徐叙述当时江苏的情形是：民间每洋钱一枚，大概可

① 《林文忠公政书·云贵奏稿·查勘矿厂情形试行开采折》。
② 《林文忠公政书·江苏奏稿·会奏查议银昂钱贱除弊便民事宜折》。

作价至漕平纹银七钱三分，当价昂之时，并有作价至七钱六七分以上者。“色低平短之洋钱，而其价浮于足纹之上”，这对于国家的利权显然是有损的。

林则徐对于洋钱溢价流通的事实，反对简单地禁止洋钱使用或骤然勒平洋价。他说：

> 无如闾阎市肆，久已通行，长落听其自然，恬不为怪。一旦勒令平价，则凡生意营运之人，先以贵价收入洋钱者，皆令以贱价出之，……恐民间生计，因而日绌，……且有佣趁工人，积至累月经年，始将工资易得洋钱数枚，存贮待用，一旦价值亏折，贫民见小，尤恐情有难堪。[①]

但是，他的思想进步之处，主要还在于他认识到洋钱行使是客观经济发展的要求，进而提出铸造、行使银币的意见。他说：

> 欲抑洋钱，莫如官局先铸银钱。每一枚以纹银五钱为准，轮廓肉好，悉照制钱之式，一面用清文铸其局名，一面用汉文铸道光通宝四字，暂将官局铜钱停卯，改铸此钱，其经费比铸铜钱省至十倍。先于兵饷搭放，使民间流通使用，即照纹银时价兑换，而藩库之耗羡杂款，亦准以此上兑。……盖推广制钱之式，以为银钱，期于便民利用，并非仿洋钱而为之也。……初行之时，洋钱并不必禁，俟试行数月，察看民间乐用此钱，再为斟酌定制。似此逐渐改移，不至遽形亏折。[②]

① 《林文忠公政书·江苏奏稿·会奏查议银昂钱贱除弊便民事宜折》。
② 《林文忠公政书·江苏奏稿·会奏查议银昂钱贱除弊便民事宜折》。

林则徐这一铸银币建议的提出，纵令亦曾小心翼翼地借用“年老商民”的意见道出，但是依然被昏聩的朝廷以“改铸银钱，太变成法，不成事体”的理由而批驳。①

林则徐对于当时民间流通的具有信用货币性质的钱票，也有正确的认识。

道光十八年（1838），四川总督宝兴奏禁行钱票，认为近年银价日昂，是由于商人所出钱票“辗转磨兑”造成的，于是要求禁止钱票流通，而概以现钱交易。

林则徐不同意这个意见，他说：

> 盖钱票之通行，业已多年，并非始于今日。即从前纹银每两兑钱一串之时，各铺亦未尝无票，何以银不如是之贵？即谓近日奸商更为诡滑，专以高价骗人，亦只能每两多许制钱数文及十数文为止，岂能因用票之故，而将银之仅可兑至一串者，忽抬至一串六七百文之多，恐必无是理也。②

他还进一步指出钱票对货币流通的积极作用：

> 查近来纹银之绌，凡钱粮、盐课、关税一切支解，皆已极费经营，优借民间钱票通行，稍可济民用之不足。若不许其用

---

① 《清实录·宣宗实录》卷二百三十六：“兹据陶澍、林则徐酌筹利民除弊事宜，分晰具奏。所称洋钱平价，民间折耗滋多，惟当设法以截其流一条。洋钱行用内地，既非始自近年，势难骤禁，要于听从民便之中，示以限制，其价值一以纹银为准，不得浮于纹银，庶不致愈行愈广。至官局议请改铸银钱，太变成法，不成事体。且银洋钱方禁之不暇，岂有内地亦铸银钱之理耶？”

② 《林文忠公政书·湖广奏稿·钱票无甚关碍宜重禁吃烟以杜弊源片》。

票，恐捉襟见肘之状，更有立至者矣。[①]

林则徐支持行使钱票这种信用流通工具的态度是正确的。

在银与铜钱的关系上，林则徐坚持以银为币，他认为这对于扩大铜钱流通，以期平抑银价、缓解银荒，可能起有一定的作用。他说：

> 银钱相辅而行，利散于民，而权操自上，果能广用钱之路，自足持银价之平。[②]

可是，他也清楚地看到铜钱流通的局限性，尤其是在陕甘等交通不便地区，运输铜钱费用太多，官府运载制钱入内地调剂流通的办法事实上非常难以实施。所以他说："陆路之难以运钱，实限于地势，似不能勉强而行。"这些看法都是符合实际情况的。

林则徐是一个讲求实际的政治家，对于货币问题他虽然专门从理论上阐发不多，但所反映出的货币观点是有甚多进步之处的。

而与林则徐同时代的魏源，则是地主阶级开明派中通晓经济事务的最重要的思想家。

二、魏源的货币思想

魏源（1794—1857），字默深，湖南邵阳人，以通晓"经世致用"之学著闻，而且对世界情况有较丰富的认知。他协助贺长龄编

① 《林文忠公政书·湖广奏稿·钱票无甚关碍宜重禁吃烟以杜弊源片》。

② 《林文忠公政书·陕甘奏稿·筹议银钱出纳陕省碍难改易折》。

纂了《皇朝经世文编》，并受林则徐之嘱写成《海国图志》一书。他是一位比较熟悉西方情况、重视中国实际问题的进步思想家，并且也是一位力主反侵略、禁鸦片的爱国者。在对当时许多政治、经济问题的看法上，他与林则徐有很多相同之处，他们二人有很好的友谊，而且有过僚属关系，因而他们思想上是互有影响的。

在财富观上，魏源持有二元论的观点。他说：

> 天下有本富，有末富，其别在有田无田。①

他对货币或贵金属金银很为重视，认为其是国家财富源泉的一个重要方面。他说：

> 食源莫如屯垦，货源莫如采金与更币。②

他还认为，在“夷烟蔓宇内，货币漏海外”③ 的情形下，货币问题则应居于优先的地位。他说：

> 语金生粟死之训、重本抑末之谊，则食先于货；语今日缓本急标之法，则货又先于食。④

正是基于这一“货又先于食”的货币问题优先的看法，他积极主张开采银矿，以“浚银之源”⑤。他认为：

> 中国自古开场，采铜多而采银少，……中国银矿已经开采

---

① 《古微堂内集》卷三《治篇十四》。
② 《圣武记》卷十四《军储篇一》。
③ 《古微堂外集》卷三《明代食兵二政录叙》。
④ 《圣武记》卷十四《军储篇一》。
⑤ 《圣武记》卷十四《军储篇三》。

者十之三四，其未开采者十之六七。

银来番舶数千年，今复为番舶收之而去，则中国宝气之秘在山川者数千年，亦必今日而当开。①

对于开采矿产，他力主自由开采政策。他说：

官不禁民之采，则荷锸云趋，裹粮鹜赴。官特设局税其什之一二，而不立定额，将见银之出不可思议，税之入不可胜用，沛乎如泉源，浩乎如江河，何必官为开采，致防得不偿失，财不足用？②

他认为对外贸易也是扩大中国银源的一个重要途径。他详细分析了中国对外贸易的实际情况，并且最早运用“贸易差额”的原理，来证明中国在对外贸易上向来的有利地位。他分析道光十三年（1833）时的实际情况说：“共计外夷岁入中国之货仅纹银二千一十四万八千元，而岁运出口之货，共值银三千五百，有九万三千元。以货易货，岁应补中国之价银千四百九十四万五千元。使无鸦片之毒，则外洋之银有入无出，中国银且贱，利可胜述哉？”③ 基于此，他断言：“无漏卮则国储财！”④

贸易差额理论以贵金属金、银在国家间自由流动为前提，他认识到白银在国家间的自由流动，并且指出各国“轨文匪同，货币斯同”⑤，所以他对贵金属金、银的世界货币职能是理解的。不过，

---

① 《圣武记》卷十四《军储篇一》。
② 《圣武记》卷十四《军储篇二》。
③ 《圣武记》卷十四《军储篇四》。
④ 《古微堂外集》卷三《明代食兵二政录叙》。
⑤ 《海国图志原叙》。

这里应予说明，基于财富的二元论的看法，他虽把贵金属白银看作财富，但与西方重商主义的财富观是有区别的。如他说：

> 孛露（秘鲁）为南亚墨利加（南美）著名之国，泰西人目为金穴，其民恃地中有宝，不屑耕稼，故土壤鞠为茂草，有怀金而啼饥者。弥利坚（美国）产谷绵而以富称，孛露诸国产金银而以贫闻，金玉非宝，稼穑为宝，古训昭然，荒裔其能或异哉？①

魏源关于“更币”，即改革货币制度的主张是：

> 仿铸西洋之银钱，兼行古时之玉币、贝币而已。②

魏源关于“仿铸西洋之银钱”的主张，与他“师夷之长技以制夷”③ 的主张相一致。白银流通从称量货币向计数货币的发展，是当时商品货币经济发展的客观要求，而洋钱的溢价流通，则损害国家的利权。有鉴于此，魏源说：“今洋钱销融，净银仅及六钱六分，而值纹银八钱有奇，民趋若骛，独不可官铸银钱以利民用，仿番制以抑番饼乎？”④

魏源的货币观点，在一些方面表现出货币金属主义的倾向，如重视货币作为价值尺度的职能，认为“货币者，圣人所以权衡万物之重轻”⑤；对于货币本身，他认为必须是“五行百产之精华，山

---

① 《海国图志》卷十四《弥利坚国总记下》。
② 《圣武记》卷十四《军储篇三》。
③ 《海国图志原叙》。
④ 《圣武记》卷十四《军储篇三》。
⑤ 《圣武记》卷十四《军储篇三》。

川阴阳所炉鞴”的价值高、体积小、难朽难伪之物，所以他认为贵金属白银是最主要的货币材料。但是，他除主张以贵金属白银为主要货币外，还主张以贝、玉为币以“佐银之穷”[①]。他提出“铸银币”的主张是与其“变古愈尽，便民愈甚”[②] 的进步观点相符合的，以贝、玉为币的货币复古主张则与此矛盾，而且也是不符合现实要求的行不通的事情。

无论开矿采银还是“更币”，都难填鸦片漏银之壑，所以魏源对此也只认为是“权宜救币”的措施，而非根本解决问题的办法。

在货币问题上，魏源还反对不兑换纸币制度。他大概是撰著《钱币刍言》、倡言行钞者王鎏最早的有力反对者。他说：

> 有议变通行楮币者，……其说倡于嘉庆中鸿胪卿蔡之定，推衍于近日，吴县诸生王鎏，且述崇祯时部臣议行钞十便，……果足通银币之穷、佐国用之急乎？[③]

魏源提出他对纸币的看法：

> 以百十钱之楮，而易人千万钱之物，犹无田无宅之契、无主之券、无盐之引、无钱之票，不堪覆瓿，……不旋踵而皆废。

他针对“行钞十便”之说批评说：

> 吾见造之劳、用之滞、敝之速、伪之多、盗之易、禁之

---

① 《圣武记》卷十四《军储篇三》。
② 《古微堂内集》卷三《治篇五》。
③ 《圣武记》卷十四《军储篇三》。

> 难、犯之众、勒之苦，抑钱而钱壅于货，抑银而银尽归于夷，有十不便而无一便矣。

他更针对王瑬关于禁银行钞“则外洋之银且入于中国”[①] 的谬说予以驳斥：

> 金宣宗贞祐三年，……民间市易多用见钱，……请权禁现钱。……商舟皆运钱贸易于淮南，钱多入宋，议者谓其弃货财以资敌国。今日果禁银行钞，不过尽驱纹银于西洋。[②]

这是以事实为据的有力批评。

魏源反对不兑换纸币的主张，对当时一些人竭力鼓吹行钞、借搜刮民财以解救封建朝廷的财政危机说来，是有其积极意义的。可是他显然还不能正确地理解纸币，他不懂得纸币的产生是货币流通手段职能独立化的结果，在商品货币经济发展过程中，它的产生有其客观必然性；他批评的行钞的弊害，多系通货膨胀的弊害，而非纸币本身所固有的，所以，他完全否定不兑换纸币，这在理论上是不对的。

三、徐鼒、孙鼎臣的货币思想

徐鼒（1810—1862），字彝舟，江苏六合人。孙鼎臣（1819—1859），字子余，湖南善化人。他们都是地主阶级的顽固派。在当时银贵钱贱的“银荒”危机中，他们从传统的重本抑末思想出发，

① 王瑬：《钞币刍言》。
② 《圣武记》卷十四《军储篇三》。

认为用银与重农务本不两立。

徐鼒说：

> 盖自古国家未有恃银以为币而国不贫者，银愈多则贫愈甚。[①]

他的论据就是所谓“银者，非耕之能生、织之能成”的成说。他断言：“第令人人耕而天下无饥者矣，人人织而天下无寒者矣，不饥不寒，而金银复何用哉？”[②]

作为解决银荒的对策，在货币流通方面他提出银、钱、谷、帛都充作货币的意见，要求市场商品交易“宜以钱为主，谷一石准钱若干，布帛一端准钱若干，银一两准钱若干，价之升降，听民定之”[③]。他认为，以谷帛代银之用，且“以谷帛为主，以银为辅”，如此即可“分银之权”[④]，而银之权既轻，则银之价自然就贱了。

孙鼎臣也倡言务本说，要求“驱天下而归之农”。他认为“乱由民穷，民穷由于不务本”，而民不务本，又是因为“银为天下之大利，而天下之大奸集焉”。他列举了种种所谓用银的弊害，诸如仓庾空虚、财富不均、征敛重困、军食不济、官吏贪污、奸商牟利、游惰巧诈、习俗淫侈、豪强兼并、散财结党等十害，以至“洋为银之尾闾，塞之不能止”[⑤]，总之，天下的一切弊害，全都是用银的缘故。

---

① 《未灰斋文集》卷一《拟上开矿封事》。
② 《未灰斋文集》卷一《拟上开矿封事》。
③ 《未灰斋文集》卷三《务本论·条法篇第十》。
④ 《未灰斋文集》卷三《务本论·釜辨篇第九》。
⑤ 《畚塘刍论》卷一《论治五》。

按照他的看法，银与农桑不同："非地之所多出也，非人之所能为也。"因而他认为以银为币"是何异求玉山之禾以疗饥，责中冷之泉以解渴哉"①！

基于这些认识，对于被视为万恶之薮的白银，他要求"杀银之势"，而说这是"智者转移万物之用，而贱钱贵谷之机也"②。与此相联系，对于解决银荒问题，他的结论是："重农必先贵谷，贵谷非废银不可；银不废，则银与谷争轻重之势，谷不可得而贵也。"③

徐鼒、孙鼎臣关于重钱轻银或废银的主张，甚至提出谷帛为币的意见，全是重复过去人的话语，有的甚至是千年来的陈话了。而这些议论的实质，则是要封建社会永远停留在男耕女织、自给自足的自然经济状态，这当然是主观的幻想，由于这时已是我国封建制度接近崩溃的时候了，因而也就更显示出他们思想的保守、反动性质。

不过也应该指出，在对待"银荒"问题上，仅就主张重钱轻银，以至把白银视为祸水的看法，这在自然经济为主的我国封建社会中，从来就没有间断过，时至十九世纪中叶，这些话语仍在知识界被人重复道说，更反映着中国长期封建社会发展的迟滞性。

四、王瑬的《钱币刍言》及其货币思想

王瑬（1786—1843），原名仲瑬，字亮生，江苏吴县东洞庭山

---

① 《畚塘刍论》卷一《论治五》。
② 《畚塘刍论》卷二《论币二》。
③ 《畚塘刍论》卷一《论治五》。

人。他是一个落第秀才，自言秉承其父主张行钞的意旨，于道光八年（1828）写成《钞币刍言》一书，并于道光十一年刻行。可是其父“犹嫌体例未精，必致人诘难，遂毁其版”，于是又经一番旁搜广讯工夫，于道光十七年（1837）重新改订刊行，并更名为《钱币刍言》。嗣后，又有《钱币刍言续刻》《钱币刍言再续》刊行。除此，其所著《壑舟园文稿》中也有一些论述纸币的文章。

《钱币刍言》是我国最早的专门论述现实货币问题的货币思想史著作。作者自谓：“思之十年而后立说，改之十年而后成书，又讨论十年而益以自信无疑。”① 他企望用这本书作为挤入仕途的阶梯，因而在《自序》中希冀“在位之臣，有能入奏九重，举而行之”，而不甘心寂寞，“如候虫时鸟”之自鸣！

王瑬在《钱币刍言》书中提出一套行钞、铸大钱的货币改革方案，主张发行面额一贯至千贯的大钞，兼铸当百、当十大钱，与当一钱并行，大数用钞，小数用钱，同时提出禁铜及禁银为币政策。现将他的改革方案的内容要点摘述如下：

> 一、钞分为七等，票面额由一贯至五千贯（原为二贯至五千贯），交给钱庄代为发行，停止钱庄再出会票、钱票。
>
> 二、更铸当百、当十大钱，亦由钱庄代为发行，与当一小钱共三等钱并行，以补助一贯以下的小额支付之用。禁止民间设立铜铺及铜器买卖。用钞收铜，铸造铜钱。
>
> 三、纸钞及铜钱皆务极精工，以防伪造。最大钞高一尺，阔二三丈，可装潢成卷，钞上由名书家书写格言，按大钞等第

---

① 《钱币刍言续刻·与陈扶雅孝廉论钞币第一书》。

以金、石、木、革为函，供人贮藏，钞皆分省流通。

四、钱庄领钞收兑白银，官府按九折收银，以一分之利予钱庄。发行小钞及当十当百大钱，民间以银易钱，即以小钞代大钱予之，钱庄亦获利一分。

五、人民以银易钞，在一年内（原作半年）加利十分之一；二年内（原作一年）加利二十分之一，二年以后照时价平兑。人民以钱易钞，以钞易钱，钱庄按百分之一抽取手续费。

六、人民以钞交纳赋税，每贯作一贯一百文（原为二贯之钞准作二贯二百文用），一贯以下用铜钱。

七、发钞由京师开始，依次渐及于各省，在通都大邑设官局，一省钞币携至他省，可由官局掉换当地钞币。

八、行钞之初，官俸加倍，本俸用银，加俸用钞。俟钞法通行后，全部行钞，加倍发给官俸。

九、一地推行钞法五年或十年后（原作二年），即禁民间不得以银为币，以后许商人向官府买银，以减半之价制造器皿出售，民间藏银当作商品亦按半价买卖。

十、商人与外洋贸易，只准以货易货，不许用银；外国贡使入朝，则须先以银易钞，方得购买中国货物。

他对于这一套钞币改革计划称述说：

今欲操钱币之权，莫如禁银而行钞，收铜以铸钱。①

又说：

---

① 《壑舟园初稿·拟理财用策》。

行钞法、禁铜器、铸大钱，三者皆前人成说也。……前人分言一事，而予则合言三事。盖分三者而偏举之，未尝不可以各收其利，而未能尽祛其害；合三者而全行之，则见其交相为用，而可以尽善而无弊。①

他甚至把他的一套行钞方案比之于井田制，他说：

夫钞法与井田实同，一则尽收天下之田而散之民，一则独制天下之币而散于民，其为上操利权一也。然井田可行于人少之时，而不能行于人多之时，惟钞法则取之无尽，可以通井田之穷。②

王瑬的《钱币刍言》及他提出的一套货币改革计划，其中心内容是鼓吹无限制地发行不兑换纸币，鼓吹纸币通货膨胀政策。他把行钞吹嘘为“富国富民第一策”。他说：

凡以他物为币皆有尽，惟钞无尽，造百万即百万，造千万即千万，则操不涸之财源。③

夫钞者欲造百万即百万，欲造千万即千万，取利莫大于是，……由是官加俸，吏加禄，田赋可减，关税可轻，欲兴水利则开垦有资，欲务积储，则籴贩有本，士之才者养之，民之贫者赈之，利国利民，计无有便于此者矣。④

---

① 《钱币刍言·钱钞议二》。

② 《钱币刍言续刻·与陈扶雅孝廉论钞币第一书》。

③ 《钱币刍言·钱钞议一》。

④ 《壑舟园初稿·富教论》。

不仅如此，他在《钱币刍言·钱钞议》中罗列了行钞二十二大利，除上述内容外，举凡利权旁失、洋钱耗蚀、鸦片贻祸，以至邪教、逆谋、边疆起畔（叛）、货物壅滞、仕途拥挤等弊端，均可一去无遗，而且“愚夫欲认钞，必务识字，天下自无一丁不识之人”①，因而，行钞不仅可解决财政、经济问题，而且是解决一切社会问题的万应灵方。

王瑬有一套相当完整的货币名目主义思想体系，他的行钞主张就是以此为依据的。他说：

> 至谓钞虚而银实，则甚不然。言乎银有形质，则钞亦有形质；言乎其饥不可食、寒不可衣，则银钞实同。②

“钞虚银实”，是指纸币与白银本身有无实在价值而言，王瑬却故意从银、钞都有自然形态出发把银、钞混同，又有意用白银作为货币无食饥衣寒之使用价值可言而与纸币混同，其目的就是从根本上否定货币本身具有的内在价值，从而抹杀金属货币与纸币的区别。在这里，他把南宋辛弃疾的“铜、楮其实一也”的名目主义见解大为发挥了。

他把无内在价值的纸币说成是最理想的货币，因为“凡以他物为币皆有尽，惟钞无尽，造百万即百万，造千万即千万”，这显然是明末钱秉镫的方寸之楮“命百则百，命千则千”之言的翻版，可是到他口里，一下就扩大了万倍。

金属货币与纸币既无区别，那么，纸变为金，“指瓦砾为黄金

---

① 《钱币刍言·私拟钱钞条目》。

② 《钱币刍言续刻·与包慎伯明府论钞币书》。

之术”在他看来也是易事了。所以他一再说“诚试使钞，而纸皆化为百千万亿之金钱”[①]，“纸之为物，竟化而为百千万亿之金钱”。[②]这里，他又把明末陈子龙“内库腐败之纸，悉化为金”之语大为发挥了。

那么，“欲造百万即百万，欲造千万即千万”的纸币，它的价值由何而来呢？对此，他持有明显的货币价值国定论的倾向。他说：

行钞之利，取之天地者也，故利无穷而君操其权。[③]

又说：

国家有权势以行之，而富家无权势，故钱票有亏空，而行钞无亏空也。百姓信国家之行钞，必万倍于信富家之钱票矣。若谓民乐用钱票，反不乐行钞，则是王者之尊崇，反不敌一富家之权势，岂有此不通之情理哉！[④]

不仅如此，他还认为，凭靠国家法权，就可保证纸币价值或购买力的稳定。他说：

钞直（值）有一定，商贾不得低昂之。[⑤]

行钞则价有一定，虽书生、农夫、黄童、白叟、妇人、女

---

① 《钱币刍言续刻·上何尚书仙槎先生书》。
② 《钱币刍言续刻·上汤冢宰敦甫先生书》。
③ 《钱币刍言·钱钞议九》。
④ 《钱币刍言续刻·与包慎伯明府论钞币书》。
⑤ 《钱币刍言·钱钞议》。

子，皆可按文而辨，无所用其欺矣。[①]

对不兑换纸币，如果单言“国家有权势以行之”也未尝不可，因为，国家纸币就是靠国家权力强制通用的，可是，国家的权力也仅此而已。马克思说：“国家虽然可以把任意数量的纸票印着任意的铸币名称投入流通，可是它的控制同这个机械动作一起完结。价值符号或纸币一经为流通过程所掌握，就服从于它的内在法则。”[②]所以，国家发行纸币，不顾流通界客观需要，“欲造百万即百万，欲造千万即千万”的结果，必然是物价翔踊、纸币贬值不已，这在中国古代几百年的行钞历史上早已是人们习知之事，可是王瑬却断言“钞直有一定，商贾不得低昂之”，甚至硬说：“按从来钞法难行易败者，……并不关取之不尽也。”[③] 即使面对金代纸币恶性通货膨胀“万贯惟易一饼”的历史事实，他也要狡辩一通。他说：“乃论者谓金章宗之世，以万贯老钞易一饼，妄言行钞则物价腾贵，其害如此；不知既造新钞，而不收旧钞，则旧钞不值一钱，固无足怪。”[④] 造成“万贯惟易一饼”的根本原因，是无限制的纸币过度发行，这怎么能归结为只是一个新钞、旧钞的收换问题呢？

对于保证纸币价值或购买力稳定问题，他对纸币“少则重，多则轻”这一中国长时期行钞总结的经验，也予以否定和曲解。他说：

宋孝宗谓会子少则重，多则轻，此名言也。然犹不患其出

---

① 《钱币刍言续刻·拟富国富民第一策》。
② 马克思：《政治经济学批判》，人民出版社1955年版，第85页。
③ 《钱币刍言续刻·与包慎伯明府论钞币书》。
④ 《钱币刍言·钱钞议四》。

之多，而第患其入之少，苟收敛有术，流转于上下而无穷，奚至于多而轻哉？[①]

还说：

按国赋皆令纳钞，此即收之之妙用，胜于孝宗之以金银买钞矣。[②]

原来他的所谓“收敛有术”“收之之妙用”就是排除金、银回笼纸币之途，而单纯靠国家赋税收钞，以保证纸币币值的稳定。这显然是不可能的，因为，在国家无限制滥发纸币的情形下，能够用赋税等渠道收回的纸币，仅是有限的一部分，流通中过多的纸币，如不兑现，就必然要贬值，这是纸币流通不可移易的内在规律。然而，王鎏从来只讲“欲造百万即百万，欲造千万即千万”，但却否定国家有积贮纸币兑现准备金的责任和需要，他说：

宋皮公弼言交子之法，必积钱为本，此名言也。然今日之时势又与宋异，百姓家有亿万之银，国家造钞以易之，民间所有之银，即国家用钞之本，又岂必先务积银也哉。[③]

“民间所有之银，即国家用钞之本”，这真是荒谬而又露骨的搜刮人民财富的邪说，但是这也并非独创，因为，这也正是明末蒋臣行钞计划的翻版。试问，国家既无保证兑现的责任，而纸币增造漫无限制，那么如何能使“百姓信国家之行钞，必万倍于信富家之钱

① 《钱币刍言·钱钞议五》。
② 《钱币刍言续刻》袁燮《上便民书》按语。
③ 《钱币刍言·钱钞议五》。

票”？无权势的富家有“亏空”，有权势的国家就不是“亏空”了吗？

或者说：王瑬的行钞计划中，有时也言钱钞可以互易，因而王瑬的钞法还不是不兑换纸币。对此，他于原《钞币刍言》的《钞币问答三十》中已经说明：

> 或曰，设民有数万之钞，尽欲易钱，则钱庄何以给之？答曰：大钞惟准易小钞，小钞方准易钱，且民间藏钱不得过一千贯，又岂虑其难给乎？

“大钞惟准易小钞，小钞方准易钱”，也就是纸币的绝大部分都无法兑现，所以，他的钞法具有的不兑换纸币的性质，其实是明显的。

与保证纸币价值稳定问题相关，他还说：

> 富家因银为币而藏银，今银不为币，富家不藏钱则藏钞矣，此自然之理也，藏钞以待用耳。[①]

这就是说：他认为纸币还具有贮藏手段的职能，而这个职能是与纸币作为流通手段和支付手段（“待用”）相联系而生的，这样，国家即使过度发行，也会使人们将纸币所贮藏起来。

大概就是基于这一认识，所以他坚持大钞的制作，要“精求书法，使之常可宝玩”[②]，使之“传之千百年后”可被奉为“墨宝”，

① 《钱币刍言续刻·与包慎伯明府论钞币书》。
② 《钱币刍言·私拟钱钞条目》。

而且建议用黄金为函来贮藏一尺高、二三丈阔的大额纸币。[①]

总之，王瑬完全否定货币有内在价值，抹杀金属货币与纸币的区别，宣扬纸币是最理想的货币，凭靠国家权力可以规定并保证纸币价值或购买力的稳定，对货币的职能他只着眼于纸币作为流通手段的效用，甚至把贮藏手段职能也赋予纸币之身。

基于这一系列对货币的本质、职能的名目主义的见解，王瑬对中国古代纸币流通“少则重，多则轻”的历史经验要予以推翻，力图把历代纸币流通的失败归结为技术上的原因，否定滥发纸币同通货膨胀的联系，他断言“按从来钞法难行易败者，……并不关取之不尽也”，“若夫物价之腾涌，原不关于行钞”，目的就是要鼓吹无限制地发行不兑换纸币、鼓吹纸币通货膨胀政策。

关于纸币发行量，按照王瑬的意见，应是多少呢？在他的行钞计划《钞币条目》中，曾讲到要以“足用”为原则。而所谓“足用”，他解释说：

> 国家制钞，但求足用止，自可为之限量，譬诸水火取之不尽，然民间日用自有定数也。[②]

这真是一个绝妙的譬喻。然而试问，最高封建统治者的欲壑，需要多少钱财才会满足？对于这个问题，王瑬的另一段话大概可以算是答案。他说：

> 按造钞之数，当使足以尽易天下百姓家之银而止，未可悬

① 《钱币刍言·私拟钱钞条目》。
② 《钱币刍言续刻·与包慎伯明府论钞币书》。

拟；若论国用，则当如《礼记·王制》以三十年之通制国用，使国家常有三十年之蓄可也。①

这里提出的两个标准：其一，尽易天下百姓家之银，这是学习明末蒋臣的行钞计划；其二，即后一标准，这是他的独创。然而这两个标准，都不是对商品流通而言的“足用”。本来，《礼记·王制》是说通计三十年应有九年之蓄的粮食储备的意见，而他则援用于发钞，而且开口就变为三十年之国用，如再加上“尽易天下百姓家之银”的需要，这样庞大的发钞额，还不是大规模地实施通货膨胀政策？

王瑬鼓吹发行不兑换纸币，实施通货膨胀政策以进行掠夺、剥削的目的，是非常露骨的。他公开说：

惟行钞，则能使国家尽有天下百姓之财。②

还说：

按禁银使不为币，最是权宜妙术，所以恐吓富翁，使急以银易钞耳。既以二分之利歆动之，又以数年后银止半价恐吓之，则天下之银悉入内库矣。③

王瑬为了推销他的行钞计划，还一反“百姓足，君孰与不足”的观念，提出“足君尤先”“君足而后民足”的理论作为他的货币理论与反动货币政策的出发点。他说：

① 《钱币刍言续刻·与包慎伯明府论钞币书》。
② 《钱币刍言·钱钞议八》。
③ 《钱币刍言续刻·与包慎伯明府论钞币书》。

必君足而后民足，犹父母富而子孙亦免于贫焉。此昔人所未及言，而天下或未知也。欲足民，莫如重农务穑，欲足君，莫如操钱币之权。苟不能操钱币之权，则欲减赋而绌于用，欲开垦无其资，何以劝民之重农务穑哉？故足君尤先！①

所以，王瑬的行钞主张，是有一套完整的货币名目主义观点，以及以反动的财政、经济观点为理论基础的。就这一点而言，他的确是超越了前人。

王瑬的行钞主张，是在封建社会危机和西方资本主义侵入的历史背景下提出的，他代表了地主阶级中一部分顽固分子的利益。这些顽固分子面临着社会危机、外国鸦片走私造成的“银荒”及与之相联系的封建王朝财政日益拮据，拒绝一切进步改革，企图用发行不兑换纸币、实行通货膨胀的办法，穷凶极恶地搜刮民财以缓和财政困难。王瑬就正是他们的代言人。王瑬说：

也有言开矿者，夫矿之有无不可必，而骚扰民间，取之有尽，不如行钞之安也。……又或谓裁减浮费，专务节省，然今州县办公竭蹶，节之而无可节，不如行钞之大也。又有谓行海运可岁省漕费数百万，然粮艘之水手，沿途之短纤，无以为生计，且万一失事，使谁偿之？不如行钞之常也。又有谓严禁鸦片可岁省出洋银累千万，然闽、广、滇省之人，嗜者十而六七，未易猝禁，但使行钞，则中国银器皆易钞，外洋无所得银而自止，则禁以严刑不如行钞之要也。②

① 《钱币刍言·钱钞议一》。

② 《钱币刍言续刻·上林制军少穆先生书》。

总之，他认为禁鸦片、开银矿、改革漕运、裁减浮费等这一切进步改革建议和措施，都是无用的，只有行钞才是解决一切财政、经济问题的最好良策。

王瑬对于外国鸦片走私和造成银荒问题的议论，尤其暴露了他的反动性及顽固无知。他说：

> 夫鸦片之行非一日，则去之亦当以渐。今若使外洋之人无所取利，则惟有行钞耳。行钞则民间之银皆以易钞，外洋虽载烟来易我钞去，而不为彼国所用，则彼将不禁而自止。①

又说：

> 且外洋所以欲得中国之银者，将铸为洋钱仍入中国取利耳，中国既用钞不用洋钱，外洋亦何取欲得中国之银乎？且中国所以惧银入于外洋者，虑银少不足用耳。银既不为币，纵使尽入外洋，亦与中国无损。……盖诸公之所以与鄙人辩者，皆视银太重，而不知行钞之后，银非今日之银矣。……洋人欲得中国之货，必先以银买钞，彼之银有尽，我之钞无穷，则外洋之银将尽入中国，何为银反入于外洋乎？②

鸦片走私对“银荒”及封建王朝财政困难的影响是非常突出的，然而王瑬面对鸦片走私、毒雾弥漫的事实无动于衷，不言厉禁鸦片，反而借词要求缓禁，这就清楚暴露了他的反动嘴脸与顽固态度。

---

① 《钱币刍言·除鸦片烟议寄张亨甫》。
② 《钱币刍言续刻·与包慎伯明府论钞币书》。

他对待白银及“银荒”的见解尤其荒谬。首先，他对于外部世界的情形完全无知，不知道贵金属金银是世界货币，认为外国人对于白银除铸造洋钱拿到中国取利以外，就别无用途。然而，试问白银变成洋钱又都流回中国，中国又何至发生银源枯竭的“银荒”局面呢？

其次，他居然胡说“银既不为币，纵使尽入外洋，亦与中国无损”！他不懂得，贵金属白银作为货币是中国长期历史发展的产物，白银的货币地位，不是主观提出废银为币政策或一纸命令就可随意废除掉的，它是人民积累起来的有内在价值的货币财富。而白银外流造成“银荒”，对国内人民经济生活及封建王朝财政的不利影响更属明显，这怎么会是“与中国无损”呢？

最后，他的“彼之银有尽，我之钞无尽，则外洋银将尽入中国”的说法，尤属荒唐可笑。不论外国人到中国国内买货要用银换钞与否，只要是鸦片走私不已，对外贸易的逆差就必须用白银来填补，这怎么会使外洋之银尽入中国呢？正好相反，按照王瑬的行钞禁银为币的主张，适足为“驱银出洋”加添了一股推动力量。所以，王瑬用他的主观唯心的货币名目主义观点对当时白银外流与“银荒”问题的阐述，实在到了荒谬到可笑的程度，这正反映了处于长期闭关自守状态下的一些封建保守分子的愚昧无知。

由于王瑬的货币言论及其行钞主张，有甚多明显的谬误及露骨的危害性，因而他的行钞学说结晶《钱币刍言》刊行后，便受到当时人的反对。这对热衷于功名、企图以此为进身之阶的王瑬说来是很苦闷的。他说：“盖钞法之可行，在鎏以为饥之于食、渴之于饮，其理至平常易晓。无如出以语人，人却茫然不解，瑬于是始自信为独传之秘宝，非天下之豪杰识见高于流俗者，不足以知我。”①

可是，对于那些企图乞灵于用纸币去摆脱封建王朝财政危机的反动人物，欢迎王瑬其人其书的仍是有的。据说当时“学士大夫往往宝藏其书”②，而且“自顷英夷扰边，帑藏告匮，中朝言事之臣颇采用君书以进”③，所以，王瑬的货币学说，在当时及其后还是有影响的。

王瑬的货币学说，是在我国封建社会完全闭关自守状态下产生的，由于他从理论上对货币的本质、职能等一系列问题都作出了名目主义的解释，而且他对前人的重要名目主义观点都予以发挥，对于历代封建统治者实行的纸币通货膨胀及铸币贬损政策也予以总结，在此基础上，他写出了我国历史上最早的一部货币问题专著——《钱币刍言》，并提出一套行钞方案，所以，他的货币名目主义思想的完整性是前所未有的。虽然他的货币名目主义学说与资产阶级的货币理论比起来还很粗糙，可是就历史上的东西方封建社会而言，他确可称为货币名目主义学说的大家了。④

---

① 《钱币刍言续刻·上何尚书仙槎先生书》。

② 《钞币论·叙》。

③ 《积石文稿》卷一，张履：《王君亮生传》。

④ 现今所有不同社会制度的主要国家流通的都是不兑换纸币。王瑬作为我国封建社会末期的一位货币名目主义大家，极力鼓吹发行不兑换纸币，在货币思想史上要是肯定他的理论成就的话，那么或者可以借用马克思对十八世纪初叶欧洲的一位发行纸币的积极鼓吹者（倡导国家发行以土地为担保的银行券）、信用创造学说的先驱者约翰·劳（1671—1729）的评语，即他“具有这样一种有趣的混合性质：既是骗子又是预言家”。[《资本论》(第三卷)，人民出版社 1975 年版，第 499 页。]

五、包世臣的货币思想

包世臣（1775—1855），字慎伯，宣城安吴人，曾长期为幕僚，对实际政治、经济问题有较多的知识与经验。他主张抗英，是一个爱国者。

面对当时鸦片走私造成银荒的事实，他主张严禁鸦片，阻止白银外流。他说：

> 鸦片产于外夷，其害人不异鸩毒。
>
> 外夷以泥来，内地以银往，虚中实外，所关匪细！①

所以，“漏卮之塞，必在厉禁烟土”②。

除此，他也主张行钞，自言早在嘉庆十八年（1813）就“痛发此议，惟未有成书”③。

他的行钞主张，是他为解决“银荒”问题而提出的货币改革建议的一部分。他建议：

> 专以钱为币，一切公事，皆以钱起数，而以钞为总统之用，辅钱之不及。④

又说：

---

① 《安吴四种》卷二十六《庚辰杂著二》。
② 《安吴四种》卷三十五《致广东按察使姚中丞书》。
③ 《安吴四种》卷二十六《答王亮生书》。
④ 《安吴四种》卷二十六《再答王亮生书》。

一切以钱起算，与钞为二币，亦不废银，而不以银为币，长落听之市人。①

就是说，要求国家明令一切财政收支和民间交易，均以制钱为货币计算单位。发行纸币是为了克服单位价值低，不便大额交易支付和远途运送的困难。纸币也是以钱贯为单位，面额为一贯至五十贯而止。“不以银为币”，是废除白银为计价单位的意思。所以，这是一个重钱轻银的计划，其目的就是要“夺银之权”，以克服或减轻当时“银荒”的后果。

包世臣的行钞建议，是一种有限制的发行纸币的主张。关于纸币发行额，他建议：“初届造钞，以足当一岁钱粮之半为度，陆续增造，至倍于岁入钱粮之数，循环出入，足利民用即止。”②

按照这个建议，发钞额为政府每年岁收之一倍，即约七八千万两为最高发行额，而且要审慎地逐渐增发。所以，他的行钞主张与王瑬的行钞主张是有区别的。因而他对王瑬的行钞计划批评说：

尊议云造百万即百万，造千万即千万，是操不涸之源云云，从来钞法难行而易败，正坐此耳。③

包世臣对纸币流通的原理阐述说：

轻重相权不相废，为古今之至言。行钞则以虚实相权者也，银、钱实而钞虚。④

---

① 《安吴四种》卷二十六《与张渊甫书》。
② 《安吴四种》卷二十六《再答王亮生书》。
③ 《安吴四种》卷二十六《再答王亮生书》。
④ 《安吴四种》卷二十六《再答王亮生书》。

他进而作了一个形象的比喻说：

> 驭贵之易者，以其有实也。……统计捐班得缺者，不过十之二三，然有此实际，则能以实驭虚。盖实必损上，而能驭虚，则上之受益无穷，而天下亦不受损，此其所以妙用也，但非短视诸公所解耳。①

这就是说：发行纸币，只要有一小部分兑现准备金就可保证全部纸币流通。这是符合纸币流通实际的。这说明他对历史上的行钞经验以及当时民间会票、钱票流通实践有较深入的观察，他把传统的虚实理论运用于阐述纸币流通及纸币与白银之间的联系，将虚实相权概念推衍为“以实驭虚”，因而也就比较清楚地揭示了封建统治者行钞的剥削法术与限度。

对待白银的态度，是他与王鎏的又一重要区别之处。他说：

> 银币虽末富，而其权乃与五谷相轻重。本末皆富，则家给人足，猝遇水旱，不能为灾。此千古治法之宗，而子孙万世之计也。②

基于这一认识，所以他提出的“亦不废银，而不以银为币”的主张，只是要求“夺银之权”，即剥夺“以银起数”的权力，但白银仍是允许流通的。他认为“……不及数者以银行、奇零者以钱行，银钱凑数者，各从其便”，“然前书谓奇零乃杂用银钱，未免重钞轻币，当以相半乃为善耳”。还说：“且行钞而废银，是为造虚而

---

① 包世臣：《钱币刍言书后》，见包安吴签商稿书景抚本（抄本）。

② 《安吴四种》卷二十六《庚辰杂著二》。

废实，其可行乎哉？”① 即他认为纸币与银不同，是没有内在价值的东西。这个区别，王鎏是很重视的，所以王鎏说：“大约先生尚欲银钞兼行，而鄙见则既有钱钞二者为币，银自可废耳。”②

包世臣的行钞主张所持的财政经济观点也与王鎏不同。对于行钞，包世臣说：

> 大要总在损上以益下，……损上愈多，则下行愈速，下行既速，次年上既可不损，以后则上之益也，遂至不可究诘。然益上之指，总在利民，乃可久而无弊，若一存自利之见，则有良法而无美意，民若受损，亦未见其必能益上也。③

包世臣建议把发行纸币的利益从银号、钱庄之手收归封建国家。他说：

> 凡善谋国者，夺奸民之利权，以其七归之良民，而以其三归之公上，事乃易行而可久。行钞则主于揽兼并豪强及钱庄虚票之权，以归之上，而其利则官与民各得其半，与他术稍殊耳。④

他预测，行钞计划如推行顺利，“富民见行钞之便，知银价必日减，藏镪必出，镪出益多，而用银处益少，银价必骤减。然须消息盈虚，使至库纹一两准制钱一千而止”⑤，期望恢复到原来一两

---

① 《安吴四种》卷二十六《再答王亮生书》。
② 《钱币刍言续刻·与包慎伯明府论钞币书》。
③ 《安吴四种》卷二十六《再答王亮生书·附记》。
④ 《安吴四种》卷二十六《再答王亮生书》。
⑤ 《安吴四种》卷二十六《再答王亮生书》。

千文的银钱正常比价。

包世臣的行钞主张，只是他从“本末皆富”这一基本经济观点出发所提出的各种经济改革办法之一，他认为行钞仅是一个“救弊的良策”，这也是他与王鎏的一个带有原则性的分歧。他说：

世臣见三十年来求利之术至亟而迄无效，故力持此论，若则以为理财之大经，则世臣亦未敢附和也。①

除此，为了解决“银荒”问题，包世臣还主张开采银矿，对此他说：“或者天心悔祸，地不爱宝，能救银荒之病耶？”②

包世臣也不同意王鎏关于禁银、行钞可以杜绝鸦片、阻银外流的说法，以及他的禁铜、铸大钱的政策。他说：

海洋载鸦片土来者得吾钞则不能行于彼国，势将自止……益非事实。……中土既禁用银，只许为器得半价，是正可用以买土，岂不驱银尽入外夷乎？足下行钞之议，载于前刻者（指《钞币刍言》），读之而信以为必可行者尚不数人。若必欲禁银，且并禁铜，铸大钱言之，恐斯世罕有能读之终卷者矣。③

所以，包世臣的行钞主张是与王鎏有着许多重要区别的。但是，包世臣建议行钞，一心为封建统治者谋划的意图也是清楚的，他说：

前明倪文贞十便之说，……至银实帑一便，其中具有妙

① 《安吴四种》卷二十六《再答王亮生书》。
② 《安吴四种》卷三十五《与果勇侯笔谈》。
③ 《安吴四种》卷二十六《再答王亮生书》。

用，一则足资歆动，一则实济缓急。盖缓急之时，钞或不行，而银则未有不行者也。[1]

包世臣的专以钱为币、使银从钱的发钞主张，在理论上是错误的，在实际上也是行不通的。

首先，包世臣关于专以钱为币、使银从钱的要求是主观唯心的。贵金属白银成为流通中主要货币是中国封建社会货币经济长时期发展的结果，这是无法改变的历史趋势。他认为通过国家政权的力量，规定财政收支、民间交易均不以银起数，就可“夺银之权”，实现以银从钱的目的，显然是过高估计了国家干涉货币流通的实际能力。

其次，包世臣的“不以银为币”的提法在理论上也是含糊不清的。按他的意思就是要废除“以银起数”，即剥夺白银作为计算单位的能力，但是同时又允许白银在民间流通，“长落听之市人”。这实际上是要白银作为货币，可以失去价值尺度的职能，但却保留流通手段的职能。然而，具有实在价值的贵金属白银，既然允许流通，它就不仅是流通手段，同时也必然是价值尺度，因为，“一种商品的变成货币，首先是因为它是价值尺度与流通手段的统一，换句话说，价值尺度和流通手段的统一是货币”[2]。不仅如此，基于货币的独占性和排他性，当时的流通界还必然是钱从于银，而不是以银从钱。

最后，包世臣的有限制地发行纸币的计划，也是行不通的。因为，按照他的要求，原来征收一两银子的赋税，此后则折收制钱一

① 《安吴四种》卷二十六《再答王亮生书》。
② 马克思：《政治经济学批判》，人民出版社 1955 年版，第 89 页。

千文，由于这对清朝封建统治者意味着现实收入的减少，因而这一主张是不会被接受的。即使按照他的意见实行了，他所企望的平减银价到千文一两的钱银比价也是不可能的，因为，鸦片输入、白银外流这一“银荒”的基本原因并未消除。至于发钞额的限制，封建社会纸币流通的实践证明，历代封建统治者都不可能适可而止，因而在当时财政危机下行钞，毫无疑问，也必然会以通货膨胀而告终。

六、《钞币论》与许楣、许梿的货币思想

许楣（1797—1870），字金门，号辛木，浙江海宁人，道光癸巳（1833）进士，曾任户部主事，后因病归家，“殚心著述”。兄许梿（1787—1862），字叔夏，号珊林，与许楣是同科进士，曾任知州、知府。许楣于道光二十六年（1846）刊行所著《钞币论》一书，是继王瑬的《钱币刍言》以后我国又一部货币思想的专著，专为驳斥王瑬的《钱币刍言》而作。许梿为《钞币论》写了序言，认为“其见地多与余合”，对某些“未尽”之处，加了“按语”，有些按语是很精辟的，所以这本书包括了许氏兄弟二人的货币思想。

许楣、许梿都有鲜明的货币金属主义的观点，在批判王瑬货币名目主义纸币理论与方策的斗争中，同时也把我国封建社会中的货币金属主义发展到新的水平。

许楣对于以贵金属白银为币的态度非常坚决，他说：

> 银日多，而钱重难致远，势不得不趋于银。

又说：

> 如欲尽废天下之银，是惟无银，有则虽废于上，必不能废于下也。①

他认为白银为币是历史趋势，封建帝王的权势也无法变更这一事实，这与王鎏的主观唯心的名目主义看法正相对立。

关于对货币本质的理解，许楣说：

> 白银、元丝、洋钱不同，而同归于银。②
>
> 有物于此，值钱一两，有银杯于此，其重一两，因此杯市。推而至于十两、百两皆然。③

他看出：无论是块状的白银还是铸币形式的洋钱，以至于银器皿，它们虽形制有异，可是作为货币，都只是一定数量的银；货币与其他商品交换，都是按照它们本身的价值进行等价交换。所以，许楣举例说：

> 夫自用银以来，虽三尺童子，莫不知银之为贵矣。然使操一星之银以适市，而曰吾将以是尽易肆中千万之纸，则人必哗然笑之。为夫一星之银，固不可以尽易千万之纸也。④

那么，货币及其他商品的贵贱差别，由何而来？许楣认为：

① 《钞币论·通论六》。
② 《钞币论·钞利条论十四》。
③ 《钞币论·行钞条论九》。
④ 《钞币论·通论一》。

天下之物，惟有尽故贵，无尽则贱。淘沙以取金，金有尽而沙无尽也；凿石以出银，银有尽而石无尽也。天下之至无尽者莫如土，烧土以为甓，范其文曰一两，人必不以当金当银。[1]

他把金、银及一切商品的价值，都归结为由数量多寡决定，这是货币数量论的价值观点。

许梿的看法较为深刻，他说：

凡以他物为币，皆有轻重变易，惟金银独否。……时代有变迁，而此二物之重，亘古不变：锱珠则以为少，百千万不以为多。至于钞，骤增百万则贱，骤增千万则愈贱矣[2]

多出数千万之钞于天下，则天下轻之；多散数百千万之金银于天下，天下必不轻也。亦可见物之贵贱，皆其所自定，非人之所能颠倒也。[3]

这一看法，既与货币名目主义看法不同，也与货币数量论有别。他指出商品价值的客观性，并观察到金属货币流通与纸币流通现象的区别，但未能解释货币价值到底是由何决定。他把金银作为币材具有价值相对稳定的优点，视为“亘古不变”的性质，则是一种形而上学的看法。

许楣、许梿都认为货币必须是具有实在价值之物，把货币与商品等同，只重视货币作为价值尺度的职能，以至把货币与商品交换的行为视为物物交换，而不理解货币作为交换媒介的流通手段的职

---

① 《钞币论·钞利条论一》。
② 《钞币论·钞利条论一》。
③ 《钞币论·造钞条论七》。

能，这些涉及货币本质及职能的基本看法，均清楚显示出他们的货币金属主义的观点。

许梱从重视贵金属白银为币的货币金属主义的观点出发，对当时外国鸦片输入所造成的“银荒”及白银外流问题的原因及影响看得比较清楚。他认为：

> 乾隆中户部库贮至七千余万，而民间无银少之患，其时银每两止易钱八、九百文，银之流布于天下者，已足天下之用，……向使无漏卮之耗，虽长此不废可也。至于今百数千年之积蓄，半耗于漏卮矣，而其势方未有止①。

又说：

> 银贵，一事也；钱贱，一事也。由钱贱而银贵者，以疏通钱法平之；由银贵而钱贱者，虽暂平犹当益贵也②
>
> 漏卮无极，以万以亿，而钱不加多，是谓银贵而钱贱。……银贵而钱贱者，银与钱交病，方收钱以瘳银，旋漏银以病钱，益之一，无裨于损之十，如蓄水然，均是瓮也，一溢一浅，挹其溢注之浅，则平矣。均是瓮也，一漏一不漏，挹其不漏者以注之漏者，则几何能平也？③

他区分由银贵而钱贱，以及由钱贱而银贵二者之不同，说明当时“银荒”期间的银贵钱贱现象，并突出白银外流这一造成银荒的

---

① 《钞币论·通论七》。
② 《钞币论·通论八》。
③ 《钞币论·通论八》。

基本因素，而且以无底漏瓮作形象比喻，这一认识是比较深刻的。但他把当时已显示出落后的银两流通的称量货币制度，视为“长此不变”的尽善尽美方式，对于铸造银元这一带有进步性的改革措施则持否定态度。许梿说：“洋钱乃外夷之制，……非中国所应行使。”[①] 这与魏源、林则徐比起来则为后退了。

许楣从货币金属主义的观点出发，对从货币流通手段职能产生的纸币采取完全否定的态度，但承认从货币支付手段职能产生的信用货币——民间的会票、钱票存在的合理性。他说：

千金之票，欲金而得金。[②]

许梿则说：

若会票则交银于此，取银于彼，从无空票。[③]

与此联系，许楣对历史上国家发行的可兑换纸币，持有条件的肯定态度。他认为唐之飞钱、宋之交子“皆以纸取钱，皆良法也”[④]；又说“钞之始事，纳钱于此，取钱于彼而已”[⑤]。所以，他要求行钞必须可以“易金银”，使钞“有所附丽以行，而不尽为徒纸”[⑥]；要求有十足的准备金，否则皆是“虚纸”[⑦]，即无用的废纸，这在理论上当然是不对的。

---

① 《钞币论·钞利条论三》。
② 《钞币论·造钞条论三》。
③ 《钞币论·造钞条论六》。
④ 《钞币论·通论三》。
⑤ 《钞币论·通论二》。
⑥ 《钞币论·通论四》。
⑦ 《钞币论·通论二》。

许楣对不兑换纸币采取完全否定的态度，他把不兑换纸币称作“以纸代钱”，而与“以纸取钱”的兑换券严格区分开。能不能“以纸代钱”，是他与王瑬争论的焦点。许楣说：“钞以代钱之用，此著书者（指王瑬）之症结。”① 许梿则说：“盖以纸必可代银，则事事见其利，以纸为必不可代银，则事事见为弊也。”②

许楣全然是用货币金属主义的观点解释他这一看法的。他说：“夫天生五金，各有定品，银且不能代金，而谓纸币可以代钱乎？弗思耳矣。”③ 所以，他一再强调对不兑换纸币的看法说：“银，银也；钞，纸也。”“钞者，纸而已矣。”④ 基于这一认识，他总结历史上行钞经验，不过是“积欺与愚使然”，而不兑换纸币，是尤为不可行的“罔民”之“弊法”⑤。

许楣以货币金属主义理论为依据，对王瑬的行钞理论及方策予以全面、系统的批判。由于王瑬的名目主义的行钞主张是直接为封建统治者搜刮民财、实行恶性通货膨胀政策服务的，而许楣反对发行不兑换纸币与通货膨胀的主张符合一般人民利益的要求，因而就使得他的货币金属主义的局限性大为缩小，而对王瑬的批判，则表现得强而有力。

许楣说：

> 以纸代钱，此宋、金、元沿流之弊，……今有创议者焉，取其弊法，举为良法，而其为法也，则又宋、金、元弊法之所

① 《钞币论·造钞条论一》。
② 《钞币论·钞利条论十八》。
③ 《钞币论·造钞条论一》。
④ 《钞币论·通论一》。
⑤ 《钞币论·通论三》。

无有；……夫以纸取钱，而至于负民之钱，此宋、金、元弊法之所有也。以纸代钱，而至欲尽易天下百姓之财，此宋、金、元弊法之所无有也。①

"以纸代钱，而至欲尽易天下百姓之财"正是王瑬行钞计划的实在目的所在，因而这一揭露是击中了要害之处。

针对王瑬所谓造钞约已足天下之用，则当停止的诡说，许楣反驳说：

能足天下之用，而不能足国家之用。……自古开国之君，……其始常宽然有余；至其后嗣，则甚不肖也，水旱耗之，兵革耗之，宗禄庆典及诸意外冗费耗之。用度稍不足矣，势不得不于常赋之外，诛求于民。而行钞之世，惟以增钞为事。然不增则国用不足，增之则天下之钞固已足用，而多出则钞轻而国用仍不足。②

许楣在这里，提出两个概念："足天下之用""足国家之用"。许楣指出，"足天下之用"乃指为满足流通中需要的发行，而"足国家之用"则是弥补国家财政需要的发行。这一区别很是重要，因为纸币的经济发行与财政发行二者存在着矛盾，不按流通中的客观需要限度发行纸币，而按国家财政需要发行纸币，势必导致流通中纸币充斥，使纸币贬值，而破坏了纸币流通的稳定性。对此，他引证历代封建政权以发钞为手段解决财政困难，必然会导致钞轻财绌的恶性循环，从而使政府走上纸币滥发无已的道路，这是对历史上

① 《钞币论·通论一》。
② 《钞币论·造钞条论七》。

行钞经验的中肯的总结。

许梱对于王瑬行钞理论与主张的现实危害性，还进行了多方面揭露。如对于当时鸦片贻祸、白银外流问题，许梱说：

使用钞而果可废银，则鸦片贻祸方大，何也？用钞而废银，则银为中国无用之物。载鸦片以易中国无用之物，中国之民，有不推以与之者乎？①

许梿则加按语说：

此所谓驱银出洋矣。②

许梱还说：

外洋之耗蚀，不在于洋钱之来，而在于纹银之去。使中国纹银不出洋，则洋钱亦银也。……知洋钱之耗蚀纹银，而不知鸦片之并将耗蚀洋钱也，何待行钞以速之尽哉！③

许梱认为行钞会迫使钱庄亏空，促成金融恐慌。他说：

民间闻钞法将行，惟恐钱票化为废纸，必争就钱庄取钱。旬日之间，远近麕至。钱庄之大者犹可挹注，其小者猝不能应，不亏空何待？然则迫钱庄之亏空者钞也。④

许梿则加按语说：

---

① 《钞币论·钞利条论四》。
② 《钞币论·钞利条论四》。
③ 《钞币论·钞利条论三》。
④ 《钞币论·钞利条论五》。

钱庄之失业犹可言也，贫民抱空票而妇子愁叹，不可言矣。①

关于行钞对民间的骚扰，许楣还说：

钞之所行，不过强以当廉俸，强以当兵饷，强以当吏役工食，持纸钱以适市，而市之闭市者众矣。②

又说：

京官无权，先取物而后偿钞，其势必至于罢市；外官威重，抑配官户，责令出物与钱，不肖者或更责其出银，否则胁以阻挠钞法之罪，……钞之厉民增俸始矣。③

许楣还指出王瑬行钞分省发行办法的弊害：

是困天下之行旅也。……以钞易钞，必于通衢大邑，则迂道他出不能矣，由径取捷不可矣；其或阻风水雨雪昏暮，迫欲易钞行用，而官局尚远，当复如何！④

许梿则加按语说：

通衢大邑，设一官局，以苏省论，商贾至者日无虑千百，悉来验钞易钞，窃想官局亦日不暇给！⑤

---

① 《钞币论·钞利条论五》。
② 《钞币论·行钞条论三》。
③ 《钞币论·行钞条论十三》。
④ 《钞币论·行钞条论八》。
⑤ 《钞币论·行钞条论八》。

许楣揭露的这些行钞的弊端，无论对于当时国内商业资本的正常发展，还是对一般平民百姓的危害，都是非常明白的。

许楣以货币本身有内在价值为论据，对王瑬主观唯心的名目主义行钞主张的一些矛盾与漏洞的批判，尤其显得有力。他针对王瑬所谓“钞直有一定，商贾不得低昂之”的谬论说：

> 前代之钞直，未尝不一定也，商贾犹今日之商贾也，然物重钞轻，史不绝书，非低昂而何？[①]

许梿则加按语说：

> 今商贾用银一两只是一两，用钱一千只是一千，银钱互易，乃见低昂；钞文一贯亦只是一贯，然能令商贾之必当千钱乎？[②]

这清楚指出，国家有权规定纸币的票面价值，但凭国家权力却不能规定流通中纸币所能代表的真实价值。

对于王瑬关于以银易钱和以钞纳税，对钞法“浮价”“虚价”优待办法本身的矛盾，许楣更予以生动揭露。他说：

> 加以一分之利，则钞文一贯，而买之者实止九百。甲有物而货于市，其值千钱，乙以千钱偿之。丙以钞一贯偿之。取乙之钱，则以九百买钞而余百钱，取丙之钞，则百钱之余无有矣。将取乙之钱乎？取丙之钞乎？[③]

---

① 《钞币论·钞和条论十》。
② 《钞币论·钞利条论十》。
③ 《钞币论·行钞条论二》。

这使王鎏任意规定纸币价值的荒谬显露无遗。

再如，王鎏宣扬纸币就是财富，许楣借王鎏关于“国库一皆收钞，则无火耗之加派”之利的说法给予批判说：

钞可当钱，则岂但无火耗之加派而已，造百万即百万，造千万则千万，虽尽蠲天下之赋可矣，如不能何！①

至于行钞、造钞的一些技术问题方面，也不乏荒唐可笑之例：如“议者曰：藏钞皆用函，官库及富家以黄金，贫者以石，则火不能灾”。许楣则驳斥说：

千贯大钞，长尺而阔二三丈，卷之盈握；函加大焉，长过其卷，厚以分计，一函之费，约黄金三四十两，以近时金价计之，可值千贯，以千贯之函，藏千贯之钞，钞而可用，是函与钞同价也，钞而不可用，则以黄金藏废楮矣。②

又如，“议者曰：大钞则用善书者，笔迹可验，其余则监造大臣皆自书名，作伪者必不能以一人而摹众字”③。许楣驳斥说：

赵、董、文、祝之书，自非细心巨眼，真以为伪，伪以为真，……焉得人人而辨之？监造大臣或每岁一易焉，或月一易焉，或朝在而暮罢焉，其为人多矣，以多人之字而散天下，其果若人书耶，未可知也；其非若人书耶，未可知也；又焉得人人而辨之？

---

① 《钞币论·钞利条论八》。
② 《钞币论·行钞条论十二》。
③ 《钞币论·造钞条论四》。

许梿指斥说：

> 就令监造大臣不易，亦难皆自书名。……监造大臣姓名，汉人或二字、或三字，满人多有四五字者；假如造一千万贯小钞，姓名通算三字，共字三千万，终日伏案疾书，人不过三千字，终岁才百余万字；合三十人之力，竭终岁之劳，分署姓名，然后才能尽书一千万贯之钞，况造钞又不止千万贯乎？

许楣对于王鎏行钞理论与主张的批判是有力的，但是，他在其所著《钞币论》中却没有提出克服当时货币危机的方法。如前所引，他认为："银之流布于天下者，已足天下用，……向使无漏卮之耗，虽长此不废可也。"[①] 所以，他深为感慨说："於虖！谁为厉阶，至今为梗，不能不叹息痛恨于漏卮之始也。"[②]

对于他这种无能为力的苦闷，陈其泰在其为《钞币论》所作的《跋》中说："或谓钞法既不可行，则用何法而可？余曰：论中固已言之矣，事有非变法所能尽也。夫法弊则当变法，弊不在法，何法可变？此余与农部（指许楣）所为深维而不得者也。"[③]

许楣思想的进步之处是他反对封建国家干涉货币流通、藐视封建君王权力的思想，这与作为王鎏行钞立论基础的"君足而后民足""足君尤先"的反动论点，正好两相对立。

如王鎏说："万物之利权，收之于上，布之于下，则尊国家之体统。"许楣则说："绝天下之利源而垄断于上，何体统之有？"[④]

---

① 《钞币论·通论七》。
② 《钞币论·通论八》。
③ 《钞币论·跋》。
④ 《钞币论·钞利条论二》。

王鎏认为，国家有权势，富民无权势，因而国家无“亏空”，钱庄有“亏空”；许梱则把国家发行纸币比之为“贫子之票”[①]，并说：“钱庄取富户什百千万之银，而其终悉化为纸，则为亏空；国家取百姓百千万亿之银，其始即化为纸，独非亏空耶？”[②]

王鎏说：“国家行一小钞，可得九倍之利，行一大钞，可得十九倍之利”；许梱说：“取民九倍十倍之银，而偿以丈尺之纸，国家利矣，其如民之不利何？民既不利，钞必不行，九倍十倍之利，必不可得！”[③]

许梱及其《钞币论》通过对王鎏的纸币理论及方策的批判，在反对封建统治者利用纸币及通货膨胀残酷掠夺人民财富的斗争中作出了有益的贡献。在中国货币思想史上，许梱是我国封建社会末期的一位进步的货币思想家。

七、王茂荫的货币思想

王茂荫（1798—1865），字椿年，安徽歙县人。他是一位直言敢谏的大臣，又是一位熟悉商业和金融事务的地主阶级的开明思想家。咸丰元年太平天国起义以后，他于该年九月上《条议钞法折》，因而他是咸丰年代最早建议创行钞法的重要人物。

他在《条议钞法折》中所拟的纸币计划的主要内容是：

一、发行以库平足色银为准的纸币，分为五十两、十两二

① 《钞币论·通论三》。
② 《钞币论·钞利条论六》。
③ 《钞币论·钞利条论六》。

等，十两以下的支付使用铜钱。

二、纸币发行以一千万两为最高限额；最初一、二年每年只发行十万两，以后逐渐增加，至限额为止。

三、户部设制钞局，精工制造以上等熟丝所织的“大清通行宝钞”，使钞经久耐用，并立法杜防伪钞。

四、纸币通过殷实私人银号发行，先自京师始。银号领钞，准与微利，每库平五十两者，止令缴市平五十两，限于领钞后次月随同库上收捐时，将银缴库。银号领钞后，许加字号图记花押于钞之背后，听各处行用，并准兑与捐生作捐项，与银各半上兑。至于地方推行纸币，办法亦与京师同，各省会州县将钞发交钱粮银号，允许办解钱粮与银各半解司。

五、京师发银号之钞，许捐生作兑项上交部库；外省发银号之钞，许解充地丁款项上交藩库。部库及藩库收钞后，于应放款项中酌量搭放；民间辗转流通时，每一转手，由公私持有人予以背书，以防伪钞冒行。持钞人需用现银，则可赴各银号兑现。

六、钞币流通，不必待其昏烂，但钞之背面图记、花字注写略已将满时，即由收入钞币的官府，送交制钞局倒换新钞，旧钞截角注销，而民人则无换钞需索之虑。①

从王茂荫所拟的钞币条例，可以看出他创议实行的是一种以银本位为基础的纸币流通制度。

首先，他充分肯定了以银为主要货币的事实，其创议发行的纸币皆以银两为单位。这一发行银两钞币的思想，对向来一些人士

① 《王侍郎奏议》卷一《条议钞法折》。

（包括包世臣等）要求“以银从钱”，甚至“不以银为币”之类迷恋落后的铜钱制度的思潮说来，在见解上是高出一筹了。

其次，这一行钞计划的主要之点是规定了纸币发行的最高限额。这一最高限额原则在元代著名的叶李《钞币条划》中没有明确提出，然而对防止封建政府过度发行，以保持纸币流通的稳定性说来，却是一条不应缺少的原则。

王茂荫认识到“造钞太多则壅滞而物力必贵”“钞无定数，……出愈多，价愈贱”，这是人们对纸币流通的“少则重，多则轻”的传统看法。然而这里所谓“壅滞”，则侧重于过多的纸币会充塞流通渠道而引起物价上涨，亦即财政发行会超出经济流通需要的限度而造成纸币贬值的恶果。所以，他提出要严格限制封建政府对纸币的过度发行，要求发行额有一个最高限额，即所谓“极钞之数”。

至于他所提出的“以一千万两为最高限额”这一具体数额的依据，他解释说：

> 盖国家岁出岁入不过数千万两，以数实辅一虚，行之以渐，限之以制；用钞以辅银，而非舍银而从钞，庶无壅滞之弊。①

当时，清政府的财政收支约为四千万两，他认为一千万两这一纸币数额不会影响白银的主币地位，因而就可保持纸币流通的稳定性。其实，纸币作为货币符号，它的稳定性取决于是否超出流通界对真实货币的需要额，而并不应是依据财政收支额，所以，他所说的“以数实辅一虚”的发钞原则，就并不是保证纸币稳定的必要条

① 《王侍郎奏议》卷一《条议钞法折》。

件。但是，揆诸实际，“以数实辅一虚”原则虽然在理论上是有缺陷的，可是它对限制和防止封建政府滥发纸币说来，仍是会起一定作用的；而且“一千万两”这一具体纸币发行最高额，如若按照王茂荫的意见慎重投放，也是不足以破坏纸币稳定性的。

最后，王茂荫创议的纸币计划，其性质虽是一种可兑换的纸币，可是承担兑现责任的，却是代理国家发行纸币的银号。银号因政府的捐例和代解钱粮收钞，所以，封建国家对发行的纸币也仍然起有一定的最后保证作用。

封建国家不专门设立发行准备金，本身不直接承担纸币兑现的责任，而实际是采取摊派方式将纸币分摊给私人银号，封建财政则借以抽取现银，表现了这一兑换纸币制度的封建强制性。王茂荫条陈钞法也明言“粤西之军务未息，河工之待用尤殷”，封建财政窘迫之状跃然纸上，所以这一行钞计划也正是他为封建国家“急筹济用”费心谋划的产物。

但是，王茂荫的钞币方案，对商人的利益还是予以适当照顾的。凡是领钞的银号，可以获得库平、市平二者的差额利益（库平一两=市平 1.1936 两），以及相当于一个月的存银利息，所以在一般情形下，私人银号还是有利可图的。私人银号同时也担有一定的风险，即当封建政府不顾发钞限额滥发纸币，或者因一时政治变故、市面发生恐慌等情事，银号却是没有力量应付人们的“挤兑”，而有被拖累关歇之虞。

由于王茂荫是咸丰朝最早建言倡行纸币的人，所以他在咸丰二年被擢任户部右侍郎兼管钱法堂事务。可是咸丰三年先后发行的户部官票（银票）及大清宝钞（钱钞）并不是王茂荫所建议实行的纸币制度，而是按照花沙纳（1806—1859）等人的意见发行的不兑换纸币。由于纸币的无限制地过度发行，不久就出现了“兵丁之领钞者难于易钱市物，商贾之用钞者难于易银置货”① 等纸币壅滞不行的情事。于是王茂荫于咸丰四年三月又上《再议钞法折》，提出挽救钞法之弊的方案，它的基本要点就是要使“钱钞可取钱”“银票可取银”，也就是要求把不兑换纸币转化为可兑换纸币。

关于纸币的兑换准备金，他建议从户部宝泉局解部的新铸钱中积存“三十余万串”作为钱钞的兑现准备，并以各省所收的钱粮关税的现银充作银票的兑现之用。他显然明白发行兑换纸币并不需要十足准备，这一道理从北宋交子发行时就已为人所知了。所以他说：

> 一则有钱可取，人即不争取，彼钱店开票，何尝尽见取钱？……一则有钱许取，人亦安心候取，……人知钱不终虚，自不急取。

又说：

> 各省之钱粮关税皆现银也。……处处可取银，即处处能行用，而不必取银。②

所以，他将这种允许钱钞和银票兑现的办法称为“实运法”。

除去建议采取纸币兑现办法之外，他还要求各店铺日卖货物，以及典铺出入皆许搭钞，作为救弊的辅助措施，对此，他叫作“虚

① 《王侍郎奏议》卷六《再议钞法折》。
② 《王侍郎奏议》卷六《再议钞法折》。

运法”。在这方面，他非常注重商人对钞法的支持，尤其是钱店这一金融机构在促进纸币顺畅流通中的作用。

他精辟地对货币周转的环节进行了深入地分析，说：

> 查银钱周转，如环无端，而其人厥分三种：凡以银易钱者，官民也；以钱易银者，各项店铺也；而以银易钱，又以钱易银，则钱店实为之枢纽焉。各店铺日收市票（私商钱票）均赴钱市买银，而钱店则以银卖之。今请令钱市，凡以票买银者，必准搭钞，则各店铺用钞，亦可易银，而不惮于用钞矣。各店铺不惮用钞，则以银易钱之人，无非用之于各店铺，凡令钱店开票者，亦可准令搭钞矣。各钱店开票，亦可搭钞，则以银买各店铺之票，而亦不惮于用钞矣。凡此三层关节为之疏通，使银钱处处扶钞而行，此各行互为周转之法，虽似强民，而初非病民，似不至有大害。①

宋元以来言疏通钞法者代不乏人，但还未有人如王茂荫这样，对货币周转的具体环节作如此细致的观察和分析。王茂荫认为，如果把货币周转的三个环节——官民（一般消费者）、店铺、钱店都疏通了，使他们都愿像平时使用私商钱票那样，同时也搭用政府纸币，“使银钱处处扶钞而行”，也就推广了政府纸币的流通。尤其是他对作为货币经营业者的钱店这一金融机构在调节货币流通方面的枢纽作用的重视，说明他是一位熟悉商情、通晓票据实务的比较少有的地主阶级知识分子。他强调钞法的疏通，“非有商人运于其间皆不行，非与商人以可运之方、能运之利，亦仍不行”。他不相信

① 《王侍郎奏议》卷六《再议钞法折》。

封建政权在货币流通领域中具有超越金融市场客观作用的威力，因而疏通钞法需要获得商人阶级的支持，这一见解是很难得的；而他照顾商人利益的主张与措施，也是顺应当时封建社会中商品货币经济发展的趋势，并有利于促进资本主义萌芽的增长与发展。

尤其应当指出的，就是王茂荫运用虚实概念对纸币流通作了较深入的分析。包世臣提出了“以实驭虚”原则，他则提出了“以实运虚”原则，从而把我国古代的货币虚实理论向前推到一个新的水平。

王茂荫以具有十足价值的白银为“实”，纸币为“虚”，反映出他是一位货币金属主义者。可是他并不像当时及过去多数具有货币金属主义观点的人那样，据此把白银与纸币对立起来，并用以作为反对纸币流通的理论根据；相反，他却据此创议实行以银本位为基础的银两、纸币并用的“虚实兼行”制度。他强调“用钞以辅银，而非舍银而从钞”，并以“以实运虚”作为他的行钞主张的理论核心。所谓“以实运虚”，如前所云，有两种情形。一种情形是：按照国家岁出岁入数额的一部分作为最高限额，发行兑换纸币，即他所谓“以数实辅一虚”；一种情形则是使“钱钞可取钱”“银票可取银”的政府可兑换的纸币制度。王茂荫主张按“以数实辅一虚”的原则发行纸币，从理论上提出要设定纸币发行的最高限额，这是对元、明纸币制度的一个发展，他的主张对限制封建政府滥发纸币是起一定的作用的；至于他从“以实运虚”原理出发，建议“钱钞”“银票”兑现，虽然没有很确定地提出兑现准备金，但他是注意到作为兑现用的现银或铜钱是不需要十足数额准备金的，因而也是符合银行券流通的原理的。所以，他运用虚实理论探讨银与纸币的关系，肯定白银的主币地位，并在一些方面做了理论上的概括与发展，这与当时主张行钞的包世臣、反对行钞的许梱等进步思想家比较起来，在理论深度方面也都超过他们了。

对于铜钱流通，王茂荫主张维护足值铜钱，而坚决反对虚价大钱。他说：

自来圜法，总以不惜工本为常经。

又说：

考历代钱法，种类过繁，市肆必扰，折当过重，废罢尤速。……而大钱无能行数年者。[①]

他对咸丰三年继铸行当十、当五十大钱以后，于该年十一月又开铸当百、当五百、当千大钱之事，评论说：

最大之患，莫如私铸，……若奸人以四两之铜铸两大钱，即抵交一两官银，其亏国将有不可胜计者。旧行制钱每千重百二十两，熔之可得六十两，以铸当千，可抵三十千之用。设奸民日销以铸大钱，则民间将无制钱之用，其病民又有不可胜言者。[②]

这一分析是清楚的，历史的经验、前人的论述，也对此不乏阐明，因而仅约半年，当千、当五百大钱即被迫停铸，当百、当五十大钱以后也相继停铸。

王茂荫也用虚实概念对大钱问题作了精辟的阐述。按照虚实概

① 《王侍郎奏议》卷六《论行大钱折》。
② 《王侍郎奏议》卷六《论行大钱折》。

念，银与铜钱为实，纸币、虚价铜、铁大钱皆为虚。但是区别货币的虚与实，不应简单地从币材“纸”或金属铜、铁着眼，实质的问题却是纸币和虚价大钱的名义价值与它们所表示的真实价值或金属内容间能否相符。所以，他说：

> 大钱虽虚，视钞票则较实，岂钞可行而大钱转不行？
>
> 不知钞法以实运虚，虽虚可实；大钱以实作虚，似实而虚。[①]

这显然是使货币的虚实概念更深化一步了。“钞法以实运虚，虽虚可实”，反映了他对纸币与金属货币间的联系有了某些粗浅的看法，使他超越了一般货币金属主义者对纸币看法的局限。而在大钱问题上，所谓“大钱以实作虚，似实而虚”的说法，由于当时的货币制度尚未有近代意义的主币、辅币之分，流通中的大钱作为通用货币的一种，它的正常流通必须以其法定内容与实在金属内容相符为条件，所以他对虚价大钱的分析，以及大钱与纸币的区别的认识都是正确的。

应予称许的，尚有他针对为大钱辩护的名目主义观点所作的批判。他说：

> 论者又谓，国家定制，当百则百，当千则千，谁敢有违？是诚然矣，然官能定钱之值，而不能限物之值。钱当千，民不敢以为百；物值百，民不难以为千。[②]

这是一个含有科学性的论断，它触及名目论者的一个根本性错

---

① 《王侍郎奏议》卷六《再论加铸大钱折》。

② 《王侍郎奏议》卷六《论行大钱折》。

误，即混淆了价格标准与价值尺度二者，从而有力地打击了那种认为国家可以任意规定货币价值的谬论。

王茂荫倡行纸币、反对大钱，在货币理论上都是以货币金属主义为依归的。他运用货币虚实论指出大钱与纸币的区别，以及他所建议实行的两种行钞方案，不论是“以数实辅一虚”，还是通过兑现把“官票”“宝钞”不兑换纸币转化为银行券性质，全都是把它们与金属货币相联系，即与实在的足值货币相联系。当然，货币金属论也不是正确的货币理论，可是在当时的历史条件下，被援用于反对封建政府滥发纸币、滥造大钱搜刮民财的通货膨胀政策，则仍然是具有积极意义的。

王茂荫为反对封建政府的通货膨胀政策，先后提出两个关于纸币问题的方案。按照这些方案推行纸币，显然是无法满足封建统治者的欲壑，反对大钱的主张也不符合封建统治者的口味。尤其是他为挽救钞法而提出的第二个纸币方案，建议商人持有银票可在各地兑银的主张，则更直接与昏庸腐败的清朝统治者专肆搜刮民财的目的相抵触，因而就受到咸丰皇帝的所谓“专利商贾”“殊属不识大体”的严旨申饬。①

① 《清实录·文宗显皇帝实录》卷一百二十三：“谕内阁：恭亲王奕䜣、亲王衔定郡王载铨奏，遵议王茂荫条陈钞法窒碍难行一折，着即照所奏均无庸议。宝钞之设，原拟裕国便民，王茂荫由户部司员经朕洊擢侍郎，宜如何任劳任怨、筹计万全，乃于钞法初行之时，先不能和衷共济，只知以专利商贾之词，率行渎奏，竟置国事于不问，殊属不识大体；复自请严议以谢天下，尤属胆大。设使朕将伊罢斥，转得身后指使，百计阻挠，如是欺罔，岂能逃朕洞鉴耶？王茂荫着传旨严行申饬！”

这件事当时曾受到朝野人士的广泛关注,[①] 而且由在京外国人将此事传至国外，马克思在《资本论》中对此事就曾有记述，云："户部侍郎王茂荫有一次想到，上了一个条陈给天子，暗中要把帝国纸币转化为可以兑现的银行券。在 1854 年 4 月大臣审议的报告中，他是活该地受了痛斥。……报告的结论说：'臣等仔细审议了该项计划，发现它完全是为商人的利益，而于皇室毫无利益可言。'"［《驻北京俄国公使馆关于中国的调查研究》(第一卷)，亚培尔博士和麦克伦堡译，柏林 1858 年版，第 47 页以下］[②] 看来，马克思对王茂荫的纸币兑现的主张是赞同的，对他的遭遇也是持同情的态度。

王茂荫发表货币议论，还有许楣撰写《钞币论》，都已是鸦片战争以后的事了，这时在货币思想领域还没有受到西方的影响，他

① 王茂荫的同乡、著名的古钱学家鲍康（1810—1878）记述说："顷闻子怀少农，有筹商运发钞本之奏，……子怀乃倡议之人，众怨便归，其情自迫。惟未见原奏，闻所陈琐肤，偏重利商……且自请严议以谢天下，语尤失当，朱批训饬宜矣。"这里鲍康对王茂荫似有微辞，其实则是隐讳之语；因为，同书另处鲍康即对王茂荫的直言敢谏精神称许有加，云："子怀为敝邑先达，忧时最切，然公事不敢阿！"(鲍康：《大钱图录》)

② 《资本论》(第一卷)，人民出版社 1963 年版，第 83 页注。马克思是从俄国驻北京使馆传到欧洲的材料中得知的，这在《资本论》的注中已经言明。由于人名辗转传译，因而马克思的《资本论》关于王茂荫问题的这一脚注，当回译为中文时对于"王茂荫"一词也就颇费周折了。郭沫若记此事云："这王茂荫必然就是 Wan-mao-in 无疑。日本的译者河上肇博士译为'王猛殷'，高畠素之译为'王孟尹'，虽然是出于乱猜，但'王'字却被他们猜着。倒是慎重的革农（陈启修译《资本论》第一卷第一分册）的'万卯寅'却字字都对走了。因是乱猜，本来不能说谁是谁非，但'王'字应作 Wang 而成了'Wan'，这当是俄文发音中没有-ng 的音的缘故。原文本是俄国使馆的报告，想到这层，也就不得怪'差得太远'了。"(郭沫若：《资本论中的王茂荫》,《光明》第一卷第二号岁暮特大号)

们的议论、语言和思维方法还都是传统的中国式的，王茂荫所拟的《钞币条划》也是典型旧式的钞法，所以，王茂荫、许楣可以说是我国封建社会的最后的重要的货币思想家了。

简结

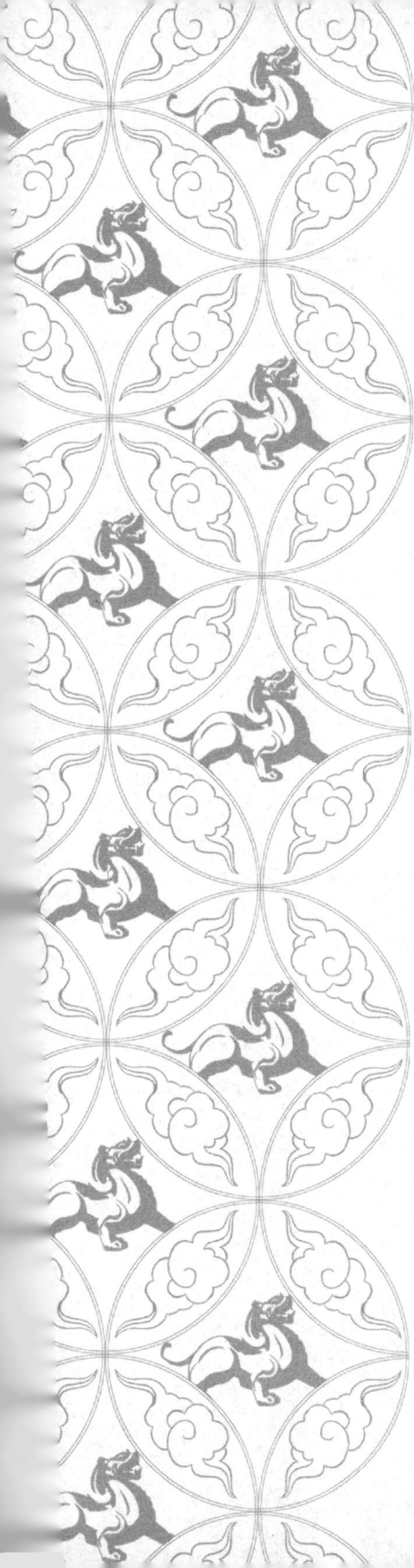

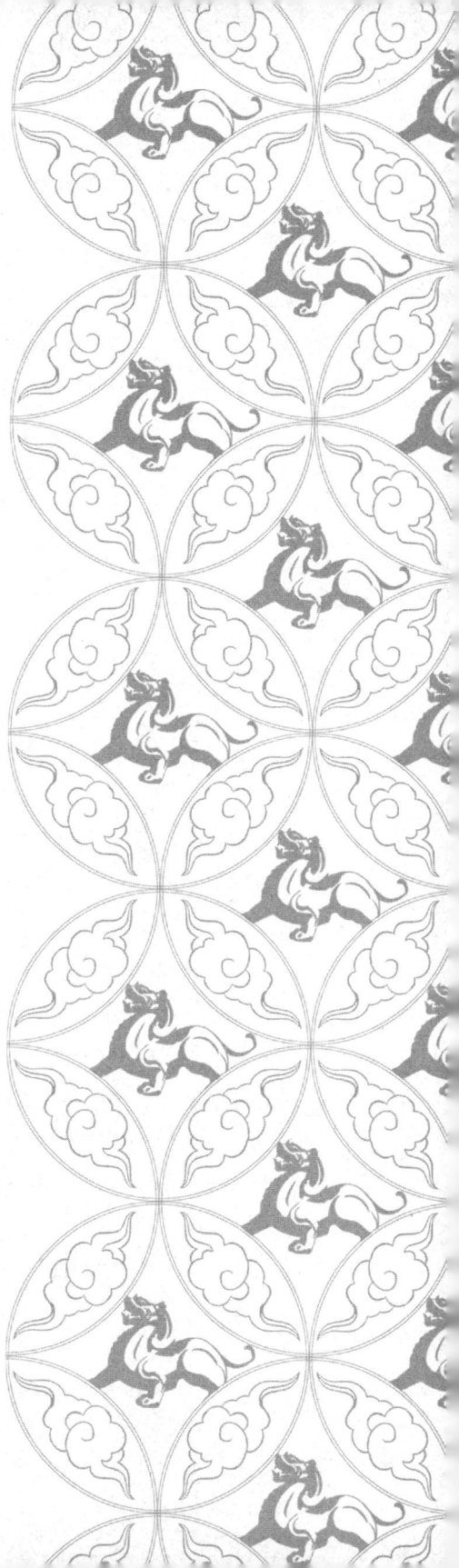

综观悠久的数千年历史，中国作为世界上著名的文明古国及古代世界重要的文明发源地之一，很早就产生了货币，并发展出光辉灿烂、独具特色的世界东方独立体系的货币文化。与此相关，古代中国的货币思想不但在先秦时代已经展示出绚丽的光彩，且由于中国封建社会秦汉以来以土地可以自由买卖为特征的地主经济体系，在货币经济发展水平上显然优于西方封建社会的领主制经济体系，因而在货币思想这一领域也曾长期处于领先的地位。

可是，由于中国封建地主经济体系所固有的基本矛盾，即地主阶级对农民极为残酷的剥削和压迫所造成的农民的极端穷苦和落后，却构成“中国社会几千年在经济和社会生活上停滞不前的基本原因”①，使得两千多年的中国历史现实，就如马克思所指出的那样：“社会基础不发生变动，同时将政治上层建筑夺到自己手里的人物和种族则不断更迭。”② 一次次改朝换代，往往使得整个社会经济遭受剧烈的动荡和破坏，然后，又复在被破坏后的废墟上，经过少则数十年，甚至更长的时间，复苏、恢复，才又超越原来的基础而继续向前发展，这就大为延缓了它的发展速度，并使封建社会

① 《毛泽东选集》（四卷合订本），人民出版社 1966 年版，第 619 页。

② 《马克思恩格斯论中国·中国事件》，人民出版社 1953 年版。

存在的时间也异常地持续着。整个封建地主经济发展的状况是这样，就使得封建社会内商品货币经济的发展情形也表现得异常艰难、曲折和迟缓；再加上西汉以后儒家思想长期在思想界处在“定于一尊”的地位，传统的僵化了的“本末”教条——“重农轻商”思想及与之相关的封建政府的“抑商”政策，就从思想及政治上加予商品货币关系严重的束缚，并制约着古代货币思想的发展。

及至进入中国封建社会晚期的明清时期，当明朝中叶贵金属白银在货币流通界发展为普遍通用的主要货币的时候，我国封建经济内部也产生了资本主义的萌芽。事实上，二者当时存在着互为表里的关系，就如马克思所言：“资本主义生产方式……要在国内已经有一个货币总额，为流通的目的及因此而一定要有的货币贮藏（准备金等）的目的都已经足够的地方，方才能够以比较大的规模和比较完全的程度发展，这是一个历史前提。虽然我们不能把这件事理解为必须先有充足的贮藏货币，然后资本主义生产开始。宁可说，资本主义生产是与其条件的发展同时发展的。其条件之一，就是贵金属的充分供应。”随之，马克思着重指出：“16世纪以来贵金属供给的增加，在资本主义发展史上是一个重要的因素。”① 十六世纪对中国社会的发展来说也是一个重要的时期。这时，封建经济内部的资本主义萌芽，在一些地区和生产部门已较显著发生，而贵金属白银由于国内银矿开采的增加，尤其是从海外更不断有大量白银的流入，因而国内白银的供给量还是充分的，这从整个明代白银购买力的下降趋势可资证明，因而这时的中国社会也存在着资本主义生产发展的非常有利的条件。但是这一历史发展过程，由于封建地主

① 《资本论》（第二卷），人民出版社1963年版，第367页。

经济制的基本矛盾，腐朽的明王朝当时阶级矛盾与民族矛盾交织，于是终于又一次爆发了明末农民大起义及国内民族战争，虽然最后以满洲贵族为首的清王朝代替明朝而重建起统一的多民族的封建国家，可是由于国内社会经济的又一次遭受重大破坏，明中叶以来封建经济内部发展起来的资本主义萌芽也受到了严重摧残。从此，中国社会经济的发展和货币经济发展的水平，以及由此制约的中国经济思想发展的水平，也就都明显地落后于西方世界了。

不过，综观中国五千年来悠久文化的发展历史，我国落后于西方的局面则仅仅是十六世纪以后，相对说来，也还是并不长的时光。今天，社会主义新中国的诞生已开启了一个崭新的历史发展航程。毛泽东说："今天的中国是历史的中国的一个发展，我们是马克思主义的历史主义者，我们不应当割断历史。从孔夫子到孙中山，我们应当给以总结，承继这一份珍贵的遗产。"并指出："学习我们的历史遗产，用马克思主义的方法给以批判的总结，是我们学习的另一任务。"① 因而我们今天很好地总结和学习中国古代的货币思想，对于社会主义的文化建设和发扬社会主义的精神文明，使我们祖国文化跻于世界先进文化之列，显然就是具有现实意义的必要之事了。

---

① 《毛泽东选集》(四卷合订本)，人民出版社 1966 年版，第 522 页。

图书在版编目（CIP）数据

中国古代货币思想史 / 萧清著. -- 北京 : 东方出版社, 2025. 9
ISBN 978-7-5207-3954-2

Ⅰ. ①中…　Ⅱ. ①萧…　Ⅲ. ①货币理论—经济思想史—研究—中国—古代
Ⅳ. ①F822. 9

中国国家版本馆 CIP 数据核字（2024）第 093263 号

中国古代货币思想史
(ZHONGGUO GUDAI HUOBI SIXIANGSHI)

作　　者: 萧　清
责任编辑: 李　烨　李子昂
出　　版: 东方出版社
发　　行: 人民东方出版传媒有限公司
地　　址: 北京市东城区朝阳门内大街 166 号
邮　　编: 100010
印　　刷: 华睿林（天津）印刷有限公司
版　　次: 2025 年 9 月第 1 版
印　　次: 2025 年 9 月第 1 次印刷
开　　本: 660 毫米×960 毫米　1/16
印　　张: 30. 5
字　　数: 364 千字
书　　号: ISBN 978-7-5207-3954-2
定　　价: 85. 00 元
发行电话: (010)　85924663　85924644　85924641